国家社科基金
后期资助项目

THE LAYER IDEA OF HISTORY

历史层次的观念

刘华初 著

上海社会科学院出版社
SHANGHAI ACADEMY OF SOCIAL SCIENCES PRESS

图书在版编目(CIP)数据

历史层次的观念 / 刘华初著 .— 上海 : 上海社会科学院出版社,2024
ISBN 978 - 7 - 5520 - 4337 - 2

Ⅰ.①历… Ⅱ.①刘… Ⅲ.①史学理论—研究 Ⅳ.①K0

中国国家版本馆 CIP 数据核字(2024)第 049412 号

历史层次的观念

著　　者：刘华初
责任编辑：叶　子
封面设计：黄婧昉
出版发行：上海社会科学院出版社
　　　　　上海顺昌路 622 号　邮编 200025
　　　　　电话总机 021 - 63315947　销售热线 021 - 53063735
　　　　　https://cbs.sass.org.cn　E-mail：sassp@sassp.cn
排　　版：南京展望文化发展有限公司
印　　刷：上海龙腾印务有限公司
开　　本：710 毫米×1010 毫米　1/16
印　　张：20.5
字　　数：352 千
版　　次：2024 年 1 月第 1 版　2024 年 1 月第 1 次印刷

ISBN 978 - 7 - 5520 - 4337 - 2/K · 720　　　　定价：98.00 元

版权所有　翻印必究

国家社科基金后期资助项目
出版说明

后期资助项目是国家社科基金设立的一类重要项目,旨在鼓励广大社科研究者潜心治学,支持基础研究多出优秀成果。它是经过严格评审,从接近完成的科研成果中遴选立项的。为扩大后期资助项目的影响,更好地推动学术发展,促进成果转化,全国哲学社会科学工作办公室按照"统一设计、统一标识、统一版式、形成系列"的总体要求,组织出版国家社科基金后期资助项目成果。

全国哲学社会科学工作办公室

前　　言

　　人类社会的历史发展越来越表现出一种层次性的分化与互动融合的趋势。历史层次的观念就是试图把握这种历史运动的一种思想形式，在这个思想的构型中既有层次内在的逻辑演化，又有层次之间的交互作用。历史科学在漫长的发展过程中，逐渐形成了对历史进行条分缕析又不失整体性的思想框架，该框架针对社会历史的整体运动，分析其层次展开的历史进程，并对过程中的种种经验进行分析与反思，超越单一层面上诸要素的线性调和或统合不同领域的简单拼凑，重建一种具有层次深度的历史理性。

　　历史层次的观念是对已有历史研究范式的继承与发展。它不仅有历史思维内在的变迁逻辑，也反映了逻辑之外人类社会历史的变迁，表现在从政治、经济到文化、科技等不同层次的发展线索及其交互作用的历史规律性；相应地，研究范式也表现出一种层次分化的复合取向，从理性到非理性再到重建理性，从远离思辨走向实证分析、历史个性化与文学性叙述。近年来，超越叙事主义的积极思辨历史哲学的趋向表明，对简单的、非此即彼的单一模式的超越，或者说，在精细实证与整体综合思辨之间、科学性与叙事性之间，需要进行中间层次的开拓。随着人类社会历史的发展，越来越复杂的世界与生活呼唤层次性的复合模式、深度层次的历史理性；而且，要把握纷繁复杂的人类历史经验，尤其是把握加速发展的新时代，也需要一种既能进行总体把握又能应对层次分化的理解能力。无论是历史研究的学术圈内的具体探讨，还是人人皆可谈论的有关人类历史的零碎知识或者整体，都需要具有层次的历史理性，如此才能既直面世界历史的发展和后现代主义各种思潮的挑战，又能发扬光大包括历史唯物主义在内的历史理性，不断健全历史科学。

　　历史层次的观念是克服扁平、单层次的调和、神秘主义、各种单纯的非理性的历史叙事，以及简单否定宏大历史叙述的后现代主义的一种历史理性，是旨在揭示历史叙述、史学理论与历史哲学的研究等不同层次的共同历史思维。它结合了各种宏观史学与微观史研究的研究方法,灵活运用计量技术与新科技手段,基于现实社会的多元分层次的结构与运动,探究从大到小的历史实在的规律性问题,把握历史事实与真相的层次性,诠释实践理性的历史性,重建历史唯物主义的历史理性。它主张层次观念的历史实践,在论证过程中坚持历史与逻辑相统一,解读中国独特的现代化历史经验,为历史哲学面向时代剧变的现实提供历史的理性方法与智慧。

本论著从如下几个方面推进与展开:

第一,对层次概念进行哲学的分析,展开理性的层次性特征的论述,从而为历史层次的观念进行理论铺垫。与历史所包括的人类主体性理性相对应,第一章对理性的层次性、层次理性求真的品质进行阐释,并回到理性的整体观,运用理性对情感、人性、历史性生存境遇等进行层次剖析。

第二,对人类社会的整体历史进行几个层次的叙述。首先,就层次展开的人类社会文明历史进行简要的叙述,呈现其发展的主要线索及其层次性。其次,对历史编纂进行层次性阐释,揭示从传统历史编纂到世界历史基础上的层次性编纂的展开,与文明历史进程中的内在层次之间的互动形成应合。再次,对历史观念作为思想本身的层次性演化进行阐述,主要涉及思想史、哲学观念的层次发展,以及哲学史内在的层次逻辑的演变过程,梳理近代以来德国历史主义、现代语言哲学转向之后的历史哲学发展,后现代主义史学的新趋势,当代关于历史理性与历史层次的研究与实践应用的层次性演变的历史思想脉络;此外,叙述哲学史作为层次分化的思想历程,在问题探索的层次性深度拓展与其内在的关系中寻找确定性的层次轨迹及其不确定的表现形式。最后,对历史研究本身的多重层次,包括政治、经济、科学技术、思想文化、社会组织结构等不同层次的变迁过程,以及层次类型、研究方法及其历史演变进行层次性的阐释。

第三,对作为历史本体的社会结构及其变迁进行层次分析。历史是关于人类社会的历史,社会是历史的本体实在,是历史研究的对象。人类社会有机体在任何一个层次上的变化,都可能会产生波及所有层次的一系列连锁的变化效应,这看起来像是一种逐渐扩散开来的问题泛化,把握不好则杂乱无章,甚至毫无头绪,但其实也有层次性的规律可循。第二章根据历史中的社会表现出的层次性,分析深层(经济和社会基础、生物学特征)和表层(上层建筑、行为)共同构成的共时性的横向结构;深层与表层之间的相互作用形成社会系统在时间维度上的、纵向的历史运动;分析现代社会生活如何是一个分化的、层次性的生活,为何各种现代社会问题需要层次理性的建立才能进行综合性的解决;同时,对社会成熟度的层次度量精细探索。

第四，历史理性是在时代发展的进程中不断层次分化而逐渐丰富起来的，它包括如何认识历史、体验历史、重构历史，如何反思历史的认知、行为与实践等逐层递进的过程，展现出历史理性的生命力与丰富的层次性。当然，历史理性的成熟需要细化而深入的分析，也离不开历史整体观，因为历史有足够的层次和视角，让不同的观点在不同层次上建立根据，构成层次理性的历史解读，如用假定事件来解剖事件链条，用边际效应来寻找不同层次的"因果关系"——最重要的解释关系；其确定性随着层次的不同而形成一个差异性的谱系，对同一历史事件的因果关系在不同层次上的解释相互协助与协调。此外，还分辨认知性的历史理性与非认知性的历史理性（实践历史理性），前者主要针对规律性的历史解释，后者针对历史体验与历史叙述。

第五，针对历史评价常与某种当下的伦理评价纠缠在一起的情况，运用层次性方法来将之廓清；同时，在层次观念、历史层次理性视野下，进行历史的层次评价可以把不同层次、尺度、时段逻辑的力量与要素按照既具有历史整体观，又有历史分层次的模式进行合理的评价。接着研究圆满生活的历史性，如何实现圆满生活的方式，对人的存在价值、生存价值进行层次区别，从而建立起层次性的、科学的人生价值体系；针对历史人物、历史事件、文明与国家等几个常见层次上历史评价的实践进行简要的探讨。

目录

前言 / 1

绪论 / 1

    第一节 历史观念的缘起与发展 / 4

        一、古代的历史观念 / 5

        二、中世纪的历史观念 / 9

        三、近代的历史观念 / 11

        四、现代的历史观念 / 15

    第二节 当代语境下的历史观念变迁 / 19

        一、语言与理性的层次分化 / 20

        二、后现代主义史学观与新历史主义的观念 / 27

        三、当代语境下的历史研究与实践 / 35

    第三节 时代呼唤分层次的历史理性 / 42

        一、社会与文化发展的层次性 / 45

        二、重建历史理性：历史层次的观念 / 53

第一章 层次的观念 / 62

    第一节 传统哲学观念的困境与层次性改造 / 65

        一、传统哲学的困境 / 67

        二、哲学的层次性改造 / 71

    第二节 理性的层次 / 74

        一、理性的层次性特征 / 75

二、层次理性的真理性 / 78
　　三、层次理性的整体性 / 81
第三节　非理性与存在的层次 / 86
　　一、关于非理性的层次性探索 / 87
　　二、存在的层次 / 92

第二章　历史的层次 / 98
第一节　层次展开的人类简史 / 101
　　一、进化史尺度上的人类简史 / 102
　　二、人类文化史的层次简述 / 105
　　三、文化向文明转变中的多重层次 / 109
　　四、古典文明的层次结构与限度 / 112
　　五、现代文明世界历史的层次简述 / 117
第二节　历史编纂的层次 / 123
　　一、传统历史编纂模式与层次性 / 124
　　二、世界历史的编纂模式与层次性 / 128
　　三、文明进程中的层次互动 / 141
第三节　思想观念的层次演变 / 149
　　一、思想史的层次 / 150
　　二、哲学思想观念的层次变迁 / 158
　　三、哲学史中的层次观念 / 167
第四节　历史研究的多重层次 / 172
　　一、历史研究的层次类型 / 173
　　二、历史研究方法及其演变 / 179

第三章　作为历史本体的社会分层 / 184
第一节　人类社会的层次性 / 187
　　一、社会分层的多重维度 / 189
　　二、社会空间的多重层次 / 195
第二节　社会层次的历史变迁 / 199

一、社会与历史的层次互动 / 201

　　二、历史进程中的社会变迁 / 208

　　三、全球化时代的社会空间化与人之普遍交往 / 217

第三节　社会层次的评价与文明度量 / 222

第四章　历史理性的层次 / 230

第一节　历史认识的层次 / 233

　　一、历史认识及其层次 / 236

　　二、历史真实与历史实在 / 245

第二节　历史解释的层次 / 251

　　一、历史解释的结构与层次 / 252

　　二、寻求历史规律的理性 / 257

第三节　历史理性的实践层次 / 264

　　一、实践理性的历史性与历史实践 / 264

　　二、历史叙述的层次理性 / 277

第五章　历史评价的层次 / 283

第一节　价值与历史价值的层次 / 286

　　一、价值与评价 / 287

　　二、历史价值的层次性 / 293

第二节　历史评价实践的层次 / 298

　　一、历史评价的层次性审视 / 299

　　二、几个常用层次的历史评价刍议 / 306

绪　　论

　　历史学是一门古老的学问。古语云：读史使人明智。可是，一旦你打开历史书卷，常常会发现许多历史细节模糊不清，总结性的评论像是"任人打扮的小姑娘"，由历史书写者的基本立场与历史观念所建构，或由他们所处时代的基本精神所决定。历史实践的书写者有某种预设立场，虽然连他们自己也未必清楚，却难以避免。那么，历史研究或历史实践的后继者，是否能够吸取教训呢？历史经验表明，各种"偏见"会不断出现，包括对它进行反思与批判的历史研究本身，也逃脱不了其自身认识到或者认识不到的深层次逻辑的规约，这不仅发生在历史书写上，也发生在历史认知与理解不断深入的层次序列上。通过对前辈思想观念的继承与批判，历史研究的后继者总是在一个新层次上重新生产出被其后继者批判的各种历史理论与观念，因此，历史观念也就形成了一个层次性的序列。

　　那么，非文学想象或虚构的历史研究与实践，既然标榜秉笔直书的历史客观性原则，是否应该有基本的客观标准呢？要在面向大众展现历史的画卷中给人智慧，在各种新兴事物不断夺走人们忙碌生活中所剩无几的时间缝隙，传播历史知识与思想的竞争，总要有一种真实的意义与价值吧。如果不能获得所有真实的历史材料，也要在有限性中揭示出值得传播的历史真理；如果不能在所有方面都保持真理承诺，也要在某个层面上追求并传递一种善或审美的价值。历史的智慧来不得一点虚假与伪装，所以，真实性原则、崇高的理想与价值追求要在历史研究有限度的层次性的画卷中清晰地显现出来，不能隐藏于宣称秉笔直书实则为主观构造的"那些事"背后任人揣度，而要在作者、读者、研究者与历史之间建立有效的交流与对话。

　　从历史中寻找解决现实问题的参照与智慧，是文明延续与社会成长的基本经验，是所有文明社会或多或少都具有的传统，因为它标志着人类的理智达到了自我意识的阶段。人们能够利用已成过去的历史经验与资源，寻找个人与社会作为一种现实存在的理由与历史性依据，从而增强现实中自我存在的厚重感,抵消飞速流逝的苦短人生以及快速变迁的时代带来的飘忽感。人也要不断地对自己过去的行为与想法进行反思和评价,从而为当下的行动、未来的实践规划寻找精神上令人信服的理由。比如,利用或者依循某种规律性,从而建立和维护当下社会生活的秩序;或从历史与现实之间的"互构"、文史互文性中窥见现实与历史写作实践的建构关系。就如列斐弗尔所说,"历史学的社会功能是依靠现实而组织过去"[1];在有关历史与现实的关系、探究历史的现实意义的问题上,布洛赫说得更加简明:我们总是通过过去来理解现在,通过现在来理解过去。[2] 对历史进行基于历史理性的认知,离不开对包括历史唯物主义在内的各种历史理论的学习,离不开沉浸式的历史体验,离不开对历史与历史理解中各种层次问题的探讨与反思。

当代历史研究有一个明显的趋势,那就是历史学家远离历史哲学,历史研究从思辨走向实证分析,历史研究变得个性化与文学化。因为,思辨的历史哲学缺乏方法与路径对具体的历史研究做出实质性的指导,其自身也没有突破性进展,其结论也不像经济学模型那样容易证实或证伪。思辨的历史哲学在人类社会发生剧变时更容易被接受,因为动荡时代的人们更期待变化的历史观念。让斯宾格勒声名大噪的《西方的没落》就是恰逢乱世的文明清醒剂,让众多读者惊恐不安的心灵产生强烈的共情而得以心安。历史上更多民族则依赖宗教或类似意识形态的精神安抚。但"二战"后,长期的和平发展改变了人们的心境,在世界看起来是"平"的全球化快速发展的时代,乐观的精神也随商业浪潮而蓬勃兴起,人们不再满足于思辨历史观那抽象、空洞的"宏大叙事"的原则说教,而是在后现代主义潮流推动下,寻求精细化的历史分析、个性化的历史叙述,或者更接地气的满足个体自我需要的微观历史片段。不过,时代精神的节奏变化很快,就如狭隘的国家竞争对经济与科技全球化的干扰,随着语言转向之后的学术沉淀,历史研究出现了向纵深发展的层次分化,主张"历史叙述"的观念以一种后现代主义的方式继续流行。近些年来,西方历史哲学也出现一些新的动向,一些新历史哲学家试图超越叙事主义和先验论,回归某种思辨的、更为积极的历史哲学[3],这表明精细化与整体性思辨的历史观念的两个层次在不断交流与融合。

---

[1] 何兆武、陈启能:《当代西方史学理论》,中国社会科学出版社,1996 年,第 499 页。
[2] 转引自姚蒙:《法国当代史学主流——从年鉴派到新史学》,三联书店(香港),1988 年,第 46 页。
[3] Eelco Runia,"Presence",*History and Theory*,Jan(2006),pp.1 - 29.

越来越精细的学科分工本身也是一种层次性的划分。在历史哲学的规范视角下,对于历史的研究也可以从所谓本体论、认识论、方法论、价值论等不同的层次上进行,各个层次上的规则与需求也各不相同。例如,有人把历史划分为"原生态的历史"、文明诞生以来数千年层次叠加的"有记录的历史"、基于当下现实需要而对过去进行选择性建构的历史、"被激活的历史",等等。然而,无论如何划分种类或层次,这些研究只有联合起来才有更大的解释合理性;不同层次的历史研究虽然针对不同层次的历史对象,但都拥有一个共同的现实之源,那就是这唯一的世界、唯一的人与人类社会。因而历史研究具有一个共同的现实目标:要让每个走失于各种文明歧路的心灵沐浴同样的世界之光。然而,由于一些片面的历史观念不能回应整体性的世界历史的发展,贯穿文明历史、有关人与社会基本生存的核心问题却以简单的方式被打发掉,就像逻辑实证主义把一切都还原为简单的逻辑与直观的验证之后,生命与世界的奥秘反而被遗忘。作为整体的生命与世界包含历史的一切,包含历史的整体观念,而在后现代主义思潮之后,越来越偏狭的、各种具体的历史问题都远离了深刻的历史智慧。剩下的问题空荡无物,何谈重新恢复那曾经辉煌的智慧殿堂?

健全的历史思维在于层次清晰的观念,而非扁平、单层次的偏执或简单的调和,亦非总是企图蒙混过关的神秘主义历史观念,更不是非白即黑的独断。在如花朵般绽放的世界,在各种不同要素以层次性展现出来的人类历史进程面前,每个层次的逻辑如世间万种生命多彩多姿,为我们敞开的,与其说是沉重的历史之门,不如说是指向未来的无限可能。每一个有历史观念的现代人,徜徉于历史的河流,或沉浸于其浪花一朵,或追寻整体之浩渺,即使一无所获,即使思考永在途中,总好过抱残守缺地枉过一生。从历史看未来,没有思想的顶层设计,头脑中关于人、人生、人类、人类社会的概念与思想都将分崩离析;没有人类历史的厚重感,再精细的知识与观点都是无根的浮云。不融入历史长河的事物是没有价值的,不融入历史长河的思想观念是没有真正意义的。随着科技与经济的发展,物质匮乏逐渐消除,所谓"现实观照"将越来越难成为懒惰的借口,人生的意义越来越向深层次倾斜与聚集,而不是被单纯物质性、功利性的"精致的利己主义"的肤浅层次所遮蔽。

历史层次的观念是一种坚持历史整体观中层次分化的思维框架,是一种层次性的思维方式,也是重建历史唯物主义的历史理性的一种设想。它以层次为思维支架,让思想空间更为宽宏,通向更深更远的地方,而非浅显的直观世界。因为人类历史的踪迹不是直接呈现出来的,缺乏现实的生活世界那样的直观性,无论是历史认知还是以各种目的进行的"历史阅读"的体验,或以深度的历史理性进行的反思,其触角已经越来越深邃,单凭直观思维不再能胜任各种层次的历史经验与历史实践。历史层次观念的价值诉求,是凭借层次视角视审历史、社会与人生,让历史为我们呈现出丰富多彩的深度世界,让层峦叠嶂的景色呈现于精神的视线。ChatGPT(聊天生成预训练转换器)等AI(人工智能)技术带来的智能革命的脚步声越来越近,快速发展的时代要求历史思维的变革,既要总体地把握历史又能应对层次分化的历史叙述。

无论是在历史研究内部,还是放置在历史之外的整个人类的知识海洋,具有层次的历史理性才能全面而具体地理解历史,既直面后现代主义思潮的挑战,又能把历史唯物主义的理性精神发扬光大。这种精神是马克思对旧唯物主义的克服和对人在社会历史创造中的主体能动性的张扬。历史层次的观念追求思维层次性的足够丰富与深刻的弹性,非单一层次上的要素调和、领域之间的简单综合,或质量上的浅陋脆弱。

第一节 历史观念的缘起与发展

历史观念并非一个特别的学科术语,学界也没有把它当作一个重要的概念。20世纪英国历史哲学家柯林武德在其《历史的观念》一书中提出,历史学是一门人文学科,其研究对象不仅是过去的事件和事实,更重要的是历史事件背后的意义、目的和意图。他主张历史学家应该用"内视法"来理解历史,即通过思考历史人物的意图和信念来解释历史事件;历史学家不可能完全客观地观察和解释历史,因为他们的观点和背景会影响他们对历史事件的看法,所以历史学家应该意识到自己的主观性这个内部层次的影响,并尽可能减少个人偏见对研究结果的影响。柯林武德在运用历史观念时强调历史的解释和理解,考虑到其涉及的人文背景,虽然他对于历史学家的内在观念通过"历史想象"通达历史真理的描述有所夸大,带有一定的"主观倾向"——"历史和道义是理论理性和实践理性的最高层次,两者都关涉具体的个人"[①],但他对朴素直观的传统历史研究增进了"历史主体性"的多重层次,对当代历史观念的健全发展产生了深远影响。

---

① 〔英〕柯林武德:《历史的观念》,何兆武、张文杰、陈新译,商务印书馆,1998年,第2页。柯林武德的另一部遗著《自然的观念》,有助我们对比理解。

这里也把"历史观念"视为对历史本质、历史发展规律和历史意义的理解和认识,是人们对历史现象、历史事件和历史过程所持有的基本观点和看法,是对历史认识的总体框架,并试图在历史观念发展的进程中把握其内在的发展逻辑,及其与世界历史发展之间的互动进程。

一、古代的历史观念

古代的历史意识最初都来源于对丰富多彩的神话传说与民族史诗的人文精神的觉醒。不同的古代文明因为这种觉醒的程度与早晚不同,也因其民族传统与文化存在差异,在历史观念上有各自的特点。历史观塑造着古代的精神世界,开启了人们对自己独特历史的认知和理解,并随着时间的推移和文明的演进,在不断发展和变迁中形成了各种不同的历史理论和史学传统。当然,由于地域差异,有些地方的历史观念觉醒得很晚。历史观念成体系的典型代表是古希腊罗马以降的西方历史观传统与中国历史观传统,两者源远流长。古代文明都有宗教神学的创世说,例如古埃及的王表不断,但保存下来的王表都出自宗教或丧葬文献,其中也包括有关神灵的重要内容,因而属于广义的历史观念。文明古国印度的历史观念除佛学、印度教的广义历史观外,连历史叙述的年份都是混乱不堪的,以至其古代年份的勘定都需要借助中国史料中唐僧取经之类的事件记载来确定,如受历史唯物主义影响的印度新史学家高善必所说,"印度实际上没有历史记载值得提及……只有一些模糊的民间传说,却很少有超出神话和传说的文字记载……可以肯定,印度没有一部古代史能像罗马或希腊的历史那样记载得详尽准确"[①]。西亚两河流域的古代泥板书上有关历史与统治的记载则动辄以万年为单位,他们似乎更愿意让日常商贸往来如法典一样充满历史。

种种历史记载显露出人们对于历史的基本观念,而古代世界典型的历史观念大致可归纳为如下几种:

(一) 宗教史观

古代宗教史观是指在古代社会中,人们在理解与解释历史和事件时所融入的宗教信仰和观念。宗教在古代社会扮演着重要的角色,它不仅是人们对神秘力量和超自然现象的解释,也是道德规范、社会秩序和政治权威的基础。因此,宗教观念在古代历史中对人们的思维方式和历史叙述产生了深远的影响。古代宗教往往将信仰与历史事件紧密联系在一起,例如,

---

① 〔印度〕高善必:《印度古代文化与文明史纲》,王树英译,商务印书馆,1998年,第11页。

许多古代文明相信他们的神明曾经在远古时代介入人类的历史,并且通过神话和传说将这些事件传承下来。宗教观直接产生了神权政治,在一些古代社会,国王或皇帝被认为是神灵的代表或具有神性,其统治合法性和权威来自宗教信仰,因此历史事件常常与神灵和统治者的意愿联系在一起。古代宗教往往通过祭祀和宗教仪式来纪念重要历史事件或神灵的行动,这些仪式不仅是信仰的表达,也是历史记忆的传承。古代宗教往往有一系列宗教文本,如经典、圣典等,其中包含着神话、教义、祷文等内容,这些文本也成为解释历史事件的重要依据。需要注意的是,古代宗教史观并非单一的观念,而是因地域、文化和宗教信仰的不同而有所差异,例如古埃及、古希腊、古罗马、古印度、中国等文明都有各自独特的宗教史观,它们也随着历史的演进,在政治、社会和文化因素的影响下不断变化、发展。

(二)英雄史观

古代社会普遍存在英雄崇拜和英雄史观。在古代文明中,英雄人物往往被视为神话中的英雄、神灵、伟大的国王或传说中的创始人,例如古代希腊和罗马就是英雄史观的典型代表,英雄被塑造成超凡脱俗的人物,被认为是历史进程中的关键推动者和改变者,也被视为道德榜样。他们的品德和行为被推崇为社会的楷模,用以启迪后人和儿童教育,培养人们对民族历史和文化的认同感;他们的事迹与成就被写入史诗和传说,受到人们的传颂。许多古代英雄被赋予神话般的色彩,他们的生平和事迹常常与神灵、超自然力量相联系。这些神话和传说成为古代人们解释历史和英雄事迹的重要来源,这些英雄往往是杰出的军事领袖、政治家、思想家或文化艺术家。他们的行为和决策被认为直接影响着国家、社会和民族的命运。这在古代希腊的《荷马史诗》和中国古代的《史记》等作品中都有体现。不同古代文明中的英雄史观表现各异,古希腊英雄史观强调荣耀、勇气和智慧,如荷马史诗中的阿喀琉斯、奥德修斯;古罗马英雄史观则着重军事胜利和政治统一,如恺撒、斯巴达克斯;而中国古代英雄史观注重君主治理和道德领袖,如周公、汉武帝、岳飞等。

(三)古代循环史观

在古代许多文明和宗教中都有这样的历史观念,即认为历史是循环或周期性发展的。这种循环可以是天文现象的周期(如太阳、月亮等的运行周期)、自然界的循环(如四季交替)、社会制度的更迭等。它很有可能是从泛灵论的自然现象拟人化而来,因为对于古代世界的人来说,思想观念的分化同时也是一种观念的进步,对于历史的认识也是如此。因为对历史与自然世界之间的分化尚不够充分,在一些古代宗教体系中,宇宙的循环和历史的循环被认为是相互关联的,即宇宙和历史的运行都受到某种超自然力量或神明的支配,人类历史的发展被置于更广阔的宇宙秩序之中。因而,历史中的人物、事件与社会生活都会在历史的不同时期重演,人类社会的生活和问题、历史上的各种社会现象、政治事件和文化发展会在不同时期重复出现,人类的基本需求和社会问题在历史的长河中有相似之处。它们都有一种想象的原型,一种抽象的图腾化的符号,尚不能与现实中的具体存在直接联系起来,因而表现出朴素而强烈的观念性,尽管他们自己尚不能通过自我反思意识到这一点。这也与其所处的时代强调个人与群体之间的同一,原初人格未独立的历史境况相符合。因而,古代循环史观中,人们往往强调修身养性,追求道德和精神的完善,认为这样能够更好地适应历史的循环和社会的变化,以群体力量应对个人难以承受之重。

以上所述的古代历史观在柯林武德看来都不是历史学,而被称为"准历史学",比如神权历史学,或两河流域的历史文献神话。因为他的历史学标准是:科学性、人文主义、合理性、历史叙述。[①] 被公认为"历史学之父"的希罗多德以古典人文主义的历史观,以古希腊理性精神对神学历史叙述进行批判,从而开启了严肃的历史学,"一是重视用历史事实来进行道德教育;二是注重实地考察;三是注重社会文化史;四是人本主义的历史观;五是编纂体例经修昔底德的完善和发展,成为近代西方史书的正宗体裁"[②]。当然,古代宗教与神话传说的层次性影响也在其中留下了深刻的传统烙印,在一些难以解释的事情中运用因果报应之类的逻辑与神谕,替代萌芽时期有限度的历史理性的因果推理。如果我们联想到当时自然理性的哲学才诞生一个世纪,古希腊哲学三杰还未出场,这就完全可以理解,甚至有些让人惊讶。虽然希罗多德也受到当时自然哲学的理性主义影响,但他开创的历史意识却与追求万物现象背后那个不变的本质或理念的古希腊哲学大异其趣,这尤其为柯林武德所推崇。考虑到被柏拉图贬低的文学艺术与历史却在当代后现代主义的历史哲学中得到深挖,变成一座观念的宝库,这就更让人对古希腊思想的宽容心生敬仰:原来他们早已揭示了这个深度层次的逻辑张力。总的说来,宗教神学的历史观是贯穿古今的一种文化与哲学的底层观念,在理性层次难以胜任时显现出来,起着替代性的作用。

在古希腊短短几百年的古典时代里,各种理性思想相互激发,诞生了人类文明星空中最密集而灿烂的众星,这些思想观念之间的张力构成一个

---

① 〔英〕柯林武德:《历史的观念》,第16页。
② 〔古希腊〕希罗多德:《历史》,徐松岩译,上海三联书店,2008年,译序第18页。

宽阔的多维思想宇宙。修昔底德比希罗多德小25岁,但其在《伯罗奔尼撒战争史》中的历史观念从多重层次推进了历史理性的发展。一是用更严谨的理性精神来考察史料、剔除神话,二是通过建立事物发展的内部因果关系来给历史现象以科学的解释,例如对战争与雅典失败的原因分析,还试图寻找经济原因的客观支持;三是开辟了政治实践层次的历史叙述,而政治是一个包括政治思想、政治制度与政治心理等多重层次的复合结构。当然,他用人性的抽象理解替代神学,但没有联系人的现实活动,最终陷入历史循环论,这在我们后世看来体现为他的历史理性的时代限度。修昔底德身处乱世而向内心世界寻找善与真理的悲情色彩,让人想到同时代伟大哲学家苏格拉底的悲剧结局。不过后者有点不同:他超越生与死,把天上的哲学拉回现实的人间。

从黑格尔历史辩证发展的视角看,古希腊历史观念虽然意识到东方世界等外域的存在,并进行了详尽记载,但理解的仅仅是表面上的、地理性的世界,尚未形成观念上回复到前一个环节的神学普遍概念,因而也就未能构成真正的普遍历史的观念。后者在希腊化时期经由柏拉图主义的普遍性进行了再一次概念化的融合而完成,并为亚历山大帝国征服史提供了历史叙述的理论根据。不过,希腊化的普遍主义与现实的帝国特权之间的紧张关系却是现实,并不是想象的天国图景。现实的原则导致现实的历史编纂方法,进而产生现实主义的原则,但普遍主义仍激发出一种追问存在的历史价值的观念,这在波利比乌斯的罗马帝国征服故事中表现得更为成熟,因而在西方史学史上,波利比乌斯被认为是最早提出普遍主义历史观念的人。

他认为,公元前220年之前世界上所发生的事"都是分散的,每一件事无论就其目的、结果和发生的地方而言,都是孤立的,彼此之间没有什么联系。而这一时期以后,历史已成为一个有机的整体"①。不过,其中蕴含着独立的政治历史的观念与历史宿命论,两者之间的间距既是其历史观的困境,也更深刻地凸显出历史观念的内在层次之间的丰富张力。他所指的偶然性的存在并不是历史唯物主义意义上的"现实存在",需要"命运"来给特殊性以合理的逻辑,因为政治活动无法把握的外部环境表明了理性的有限性,就如波利比乌斯没有、也不能够对罗马精神的民族起源问题进行追问一样。罗马在打败马其顿王国之后对希腊世界的统治显示出其独特的政治逻辑,即只关注政治上的效忠而无视民族的血缘关系的同化,这是具有现代意义的政治层次的独立逻辑。尽管其保持着奴隶等级(但奴隶也可以

---

① Polybius, *The Histories I* (Harvard University Press, 1979), p.3.

当皇帝、大将与贵族,恰恰说明这种等级不同于古代或中世纪的那种社会政治等级),却是人类政治生活走向理性政治的先声。无论如何,从历史观的反思来说,波利比乌斯开启了史学观念的新层次。

就历史的观念与历史理性的推进而言,古罗马史学大家李维在普遍主义上受波利比乌斯影响,是对古希腊思辨思维与罗马实用主义经验的融合,①然而其道德循环的历史观念却不是对历史观念的进一步发展,其"剪刀加糨糊"的方法论与塔西佗的历史文献工作一样缺乏创新,正如柯林武德所说,代表的"并不是一个朝气蓬勃的进步思想的时代"②。当然,在观念之外,还有现实的天地,古罗马悠久的政治历史传统贯穿于从王政、共和到帝国的千年历史,源于罗马精神的实用的艺术性文化,"罗马人经过有选择地广采博收并配合自己的创造而形成独具一格的文化"③。学界常常把古罗马帝国与西方近代文明、美国进行对比,认为它们之间有许多相似性,尤其在政治文化方面。这一方面说明政治层次的观念与历史的观念是根本不同的;另一方面说明我们仍未能把握人类文明历史进程中最具有现实性与强力的政治层次的内在逻辑。假如这样,我们对历史的理性把握也就不能说是成熟的,因为唯有在把握全部层次的逻辑之后,历史理性才最终是圆满的,历史的观念总是以反思为最后一步。

二、中世纪的历史观念

在欧洲中世纪,历史观念主要受到宗教、哲学和传统文化的影响,呈现出多样性的特点。除了古代历史循环观、英雄观、宗教史观有新的发展之外,还出现了世俗历史观。各种历史观念在中世纪欧洲社会中相互交织,共同影响着人们对历史的认知和理解。值得注意的是,随着时代的发展,中世纪历史观也在不断变化,逐渐向更加现实和理性的方向转变,开启了文艺复兴与近现代历史。从这个意义上说,随着时代的发展,即便是宗教史观,也出现了意义分歧,换言之,宗教不再是古代的宗教,宗教史观也非古代那样的朴素的自然神话,而是有了层次分化的多重内容。同样,英雄史观与循环史观也有不同层次的意义与现实指向。

中世纪的宗教观与循环史观相互影响,历史循环的原因从神秘的自然主义转向神学,历史被认为是上帝的旨意,上帝会不断地在历史中介入并

---

① 易宁:《波利比乌斯的普世史观念》,《史学史研究》2007年第4期。
② 〔英〕柯林武德:《历史的观念》,第39页。
③ 〔美〕威廉·弗莱明:《艺术与观念》,宋协立译,陕西人民美术出版社,1992年,第96页。

干预人间事务。中世纪的循环史观与《圣经》的解释相结合,认为历史事件和人物在某种程度上是上帝启示的结果,而不是古代君主所代表的上天意愿或者神话故事与神灵人物。人们试图通过《圣经》的预言来解释历史的发展和未来的走向。现实社会层面也发生了历史观念的关联,中世纪的封建制度使得社会处于一种循环状态,封建领主和农民的关系、君主王朝的更替都呈现出一种周期性的特征。随着欧洲文明的发展,历史观念逐渐向更加现实和理性的方向转变,而循环史观逐渐被其他历史观念所取代。由于宗教体系和宗教信仰的不同,古代与中世纪的宗教史观有很大的差异,古代多神论、神话以及神权与王权合一的观念,与中世纪基督教的单一神论、教会权威和宗教战争等有所区别。

同样,英雄史观在古代、中世纪也有不同的演变。古代社会普遍存在英雄崇拜和英雄史观,在古代文明中,英雄人物往往被视为神话中的英雄、神灵、伟大的国王或传说中的创始人;在中世纪的骑士传统中,骑士们被视为英雄,他们誓言效忠上帝、尊重女性、保护弱小,并且以勇敢和忠诚而闻名。在中世纪的历史著作中,英雄人物往往是王侯、骑士和圣徒等,他们被赋予超自然的力量和意义。随着近代社会的兴起,英雄史观开始受到挑战。近代以来,随着科学精神的启蒙和现代国家的发展,对于历史的解释更加理性和客观,人们开始强调集体力量和社会结构的作用,而非个体英雄的主导地位。在现代历史学的视角下,英雄史观逐渐被批判和超越,现代历史学家更加注重历史背后的结构和动力,强调经济、社会、政治和文化等多方面因素的相互作用。英雄史观也在历史的演进中不断变化,现代历史观相比古代已经更加注重客观事实和社会结构的影响,不再单纯强调个人英雄的作用,而是将历史看作一个复杂的社会过程。马克思主义唯物史观更强调人民群众是历史的创造者,而英雄人物作为他们中的重要代表,是人民群众的组成部分。

特别值得一提的是,欧洲中世纪出现了世俗历史观,它与宗教史观相对立,强调世俗因素对历史的影响,为历史的解释和记载提供了不同的视角。世俗历史观强调政治、社会和经济因素对历史的塑造作用,历史发展的主要动力被认为是统治者、政治家和决策者的行动,而非宗教因素。世俗历史观关注地方和民族历史的发展,强调各个地区和民族之间的差异和独特性,不同地区和民族的历史经验被看作是各自特定环境和条件下的产物。它认为历史是连续不断的,历史的发展是一种演变过程,人类社会的变迁和发展是由各种因素交织而成的,而非超自然力量主导的。世俗历史观强调人类行为对历史进程的影响,人类的决策、行动和选择在历史发展中起着至关重要的作用。它倾向于更客观地记录历史事件,减少对超自然现象和神秘力量的解释,历史学家因此开始采用更为理性和实证的方法来研究历史。当然,中世纪的历史观是复杂多样的,世俗观也深受宗教观的影响。

三、近代的历史观念

近代以来,明确的历史反思是从意大利哲学家维柯开始的。作为历史哲学的开创者,维柯在其名著《新科学》中首先采用理性分析的方法来研究历史,阐明人类历史中的现象与过程,这也标志着用理性精神来把握人类历史发展的历史理性的真正诞生。维柯的历史观念十分丰富,既有对人类历史认知的反思,也有对历史学本身的反思,更有对人类历史进程的哲学思考;从神到英雄再到凡人,"民族世界确实是由人类创造出来的,所以它的面貌必然要在人类心智本身的种种变化中找出"[1]。这让人不自觉地联想到历史唯物主义对劳动大众的经济活动的肯定,其中也蕴含历史本身以及我们认知历史的理性精神从一个层面到另一个层面的演进。凡人的时代仍有英雄的存在,也有宗教与神的位置,但时代精神的主要载体发生了变化。而且,如布鲁纳所说,现代欧洲在思想上与中世纪存在明显的观念裂隙:即便两者运用了完全相同的词语如"国家""历史",其所指之物在概念和事实上都有显著的差别。[2] 因而,其内在结构与逻辑也当然是不同的,在重要的核心范畴上会形成层次性的概念谱系。

当然,从思想渊源的历史线索来看,维柯的历史理性发源于文艺复兴的人文主义[3]批判精神向历史领域的蔓延,对宗教文本的勘定和有关城市

---

[1] 〔意〕维柯:《新科学》,朱光潜译,商务印书馆,1987年,第164~165页。
[2] Otto Brunner, *New Wege der Verfassungs-und Sozial-geschichte* (Gottingen: Vandenhoeck & Reprecht, 1968), p.345.
[3] 吊诡的是,文艺复兴运动中的人文主义者大多是正统的天主教徒,而且在形式上保持对教会的忠诚,默认其至高无上的地位,与其批判的旧势力有着更多的政治上、经济上的联系。例如,彼特拉克深受阿维农教皇的宠信并享受教会产业的收入,瓦拉也在教皇尼古拉五世的宫廷供职,米开朗琪罗、拉斐尔直接为教廷进行艺术创造,伊拉斯谟更是与封建统治阶级英王亨利八世、德皇查理五世、法王弗朗西斯一世以及一些红衣主教往来友善;罗马教廷也对他们尽力庇护。当他们看到路德反叛罗马教廷的后果时,开始从其早期支持宗教改革的立场后撤而走向反面。这其中的原因复杂,简化地理解就是人文主义者的改革停留在某个有限度的层面,而不触及宗教与教廷权力的深度理论层次。然而其引发的后续历史效果却不由其初衷所控,其中的历史深层逻辑超越了他们狭义的认知自觉的层次。类似地,路德与加尔文最终也走向狂热的"排巫运动",也显现出任何历史事件都具有的层次性限度——在历史整全的意义尺度上显露出其局限性,这样的局限性尚需后续的启蒙运动等不断完善的理性精神来纠偏,而理性精神也就在这一浪又一浪的历史运动的过程中辩证地衍生出更丰富的层次性,变得更加包容与完善。历史中的这种看似种瓜得豆的事情普遍存在,实际是因人们缺乏层次观念而不能充分解释历史事件。

市民社会的历史记载,"正是在对待过去的文化,对待历史的问题上所持的态度,明确地确定了人文主义的本质。这种态度的特征并不在于对古代文化的特殊赞赏或喜爱,也不在于更多地了解古代文化,而是在于具有一种非常明确的历史观……发现古代世界就是衡量自己同古代世界之间的距离。他们首先应同古代世界脱离开来,然后再确定同它的关系"[①]。在分层次的视域下,从更大的背景来说,西欧的文艺复兴掀起了一场影响深远的思想文化运动,经过漫长的、被称为"千年黑暗"的中世纪之后,一切都在发生快速的改变,从15世纪文艺复兴、宗教改革、资产阶级革命,到18世纪启蒙运动、工业革命、法国大革命都是如此。在经济上,英国率先走上从农业转向工业化的资本主义道路;政治上,欧洲典型的封建制度逐渐走向解体;社会组织形态也随之发生显著的变化,更多的人从农村走向城市。整个社会在不同层面的剧变如此深刻,这让千年静谧的乡村社会对人们变得陌生,引起人们对曾经"静止不变"的人类历史的思考,探寻变化的背后根源,进而预测未来的变化。

　　维柯的《新科学》在自然世界之外为人类构造了一个历史世界,并且宣布只有这个世界才是真正属于人类的,是人类自己的创造物。[②] 而且,有关历史观念的理性,不仅在人与自然之间产生了分别,在自然与历史之间也有分别。维柯的新科学方法对理性精神的发展产生了深远影响,有关历史的基本观念也逐渐丰富起来。康德最重要的哲学贡献是对"纯粹理性"的辨析,为科学精神与人类知识提供哲学的解释,但他也很关注人类社会的政治状况。康德晚年更多地思考社会历史,他有关历史哲学的观念"丝毫也不次于《纯粹理性批判》在其自身领域的至关重要性"[③]。这也是启蒙时代的基本精神格调,毕竟康德也是人文精神觉醒的典型代表。如果说孔多塞的《人类精神进步史表纲要》把启蒙精神视为人类社会历史发展的根本动力,代表法国启蒙运动的历史哲学的开始,那么,康德在《永久和平论》《世界公民观点之下的普遍历史观念》中提出主体性的自由道德律令主导历史的目的论则具有更高的思想境界。受卢梭"人是生而自由的"影响,康德深刻地领悟到,"自由是人文世界历史的前提,历史乃是自由人民的自由

---

① 〔意〕加林:《意大利人文主义》,李玉成译,生活·读书·新知三联书店,1998年,第14~15页。
② 聂敏里:《维柯〈新科学〉对近代启蒙历史视野的引入》,《云南大学学报》(社会科学版)2022年第1期。
③ 卡西尔:《康德历史哲学的基础》,吴国源译,《世界哲学》2006年第3期。

事业,它绝不是自然世界中那种被给定了的必然"①。何兆武高度肯定"第四批判"的观点,而李泽厚认为,尽管康德的历史观中具有辩证法因素,但其"历史观念"不够健全,"不是作为自然存在而是作为社会存在的人,是唯心主义化的作为社会存在的人的能动性"②。邓晓芒也认为康德没有系统而融贯的"历史观"。虽然康德明确地意识到人类的历史的存在,但对于其如何展现为历史的过程没有清晰的了解,缺乏历史观念层次上的成熟建构,还停留于历史本体与历史现象相分离的状态。

18世纪德国浪漫主义思想家之一、德国"民族主义之父"赫尔德继承了维柯的历史理性,其历史观念影响深远,并展开了层次的深入。一方面,在当时康德哲学强调先验的普遍法则的理性主义的大氛围中,赫尔德对康德的启蒙主义历史观念进行了批判,并另辟蹊径地主张从事物本身的产生与发展过程来进行理解,这就是典型的历史主义思维模式,认为从内容到形式而不是从形式到内容的历史,更有说服力与内涵。另一方面,尽管每个民族国家都有各自独特的历史轨迹与历史价值,但作为一个整体的人类历史也具有超出单个民族的整体性意义与目标,这个目标不是基督教神学的,而是赫尔德式的人道主义的。赫尔德不仅主张历史是复杂的、多线条的,充满各种偶然的可能性,还强调历史的整体连续性,每个民族的价值都体现在整体之中的部分性上。"追溯传统链条的历史哲学本来就是真正的人类史。没有它,一切外部的世界事件都只不过是过眼云烟罢了,或者成为可怕的怪异现象。在地球上的变革之中只看到一层又一层的废墟、没有终点的开端、没有持久意图的命运变换,这种景象令人毛骨悚然。只有形成的链条才从这些废墟中造成一个整体,即使一个个的人类形态在这一整体中消失掉,但人类整体依然不死,依然发挥着作用。"③

赫尔德还在方法论上主张在理解和描述历史时运用"移情"方式:"为领悟一个民族的一个愿望或行动的意义,就得和这民族有同样的感受;为找到适于描述一个民族和行动的词句,要思索它们丰富的多样性,就必须同时感受这些愿望和行动。否则,人们读到的就只是词句而已。"④此外,赫尔德还受到当时日益兴起的、包括生物学在内的自然科学发展成果

---

① 何兆武:《关于康德的第四批判》,《读书》2005年第3期。
② 李泽厚:《论康德的宗教、政治、历史观点》,《社会科学战线》1978年第1期。
③ 赫尔德:《人类历史哲学的观念》上册,第341~342页。转引自李秋零:《德国哲人视野中的历史》,中国人民大学出版社,2011年,第142~143页。
④ Robert Burns, Hugh Rayment-Pickard, eds., *Philosophies of History From Enlightenment to Postmodernity* (Beijing: Peking University Press, 2004), p.72.

的影响,结合莱布尼兹有关"自然是一个发展的有机体"的思想,把历史与自然相类比,提出历史的有机体概念,被卡西尔称为"史学发展史上的哥白尼",其著作《人类历史哲学的观念》被普遍认为是现代历史哲学创建的标志。

从康德到赫尔德,历史哲学的新思维试图在各种杂乱的历史材料与历史现象中发现一种理性——普遍规律性与普遍目的。康德从先验的理性逻辑出发,赫尔德则偏重于现实的生活、感性的直觉判断,主张自然主义与人道主义的结合,认为"人类的生活是一种历史性的生活,因为它是一种心灵的或精神的生活"[1]。但他们有一个共同的旨趣:把历史的复杂多样性统一于一个完整理性的运行框架。费希特与康德不同,他认为历史主体是一个实体,正是这个实体决定了历史不同时段的不同表现特征,进而能够形成一个具有逻辑性的连续序列。这种"主体即实体"的观念影响了谢林,并通过谢林影响黑格尔,因为谢林把自由与必然性归属于"绝对同一性",更加接近于辩证法的历史观,这为黑格尔的历史哲学体系做了准备。

黑格尔的历史观直到今天仍被学界作为一种重要的理论典范进行分析。黑格尔的历史哲学是有关历史必然性的观念,他认为,世界历史是一个具有规律性同时又合乎目的性的理性运动的必然过程,历史不过是理性在时间中的展开。恩格斯在《反杜林论》中写道:"黑格尔第一次——这是他的伟大功绩——把整个自然的、历史的和精神的世界描写为一个过程,即把它描写为处在不断的运动、变化、转变和发展中,并企图揭示这种运动和发展的内在联系。"[2]人类历史就是按照理性精神去实现自身目的的过程,"人类在完全表面的意义之下,至少决不会是理性的'目的'的工具。在实现这'目的'的机会中,他们不但借此满足个人的欲望,并且参与在那个理性的'目的'的本身之中。而且就是因为这个缘故,他们是自己的目的"[3]。因此,黑格尔历史哲学又是有关人的自由的辩证发展过程的观念,如果说历史存在什么最终的目的,那就是人的自由意识的进展,"世界历史就是自由意识的进步"。在黑格尔之前,并不是所有的历史观念都主张人类社会是不断进步的,有的甚至认为人类历史是不断退步的,或者是循环往复的。在黑格尔看来,既然人类历史有关人的自由意识,而自我意识的发展是一个从低到高不断进步和发展的过程,那么,不管是在宗教、艺术、

---

[1] 〔英〕柯林武德:《历史的观念》,第105页。
[2] 《马克思恩格斯文集》第9卷,人民出版社,2009年,第26页。(本书所引《马克思恩格斯文集》各卷,未标注的均为人民出版社2009年版本。)
[3] 〔德〕黑格尔:《历史哲学》,王造时译,上海书店出版社,2006年,第31页。

还是经济与政治方面,基于自我意识的社会注定都是不断进步的。

马克思对黑格尔的劳动观给予高度评价,因为黑格尔"把劳动看作人的本质,看作人的自我认同的本质",从而为人类历史进步观奠基,对历史唯物主义产生了极大的影响。黑格尔用"劳动"对主奴关系的辩证法进行了深刻阐释:主人通过奴隶的劳动获得劳动成果,但同时被奴隶的劳动所束缚,这就把看起来属于主人的主导地位颠倒过来了,主人在劳动成果的物的约束中变得不自由,奴隶却通过劳动获得事实上的自由,因为他实现了劳动的自由本质,成为把握人本质意义上真正的"主人"。从方法论上来说,黑格尔在《历史哲学》中提出三种观察历史的方法:其一是原始的历史,如希罗多德把所见所闻记录下来的《历史》、色诺芬的《回忆录》等;其二是反省的历史,这里不仅有历史叙述,而且还有思想的概括,如普遍的历史、局部的历史、实验的历史与批判的历史;其三是书写哲学的历史,对历史的哲学性思想的考察。基于此,黑格尔建立起世界历史的哲学体系,"一方面,他肯定法国大革命是世界性的历史事件,它创造了理性的原则并导致现代国家的形成;另一方面,他却反对法国大革命的革命方式"[1]。黑格尔思辨历史哲学完成了历史与逻辑的统一,哲学就是哲学史,"在哲学历史上所表述的思维进展的过程,也同样是在哲学本身里所表述的思维进展的过程,不过在哲学本身里,它是摆脱了那历史的外在性或偶然性,而纯粹从思维的本质去发挥思维进展的逻辑过程罢了"[2]。

四、现代的历史观念

狄尔泰的"历史理性批判"意在建立一种从直接性的生命知识到人的概念性认识的体系化知识系统。他试图为社会历史知识乃至整个精神科学建立认识论的理论基础,与康德纯粹理性批判为自然科学知识建立的认识论基础一起,为所有知识做理性的辩护,"新康德派和狄尔泰双方都同样具有康德式的关切:要在意识中发现使得科学、眼下是历史科学成为可能的基础"[3]。这也是狄尔泰为实现兰克客观主义历史科学梦想,试图为历史学弥补哲学的基础而做出的努力,他把精神科学划分为三个层次:事实、命题、价值判断。其中,第一层次描绘的是通过感知描绘实在,这些主张构成知识的历史成分;第二层次说明被抽象分离出来的这一现实部分内

---

[1] 〔加〕查尔斯·泰勒:《黑格尔》,张国清、朱进东译,译林出版社,2002年,第653页。
[2] 〔德〕黑格尔:《小逻辑》,贺麟译,商务印书馆,1980年。
[3] 〔美〕伊格尔斯:《德国的历史观》,彭刚、顾杭译,译林出版社,2006年,第176页。

容的一致行为,这些主张构成了人文科学的理论成分;第三层次表达价值判断和预定规则,它包含了人文科学的实践成分。① 这个三层划分有着明显的康德关于感性、知性、理性的三个领域划分的痕迹,但是三个层次之间的逻辑关系是不是存在问题呢?事实与命题相比于价值判断似乎太过相近,表现出单一知性的逻辑,而如何清晰勾勒与区分价值层次之间的关系,才是这种层次划分的合理根据。与这种仍然基于康德的知性的思想不同,狄尔泰在生命有机体方面的想法为历史哲学提供了一些独特的概念,如生命单元、体验、表达等,有助于从生命哲学的基本概念、个体性的生命现象出发来理解人类社会的历史。

在理解历史与哲学之间关系的基础上,克罗齐认为历史与哲学是同一的,并提出"一切历史都是当代史"这个著名论断,因为"时间一去不复返",历史或者历史认知活动是当下的思维活动。克罗齐所说的"当代"不是纯粹时间序列上的当下——这是对其复合层次的抹杀,会导致层次性的误解;它是二阶层次上的具有把握历史的意识的当下,唯此历史才能成为当下的活材料,是人类心智的产物。② 既然是当下的思考,那么一定与思考者本身的现实需要、现实社会生活的背景不可分离。从价值取向来说,基于现实的价值观支配着对过去历史材料的解读与认知,如果没有当下的价值与需要,也就不可能去提及过去的历史。虽然这种基于当下的强烈意愿并不会得到所有人的认同,但它同时表明历史的本质是有关人的思想的学问。在《历史学的理论和实际》中,克罗齐提出历史与编年史的划分,认为前者是有关人的活生生的历史即当代史,是真正的历史;而后者是指没有生命的、死的材料堆积,即历史编纂的结果,是虚假的历史的形式。显然,这与黑格尔的历史哲学有内在的关联。在克罗齐看来,历史哲学研究的唯一对象只能是精神这个实在,而非历史材料所意指的所谓历史的过去。从思想延续性看,这是历史观念从外在的、客观的,逐渐走向历史认知主体内在的、主体性基于现实活动的趋势的一种表现,"精神本身就是历史,在它存在的每一瞬间都是历史的创造者,同时也是全部过去历史的结果"③。

德罗伊森(黑格尔的学生)在兰克的历史科学的基础上,对19世纪的历史哲学与史学方法进行了比较全面而系统的探讨,希望为"历史科学"建立认识论与方法论的基础。在德罗伊森看来,历史的方法就是理解,"形之

---

① 〔德〕狄尔泰:《人文科学导论》,赵稀方译,华夏出版社,2004年,第27页。
② 〔意〕克罗齐:《历史学的理论和实际》,傅任敢译,商务印书馆,1982年,第71页。
③ 〔意〕克罗齐:《历史学的理论和实际》,傅任敢译,商务印书馆,2005年,第13页。

于外的、个别的言行,都是内部表达于外的一部分。整个内心只能借着它的言行来理解。……个别的只能在整体中被理解,而整体也只能借着个别的事物来理解。……理解的行为既是综合,又是分析;既是归纳,又是演绎"①。与兰克主张无偏见地理解过去不同,德罗伊森认识到历史学家不可能有绝对客观的基点,而只能在历史之中思考历史问题,人既具有人类学的基本特征与局限性,同时也有理性精神的自我反思能力,历史个体即国家、民族等是历史的主体,即所谓道德共同体或者"道德力",它们既是历史研究的对象,但同时也构建历史研究者与历史研究本身,从而在某种意义上使历史没有止境,"人类的进步,指的正是人类在每个不同阶段中对历史发展终极目的的认识的加深、扩大、提升"②。正由于他认识到历史研究对象与历史研究者的历史性,从而克服了兰克那里假定的历史研究者的理想型,为后来伽达默尔的历史诠释学提供了准备,同时也是把黑格尔历史观念中的人的主体性展现在历史解释之中的外显。

19世纪的历史学随着资本主义社会的发展而蓬勃兴旺,历史观念不断推陈出新,与各种思潮交织,史学流派繁衍不绝,出现了浪漫主义史学、兰克的客观主义、实证主义史学。这个时代的历史观念最接近19世纪自然科学精神,也受到科学巨大进步的鼓舞。历史学学科建制也完善起来,登上了人文科学的舞台中央。历史观念是历史在人思想中的逻辑反映,当然需要关注历史研究者本人的思想及其时代特征,这是19世纪~20世纪历史哲学的基本走向。柯林武德的历史哲学观的核心概念是"思想"——"一切历史都是思想史"③,体现出强烈的人文关怀精神。他认为,历史研究就是建立在人性基础上的,甚至就是有关人性的研究,人性是思想的硬核。但人性是随着时代发展而变化的,而非如自然科学对象那样具有不变的一般性。柯林武德还从外部研究与内部研究两种不同视角来探讨历史事件的二重性:外部即通过经验归纳建立历史事件与事件之间的因果联系;内部则对应于外部的内在思想属性,在历史研究者的内心世界通过心理移情的情境设置,去重演历史、解释历史人物与历史事件。从历史研究的实证分析角度来说,柯林武德基于心理移情的"重演论"具有经验性的历史哲学研究的方法论价值。

中国学界的历史研究十分广阔,其中研究对象包括中国历史与世界历

---

① 〔德〕德罗伊森:《历史知识理论》,胡昌智译,北京大学出版社,2006年,第12页。
② 〔德〕德罗伊森:《历史知识理论》,第88页。
③ 〔英〕柯林武德:《历史的观念》,第245页。

史,而研究领域与方法则贯穿于历史编纂与写作的历史实践、史学理论、历史哲学等不同的研究层次。对于中国历史的研究也是中国历史学界与世界汉学家的主要研究场域。中国有悠久的历史、丰富的历史材料与历史经验,有关中国历史的研究从理论建构到方法,从历史观念到历史理性的层次性结构的变化,也是一部贯穿中国历史的历史观念的运动。从孔子删春秋到司马迁秉笔直书的巨著《史记》,从古代历史观到近代融入西方历史理性精神与历史研究方法的现代化运动。先秦史学讲究历史记载的方法,"属辞比事";汉唐史学则追求"信史"与"实录"的历史叙事风格,班固赞扬司马迁"其文直,其事核,不虚美,不隐恶,故谓之实录"(班固:《汉书·司马迁传》);唐代刘知幾把修史的真实性作为原则加以理论化,"良史以实录直书为贵",侧重实录的同时展现思想与历史反思的深度;宋明义理史学则在当时理学基础上增加了史学的义理思辨性,用经学思想来规范史学理论与实践,却带来抽象宣论的隐患;清代学者顾炎武、钱大昕等人矫正前朝的空谈,以"实事考据"为宗旨。然而,以历史事实本身的是非曲直来劝善惩恶只是中国传统史学的一厢情愿,因为他们自己的历史观念尚不够清晰,他们对此也没有理性的思考,对于层次逻辑关系的认识没有完善的理论指导。如果能够形成不同层次的逻辑关联,那么事实本身真有可能显示出"是非曲直"。

接受系统而科学的历史观念,还是近代以来通过新史学的转型得以完成的。近代史学人才辈出,出现了王国维、梁启超、钱穆等大师,更重要的是,在20世纪前期,在大量史学发现、西方历史思想观念的传入等重大历史契机下,传统史学完成了向近代史学的过渡转型,这也是中国传统思想与世界思想文化直接交流融合的独特历史经验。显然,这个史学观念的变迁有多重层次的逻辑演变,其中更深远的还有更早时期严复译介的《天演论》带来的社会进化学说的传播,它启发了梁启超的"史界革命"(《新史学·中国之旧史》)。中国社会从政治、经济到文化等各层面发生了类似西方文艺复兴时期的巨大变化,而且中国的变化发生时间更短,因而在许多方面都表现出更强烈的层次性分化的特征。层次性特征表现在许多方面。在史学研究的领域,例如顾颉刚提出的"层累地造成古史",王国维的"二重证据法"等,继承了传统乾嘉学派的治学理路,也接受了西方科学的史学理性精神;尤其是马克思主义的唯物史观,直接发扬光大了中国基于现实观念的史学精神,把史学与社会革命结合起来了。有学者提出,"中国历史研究的主体性,包括三个层面的问题:一是研究者的主体性,即谁、站在怎样的立场上研究中国历史;二是研究对象的主体性,即所研究的中国历史是谁的中国历史;三是研究目标的主体性,即主要为谁而开展研究。三个层面的问题是密切联系、交织在一起的,其中的核心是研究者的主体性"①。

历史唯物主义的传入与史学研究相结合,开启了现代中国史学理论创新和马克思主义的中国史学的新范式,代表性人物有翦伯赞、郭沫若等。他们的研究视域更加开阔,而且表现出马克思主义特有的历史科学精神,注重宏观历史规律性问题的研究。由于特殊历史时期的浓厚政治色彩与意识形态性,"以阶级斗争为纲"的"左"倾导致了历史学研究中的教条主义,例如在农民战争等历史发展动力问题上产生了观念在先的错误,将普遍性的"人民群众是历史创造者"这个一般论述套用到全部历史上的农民运动中,形成对特殊事件的具体历史分析。这也成为改革开放之后史学界进行直接反驳的一个批判对象,成为中国独特历史观念变迁中的一个历史环节,也以一个既存的历史唯物主义中国化的社会唯物主义的层次,构型于我们当下的历史观念之中。

第二节 当代语境下的历史观念变迁

在19世纪,历史还被普遍地认为是一种客观的存在,一种过去发生过的不容改变的事实,兰克的"科学的历史学"就是这样一种观念的代表。然而,在语言学转向之后,这种观念很快受到质疑,索绪尔把真实性的考察定位于语言,德里达甚至宣称"文本之外无他物",传统二元认识论的语言经验被否定,语言取代了传统观念中历史相对于语言的真理权威地位。探讨认识如何发生的内在深层结构,从而通往对历史认识论的分析与解构,以及对历史文本产生的过程、性质及其模式进行探讨,成为学界的重要话题。更有甚者,经过存在论哲学、分析哲学、实用主义与后现代主义等现当代哲学流派的洗礼,有人认为历史与哲学不过是与文学相似的一种语言创作。海登·怀特在《元史学:19世纪欧洲的历史想象》中消除历史独立于语言之外的客观性,拆除文学与史学的边界,在西方文学界和史学界都产生很大影响。不仅语言,历史真实、历史实在都成为与语言相关的范畴并得到重新审视,一些重大的历史事件、历史现象都得到重新解读。

20世纪最重要的现代西方哲学转向表现在对语言的认识与反思,即

---

① 鲁西奇:《中国历史研究的主体性、核心问题与基本路径》,《中国社会科学评价》2018年第3期。

语言原来并不是一张工具性的透明膜，能让人的思维直接对应外在世界，而是一个具有一定结构与独立逻辑的层次。对语言现象的研究深刻改变了人文社会科学的思想与知识版图，不仅对哲学，还对历史学、历史哲学也产生了深刻的影响。迄今活跃在美国大学哲学讲台上的依然还是语言分析学派，有学者将其概括为三个不同的层次：英美语言哲学涵盖侧重语言结构形式分析的"句法学"、关注语言与实在或世界关系的"语义语言转向的历史哲学表现和价值学"，以及将语言放在言语行为层面加以探讨的"语用学"。语义学和语用学将大多数哲学家现在不再感兴趣的句法学放在一边，其关于语言的核心理解可以分别概括为"以言指（事）物"和"以言为用"。[①] 当然，语言转向并不单纯地揭示语言本身的存在，同时也影响到我们对历史叙述本身逻辑的重新审视，从而引发出对一系列诸如历史真实性、历史本体与意义何在之类的历史哲学根本问题的反思，甚至衍生出历史叙述、历史经验、历史解释等不同层次的区分。

历史观念首先是有关历史的语言。柯林武德还是历史哲学的语言转向的先驱，他认为"语言完全是一种思维活动，而思维就是语言所能表达的一切；语言所属的那个经验水平的察觉、意识或想象的经验水平，这一水平已经被表明不属于感觉范围或者心理范围，而是属于思维范围"[②]。语言是意识传达和共享的主要工具，它塑造了我们对历史的理解和解释，影响我们的思维和认知方式；而在人类社会的历史层面，社会文化因素中的语言和符号系统对意识的形成和表达起着关键作用。

一、语言与理性的层次分化

不同于动物那种非符号性、没有层次与结构、混沌一团的声音或形体表达，人类语言及其运用具有多层次性，超越了生物性的刺激局限，包括声音层与符号层，而符号层又有语法结构层次、语义、语用等不同的层次。乔姆斯基反对描述语言学，主张转换生成语法，创立了当代形式语言学派，转变了语言学研究的语法研究新层次，[③]虽然在当下人工智能有关自然语言的探索中被大语言模型所抛弃，但在一定程度上启示了认知科学的新方向，而且将来仍可能会对人工智能关于自然语言与理性重现之间的关系发挥重要作用。

[①] 周建漳：《语言转向的历史哲学表现和价值》，《史学史研究》2013年第4期。
[②] 〔英〕柯林伍德：《艺术原理》，王至元、陈华中译，中国社会科学出版社，1985年，第258页。（柯林伍德即柯林武德。编者注。）
[③] 参见〔美〕乔姆斯基：《句法结构》，陈满华译，商务印书馆，2022年。

语言本身既是人认识世界、描述事物的一种工具,也是实现人与人之间交往、表达情感的工具;它甚至不只是一种通常的工具,在人的思维与言行中不可缺失,起着极其重要的言语行动的作用,因而是人在世、人与人共同生存于同一物质兼精神的世界中的方式。然而,人们普遍使用的自然语言与人们所思所想之间似乎总是存在一种莫名其妙的间距,导致言不达意,既可以如诗歌般给人想象的空间,也有导致误会误解的可能,这是由于人类语言自身的开放性或符号任意性。[①] 人类在数万年前就获得了语言能力,语言能力被当作一种"先天性",但这种能力还需要幼儿期的学习与训练,掌握具体种类的语言则是后天习得的。无论有意还是无意,不同形式的语言滥用要么是缺乏层次性的真实表达,要么是故意操作语言进行错位表述,以产生幽默或异常效果的表现。从客观性的认知真理视角看来,它模糊了真理与谬误在不同层次上的本质差异,但在人的交往效果与现实生活的意义视角看来,却是人们对超越前者的更高价值追求。

语言文字具有相当独立的层次性。[②] 语言文字是人类在历史中创造出来的,介于思想与外在行为和世界之间的一个核心中介或层次,尤其在人类走上基于语言文字的普遍交往的全球化时代,再也没有什么比语言文字更具有世界普遍性的文明媒介了,正所谓"语言是存在之家"。这句话似乎夸大了语言对于人和社会之存在的意义,但语言文字实实在在地承载着我们日常生活、思想与普遍交往的人类文明的基本内容,并把先于语言文字的自然历史要素重新纳入语言独特的结构之中,这些活动既支撑着语言的逻辑,同时也受限于语言的结构。

语言文字在历史中演化出自己的逻辑与层次的分化,历经多轮改进后,出现了当今表意文字与象形文字的分野。但有趣的是,拥有当今世界最多使用者的汉语文字仍保持其原始象形的痕迹。作为一种象形文字,汉语文字在文化的基本单元——语言文字的层次上,更亲近地连接着我们的感觉与意识、思维与想象。语言学中存在广泛的层次性现象,例如,汉语方言的历史层次性就是指文白异读,通过类似福柯所谓"知识考古学"方法,我们可以层次性地"揭示汉语方言里整体文白异读的不同现象,……两种

---

① 参见〔瑞士〕索绪尔:《普通语言学教程》,高名凯译,商务印书馆,1980年。
② 这里主要是从哲学、历史哲学的视角进行的分析,而非语言学的历史层次方面。当然,作为实证性的语言层次分析,包括各种方言的历史层次性的研究,揭示了民族历史阶段性的社会活动与语言变迁之间的分层的历程,对历史研究形成一个侧面的支持。后者相关的研究很多,如参见陈忠敏:《历史层次分析法的几个重大问题》,《辞书研究》2022年第4期。

白话音的混合引起的现象,其中也许还有更早期的底层。底层的语音或多或少"[1]。在字母文字改革之后,西方世界把语言文字与现实事实作为两个相互关联又独立的层次来看待,语言文字层次上自有其独立的概念逻辑,而事实与现实层次又是另外一回事,这种层次性的分化产生层次衍生的张力,支持理性结构的展开。当然,这种理性分析的层次框架是认知性的而非审美的,因而不涉及语言美学的一些关键特征。中国诗词的审美正是奠基于语言的能指与所指的内外层次之别,所谓"词之为学,意内言外"[2]。而且,在人际和不同时空语境下产生的相对变化能够调动受众的情绪与参与,从而展开了一个意义的生发空间,形成一个独立于单纯语言之外的新层次。

索绪尔的《普通语言学教程》超出文学语言学的层次,来谈论人类普通语言的历时性与共时性问题,其中没有超越性的本体论层次,而只是语言本身内在的一个层次的逻辑阐释。因而,有时会把语言问题的规律研究分为三个层次而非三个并列且独立的领域:一是纯粹语言学的运用层次,即实用的层次;二是索绪尔意义上的语言学层次;三是本体论意义上的语言学层次。三个层次虽各有自己相对独立的规定性与逻辑,但不是彼此孤立或分离的,而是重叠在一起的,重叠于语言现象与语言实践之中,层次之间相互关联而形成一个立体性的结构。换言之,一个词语、句子包含这三个层次的意义,会出现在这三个从上到下具有相对独立性的逻辑层次上,它们共同构成一个含有三个基础层次内涵的统一整体,任何语言现象或语言实践都不只是单个层次的逻辑演绎,而是全部层次或重或轻、或隐或显的参与。我们的会话语境也是一个层次性的结构,因为所有的语境都是多重意涵的,而且常常相互关联、纠缠在一起,要分出明晰的层次并不容易,甚至是不可能的。因而,把不同层次的语言混在一起,是难以更改的现实,也是历史形成的人类习惯。习惯与语言的发展难以赶上生活经验的层次性衍生,以及由此而引发的思想观念的层次性衍生的速度。人类在基本的行为习惯、语言结构等高度稳定的装置中表现出高度的稳定性与传统性,没有人会在表述每一个细小的事情时加上一系列的时间地点、条件等前置状语。但这一点在哲学史上常常引起思维混乱或理解的困难,我们在面临质疑时不能反思性地意识到这一点从而为自己辩护。

以层次视角来看,在人们日常生活的话语中,到处都有层次的穿越与

---

[1] 丁邦新:《汉语方言中的历史层次》,《中国语文》2012年第5期。
[2] 吴梅:《词学通论》,中华书局,2010年,第1页。

混淆。一些相声小品等文艺节目就拿它做"包袱",有些看似是文字游戏,却又蕴含深层意义,如"先有鸡还是先有蛋"之辩。如果相信进化论,那么若干万年前的过去某个时刻,有一只鸡从原始形态发生了突变变成现在我们看见的这种鸡,之后产出鸡蛋,开始鸡与蛋的循环;或者有一枚蛋(还不是鸡蛋)发生了突变孵化出第一只鸡,于是开始了鸡这个物种的延续;当然也不排除同时发生这样的突变。究竟首个基因突变的是某一只鸡还是某一枚蛋其实并不重要,而且也非原问题之所问,这样一来,原问题所问变得不恰当了。但是,原问题的提问者可能并不了解进化论或者不是在充分理解了进化论的基础上提出此问题的。这就显露出问题所问的层次性:相信或不相信进化论是一个潜在的重要层次,不可绕过,否则就会导致"鸡同鸭讲"的争论不休的局面。可见,对于所问问题,如给定一个恰当的层次就有一个恰当的回答,否则问题本身不会有恰当而明确的意义。由此,我们可知问题的层次性:如果能由某个层次上的确定规范理论(如进化论)所回答的,那么就在那个层次上依循其逻辑进行回答,而不要跳离那个层次,否则会由于层次错位而陷入历史上曾经有过的那种前科学的蒙昧状态。如果要质疑那个层次上的规范理论,则是另外一个问题了,那需要在更超越的层次上进行,例如在哲学的层次上进行探讨。

现代哲学有一股情感主义、意志主义的思潮,强调主体的情绪与自由意志等非理性因素的作用,影响着对语言的意义分析,表现为对不可言说的莫名敬畏。说隐喻和象征不可分析、不可理性地被理解,这是站在非层次理性的视角而言的。相反,以层次理性可以对它们进行分析,进行层次上的界定,这样,它们就不再是与分析理性处于同一层次上的两个极端,而被细化分析为更细小的不同要素。拿隐喻与明喻进行对比,后者(例如,"博尔特跑得像闪电一样快"。)是直接采用一种形象化的修饰,修饰在这里变得直接明白;而前者(例如,"黑暗给了我黑色眼睛,我却用它去寻找光明"。)就不是那么直接显现的。对此,需要借助一些不同的对应关系符号来理解,而且未必那么明确。由此可见,明晰与否才是隐喻与明喻之间的实质区别。所以,在超越性、包容性的层次整体上看会更为全面,也把原来层次上不可解的问题变得在一定限度内可解了。

语言的狡计,如上所述根据层次思维可归结为,在语言的运用与交流中存在层次的语言错位运用。换言之,命题在某个新的层次上展开,但逻辑仍然借用既定其他层次思维或语言的范式,而本层次的独特性没有在既有语言的结构中得到体现。因而,只有重构一个面向本层次的特征性语言结构,才能避免语言的滥用与层次混淆可能引起的错误解释。在以概念内涵明确为基础的自然科学中也有这样的情况，例如，在玻尔、海森堡等人对量子力学的哥本哈根诠释中，测量过程是用所谓的"波包坍缩"来解释的，即用所谓叠加态来描述、表达一种不确定性，但这种不确定性究竟是什么，叠加、坍缩究竟是什么意思？这些都不过是运用我们日常话语情境中的词语或术语来描述量子微观世界物理学现象的层次性语言借用，一方面似乎有助于我们用日常直观的现象来类比地理解微观现象，使得理解更加通俗容易；另一方面也附带地产生语义的歧义后果，基于类比的语言借用并不能直指量子运动的本质。人文社会科学的语境就更复杂而微妙了，例如李约瑟难题、黄宗羲定律，问题简单明确，但所涉本体的要素却跨越不同的文明与历史的层次，因而要真正回答这些问题，可能首先要明确这些基本的语境条件，具体分析字面之下隐藏的实质内涵的不一致性，即所问语言情境中的意义与其所问对象历史情境中的恰当性之间的差异。解开这些神秘的概念之谜，则需要进入封闭的语言之包，用内在的分析照亮从外而观的黑暗之箱。

语境是研究语言使用和功能的一个重要的语言学范畴。在系统功能语言学中，文化不仅指与民族渊源有关的习俗、信仰、生活方式，还是一种语境，一种通过语言来实现的意义潜势系统，它通过不同的语言活动和教育、司法、政治、商业等制度表现出各种潜在的可能性。① 语境也不只是语言使用环境，而是表达情境意义潜势与语言表现形式之间的关系。简要而言，这种关系性的语境有三个层次：文化语境、情境语境与上下文语境。它们分别对应于语言系统中的语篇体裁、语域与语言表达形式。三层之间形成上下依赖关系：语篇体裁指交往过程中有目的、有步骤的结构，这一结构借由下一层语域中的语境配置体现；而语域又进一步由具体使用中的语言即语篇体现。② 因而，自上而下看，是语境支配了语言的表达形式，自下而上看，则是具体语言形式构成了特定语境。

语言逻辑哲学或"分析哲学"由于受"拒绝形而上学"观念的影响，并不能恰当地处理一些本体论问题。例如"存在"问题中，存在不能作谓词，但我们也可以这么来理解：存在是一个层次转化，"X 存在"不是一个通常的主谓形态的事实描述，不是一个认识论层次上的针对某个直观对象的论断，而是一个本体论、存在论层次上的命题，因而需要在这个层次上进行判

---

① M. A. K. Halliday, "The Notion of 'Context' in Language Education", M. Ghadessy, ed., *Text and Context in Functional Linguistics* (Amsterdam: Benjamins, 1999), p.1-18.
② 尚嫒嫒：《语境层次理论与翻译研究》，《外语与外语教学》2002 年第 7 期。

别。一切"存在 X"类型的判断都是本体论命题,而不是认识论的描述命题。同样,如果我们在存在论意义上探讨"真理"问题,那么,关于"真"的问题也同样从认识论层次的描述命题转化到存在论的层次上。

在分析哲学的语境中,经典哲学范畴如思维、存在、历史、过程、主体、客体等,都有值得历史性探究之处:它们是如何结合在一起的?哲学家曾经取得什么成果,犯过哪些错误?对这样的研究就是一种整体性的层次研究。语言、实践、经验的核心,或者生活世界的核心是意义,而不是某种外在的孤立客体。哲学的发展路线就是从客观-主观之对立[1]到建立一个超越"客观-主观"的融通层,既与客观层联系又与主观层相联系,这似乎是人类思维向更包容、更复杂结构发展的一种必然趋向。对此,借用自然科学与技术世界的现象来类比更直观,例如,互联网的基本网络协议 TCP/IP 有七层架构,就是为了让不同层次有不同的应用,保持某种层次的开放性与灵活性。计算机的设计证明了这个趋向,客观的东西没有理解的意义,不可交流,主观的东西属于个人,也不可交流,唯有一种既客观又主观的东西——语言文字构造的世界——才可以"客观"地交流。

对于人类社会的言语实践而言,语言是最重要的交往媒介,是人类社会得以建构起如此复杂的超越自然界限的群体规模的伟大创举。就社会中的个人而言,语言对外,理性对内,理性既是个人将外在社会性要素转化为个体的客观条件的中介,也是个体行为支撑语言社会功能的内核。语言指向外在的事物与行动,通过所指事物与行动实现一个主体对于另外一个主体的理解与沟通;理性则把语言的内容转为内心的智慧、情绪等。语言似乎是一个开放的白箱,内心理性则是一只无法直观的黑箱。理性最清晰的语言表达是自然科学,其次是技术性的经验描述;而哲学与社会科学尚未建立起一种既清楚又规范的逻辑表达形式,文学艺术停留于外在性的叙述结构,对于内在的艺术经验的要素及其结构而言,只要作为其本质的内核的情感不能被我们的理性以逻辑结构的形式来把握,就不可能深入下去。对于综合性的哲学来说,其语言形式仍不足以支持建立起理想而科学的范式。

跳出语言层次之外,理性思维与语言之间存在的张力显而易见,语言的局限性和不确定性可能导致理性的失真或误解。一方面,语言是我们思考、推理和交流的关键工具。我们使用语言来表达概念、观点和逻辑关系,进行理性思考和辩论。通过语言,我们可以传达我们的想法、分享知识,并

---

[1] 在观念意义上是客观、主观的对立;在本体意义上,则是客体、主体的对立。

与他人进行合作和交流。然而，语言的表达有时受到限制，语言的含义因语境、文化差异、个人经验等因素而产生歧义或多样性，同样的词语或句子可能被不同的人理解为不同的意思。这种模糊性和歧义性可能导致理解的困难，甚至可能误导或误解他人的意图和观点。另一方面，理性追求逻辑、推理和客观性，它依赖于清晰的思维和准确的概念表达，然而语言的局限性和多义性可能使理性受到挑战。理性思维需要我们注意语言的精确性、逻辑一致性和概念的明确性，以避免混淆或错误的推断。这种张力要求我们在使用语言时保持警觉，努力精确和准确地表达自己的思想，同时尊重他人的表达和理解。它也鼓励我们在交流和辩论中持开放和批判性的态度，以克服语言的局限性并推动更有效的理性交流。理性与语言也是相互依存的，毕竟语言是我们思维的表达和交流媒介，而理性指导我们使用语言来思考和表达。正是这种张力使得我们通过不断反思和努力提高语言能力，从而增强理性思维，促进有效交流。

概言之，理性难以言表的狡计一直困扰着我们。理性依赖语言但又不同于语言，它们之间若即若离的关系或许就是康德所说的"深藏的奥秘"，黑格尔辩证法的内在驱动力，海德格尔最后放弃的"时间的存在解读"，抑或哥德尔用数学语言描述的根本的"不完备性"。最近，AI产品ChatGPT的火爆出场进一步激发了我们对语言的深度层次性认知。如果说以前的AI是从内到外地模拟人类的意识与言行，那么ChatGPT则不同，它不同于人类从婴儿期开始的生物性的语言学习，而是直接针对外在的语言层次上的逻辑结构，进行泛化与通用的LLM（大语言模型）处理，根据空间中语料词语之间的距离感来建立联结，生成句子，对话题给出"答案"，"涌现"出突破传统图灵测试的类人的言语效果，其存在就是语言本身，而非语言之外人类的生活世界与内在心理与思维过程。未来如果能够结合人类真正的语言学习过程的经验，那么AI可以反过来帮助我们了解自己的语言学习是如何发生的，从而有助深入人的意识、思维等的本质之中，更深刻地揭示人内在的心理、精神活动。ChatGPT对我们内心活动与外在语言表达之间的必然性的生成关系形成了挑战，而且，也因为AI生成的"语言"看起来比人所能够表达出的语言文字更显得"完美"——甚至显现出超出人所能够表达的能力与水平，这也严重摧毁了人对于独占语言的"自信"权威性。

AI的进一步快速迭代，不仅以镜像方式告诉我们，语言的核心在于人与世界之间的"以言指事""以言为用"，而且会在如下两个方面暴露出人类的有限性。其一，AI通过巨大参数与层次建立的LLM占据着类似人脑物质的地位，而LLM参数与层次都具有技术的扩展性，现在已经达到T级，不久就可能在这个指数上突破人脑的瓶颈。这样，人所具有的掌握词语、句子等的语言能力，就可能被 AI 的巨大向量空间超过，人的语言表达的总量在 LLM 的海量面前几乎是稀疏的，而 LLM 能够很容易发现人的语言空间中显现出的统计性规律与逻辑性。其二，人内在的意识如情感、思维、理性推理等，与其外在表现如语言之间的联结关系，在人看来是因果关系。但是这个因果关系已被打破，因为 AI 能够产生后者，却没有前者或不经过前者，就好像把原因的因果关系转化为两个有独立性的层次。而后者是否可以继续向前者延伸，由统计逻辑向内在逻辑反推呢？这是个巨大的问题。它一方面是对我们人的意识、大脑思维的真正解构的开始，也就是 AI 能否理解世界的问题。人能理解世界是通过内在的意识、理性思维，通过外在的语言与身体感受性窗口；另一方面也是对"因果"的最底层逻辑的解析。这是对"理解"、世界如何形成、存在等最深刻哲学问题的分析——基于 AI 的分析方法，而非传统哲学的"思""诗"的方法。如果说后者是模糊方法，那么现在的科学路径选择的是精确的思维方法。

二、后现代主义史学观与新历史主义的观念

语言转向强调语言在构建现实和知识中的关键作用，这激发了"二战"之后后现代主义思潮的兴起。其代表性人物有福柯、德里达、利奥塔等，他们对启蒙运动以来的以科技革命和工商业文明为核心的现代性进行深刻的反思与偏激的批判。利奥塔认为，19 世纪后我们的文化经历了一系列的嬗变：科学、文学、艺术的话语游戏规则全变了，"后现代"一词恰好标示出当今文化的方位和状况。[1] 福柯不是从历史作为科学技术、经济与政治的进步发展史出发，而是从监狱、疯人院医疗机构、同性恋行为等看起来不显眼的社会要素之间相互作用的复杂话语结构的分析出发，揭示其中的权力主导性才是真正的社会本质——如果存在一种社会本质的话。语言、知识等原来看似追求真理，拥抱客观性的人类社会的结构性装置本身就是一种层次性的存在，介于人与世界之间。在知识这种看似政治中立的存在中，福柯通过知识考古发现其中的政治性因素对人们求知的隐性规范化。[2] 在福柯的理论中，政治权力不是一种静态的实体或结构，而是一种在社会关系中不断产生和流动的力量。权力不仅存在于政府、法律和制度

---

[1] 〔法〕利奥塔：《后现代状况：关于知识的报告》，岛子译，湖南美术出版社，1996 年，第 28 页。

[2] 〔法〕福柯：《知识考古学》，谢强等译，生活·读书·新知三联书店，2003 年。

的层次中,而且渗透社会各个层面,包括家庭、学校、医疗机构、媒体等。其表现形式相互交织、相互制约,产生出一种"泛权力化"的现象,一种新的权力层次逻辑。这种泛权力化的现象不仅是对个体自由和权利的限制,还涉及社会的正义、真相和知识的问题。

后现代主义对后现代主义史学观与新历史主义叙述产生了深远的影响。它进一步把语言、文学、历史叙述之间的层次性关系揭示出来,对传统的历史观念提出了挑战,深化了对历史本体的认识与历史叙述的深层理解。怀特提出的后现代史学理论对此进行了系统表述,它主要表现在:质疑进步史观、反对宏大叙事,挑战历史真实性的前提假设,还倡导历史叙事化。受到后现代主义影响的史学写作与以前的历史作品存在明显的不同取向,例如美国史学家何伟亚的《怀柔远人——马嘎尔尼使华的中英礼仪冲突》,通过对史料的重新解读对历史事件得出与主流看法不同的"边缘性"结论:外交失败的实质是帝国政治冲突而非文明冲突。可见,对普遍的隐喻和叙事手法的应用也会改变历史写作的"中立和客观真实"的面貌。后现代主义提出宏大叙事隐匿了历史的局限性、史料和历史真实的脱离问题,以及对文本和语言结构的解剖,扩展了历史观念的层次深度。

(一)后现代主义史学观

后现代主义史学是20世纪末兴起的一种历史学研究取向,它质疑传统历史观念的客观性和真实性,强调历史的解释性和相对性。我们对历史的了解通过历史学家的研究与写作实践而来,后现代主义史学观认为历史学家的观点、语言和权力结构在其史学研究与叙述中扮演了重要角色,是我们与历史本体之间不可忽视的一层中介。它们所构建的不一定是客观存在的事实,甚至可能在某种意识形态需要的驱动下对历史进行虚构,为我们呈现出一个意识形态统治者希望我们接受的所谓过去的历史。在不同时代背景下,这些因素本身随着历史学家的观念变迁而发生变化,其历史建构也是一个多元且不断演变的过程。因此,这种历史观念对传统历史学范式的客观性和线性进步观提出了强烈的质疑与批评,挑战了传统历史学的一些基本概念,强调历史的主观性、相对性和语言构建性,这也促使历史学家对自身的研究方法和历史叙述进行反思,并开启了历史学领域更为开放和多元的研究取向。当然,后现代主义史学观也受到一些批评,例如人们认为它可能导致历史的过度主观化和历史真实性的丧失。

1.后现代主义史学观特别强调历史的语言构建,认为历史是通过语言和叙述来构建的,而语言本身是具有深度层次的中介结构

历史学家会根据自己的角度、背景、文化和价值观,选择特定的词语、

句式和叙事方式来叙述历史事件,使用特定的语言和叙述方式来描述过去。这些语言和叙述的选择可能是有意识的,也可能是潜意识的,进而会影响历史的理解和表达。例如,同一历史事件可以被不同的历史学家用不同的词语和叙述方式来描述,一个历史学家可能强调该事件的积极方面,用褒扬的措辞来描述,而另一个历史学家可能着重强调其中的负面影响,并用批判性的语言来叙述。这样的叙述差异可能导致人们对历史事件产生不同的理解。语言构建历史还涉及历史学家对历史证据的选择和解读,因为历史学家在研究历史时,通常会依赖于历史文献和其他历史证据。由于历史文献的有限性和不完整性,历史学家对这些证据进行选择与解释时也会受到研究假设和方法论的影响,这些更是研究本位层次之外的其他因素,在总体性的关系表征中也受到深层背景与方法论层次的逻辑影响。由此看来,历史的语言构建意味着历史并非客观存在的事实,而是通过历史学家的语言和叙述来构建的。这些语言层次和叙述本身的相应环节既是历史学研究传统的范式内容,也反映了历史学家作为群体与个体的观点和立场。这种揭示历史学家主体性的思想在后现代主义史学中得到强调,进而提醒历史学家在叙述历史时要更加谨慎并进行自我反思,充分意识到自身的主观性和语言选择可能对历史真实性的呈现产生的影响;同时也促使历史学界更加关注多元的历史叙述,以便更全面地理解和解释历史。当然,后现代主义史学观强调历史叙述中的语言结构、符号和意义,并警示历史学家叙述历史时,难免带有主观偏见地厚此薄彼,过分的批判性本身也潜含一种理想主义的绝对真理观或消极的相对主义。

2. 后现代主义史学观反对宏大叙事或元叙事(Meta-Narratives)

所谓宏大叙事是指试图用一个普遍的、统一的框架来解释历史发展和演变的理论或叙述方式。这种叙事常常以一种线性、进步的方式来诠释历史,试图找到一个总体性的解释或规律来统摄所有历史事件,以抽象的普遍性来囊括现实的特殊性,典型的理论是黑格尔的历史哲学。它把各种各样分散的资料和叙述有机地组织成一个宏大结构,而且历史研究通常围绕民族国家这个中心展开[1]。后现代主义史学观怀疑那些试图解释历史的普遍性理论或宏大故事最终不可能用宏大的框架来成功地解释整个历史过程,因为历史本身是错综复杂的,具有复杂的层次性结构、价值与意义指向的多样性,而且传统的叙事方式过于简化复杂的历史现实,忽略了历史中的多样性、异质性和不确定性。他们由此认为,既然历史是由无数个碎

---

[1] 〔德〕黑格尔:《历史哲学》,第132页。

片化的、局部的叙事构成的,而不可以被一个整体性的宏大叙事所涵盖,那么倾向于关注个体经历、微观历史和局部故事,而不是被统一化的整体性历史观也就合情合理了,这也是历史学家唯一能够做的。因此,他们主张放弃宏观的历史理论的建构,而关注个体历史事件和微观层面的叙事。同时,宏大叙事本身也夸大了学界的群体意识,忽视了历史学家个体的主体性,历史学家个人的历史观念和价值观也会影响其叙事方式,因此历史学家应该更加谦逊,认识到自己的主观性,并且对历史事件的解释持怀疑态度;历史叙事中的语言和符号本身也具有权力、话语权,不同的语言和符号可以产生不同的历史叙述,所以历史叙事也有多样性和相对性。概言之,后现代主义史学拒绝用一个统一的、宏大的视角来解释历史,提倡多元、微观层面的历史叙事,同时对历史学家的主体性和语言构建进行反思和批判。这些观点挑战了传统历史学中的一些假设和方法,推动了历史学领域朝着更加开放和多元的方向发展。

3. 后现代主义史学倾向于对传统历史叙述进行解构和批判

如上所述,它关注历史叙述中的权力结构、话语霸权和排他性,试图揭示历史叙述中隐含的权力关系和意识形态,并探索被边缘化或忽视的历史故事。这一语言转向使历史学家更加关注历史叙述中的隐含权力和话语冲突,试图拓展历史叙述的多样性和包容性。历史是由无数个碎片化的、局部的事件和经验构成的,而传统史学常常将这些碎片化的历史现实简化为一个整体的叙事,这样的叙事方式容易忽略少数群体的历史经验和声音,使得历史叙述更加偏向主流的权力结构和意识形态。海登·怀特对叙事化的修辞手法进行了精心的研究,认为叙述形式必然会让历史学家在著述时不断整理和剪裁已经挑选过了的"史实",加以编排处理以体现所叙述故事的完整性,这样的工作与文学创作没有什么区别。通过隐喻的使用、史料的剪裁等,史学家就是在有意无意地制造情节,使故事变得生动有趣。[①] 传统历史学常常以历史学家的视角为中心,将历史学家的主观观点和价值观融入历史叙述中,这会导致历史叙述的偏见和片面性。通过对传统历史叙述的解构和批判,后现代主义史学观试图突破传统历史学的束缚,探索多元的历史叙事方式,并关注那些被边缘化的历史经验和声音。这样的批判性思考推动了历史学领域朝着更加开放、包容和多元的方向发展。

---

① 〔美〕海登·怀特:《元史学:十九世纪欧洲的历史想象》,陈新译,译林出版社,2009年,第43~49页。

4. 后现代主义史学认为历史并不是一个固定不变的事实,而是由历史学家的观点、文化、语境和意识形态所构建的

后现代主义史学强调历史学家的主体性和偏见,即历史学家不是客观中立的观察者,而是自身有着特定社会文化背景和观念的主体。语言转向让历史学家反思自身在历史研究中的位置和角色,认识到他们所使用的语言和知识是如何影响他们对历史事件的理解和表述的。不同的历史学家可能会根据自己的角度和经验,解释同一历史事件或现象,并得出不同的结论,因此,历史的解释是相对和多元的。传统历史学试图找到历史发展中的核心或中心,但后现代主义史学认为这样的尝试是徒劳的。后现代主义史学强调历史的多中心性和复杂性,拒绝将历史局限于单一的中心或主导力量。

(二)新历史主义的观念

把历史与语言文学相结合的新历史主义认为,历史充满了断裂的层次,历史叙述并不能形成连续的逻辑。如果说之前历史与文学的研究是两个层次的话,那么20世纪80年诞生于英美文化批判界的新历史主义就打破了传统的学科壁垒。它不将互文性的焦点放在语言自身,而是关注文化与社会政治这两个宏大层次之间的互文性及其背后的权力运作,因为权力-话语规则-机构设置和实践,划分了各个领域之真理的有效性。新历史主义被普遍认为是对二元分离的旧历史主义理论和基于文本中心主义的形式主义的反拨,也是对坚持细读策略的新批评和取语言主体而舍弃社会历史性的结构主义的修正。有学者指出,新历史主义研究文本与其社会文化语境的关系,并进而"越界",对文化社会历史本身的本体理论加以重新阐释,这一策略无论在文学研究还是在历史研究中都是对传统恪守文、史、哲学科边界的冒犯。它既背弃了新批评那套陈旧的形式主义信条,又冒犯了后结构主义的"本文之外一无所有"的本文中心说,还冒犯了旧历史主义对历史的保守观念。① 传统的西方文论保持一种非历史主义的观念,坚持普遍人性论,即认为在主体与社会之间不存在历史性关系。即便是传统的历史主义,虽然承认这种历史性关系,但认为主体与社会之间是完全分离的,两者间只是一种简单的时间性关系,因而忽视人、个人、边缘人、边缘行动的历史建构作用,名义上推崇一种主流的政治社会现实,但实质上不过是主体之外的一种绝对精神或"上帝"的观念。新历史主义不主张回归传统历史主义的宏大历史叙述,它把历史阐释为诸多不同的小历史。由于去除

---

① 王岳川:《海登·怀特的新历史主义理论》,《天津社会科学》1997年第3期。

了政治主宰的大历史,这种小历史不是某种意识形态的自律发展,而是实实在在进入社会各种不同生活层面的"小精灵"。所谓"成王败寇",为王者书写的大历史总是充满为其虚构的正统性辩护的谎言,而小历史的具体化,则使新历史学家只能将文学看作是他律的,某种可以"悬置"的力量所限定的众多可能性的真实展开。

所谓互文性,一开始主要表现为一种关于文本的阐释理论,根据克里斯蒂娃所说,一个文本可以作为其对立文本的镜子,彼此之间相互参照、包容,甚至转化,从而在历时态和共时态两个维度上不断生长出新的意义。新历史主义进一步拓展了这种纯粹的文本互释,把不同的文本之间基于共同结构的互文性扩展到文本与历史文本之间更广更深的层次,通过建立文本与历史之间基于社会背景的整体性关系,从文化研究视角对人类社会的历史进行全方位的审视,采用跨学科方法进行文学研究;借助于边缘性话语对文本展开分析,从而反思批判现代社会的意识形态控制,建立一种所谓的"历史意识形态性"。[①] 简言之,新历史主义明确地将文本中的主体等要素与其历史语境之间相互建构、塑造的辩证关系凸显出来,从而否定传统历史写作的前提假设:文学与历史、文本与社会语境、前景与背景是互不相干的、分开对立的独立层次。

文本具有历史性,因为文本总是离不开历史背景。它不仅承载着历史的内容,而且自身总是被具体的历史情境所包围和制约,历史从内外各个方面渗透文本之中,并提供了我们进行文本分析不可缺失的材料。文本充当阐释媒介的历史性诠释过程在阐释者与文本之间建立起一座双向互动的桥梁,看起来固定不变的文本因为阐释而生发了新的意义,在现实中参与了面对未来的历史性建构,被这种建构所选择、阐释的文本自然就不再是一堆白纸黑字的物质性材料,而是进入现实社会生活中的精神食粮;阐释者因为文学阐释而创造了一种新的文学状况。就像"语言是存在之家"一样,文本是历史之家,人们可以通过文本走进历史,从而品味和理解历史。所谓历史的文本性,即书写的历史离不开物质性文本载体与书写本身的文学性。在历史学的历史中充满了后起学派对既存学派和观念的批判,有的甚至是颠覆性的。后现代主义史学观就是这样一种看起来颠覆现代以及传统史学观的思想,由于日常语言已经提供了各种样式的概念化建构历史对象的工具,而且不同的修辞手法可以让历史学家不受确定性因素的制约,所以,只要历史学家还使用日常语言,而不是计算机编码之类的人工

---

① 王岳川:《新历史主义的文化诗学》,《北京大学学报》(哲学社会科学版)1997年第3期。

规范语言写作,那么,他们关于过去历史的写作及其思考就仍然是文学性质的,甚至是"尼采式的诗化"。对历史事件与事实的区分揭示出事实的假说性构造,而历史学将对"客观事件"的关注转移到事实判断的意义建构的产生过程,还有概念系统的时代性、分析历史想象的深层结构之中。按照海登·怀特的观点,历史话语具有三种解释策略:形式论证、情节叙事、意识形态解释。① 概言之,在语言学转向之后,我们认识到,历史的文本性和文本的历史性是紧密地联系在一起的,在各种语言技巧的虚构和想象发挥建构下,历史被我们进行了又一次的自我塑造,大写历史(History)变成了小写历史(histories 或 his-stories)。

互文性还表现在文本与政治之间,即以政治化的方式解读文本,以边缘解构所谓正统的学术传统,质疑现存的政治秩序。新历史主义的政治维度就是通过权力、颠覆、含纳等概念展现出来的。在现代社会,权力的模式微观而又无处不在,更具有生产性。因此,文学艺术就在沾染权力的同时又侵蚀权力本身,颠覆传统权力,例如巴赫金的广场狂欢理论主张聚集狂欢者的众声喧哗本身就是对权力的抵抗与消解。新历史主义认为,权力不是一种完全负面的力量,它也具有积极的一面,具有生产性、可操作性,存在于任何差异性的关系中。关于权力的机制,葛兰西早有研究,他的"霸权"概念就是通过占支配地位的各个集团和阶级与居附属地位的各个集团和阶级进行"谈判",是一个对阶级冲突进行控制和疏导,使之流进安全的意识形态的一个以"抵抗"和"融合"为标志的过程。②

历史文本十分浩瀚,尤其是中国的历史书籍。新历史主义思潮作为伴随着当代西方学术界"文化转向"而出现的一个"历史转向"运动,对文本的深层内涵的揭示给我们展现出一个多重层次的视角:历史的文学性、文学的修辞与历史性,等等。它把文本分析推广到人类社会的历史发展过程中,实现了历史的文本化。它既是对传统历史主义的旧式历史观的一种修正,也是对传统历史主义的一种深化,即把历史的观念赋予文本,把作者、读者和社会状况等生产文本的各种要素及其复杂关系的历史性揭示出来。这些复杂关系的历史性充分表明,不能孤立地看待历史,不能将历史话语和其他政治、经济的话语分割开来,因为它们在历史的过程中从来都是相互渗透、相互影响的,是不可剔除的历史存在,历史中的诸多要素形成了一

---

① 〔美〕海登·怀特:《元史学:十九世纪欧洲的历史想象》,第 ix～x 页。
② 〔英〕约翰·斯道雷:《文化理论与通俗文化导论》,杨竹山等译,南京大学出版社,2001年,第 170～171 页。

个错综复杂的历史关联,其中的多义性不仅体现在不同领域,也体现在不同层次上。由于缺失健全的整体观,一些新历史主义文学实践在消解阶级斗争的历史观的同时,也遮蔽了对严肃历史和历史观的追求。例如,一些影视作品对雍正的胡编乱写一方面消解了中国传统的帝王政治现象,同时也对其日常生活进行了文学化的调侃,从而歪曲了帝王的形象。

(三)反思与批判

从历史整体观来看,后现代主义史学观与新历史主义都有其独特的历史视角,丰富了历史观念的层次性,但也存在明显的极端化与片面性。它们都受到语言转向影响,主张从史料转向文本,史料是历史学家进行历史研究的基础,虽然历史学家具有主观性,但并不可以对史料随意解释,尊重史料和独立思考并不矛盾。否定中心与边缘的划分,不顾及有限性的思维方式如此形成的历史原因和现实存在之"合理性",将事实与虚构相对化而不深思历史学传统的真理观问题,都是对历史叙述更深层的社会历史背景层次的无视或混淆,其实质仍然是未能区分历史观念的层次。与"疑古"一样过头的后现代主义怀疑情绪以及对史料的轻视会让它变成另一种形式主义的泛政治化教条。

就此而言,历史唯物主义为我们提供了一种克服远离社会生活、相对主义等侧重局部层次性逻辑的理论根据。首先,要在有层次的整体历史观下把握新历史主义思潮的实质。历史唯物主义的科学奠基不是像黑格尔那样对绝对精神历史性的辩证考察,而是对作为一个整体的人类社会进行的结构性解析。对它来说,现实社会结构中各基本要素之间的矛盾与辩证作用既是一种整体观的社会学内容,也是其着眼点和理论结果,因为人类历史的变迁需要在以社会为整体的内在矛盾的全面考察中才能充分展现出来。虽然新历史主义与文化研究相结合,表现出强烈的政治关怀和意识形态性,具有消解传统观念的品质,但同时也是对历史唯物主义的细化深入,因为它们更坚定地走向社会与现实,走向当下的生活实践。然而,在各种文学理论提出之后,从事历史实践的作家们并不只是从一个理论出发,不是从一个视角看问题,例如汤姆金斯(Jane Tomkins)说,她曾经认为历史写作中的女权主义受到了心理学影响,但后来动摇了,并逐渐离开心理学方法转向文化研究,关注宗教信仰、经济背景、政治倾向,再后来又回复到对心理学的关注。而且,心理学方法也是认识自我的一种方法。新历史主义解释主体的根据是从文化-政治-权力的复杂关系入手,而不是简单地假定一个单一的要素。但是,在理论杂多的现状下,要科学地把握人类社会的历史,首先需要具备对历史进行整体性把握的思想和观念,因为,只有把所有的历史要素放置在历史发展的整个过程中才能完整地理解其历史内涵与价值。对于相对主义、虚无主义的倾向,唯有历史唯物主义才能给予整体性的回应。

历史唯物主义面向现实的实践,这也是它的理论生命力所在。浪漫主义歌颂天才与灵感,现实主义侧重社会现实,而新历史主义的这种自我观体现了一种重要的超越性,超越二元对立,并把这种观念表达在文学创作中。如果说新历史主义的主体能动性参与建构的历史观让我们对历史有了重新的认识,那么,对于未来而言,新历史主义则要把历史的经验延伸到未来的文论发展和文化重建中去。虽然学术与政治的关系复杂,思想家简单地参与政治并不一定能够成功。杰伊认为:"几乎所有美国的马克思主义者都集中在各个大学,几乎所有的人都不参与改变生活的政治活动……对马克思主义的兴趣,主要是通过激进知识分子的文化圈子形成的,而不是因为我参加了什么社会政治运动。"[1]单独学术性的、远离政治与社会实践的、"学院化的马克思主义",不能为新历史主义重建提供坚实的理论基础,也不能为文化与历史观念的发展开创新的空间。

三、当代语境下的历史研究与实践

无论如何,当代历史理论与历史实践的哲学基础不再是思辨理性或者分析理性,而是经过后现代主义的"语言学转向"之后以叙事主义为主的历史哲学。当然,它自身并不是一种完备的理论体系,而是一种问题聚焦的指向,针对历史文本的叙事风格、表达形式本身,是一种时代精神的特征性表达,而非黑格尔意义上的历史意识的整全构成。换言之,历史文本只是历史整体的一个方面,其相关的研究是历史研究的一个层次而已。其实,就如有学者所说,"叙事主义历史哲学以其对于历史文本特性的高度敏感,对历史与文学、事实与虚构之间界限的重新勾画,一方面动摇了传统历史学的根基,另一方面也为我们重新思考历史学的学科特点提供了新的契机"[2]。

当下语境中的历史研究不仅跳脱了传统历史整体视域,并对这个整体进行了层次性的细化分析,分解为语言、修辞、历史本体、历史叙述、历史认识等多个既相互关联又有一定独立性的层次,而且在一个新的特定要素所关涉的层次上展现出历史理性的新空间与历史探究的新视角。不过,这并

---

[1] 转引自王逢振:《今日西方文学批评理论》,漓江出版社,1988年,第110页。
[2] 彭刚:《从"叙事实体"到"历史经验"——由安克斯密特看当代西方史学理论的新趋向》,《历史研究》2009年第1期。

不妨碍我们把这种时代精神重新纳入包含传统历史视域在内的整体观的历史理性来进行审视。黑格尔说,"密涅瓦的猫头鹰只在黄昏时起飞"①,我们又经历了一个历史理性的时代精神而获得了一种新的整体观,它辩证地纳入新的内容,重建了其内部的层次结构,历史自身的潜在要素也显现出了其历史作用,因而可以进行理性回顾了。而且,如克罗齐所说,一切历史都是当代史,当代视角既是现实的,又兼有理论与实践的整体性,因此,这种整体理性的冲动不仅是必要的,而且是令人向往的人类理性的独特品质。安克斯密特指出:"我们敬仰兰克、托克维尔、布克哈特、赫伊津哈、梅尼克或者布罗代尔这样的大史家,不是因为他们对于历史事态描述的准确,而是因为他们对过去的很大一部分提出了全景式的解释。"②历史的意义在于其完整性,而非局部或片面的意义。

每一次时代精神的回顾反思总能揭示出一个新的理性层次,对于历史哲学而言,历史理性又会进入新的境界,并发掘出历史的新层次内涵。历史理性的境界表征我们对历史的理性把握的深刻性,而所谓"历史层次",目前还不是一个严格意义上的历史哲学或史学理论的概念或范畴,倒是在语言学研究与文化研究、考古研究中被频繁使用。其意义在那里就类似于"文化的层次",与日常话语的意义一样,例如,"口语、文字(书写系统)和高级宗教分别代表了古代文化发展的三个层次……古代东南亚历史与文化的基本内容,是将自己多元的基层文化与多种外来较高层次的文化有机地结合"③。这些情况下的层次是直观的、明确的,就如地理学的地层层叠,是分时间段出现的不同现象的叠加,即便没有实物般的直观性,也是容易理解的。历史却不同,历史中的诸现象并不直观;有的历史现象具有明晰的层次表象,例如历史叙事文本中生动的战场描述或用滥了的帝王驭臣术;有的历史表象则没有那么清晰,甚至连层次结构都很模糊,如用历史理性进行表述的中国王朝更替现象,或者对历史现象的强规律性的语言表达。在这样的语境下,有理性参与的,尤其是对历史现象进行过反思的各种历史解释则相互纠缠,难以进行层次清晰的划分,因而其中的历史层次性还不如历史理性本身那样更为清晰而被普遍接受。

在语言分析的时代之后,与思辨历史哲学逐渐式微相伴随的是批判的、分析的历史哲学兴起。如德罗伊森所指出,历史哲学的兴趣不是客观历史,

---

① 〔德〕黑格尔:《法哲学原理》,范扬、张企泰译,商务印书馆,2011年,序言。
② Frank Ankersmit, *History and Tropology: The Rise and Fall of Metaphor* (Berkeley: University of California Press, 1994), p.55.
③ 董波:《从文化的层次解析东南亚古代历史与文化》,《学术论坛》2012年第11期。

而是认识与研究历史的逻辑本身的法则,这其实不是对思辨历史哲学的整体否定,而是从其所聚焦的所谓历史本身的一个层面转向另外一个层面,转向人们是如何认识历史的这个更加隐蔽的层次。如前所述,语言在作为独立的层次之前曾经被认为是透明的,而今向我们展现出其内在的丰富逻辑与结构,这也是历史研究的层次性深入的效应。如果说狄尔泰、柯林武德、克罗齐等批判的历史哲学家针对历史认识论的哲学思考,仍具有传统的人文关怀的整体主义,那么,分析的历史哲学则具有更显著的当代特征和独立的学科性。沃尔什和威廉·德雷区分了"思辨的"与"批判的"历史哲学,曼德尔鲍姆提出了"形式的"和"质料的"历史哲学之分,阿瑟·丹托用"实质的"和"分析的"历史哲学来进行标识,艾维尔泽·塔克尔主张"史学哲学"的研究[1],艾尔克·鲁尼亚则反对把历史哲学与史学哲学相等同而缩小历史哲学的范围,并提出一种所谓思辨的、实质而肯定的历史哲学。[2]

  分析的历史哲学主要包括亨普尔的历史覆盖律模型与德雷的逻辑关联论证。人们通常把亨普尔1942年的《普遍规律在历史认识中的作用》当作当代分析历史哲学的理论独立地位的标志。它一方面在历史上表现为鲜明的层次性,从传统的人文关怀的束缚中解放出来;另一方面也不丧失与其他层次的逻辑关联,而是以自然科学的解释理论为原型,与自然科学建立了学科属性的关系,进而凸显出历史研究的科学性层次特征。分析历史哲学试图就历史的规律性表征进行逻辑的探究,因未能产生有效的成果而落入公式化的宿命;但其对历史认识的客观性问题的关注却引发了大量的后续研究,对历史学科与自然学科的差异性认识得更为深刻,而且衍生出许多细化的层次,例如历史认识的不同环节与层次、历史意义等问题,启发了后现代主义的史学思潮。

  叙事主义历史哲学则是语言转向之后对认识论历史哲学的一种反驳,代表性人物是海登·怀特,他1973年发表的《元史学》开启了历史哲学从历史本体层次到历史认识层次、再到历史叙事层次的层次转换,引发了叙述主义历史潮流。这种转换也是历史研究的层次深入,后一层次总是比前一层次更隐蔽,因而其揭示也就更艰深。虽然常常被误解为走向了更加片面的研究方向,但如果我们重新纳入被暂时搁置一边的其他层次,将其放置到前提性的历史整体视域,反而更能理解这种层次性深入实质上是纳入

---

[1] 〔澳〕艾维尔泽·塔克尔:《我们关于过去的知识:史学哲学》,徐陶、于晓凤译,北京师范大学出版社,2008年。
[2] Eelco Runia, "Presence", *History and Theory*, Jan(2006), pp.1-29.

了之前的各种层次的研究成果。它并不违背时代精神总是对之前所有时代精神的综合与总结的原则,尽管它会标榜其关注与聚焦的专门层次。而且,要把历史研究、历史叙述与语言哲学的成果都关联起来,如果没有思想整体观的原则几乎是不可想象的。例如,怀特援引语言哲学、文学与社会学理论的资源,从编年、故事、情节化模式、论证模式、意识形态蕴涵模式等不同的层次,对历史叙事性的话语结构进行了层次分析。他还把历史叙事概念化的三个层次与历史解释的审美、认知与伦理三个层次进行了对照分析,试图揭示历史意识的深层结构。怀特提出的后现代史学主要是针对传统史学理论的批判。它是一套在阅读史学思想的经典著作时,为了要将它们看作是历史反思的表现形态而所需要的有关历史写作的形式理论,其目的在于实现对史学著作从显性层到隐性层的理解和转换。

安克斯密特在综合认识论历史哲学与叙事主义历史哲学之后,明确提出历史研究与历史写作的层次性区分,这里的所谓层次表明它们针对的都是历史这同一对象的不同方面。历史研究包括了分析学派与系统学派对历史认识的各种见解,但历史写作作为独立的历史实践也是历史的重要一层,这显然是对历史文本所含丰富层次性内容的确认。安克斯密特甚至进一步提出叙事实体的概念,认为它具有在研究范式中取代历史本体的地位,或者说,它是一个独立的历史本体层次,以消除想象历史本体、历史真相之类的各种猜疑或带来的困境。当然,是否真的能如奥卡姆剃刀一样消除历史本体,还有待对历史叙事与语言的透彻理解。然而,作为一个非独立的历史叙述层次,归根结底仍是用词语来表达的能指,而非历史所指向的与外在世界直接关联之物,那不仅是一个在抽象的语言层次逻辑里的词语或者观念,而且是把握在思想中的外在世界。其实,如他所说,沃尔什的所谓"总括性概念"诸如"文艺复兴""启蒙运动"等,"让历史学家能够将很大范围内的不同现象纳入同一个名称之下"①,这是基于历史文本、历史叙事的层次逻辑内部的看法。对历史研究层次的屏蔽或排斥,会导向历史虚无主义。但他关于历史学家叙事语言的语义分析,仍然为语言转向后显现出来的历史叙述层次的逻辑所描述,因为历史写作的实践在存在论意义上具有先于历史研究的层次优先性,是它在创造着历史研究的文本。

反拨叙事主义的历史哲学取向,是一个比较重要的当代西方历史哲学的转向。它认为叙事主义点出了传统历史哲学的问题,但自身的理论建构

---

① Frank Ankersmit, *Narrative Logic: A Semantic Analysis of the Historian's Language* (Hague: Nartinus Nijhoff Publishers, 1983), p.99.

性不强,无法深入,只是围绕海登·怀特与安克斯密特的思想转圈并不能替代历史哲学的发展。而且,就连海登·怀特与安克斯密特他们本人在20世纪80年代以后也在不断对叙事主义本身进行反思,并且在一定意义上对鲁尼亚的所谓"在场"观念抱持积极看法。①

在当代语境下,层次观念追求历史解释的宽容,让历史规律显露出来,或使历史叙述的方法与效果更有针对性,因为总有一层是能够与读者共情的历史叙事,从而也会有更多的历史规律的运用。历史规律性首先表现在宏大叙事的历史解释上,例如历史唯物主义对社会基本矛盾驱动人类社会的历史发展的规律性概括。当然,马克思(在涉及唯物史观时也包括恩格斯,下同)对历史规律的看法也不是一成不变的。他们先是不考虑时空限制的普遍性,后来注意到特殊性与重复性的时空范围,进而把导致资本主义产生、发展的历史规律限定于西欧,甚至在晚年致查苏里奇的信中谈论所谓"历史的不可避免性",这意味着马克思对历史规律观的关注点从重复性转变为不可避免性。②

与西方史学相比,中国对历史研究与叙述的观念虽然由于历史的原因起步较晚,但在近一个世纪内也取得丰硕成果。历史的观念向现代的变迁很快,而且兼容并蓄地吸收了各种思想流派,最重要的是对历史唯物主义的学习与坚持。当代中国的史学研究随着改革开放后与世界史学的再次接触而活跃起来。现当代国外各种史学流派,除了苏联的计量史学,还包括德国文化形态史学、法国年鉴学派、美国新史学等,它们与历史唯物主义的重新理解一道,开拓了中国当代历史观念的视野,也能够更加科学而客观地对待历史与传统文化、马克思主义与西方当代思潮,在具体研究中从宏观历史到现实的微观研究,从方法上的思辨到实证研究,展现出广博的历史研究谱系。

与此同时,对于历史理性、历史观念、历史哲学的探索,更多的还是在哲学界或具有历史哲学观念的史学理论研究中。例如陈启能辨析并区分了历史理论、史学理论的内涵与研究对象,其中历史理论是有关历史哲学的宏大理论,而史学理论则有关历史学的史家、史书、史学流派、史学思潮

---

① Ewa Domanska, "A Conversation with Hayden White", *Rethinking History*, Vol.12, No.1 (2008), pp. 3 – 21; Marcin Moskalewicz, "Sublime Experience and Politics: Interview with Professor Frank Ankersmit", *Rethinking History*, Vol.11, No.2(2007), pp. 251 – 274.
② 刘森林:《马克思历史方法论的启示——关于把握历史规律的方法论问题》,《哲学研究》1991年第7期。

等史学活动和史学现象的研究。① 两者都是历史研究的不同层面,密切相关,相互影响。当然,有关历史观念的思想更多是历史哲学的理论,赵林对西方启蒙运动中的理性与信仰进行了历史性考察,从而解释当下西方社会普遍存在的理性与信仰共存的现象,"基督教信仰已经与科学理性形成了一种并立和互补之势。基督教信仰不再是反理性的,恰恰相反,它经历了启蒙时代的洗礼,成为对科学理性的一种重要补充"②。因为,理性经过非理性运动、后现代主义的洗礼,已经具备了超出原有狭义理性的理解能力,能够兼容超出理性之外的悖论现象,包括保留信仰曾经拥有的宗教性质。同时,宗教信仰也经过理性精神的洗礼消除了原有的独断,不再是反理性的。这也是一种对传统历史理性与信仰的分化理解和层次性的发展,使得我们的思维更加健全,能够兼容曾经不能兼容的矛盾之物。

中国学界对历史理性的探讨呈现出一种层次分化的状况,对历史的观念日益丰富,进入了历史的深层逻辑。刘家和认为历史理性可以分别理解为"历史的理性"与"史学的理性",这深受黑格尔的"自觉的理性与存在于事物中的理性"③影响,把历史的理性归属于历史本体的客观理性,而史学的理性则是历史认识论的主观理性。这个层次性的分别是对历史研究的一种层次深化的明确表达。刘家和进一步借用中西对于"理性"的词源考究而对其内涵进行实质的扩展,将包括中国古代探究事情之所以然的道理都算作理性。④ 这虽然区分了中国传统思想的历史意识与西方逻辑理性,在某种意义上反驳了黑格尔认为中国没有历史理性的说法,但恐怕有别于黑格尔的理性本意。

当然,更重要的不是对于黑格尔,而是对于理性精神的基本传统的理解引起的模糊化与歧义,⑤相对的,彭刚所说的"历史感"这个词语倒是更适用于中国传统的历史编纂与历史探索,类似于感性认知,"对于人事变易无常的意识、对于过去与现在之间的异同的敏锐感受、健全的历史观、开放

---

① 庞卓恒、陈启能等:《新中国 70 年的史学理论与史学史研究》,《史学理论研究》2019 年第 4 期。
② 赵林:《理性与信仰在西方启蒙运动中的张力》,《社会科学战线》2011 年第 9 期。
③ 〔德〕黑格尔:《小逻辑》,第 43 页。
④ 刘家和:《论历史理性在古代中国的发生》,《史学理论研究》2003 年第 2 期。
⑤ 因为康德已经对理性进行了比较详细的分别与界定,虽然他也在其伟大的著作中混杂使用,但是从他的使用语境中还是能够清晰地看到他对理性的分层次的基本原则与内涵界定。正是因为这个内涵的稳定性,构成了之后的哲学研究传统中相对明确的范畴。对其内容进行思考完全正当,但按照奥卡姆剃刀原则,重建一套概念话语体系实无必要。这倒像是把中国古代历史思维硬拉入历史理性的圈内,其实西方的历史理性一般也被认为在近代才建立起来,连古罗马的波利比乌斯都未被算入其中。

而自我克制的历史想象力、微观研究与宏观视野的结合,都是历史感在史家史学实践中的具体体现"①。这更似渗入马克思所谓感性的对象性的活动,有一种生存论意义上的历史实践环节的意涵,给历史感以足够的丰度,那么与之相对应的历史理性也就是不同的层次了。但如果说历史感是历史理性中不可或缺的要素,则似乎又回到了康德有时不分感性与知性理性的情况。陈新在对历史叙述的探究中把历史理性的具体表现按日常生活的一些原则来解读②,这显然是对历史理性的具体层次的深入,当然,这些具体原则究竟按怎样的法则或层次逻辑参与历史理性的运作,则另当别论。

的确,如有的学者所指出,对"理性"概念进行历史演变的考察,就如福柯的知识考古学所揭示的,不同的时代有不同的理解,而且这种理解体现了人们理性精神的不断变迁的历史,而历史也在不断被理想化。③ 这样的历史通常表现为更多的内容、更宽阔的视域。然而,就如马克思所指出的,"历史不过是追求着自己目的的人的活动而已"④。但这个目的却并不是先验给定的,而是历史文化的积淀与社会历史条件下的时代精神所给予的。

在有关历史层次与历史理性的相关研究中,近些年中国学者表现出对国外学术观点与思想思潮的积极态度,快速吸收其思想,为历史的观念在国内的传播与探究完成了基础性的准备工作。有的还能阐发别人所未能阐发之处,提出一些独到的见解,这主要表现在对中西文化的比较、对中国传统历史观念、中国传统文化与中国历史的解读上。例如,侯建新提出"中西文化比较要有历史层次感"的论断;李治亭谈及历史研究的层次问题时,以明朝灭亡为例进行分析;庞卓恒结合国内外历史比较研究的实践,探讨了历史运动的层次与比较研究的层次性问题。⑤ 但他是在马克思基于劳动创造人与社会的唯物史观视野下论述的,劳动发展史是理解全部社会历史的钥匙。

更多学者从唯物史观立场出发,从社会经济、政治等不同方面,以及世界史不同民族、国家等不同维度形成的立体性层次探讨了历史的多样性内容。⑥ 韩震基于理性精神对社会实践的积极作用,对改革开放早期中国社会主义建设中的具体理性活动中体现出的实践理性进行了历史性的诠释,

---

① 彭刚:《历史理性与历史感》,《学术研究》2012 年第 12 期。
② 陈新:《简论历史理性与历史叙事》,《学术研究》2012 年第 12 期。
③ 沈湘平:《"理性"的历史化与历史的理性化》,《人文杂志》2001 年第 4 期。
④ 《马克思恩格斯文集》第 1 卷,第 295 页。
⑤ 庞卓恒:《历史运动的层次和历史比较研究的层次》,《历史研究》1985 年第 5 期。
⑥ 王正平:《略论历史的多层次研究》,《学术月刊》1984 年第 9 期。

结合马克思主义唯物史观,批判各种非实践的理性主义与非理性,倡导重建理性主义信念,寻找这个特定历史实践中的理性价值观。① 赵敦华认为:"理性可以被引入世界历史,呈现为历史理性。历史理性是理解马克思唯物史观与黑格尔辩证法的中介。但是,理性对于马克思主义而言并不是一个根本的范畴。马克思关注的是理性的现实基础、社会条件和实际作用,而不是理性本身的纯粹形式和内容。"② 还有学者从"经济人"的理性假设入手,分析历史理性的建构及其对经济学等其他学科的解释效果,如邓宏图认为,"新古典的理性和有限理性在逻辑上是同构的,均指个体寻利的心理动机,都无法解释人的行为选择的道德伦理基础。习俗、惯例、承诺、同情、异化、道德伦理谱系内生于历史长河中,浓缩了人类选择所依照的、许多不假思索即可方便实施的原则。这些原则不仅外化成了道德律令,更多内化在人的心智结构、情绪、思维过程和潜意识的自发作用机制中,与寻利的'理性'动机一起决定着人的行为,并扩展为'历史理性'。它在历史中形成,由历史检验和解释,合于历史演进的自然秩序"③。

总的说来,中国史学界近些年取得了许多成果,也针对我们独特的历史材料在历史观念的许多方面有所创新,包括在新全球史等历史整体的观念上,在历史的宏观观念与方法论上,学界结合历史唯物主义,对中国传统历史材料进行了重新解释。例如,吴于廑在 20 世纪 80 年代提出"世界横向发展"的历史观念,完善了世界通史的编写范式,王国斌《转变的中国:历史的转型和欧洲经验的局限》从经济变化、国家形成和社会抗争等三个层次对比研究了中国与欧洲历史变迁的模式。但是总体而言,在系统的历史理论方面还需要结合时代发展的新特征,把马克思主义与中国优秀的历史文化传统结合起来,充分吸收与借鉴西方史学观念,实现更多的历史观念的突破、形成更完备的历史理论以及更多有特色风格的历史写作。

第三节 时代呼唤分层次的历史理性

对于历史观念而言,不仅有历史思维内在的变迁,更重要的是历史逻辑之外的大背景的变迁,即社会与文化的宏大层次的发展逻辑。历史的观

---

① 参见韩震:《重建理性主义信念》,北京出版社,1998 年。
② 赵敦华:《启蒙理性和历史理性》,《马克思主义与现实》2009 年第 1 期。
③ 邓宏图:《评经济人"理性"——历史理性的构建及其解释力》,《中国社会科学评价》2017 年第 2 期。

念及其变迁离不开现实的土壤,它会受到时代精神、经济状况与社会思潮,尤其是政治需要的影响。这尤其表现在历史观念的教育与传播上,例如,日本明治维新后世界史教育——"万国史"教育兴起,以介绍西方国家历史为主,中国历史次之。这与当时"脱亚入欧"全面模仿学习西方的国家政策有关。但是,简单模仿西方的文明史观带有资产阶级民主意识的教育,反而在现实政治上对刚经历改革的明治政府不利,于是日本转而强调"忠孝""爱国心"等传统伦理的教育,甚至修改西方启蒙主义的欧洲中心论,主张中国人、日本人与西方人均是世界上优秀的民族。可是,这种修正的效果不佳,扭转不了"劣亚"这个日本全民性的共识。随着日本国内民族主义极端化,世界史观被纳入"皇国史观",最终导致其军国主义的侵略扩张。[1]在现代启蒙思想,政治、军事、民族主义传统等多重因素的影响下,其历史观教育最终还是沦为为现实的政治服务的工具。

不同的人会用不同的历史视角,站在不同的层次来审视人类社会的发展进程,有的从宏大的视角观看人类的曲折历史,有的侧重诸如政治对文化的主导性建构的某个方面。虽各有差异,但与历史写作实践相比,反而表现出某种一致性:历史哲学所关注的不是历史书写中某个具体的历史现象、历史事件或者历史人物,而是把全部人类历史当作一个整体来审视,并试图从这个整体中"窥见"某种更深层的力量,某种规律性的表现形式,或者表象历史背后潜藏的历史意义,进而追寻人类历史的意义或终极命运。

如果说历史学关注于历史本身的叙述与解释,那么,历史哲学则以总体性的视角,把历史学当作研究对象,深入历史与历史学内部进行反思。历史哲学内部也有诸如思辨的历史哲学、分析与批判的历史哲学等不同的历史思维的层次。其实,层次的分化本身也是历史观念变迁的结果,人类有关历史的观念一直处于变化之中,随着历史材料的发掘对之前的历史认知的修改、社会现实的发展与新的需要、各种思潮的影响而不断变迁,越来越复杂。

文明历史表现在社会、政治、经济、文化与科学技术等学界所惯用的层面或层次,每个层次都有自己的内在演变逻辑。人类社会的结构与演变非常复杂,政治逻辑也难以把握,经济运行兼有自然科学的客观规律性与人文社会科学的特征,科学技术的发展则更具经验科学的客观性。而且,不同层次上历史变化的速度与发展程度也各不相同,有的历史悠久而显得老态龙钟,如宗教文化;有的是小荷才露尖尖角,如大多数新科学技术的方兴未艾。对于每个单一层次而言,如果把现实状况与其逻辑上看可能实现的

---

[1] 李超等:《日本近代以来世界史教育发展演变探析》,《南开日本研究》2022年第2期。

结果之间的差距作为这个层次的成熟度的标志,显然不同层次具有不同的成熟度,并表现出相互之间变化节奏的不一致性,这对整体的文明历史的持久发展来说是极其重要的。譬如,当前科学技术迅猛发展,已经显著改变了我们的生产、日常生活面貌与社会交往方式,甚至成为人类社会生产力发展与社会剧变的主要动力,与其他层次相比表现出更强大的影响力,这么说来,科技似乎比其他层次更为成熟。政治的历史悠久,但直到今天仍表现出艺术性的幼稚而非成熟的特征,还未达到成熟的理性政治,无论是其理论还是实践,都没有形成科学的闭环①,形成有效的自我检验与自我反馈的机制。

然而,技术发展可以预见的可能空间巨大,甚至是不可限量的,即便已经过几个浪潮的技术革命,AI、脑科学与基因技术、新能源新材料等新一轮科技发展依然日新月异。换言之,就文明社会政治、经济、科学与文化等多层次之间的比较来说,科技层次最为强势,已经成为拉动经济与政治社会等其他层次变迁的最重要力量之一,社会与政治层次的许多问题及其解决都来自科学技术的革命性力量的层次性渗透。因而,如果以强势层次来标识文明历史的特征,当今时代就是科技时代。但就人类文明的历史整体来说,还有许多衡量发展程度的标尺,并不能由单一的传统政治、思想文化层次来表征,也不能由兴旺的科技与经济层次的逻辑来刻画。

一种文化形态对应许多层次的习惯和方式。如果文化形态发生变化,那么许多方面或层次都要发生相应的变化,才能形成新的整体平衡。一种文化对应于一种类型的层次结构,西方所主导的现代文明也是经过长期的层次间调节而逐步成熟起来的,并在文化所涉的核心价值体系、行为方式和社会制度以及外化为物质器皿等几个不同层次上展现出历史性的演化过程。全球化时代的新文明发展趋势展现出历史上从未有过的复杂的层次分化,每个经典层次上的逻辑都表现出复杂的对立关系:经济全球化与逆全球化并存、政治开明化与专制化并存、社会信息化与传统利益化并存、文化多样化与返古化并存,唯有科学技术展开面向未来的翅膀。然而,科学技术的运用与发展也要受制于社会道德规范,以及社会关系变迁的各种可能危机。而且,不同层次的逻辑相互之间并没有"前定和谐",因此可能有各种力量与要素更复杂的纠缠与博弈,这需要我们具有深度层次的理性

---

① 科学的闭环指的是,在科学研究中,从观察到抽象、建立模型与理论进行解释与预测,再通过测量进行检验,进而反馈修改或矫正前面的环节、达到理论与模型不断完善的反馈效果。

来把握,把握其历史线索及其未来的发展趋势。

时代在变化,变化的时代才构成历史。时代的剧变催生出社会复杂的层次性,因而也会激发我们对历史层次性的理解,提供对未来历史层次性的想象。通过将历史进行分层次的理性思考,可以更好地认识与解释历史事件分层次的复杂过程与其演变。因为,历史事件往往是由多种因素和动力相互作用而成的,这些因素可以来自政治、经济、文化、科技等多个层面,而且历史进程存在不同的尺度,有些是长期演进的趋势,有些是短期的事件,因而通过分层次的历史理性,可以更好地理解长期历史发展和短期事件的关系,避免对历史进行片面解读。同时,历史与当代有着密切的联系,现实社会往往是历史的延续和结果,通过分层次的历史理性,可以更好地理解当代社会及其问题的历史渊源,为解决当代问题提供更深入的思考。此外,由于历史常被简化和误解,特别是舆论和政治宣传的引导,通过分层次的历史理性可以避免对历史的简单化解读和误解,更加客观地认识历史真相。在历史教育和历史研究中,分层次的历史理性可以帮助学生和学者建立系统性的历史认知,培养批判性思维,拓展历史视野。总之,分层次的历史理性是为了更好地理解历史的复杂性和多样性,避免片面和简单化的认识,更深入地挖掘历史事件的本质和意义,有助于我们更好地应对当代社会和未来的挑战。

对历史的解释呼唤历史层次的观念与层次性的历史理性精神。用这个观念来解释文明、文明差别、文明模式归类,在这样的层次理性下寻找历史规律才有可能。遵循现有历史研究的成果与研究范式,从传统的历史研究范式进行变革不能跨度太大,否则无法引起别人的关注,也不会进入历史视界融合之流。层次性的观念可以包容传统范式的某些积极要素,使之形成相对独立的作用空间,而对其进行的变革则用新的层次来修正;这种层次范式是开放的,根据需要而延拓,也根据需要而融合,为具体的研究提供一种方法论的选择。这种选择并不意味一种二元分离的绝对性,就如新概念史学家科塞勒克虽然明确反对传统思想史学对观念和实在的二元划分,但每当处理历史上的概念变迁时,他不得不屈就于这种两分法。假如在汤因比的适度刺激模型基础上,构建层次动力学解释模型,会比在外面寻求动力根据有更好的解释效果与更宽阔的解释空间。

一、社会与文化发展的层次性

人类社会的发展与变化越来越快,即便百年之前的世界在今天的人们看来也显得相当陌生。天空飞机穿梭往来,陆地城市星罗棋布,城市中高楼大厦鳞次栉比,宽敞的马路上车水马龙,文明世界的历史变幻简直就像一个千奇百怪的万花筒。而在变化背后,文明的转型甚至比呈现出来的变化表象更为壮观而复杂,让人应接不暇,因为只要有外在变化就一定有内在原因,有内在的文明要素的作用;而不同要素之间的作用却未必有外在的表现结果。所以,要想搞清楚变化的原因,就需要条分缕析,层次分明地解析历史变迁中每一层历史层次的演进结构,每一根历史线条的逻辑,每一根、每一层之间的关联,而且要与实证历史材料充分磨合,获得材料的支持,把材料纳入这样的层次与线条。时代剧变动摇着人类既有的存在、生活方式与社会组织形态,并提出层次性升级的诉求。究其原因,主要有这么几个方面的新发展对源于历史的传统观念有极大的挑战。

(一)社会形态的层次分化

社会在复杂的运动过程中不断地产生新的层次。传统的社会分析用政治、经济、文化与宗教、社会组织形态等不同的层次来把握社会。例如戴维斯认为,没有社会层次分化的社会是不存在的,社会层次分化的决定因素,一是社会位置的功能重要性;二是各类位置的人员供应的短缺程度。这两个因素可以解释社会层次分化的普遍现象与分化类型,表现为政治、经济与社会组织等层面的交互作用与时空演化的结果。然而,现代社会从横向关联到时间上的巨大变化,让传统的社会分析框架捉襟见肘。可以从理论与其本体的关系来推断,作为本体的社会现实发生了日新月异的变化,超出了理论所能够把握的界限。

当代社会不仅有更复杂的分层,而且正在经历着空间的社会化与社会的空间化,这是社会层次分化的时空形态。空间的生产表现在具有一定历史性的城市的急速扩张、社会的普遍都市化,以及空间性组织的问题等各方面。[1] 空间的生产与再生产以都市化形式呈现,与现代资本主义生产方式紧密联系在一起,换言之,资本主义城市空间的本质是资本对空间的占有和支配。社会的变化催生社会的观念。桑德斯(Peter Saunders)认为,早期研究者如马克思、韦伯及涂尔干并不是没有意识到空间的重要性,只不过他们更加关注整个社会转型过程中基础性的变革——即社会关系的变革[2],例如涂尔干的社会空间组织模式,齐美尔所阐释的社会关系的空间形式,韦伯对科层组织空间意义的讨论。

---

[1] 包亚明:《现代性与空间的生产》,上海教育出版社,2003年,第45页。

[2] Peter Saunders, *Social Theory and the Urban Question* (London: Taylor & Francis, 2005), p.194-195.

社会空间来源于人与人之间的社会互动,没有这个互动,社会本身与其结构都不可能存在。这个互动为物理空间赋予了社会关系的意义,使之成为一个新的层次。例如,边界并不只是事物之间的分界线,而是塑造了个人、群体、组织等社会实体的实质内涵,当边界被联结成某种形态时,才产生了社会实体。[1] 社会互动的变化表明,并非每个人都想要积极地与其他人进行更多的互动,大都市生活中常见的厌倦或冷漠态度正是人们保持社会距离、逃避与他人互动的倾向的最好体现。社会距离与人类情感之间的联系具有时空性,同时受到时间和空间的制约,例如"小别胜新婚"说的就是这个道理,只有在时空的特定约束下才能充分理解行为主体之间的社会互动过程。比如美国是一个移民国家,20世纪初的芝加哥聚集了来自世界各地的诸多族群,人口流动与社会互动很强,帕克继承齐美尔关于社会形态与社会互动的理论,把人与社会之间的互动用他们共在的那个时空中的生态系统的观念进行考察,"从生态学的角度来看,作为地域单位的社会只不过是一个区域,其中的生物性竞争衰落了,而为了生存的斗争呈现出更加高级和升华了的形态"[2]。芝加哥学派还将人类社会与动植物生态系统类比,从个人或群体之间的互动扩展到社区、城市等更大尺度的社会实体,从社区、族群、职业群体等多个侧面展现出社会空间互动过程中的普遍性与多样性,描绘出人类生活多个层面的"自然史"。即便后来面对20世纪中后期美国相对稳定的橄榄型社会,戈夫曼所谓的"互动秩序"的基本假设仍然是互动先于结构。

国际政治中的事件也需要在复合的层次上,而不能在简单的政治或者经济层次上来理解。比如"9·11"事件是一次恐怖活动,但波及很多方面,因为世界已从经济、政治到国际关系形成了一个复合整体,重大的事件需要放置在一个多层次的结构中才能得到全面的理解,否则从单一层次看只是一个恐怖活动,或者只是一个法律问题,一个国际关系的报复问题。当下的中美之间复杂的关系,也是关涉几乎全部的层次,对每个层次上的逻辑进行分析是一项基本的准备,同时也要把它放在整个人类更长的时间尺度上来进行历史性的理解。如此,它就是人类社会在文明整体化进程中的一个冲突表现,是全球化进程中的一个表现,是全球化从经济到政治等层次上的一个整体的表现。

恩格斯晚年关于社会发展动力的主张,即历史合力论,进一步完善了

---

[1] Andrew Abbott, "Things of Boundaries", *Social Research*, 62(1995).
[2] Robert E. Park, "Human Ecology", *American Journal of Sociology*, 42(1936).

历史唯物主义,也是对社会有机体复杂形态的层次性深入。生产力和生产关系的矛盾是社会的第一基本矛盾,是社会发展的第一层次的基本动力,因为人类的第一个历史活动就是生产满足这些需要的资料,即生产物质生活本身。处于第二层次的,是一定生产关系总和的经济基础同与之相适应的政治制度、法律制度和设施等构成的上层建筑之间的矛盾,它以前者第一层次的基本矛盾为基础,也受到前者的制约,并反作用于前者。从社会哲学上说,社会发展的动力是社会存在与社会意识的矛盾,这里的社会存在既包括生产力与生产关系,又包括经济基础与上层建筑,因而它与前两个层次是概括性的又是交织在一起的,是关于社会发展动力的另一种哲学性表达。例如,社会意识既有生产力中的科学技术因素,也有上层建筑中的思想与宗教文化,包括历史的观念,这种表达与前者之间形成哲学抽象与社会历史发展理论之间的辩证关系。

当今社会的层次分化更多地来自新科技所带来的交往方式的变革。自18世纪第一次工业革命以来,人类社会不断经历着越来越加速的科学技术的变革,进而不断推动生产力与产品成几何级数的快速发展,现在又处于即将来临的第四次工业革命的门口,各种革命性的科技即将爆发,信息革命、智能革命、新能源革命、生命科学革命、新材料革命等,科学技术已经成为推动社会发展的第一生产力,而且还作为渗透性因素直接影响着社会各个层次的时代变迁。

(二)科技发展的复杂挑战

信息与知识的爆炸,让人在有限的生命周期内只能局限于某一或者少数几个领域之内,因而知识世界的劳动分工反过来形成现实世界人与人之间的分隔,无论观念的世界还是思想的世界都是如此。人们只能成为庞大机器上的一个零件、一个组成部分,这与人生意义的完整性形成了对立。人生的意义无论如何是整体的,应当在所有可能的方面都有发展的机会,即马克思所谓"自由而全面的发展"。人原生态的自然生存图景也被机器与技术的暴力所破坏,我们不再真切地触摸原生态的地球,不再与地球融为一体,而是被各种现代性的产品隔离在一个越来越狭小的空间。这个空间既不是原初的,也不是确保真实的。在原生态的生活中,人与自然发生各种交换关系的劳动将我们与真实的原初的世界连接在一起,可在现代工业生活中,劳动被分割成为可以替代性的片段。那么,我们用什么来联结自己与他人以及真实世界呢?

要么还原劳动的真实面貌,要么重新寻找新的劳动形式,把单位化了的我们与世界整体联结起来。具有层次性的文明是一种深度文明,它通过在社会之中让文明之光散播到每个人与社会的角落而实现,唯有每个个人真正的全面发展才是其终极目的。这样的文明会逐渐转变国家的功能,政治层次从以传统暴力为基础的集体政治演变为管理型政治,并与社会管理结合起来;经济层次演变为纯粹的物质性生产,市场机制已经完成其历史使命,效率与公平问题在生产均衡与社会公平得到实现的情况下自然消失。AI将成为生产领域的主要工具,人们只进行技术性的操作与管理,这样的工作与其私人情感生活一样,都是个人幸福感的重要来源。深度文明还可以作为一个基本的参照指标,用来评价或衡量当下文明的发展程度,并根据历史性的发展对其差距进行评价,探寻最佳实现路径。

当人类进入智能时代,整个社会结构会变得更为复杂和精密,人工智能会为人们的出行进行导航、为人们的决策提供指导、为人们的医疗提供帮助。然而,技术的发展从来不遵循"全民原则"和"平等主义",它一直推动着"马太效应"的发展,致使那些已经拥有足够资源的个人、组织、国家变得更加强大,而那些原本就已经缺乏资源的群体变得更加贫穷。新的科学技术始终被少数国家、少数科技工作者所掌握,"数字鸿沟""技术鸿沟""智能鸿沟"已经成为不争的事实。在人工智能为主导的时代,如果不加干预,那么这种差距只可能加大而不会缩小,掌握了人工智能技术的组织、应用了人工智能的公司会以其他人难以企及的效率占有更多资源。

总之,就科技方面的时代挑战而言,基本可以概括为三点。一是互联网所带来的信息化,基于互联网技术的个人所能够接触的信息剧变,从生活世界的局部性到信息上可能的全息性世界。在传统世界里,每个人都只能生活在一个相对狭小的世界里,从物质性接触的局部性世界,到精神世界里专门的、有限的世界,在不远的未来,可能借助于VR(虚拟现实)与万物互联网技术"接触"全部世界及其全部信息;在精神世界里,所有的知识以信息的形式向你全面展开,这个世界上任何事情原则上你都可能"接触"并知道(个人或社会组织的合法隐私除外)。二是AI的快速发展,基于互联网与全息信息基础上实现AI的工业化,实现智力制造的普及化,完全取代人类在农业、工业制造业、门类众多的服务业中简单体力或者简单智力的劳动,把人、人类社会从基本的物质匮乏中彻底解放出来。这是人类历史上从未有过的,它将完全颠覆人类既有的基于物质生产有限性基础上建立起来的各种社会(政治与经济)与思想的秩序。三是人的生物性的改造,基于现代生物遗传学、神经科学与AI而实现的对人类自身与智能的改造,将对人进行重构:一方面是改造人类的身体,主动介入性地超越生物进化的基本原则,让人们更好地驾驭自己的智力与身体;另一方面是改造自身的智力与思维,加深认识并提高智力水平。

前两条是关于新科技对社会生产、社会生活形式的改造,而且已经在发生中。虽然两者都会颠覆传统社会的形态,但是,第三条可能更为根本而且更具有颠覆性。历史是关于人类社会的历史,社会是由如此这般的人组成的,如果人最重要的身体都发生了改变,那么不仅社会组织形态,而且人及人类社会的意义都可能需要重新定义。因为共生的人-机或者人机社会,可能对人的本质属性进行科技的重构,使人不再是生物性的"两脚兽"。现在通行于世的思想观念、价值观、人生观,无论多么先锋、后现代或疯狂,与之相比都将是小儿科。对于第一条,完全的信息虽然变得可以接触,但不可接受,而且也没有必要。对海量信息有序化的结果是一个层次性结构,有所谓纯粹直观的事实性描述,有科学理论参与的概括与推理,有文学艺术之类的创造,还有高度玄虚思辨的宗教与哲学。而且,接受哪些信息虽然是个人的自由,但时代需要每个人尽可能接受更多、更高质量的信息。对于个体来说,信息本身也具有层次性,总存在最需要、最紧迫的信息与不那么重要的信息之别,无论如何划分,与自己切身相关的紧迫信息总比那些无聊的八卦绯闻与娱乐更为重要。而第二、三条则需要我们对一系列从古迄今建立起来的宗教、伦理与道德生活的基本观念,从个人到社会层次,进行全盘的、由浅入深的层次性思考与重建。有些层次上既有的规则是经过漫长的历史磨合逐步形成的,因而颠覆性的重建绝非易事,甚至可能失败,就像绝大多数变异都是有害的一样。历史文化环境与人的适应之间是一个有层次的历史性结果,层次之间也存在难以预料的排斥与冲突,越深的层次重建风险越大。显然,由浅入深、逐层探索性的改造更有成功的可能。

时代剧变对我们的智力与思维模式提出了层次性的高要求。信息对人类社会的影响不仅仅表现在经济社会方面,还表现在人类社会文明形态的全方位转变上,从生产方式到交往方式,从社会生产结构到社会组织结构,从思想观念到文化体制、生活、政治运行等,无不与传统的类型产生巨大的区别。而且,信息文明的建立并不是对这些方面的离散,恰恰相反,是将它们进行高度统一,因此具有强烈的综合性、系统性力量,这种力量将为系统中各个方面带来根本性变革。对于个人来说,如何在一个越来越难以直观而简单地"把握"的世界中寻找欣赏世界的乐趣,在一个变化万千的社会里安身立命,尤其是在一个越来越精神洞开的世界里拥有自己的一席之地,并在五花八门的参与社会交往的活动中实现自我价值,显然不是既有的哲学思想所能够胜任的;对于人类来说,在各种复合的多层次要素之间协调,本身就是一种集体智慧,普遍拥有这种智慧而没有层次理性是不可能的。

(三)思想文化的历史分化

海德格尔所谓技术将人类生活拔地而起的顾虑,是出于传统视野、传统审美、传统道德对技术化社会人文精神与道德走向衰落的感慨。随着现代技术深入生活的方方面面,对传统技术性生活和传统社会进行革命性的改造,打上的技术烙印无处不在。企图返回传统艺术观、审美观已经不合时宜,那是一种自我陶醉、自我限制文化类型和审美类型的自恋,就像中世纪之前把希腊罗马视为黄金时代并视为唯一的艺术类型一样。许多美好的东西,特别是传统的审美艺术,已从人类的精神世界消失。如果一种艺术形式被人类整体地抛弃,那就是注定要消失的——这是它的宿命,人们不再需要它,因为它不过是人们构造出来的一种打上时代精神主观性烙印的历史经验。思想的力量不在于某种物质般的实体坚实地矗立于我们的现实生活,而在于其历史之维的"实用性"——思想的桥梁让我们通达目的地,它和地球、太阳、空气之类的生存前提不同。

传统社会相对宁静的生活被日益紧促的时代脚步踏碎,反映到思想上就是,黑格尔以后再无人构想庞大的体系了。马克思说:"我打算连续用不同的单独小册子来批判法、道德、政治等等,最后再以一本专著来说明整体的联系、各部分关系并对这一切材料的思辨加工进行批判。"[①]但这一计划只能让位于更为急迫的现实社会变革的需要,完整而庞大的理论体系变得越来越不可能了。古典时代已成过去,哲学家变成了农民,各自在自己一块农田里生产自己的精神食粮,过着自己的小日子。[②] 思想不过是外在客观事物在头脑中的反映,不可能没有外在事物;但另一方面,纷繁复杂的层次性世界也离不开层次理性的头脑来进行理解与把握。对于现代人而言,迅猛发展的科技越发促使我们反思其终极方向与人生的意义。在一个所谓元宇宙的世界,一个完全信息化的社会,现代化的媒介工具把每个人都联结起来,远远超出其生物学触角并且互相交织,达到自然可能的界限。但生活的意义却并不自然而然地随之得到扩展,也没有随着物质世界的连通而改变个体内心世界的孤独,意义的世界还是一副陈旧而单调的架构,忙碌而不和谐。它也需要精神世界的连接、碰撞与交流,需要拓展,需要从

---

① 《马克思恩格斯文集》第1卷,第111页。
② 邓晓芒:《黑格尔〈精神现象学〉(句读本)的翻译理念》,《中国社会科学评价》2017年第1期。

个体到全体的重建。

倘若把历史视野的时间单位放大到世纪、千年,而不是眼见如梭的日、月、年,那么从宏大的历史层次上又会看到怎样的一幅图景呢？在生物技术改变人的自然寿命之前,常人活不过百来年,而层次理性的视角却能让我们超越世纪的窗口限制,"看到"千年万年尺度的文明踪迹。文明的宏大叙事显然不能"沉浸式"地看,也不是一个个单纯对象性地看。也许一切看的结果都不过是一家之言,只要给我们所带来的解释空间足够大而合理,能包容性地让我们比前人显得更"聪明"一些就足够了。因为我们的世界越来越大,材料越来越杂多,需要更有包容性的视野与层次结构,才能让我们以整体鸟瞰自己所在的文明与世界。

在历史书籍里,国家的历史变迁、国家与国家之间的冲突而引发的事件,可能是在某个强政治的立场下的记忆,只是一种意识形态的叙述文字,而非真实的历史。潜藏在文字背后"不可见的"历史规律性不能被直观到,也不能直接等价于叙述的文字,而是要用历史概念、历史范畴、历史规律性模式才能把握到。不可见的"文化""道德"等层次的情况并不一定表现为冲突,反而可能是一次协商。例如,清兵的入关看起来似乎比李自成带来的影响更大,这是站在"民族"——并不是全体或者大多数汉人的,而是少数知识精英的——立场上的一种历史叙述,因为他们根本不在乎谁当皇帝,在政治层次上造成的冲突可能比李自成、张献忠的还要小。就算在文化精英——传统文化传人的视角看,也不过是"种族主义的"偏见,而事实上那时的满清可能是最崇尚汉文化的,不仅比蒙古人、五胡乱华时的北方游牧民族表现出更优秀的素质,也许相比太平天国运动、张献忠之流有更好的儒家伦理表现。

历史就是复合层次的历史,而非单一层次的历史。军事、政治层次的历史只是因为王权的政治历史原因而成为显耀的历史层次,成为帝王将相的功劳簿。唯物史观指出,历史发展的深层动力在于人民群众的生产活动。这在19世纪初自由竞争的资本主义时代被马克思敏锐地把握到,因为工业革命掀起的机器工厂所承载的社会大分工把工人的生产劳动的社会场景凸显出来,他们作为社会发展的推动力量由生产劳动的经济场域上的表现蔓延、渗透到社会政治、文化等上层建筑的各个层面,这才是表现出来的显现历史的基本支撑力量。以物质生产与人的自身生产为基础的生产活动、社会精英的思想文化创造,包括政治在内的复杂社会运动才构成历史丰富多样的面貌。拿中国历史现象来说,假如单从文化层次的视角看,可能完全看不到清朝的改朝换代——他们几乎完全采纳了汉文化,反而在太平天国运动中看到了假名基督教的一个文化污点。当然,"五四运动"时期的文化层次上的"改朝换代"就最为显著了。

二、重建历史理性:历史层次的观念

历史理性还不是一个像理论理性、实践理性那样被广泛接受的哲学概念,但其意义是一种把握历史的理性,而非历史中的理性。[①] 因为复杂的历史更多地表现出一种非理性的现象或样态,而非我们现有的理性所能理解与把握的。不过,我们也可以把它广义地理解为对历史的认知、看法或观念,就如康德有时也把感性、知性解释为理性一样。历史理性在古代表现为一种朴素的品质,或说低度理性的社会历史观,但近代以来随着哲学与科学理性的快速发展而逐步提升,拥有了更多层次的社会历史观念,而且拥有自我反思与批判的能力。当然,如果我们把理性的这种说法反过来参照着古希腊的 logos 与 nous 进行理解,也可得到类似黑格尔整体逻辑的历史理性:历史的运动与理性的运动通过辩证法作为方法论范畴的一种中介,结合起来而实现了整个世界的圆满,通达"绝对精神"。

这实则是把历史理性本体论化,然而,历史理性本属于思维。分层次的模式能否兼容这种多元意涵呢?何兆武把历史理性分出三个层次,分别是历史发展并非不以人类意志为转移,历史知识的建构往往受到历史学家的价值观与精神世界的影响,以及历史研究不存在某些既定的结论与规律。建立对历史理性的多层理解也是重新认识历史思维的批判性和反思性的过程。按学科建制而言,历史理性是历史哲学的核心,而历史哲学虽然不能简单地等同于理性精神,其核心无可辩驳是理性精神。这也是泰勒斯提出"万物源于水"而非神,从而把哲学从神话与宗教中分离出来的根源。尤其是文艺复兴和启蒙时代,更是把理性精神推崇到科学理性的高度,在康德、黑格尔代表的德国古典时期形成了宏大的理性哲学体系,并深远地影响了理性精神的走向。但同时,这也产生远离现实的后果,因而随后不久就遭遇到主要来自非理性哲学与语言分析的挑战,毕竟现实生活总是在超越所谓理性与非理性,甚至淹没这种简单划分。然而,非理性主义与后现代主义的思潮不能取代理性精神的权威性,主导哲学的发展。

---

① 有一种客观主义的观点:历史内部存在着一种被称为"理性"的东西,并且历史活动完全受这种"理性"力量的控制,故而,历史能够按照一种"理性"的方式由低向高地不断地有序地发展和进步,这样历史就在"理性"的全权操纵下成为有目的、有规律、有方向、有价值的体系。(参见雷戈:《历史与理性》,《松辽学刊》[社会科学版]1999年第5期。)

（一）从哲学史中把握历史理性的精神

重建理性主义,回复到传统的哲学争论,捡起被批评的一端进行反驳,这显然只是增加一些被批评的反驳素材,而不是对哲学的整体性困境进行考察,不是在包容性的模式中反思自己与批评意见。这样的反驳或许不无价值,但并不能从根本上消解争端,反而可能引起进一步的批评,因为如此的素材与反素材总是举之不尽。那么,问题与出路究竟在哪里？我们要对哲学当前的形式进行一个根本性的全盘考察,就像中国当前改革进入深水区就不再是简单的表层经济改革一样,简单的经济改革已经基本完成,现在任何单一层次(如经济)的改革必定触动政治、社会结构、思想、文化等其他层次的固有利益,或者说,现实需要与传统力量之间的张力关系走向失衡。

对哲学史、哲学核心问题的理解与把握需要层次理性的精神。我们曾经喜欢把许多哲学家进行类别划分和葫芦串式的关联,如尼采-海德格尔-后现代主义。如果不是进行层次理性分析,很容易把这种关联变成纯粹外在的、现象的关联。外在分析如果没有内在分析的配合,就可能只是一种猜测,或者干脆就是一种空洞而肤浅的哲学史,就如没有整体观的细节梳理会变成孔乙己式的纯粹学究一样。整体观是一种原则,分层次的逻辑与结构考察才是实际的操作方法。

17世纪至18世纪是科学蓬勃发展的时代,相比当代科学技术的迅猛发展来说,那是一个小科学黄金时代。康德在《纯粹理性批判》中解读理性,通过纯粹理论分析对这个小科学时代的理性进行了有效辩护。"康德的同代人及其直接后继者的兴趣,集中在这样一些问题上：如何使知识的体系有统一性,或者为自然科学、道德学、美学和目的论原则找出一共同的基础;同自在之物有什么关系;如何为上帝、自由和不死的观念作辩解在统一的体系中兼容并包当代的各种倾向：批判的唯心主义、斯宾诺莎主义、唯理主义等。哲学以及在法国思想和赫德尔著作中占有重要地位的发展概念,这在当时似乎是符合需要的。"[①]康德是在同一个层次上为它划清了界限并加以约束,从而为信仰、实践理性留下了空间,两个空间处在同一个层次上,是个"大全"的互补关系。如果将康德的两个空间进行分层处理,那么它们就不是处于同一个层次上的互补空间,而是两个不同的层次,覆盖大全的整体,两者之间形成的是立体关系而非平面关系。下层是事实层,上面是信仰-价值-意义层,因为所有的价值都奠基于事实之上。当然,

---

① 〔美〕梯利:《西方哲学史》,葛力译,商务印书馆,1995年,第472页。

所有的事实又受到价值层的影响和支配。这个空间针对人的空间,其全体是人的"经验场"或者"存在"。

康德的理性逻辑是,认知理性是联结意识与外在世界之间的桥梁;实践理性是纯粹内心的精神世界主宰者,是真正的"上帝";审美理性是两者之间的"调节"性力量,因为伦理理性完全脱离了外在世界,最终指向的是信仰。审美理性是神秘性的,是半懂不懂的,一半懂是因为连接着认知理性(感性直观);一半不懂是因为连接着信仰理性(完全的非直观性)。康德曾告诫我们,"自己远不如寻常劳动者有用,除非我相信我的哲学能替一切人恢复其为人的共同权利"①。

如果说康德对认识的前提进行考察从而得到纯粹的理性,那么,狄尔泰则对历史认识活动的前提进行考察,考察人们的历史认识何以可能,从而建立了批判的历史哲学。他的思考既纳入了蓬勃发展的社会学等实证科学的直观成果,以弥补思辨理性的观念性,同时运用生命结构的复杂性,以生命意义为参照,用康德的认识批判精神,对实证科学不加考察的精神活动进行深层次的根源批判。狄尔泰提出只有那些关于人的内在体验或理解的事件才是"历史事件"②,这显然是对历史解释的一个新层次的开创,虽然他不能完满解释其中的主体性与历史整体之间的"循环关系",但为历史诠释学奠定了基础。而康德的问题也被黑格尔所克服,黑格尔辩证分析中的问题需基于康德的认识分析进行补充,要用动态的、"经验验证"(个体经验、群体经验、历史经验等三个层次)来辨析:这究竟是否为根据与源头?其实,黑格尔的辩证法已经预示了这些结论,马克思再次指出了这一点,虽没有给出详细的分析。胡塞尔更深入地分析得出,部分是有意义的,部分特别是后来的先验深入是过度分析,无论对于一个固定的人或者一个时代的人群,或者整个人类历史全体,都不存在完全的静态认识,因为人的认识会随着自己的成长而变化。

按照理性精神,从线性关系到层次性关系的转变,从观念上来说是一个复杂的、质变的过程。常识中感受到的前后不同的事物或者要素的否定关系会反复出现,因而对其和解与融合需要一种新的观念。层次观念在一个简单的事情上容易建立,但是要把这种观念建立得足够牢靠,并且通过尝试性试用,形成一种包容否定性在内的复合关系,才能解释复杂的社会

---

① 〔英〕斯密:《康德〈纯粹理性批判〉解义》,韦卓民译,华中师范大学出版社,2000年,第39页。
② 参见〔德〕狄尔泰:《历史理性批判手稿》,陈锋译,上海译文出版社,2012年。

现实。而且，它可能会在某个时候突然出现又突然消失，因此在思维中建构一种稳定的复杂观念需要一个反复而漫长的磨合过程。

例如，用文学化的隐喻表达出来的尼采思想深奥难懂。但要领会其哲学内涵，还需层次理性，因为所谓深邃只有在明确地给出新的思想结构时才能说有效，而不只是给出一个颠覆传统思想的新观点。以各种比喻的说法描述这个新观点或者对世界和理性的看法，只是道出了对既有观点的反对，却没有对新思想进行层次明晰的表达。真正深刻的在于后者，即对"比喻体"进行深度的理性描述，而不是诗人般的、感性的、隐喻的文学表述。海德格尔的前后思想被人分为I与II：I是试图用认知理性来揭示存在与世界；而II则走向诗性的神秘主义，即试图抛弃认知理性的工具，用纯粹的体验来"揭示"存在本身，但这显然是不可能的。海德格尔意识到认知理性与存在之间的差异与异质性，但不理解这样的事情：唯有认知理性才能表达出这种存在以及对存在的理解，才能形成交流性的东西，否则不可能超出个体性。对于个体来说，除了认知理性，还有非理性的体验也可以"直观地意识"并揭示存在本身，但这是难以通过语言表达与交流的。因而，在不同的层次上，维特根斯坦的变化是从单一层次走向更丰富的层次，特别是走向存在论层次，而海德格尔则从存在论层次走向了隐晦的层次否定，甚至连层次也不要了，退回到层次前的混沌状态。这是不值得提倡的，无论如何它不能为我们揭示出更多的哲学可能性，也不能为我们寻找到更光明的哲学道路。

虽然海德格尔生动而充满忧虑地叙述了人类生存的基本样态与情绪，但就是不愿接受科学技术越来越成为人类社会日常生活的"基座"。然而，他的反对并不能阻拦科学技术的发展，而且，他的生存论式的"存在"分析仍然是传统文化类型的结构性叙述，没有一点现代数理逻辑与科学分析的成分，与现代科学技术大异其趣，在方法论上也存在显著的异质性，其是否真切而完整地把握到现代科学技术的脉搏存疑。我们知道，在现实经验中，人的思维与外在世界之间隔着一个现象层；而在历史经验中，人与历史之间隔着的要素与层次就更多了，就像科学试验要排除的非相关要素那样复杂而多样。隐藏在各种探测器具背后的方法既与认知对象相连，又与我们的观察与探测行为直接融合在一起，它们不是能够剥离开而作为多余、无用障碍加以摒弃的东西。今天，对深邃宇宙的探测不借助于望远镜如何可能呢？对微观世界的认识不借助于精细的显微镜如何可能呢？今天的认识活动远非古人那样直觉占据主导成分，而是充满了现代科学理论的技术触角。总之，人与世界的直面其实深深地隔着一道科学理论的色镜、现代技术之墙。海德格尔认识到这一点并不表明他的反对有效,他对科技遮蔽了人类自然本性的警示完全正当,但崇尚古人的直面自然则有个人偏好的渗透,并不代表人类未来真实或正确的方向。

(二)历史理性的重塑

层次理性就是用正确的层次概念恰如其分地把握层次性的现象。这样的结果一定是清楚的而不是模糊的,按照亚里士多德的"种加属差"的定义来说,就是准确界定了的。不能清楚表达的意念,是永远不可能被清楚地证明是错误的。其糟糕的结果如果只是出现在学术领域倒也罢了,贻害无穷的是它常常出现在政治生活中,用意义不明确的语言比用清晰的更容易达到"洗脑"的目的,越是无知的民众越容易接受模糊的概念而受到蛊惑。

黑格尔把力的内在本质分为两个层次:一个是本体的;一个是物理学的。这种层次划分是一种恶的层次划分,对自然科学的僭越会导致恶的层次设置——认识论、本体论上的空的层次设置。他还说,比重力更高的层次是电力,这更是滥用层次的结果。现代科学的发展表明,相对于康德,黑格尔的许多有"创见"的原创思想其实是多余的,由于缺乏现实世界的对应关系与验证而是"空虚"的。空是他常常批判他人如康德不够深入的方面,但他自己的深入"填充"恰恰成为空的、虚无的理论说辞。

> 如果通过现象意识对于事物内在核心和与它内在联系着的东西什么也看不见,那么它就只好停止在现象前面,这就是说,把现象当作某种真的东西,而对于这东西我们又知道它不是真的;换句话说——由于这样意识仍然陷于空虚之中,当然这空虚首先是被看成空无客观事物的空虚性,但是由于它是自在的空虚性,所以它就被认作空无一切精神的关系的意识本身的种种差别的空虚性,然而在这种完全空虚并被称为圣洁的世界里,却又不能不有某种东西——于是意识就用它自身所制造出来的种种梦想、幻象去充满它;这个超现象的空虚世界不得不满意于它所受到的这样恶劣的待遇,既然梦幻都比它这个空虚世界要更好一些,那么它还配享什么更好的待遇呢![1]

只有通过它们(范畴)在经验性直观上的可能的运用,才能做到这点,

---

[1] 〔德〕黑格尔:《精神现象学》上,贺麟等译,商务印书馆,1981年,第98页。康德之所以追求"圣洁"是因为,他认为人类通过"知性"获得的科学知识仅仅是对"现象界"的认识,并通过《实践理性批判》引向宗教信仰。当然,黑格尔批判康德的本体界与现象界知识的不能弥合非常精彩。可是黑格尔用其绝对精神来统一,显然是把自己当作上帝。

即范畴只用在经验性知识的可能性上，而这种知识就叫经验。康德是这样取消传统形而上学问题的：对诸如"上帝存在不存在"之类的传统形而上学问题，这样问本身就错了，因为本体论不是现象界，在理性认识的范围之外。康德指出了传统形而上学根本问题的错误，进而建立了他自己的科学的形而上学。如果从经验跨界到本体，就会陷入先验幻相，因为人有一种冲动，一种总是试图超出经验的界限，希望从整体上来把握世界的理性内在的倾向，这样必然会导致"先验幻相"。此外，把知识与道德实践并列，从而要把知识悬置起来，为道德挪出地盘，也是康德的层次错位。

理性的分层是理性思维进化性增强的表现。知识呈现出指数性增长趋势，而人的脑容量却没有多大变化，智力也不会有相应的显著提升，剩下的就只能是改变思维方法与思想本身的结构。对于简单的社会与世界，也许单纯的理性就足够了，但对于现代世界，各种因素变得越来越复杂，单凭思维而没有符号推理，不能达到写作或阅读时能够达到的思想深度。写作是一种比单纯思考走得更远、更深的研究方式，而不是纯粹的记录，这似乎与笔算比之于心算的差别类似。只有借助于理性之外的东西，对于某些问题的思考才能走得更远、更深。也许人类未来有办法让每个人的理性都达到完善的程度，以至于能够理解所有的他者理性，从而消除所谓理性的专业分工。

动态的层次关联不只发生在一个小的范围或者层次内部，如纯粹认识先验直观、先验范畴、先验现象等内部构成的环节或者"实事"，而且发生在外部更大、更宽广的尺度。康德的先验认识批判是静态的，没有考虑到动态性，因为一个瞬间发生的认识并不是单独成立的，它一定要与人的经验形成前前后后、连续与反复的"糅合"过程，片段认识要在经验整体中得到验证，甚至其启动、合法性根据都来源于这个经验整体，而不是片段经验本身。当然也有片段经验本身的一些因素存在，可是这些因素无论多有说服力和所谓"独立性"的根据，也还是在更大的经验片段或者人的经验整体中获得根据的。那么，我们对片段认识的静态精细分析就时刻要联想到这个更大的背景，这对于我们把握康德基于静态的认识分析中可能存在的矛盾与困惑反倒有一种积极效用，不必在康德谈论的语境中冥思苦想其疑难。例如，认知图式来源、范畴表的根据可能需要在更大的层次上，用宏大的、历史性的、尝试性的、积极尝试性的实践来解释。

黑格尔把历史进程的动态性归于绝对精神的辩证法，虽然并不局限于某个狭小的层次或范围，但最终根据归于绝对精神这个设想的、宗教性的本体。然而，它与其身后工业革命所带来的日新月异的世界变化现实越来越不符合。运用马克思对黑格尔哲学的头脚倒置办法，我们也可以取黑格尔校正康德的动态性、辩证法之精华，把小环节再归属到其外的社会与历史实践，形成整体性的逻辑，就像自行车走弯曲的轨迹不是绝对精神的内在规定，而是外在的规定性的现实表现。比较而言，黑格尔囿于主体内在与外化世界之别，冥思苦想在主体内寻求统一性，即便用十分精致的辩证法最终形成一个很大的圆圈（圆圈又由许许多多的内部小环节圆圈构成），但终归还是"承认"主客分离的存在现实。黑格尔归于绝对精神或绝对知识的不过是主体的一个实体性的构想，这是画蛇添足的宗教之举。敞开的进程就是开放的历史、开放的实践，一种超越性的实践就是历史性的、现实的人类社会生活。这看似不是结论的结论并不肤浅，而是如我们所看到的世界剧变所蕴含的未来无限可能的真实反映。

历史哲学、历史理性的困境还在于缺乏有效的方法论，以把它与其他层次的历史研究（史学史、历史学）联系起来。亨普尔试图统一自然科学与社会科学的"覆盖律模型"最后导致了历史学观点的分裂——叙事性与科学性解释，这也许是黑格尔所说的外化的必经之路。因此，只有各自充分的发展，才有最终完满的结合。日常解释的确给不出足够的、精确的解释，但在根本上排斥它，因为它不符合先验的形而上学的实在概念。认为事情受制于一个先验的精确的本质，是一种形而上学的错误。

后现代主义、相对主义、视角主义的根本问题就是模糊了不同的层次。任何相对主义的观点都是把几种不同的观点置放在同一个层次，但其实它们是属于不同层次上的属性或逻辑。尽管我们最终不可能穿透所有层次得到确定的结论，但我们知道，这些观念是在不同的层次上，如果给予层次性的限定或者次序，我们可以给出有限条件的结论。当然，有人试图用耗散结构理论来解释改革开放之类的社会政治问题，这显然是一种层次错位的解法，因为两者相处的层次离开得实在太远，中间需要许多环节才能把两者联系起来，用辩证法来连接太过简单，反而容易被人嘲讽为变戏法。这是哲学的一种滥用，既不能解决客观问题，也不能增加辩证法的说服力与威力。真正有效且需要做的是在中间建立起有效的连接层次，并在这些层次上建立起层次之间的实质关联。

当下现实中的许多问题，靠传统、直观或简单层次性的思维已经难以解决，除了经济层次上的国内、国际等区域性问题，还有意识形态与不同区域的政治的交融演绎出国际政治、国内政治的不同层次、场域，文化与古老的宗教传统穿越时空渗透各个社会生活层次。历史上大大小小的各种悲剧，在某种意义上看都是由于缺乏层次观念所致；如果没有层次思维，很难设想这样的悲剧不会重演,难怪佛说人生本质即苦。作为一种思想的学问,哲学需要理性,因为它是运用概念把握一切的思维方式。借助于技术工具,人类对于自己周围世界,对于人类自身构成的社会具有越来越丰富的知识,这些分布在各种学科领域的知识虽然从历史源泉上来说源于哲学,但反过来却给哲学提出更多的要求,就像一棵树繁茂的枝叶要求拥有一根粗壮的树干。也许我们可以用一棵树的树根、树干、树枝与树叶这样四个部分来分别比喻人类社会的日常生活、哲学与宗教、各种学科理论与技术。①

(三)面向历史问题的层次理性

工业革命以前的世界变化缓慢,意识与现实之间的分离不大容易被觉察到。因为相对处于稳定的状态,人们认为意识就是反映实在的现实世界,也不大谈论现实世界的变动性,几乎以一种静态的视角观看意识与现实之间的认识论关系,自然不会有什么明显的变动性冲突。这种变动性倒是更明显地表现在古希腊海洋文明与东方大陆文明的地理环境区隔之间。但 18 世纪之后迥然不同,这是一个 △(变化)时代,人们关注的焦点转向运动与变化,一切都向变化、变化的后果看齐,而不是停留于既有的固定之物。在变化令人眼花缭乱的当下,人们只能进行自我意识主动的选择或者听任自然主义的被动安排。在哲学看来,那就是世界的层次转向:从纯粹的理论世界、无反思的行动世界到有理论、反思的实践世界(即经验)的转向,即实践转向。这种转向体现在哲学作为知识之母,在当前受到的来自各种知识的挑战之中。纯粹的理论世界与纯粹的行动是离实践最遥远的世界。拿杜威的参与式民主观、进步教育实践来说,它们都是从遥远的地方逐渐回归、逼近现实社会生活的实践性世界。人类历史中的政治经验表明,建构一个切近现实的实践性世界一直是人类历史的基本走向。

历史的曲折、人生的复杂、社会的多层次性已经远远超出人能直观的思维空间。对于个人来说,在大脑直观的思维层次上,有些神经元的联结随着时间的流逝逐渐淡化而被遗忘,即便这些联结曾经是所熟悉的"常识",也会变得陌生起来。对于社会来说,一些集体性的知识与智慧又何尝不是如此? 因而,有人担心一些美妙得让人类深有感触的经典创作,例如古典音乐、绘画、诗歌与小说,都可能在未来再次"陌生"起来,变成难以跨

---

① 哲学的生命力源泉在于人类社会的日常生活这个根,而不在于哲学自身。这四个部分也可以说是必不可少的四个层次。任何一个层次出现问题,都可能影响到其他层次,带来其他层次上的麻烦与问题。

越的艺术高峰。对此,我们是否有过认真的思考?理性所面临的挑战与困境,在相当程度上可以说一方面是科学技术对思维方式带来的挑战,另一方面是 15 世纪以来资本主义发展所带来的社会生产与日常生活方式的剧变在思想上的反映,及其对传统人生价值观的挑战。由于科学技术与资本主义发展的内在联系,这种挑战得到加强,而且变得更为复杂。

既然现代的科学技术及其产品改变了人类社会、人的基本生存生活状况,那么我们就不能像传统社会里那样过"优雅"的古典生活。古典时代的生活空间是比较狭窄的,即使有多维度,维度数量也远不能跟今天的相比。作为人来说,基本的生物学属性、外在的物理世界特别是时间都没有改变,就不得不改革思维,改变单向度的、少维度的思维形式。如果不想过单向度的生活,不想让古典生活中的一些经典成分消失,就要在商业和新技术产品构筑起来的世界里留出一些空间,给古典生活形式留下一定的空间地盘、时间容量。如果不理会这种改变对思维方式、价值体系与评价体系提出的挑战,放任商业主义、技术主义的占领、充斥和统治,最终必将导向一种放弃主体性的或者有意无意地采纳"自然主义"的心态。

从历史发展的角度看,未来世界的深度文明对未来哲学提出了高要求。一方面,世界的剧变需要重新定义世界概念,现实世界的直观性、物质性将让位于虚构性,精神世界的空间占比越来越大。因为世界越来越平,这要求思维越来越结构化、层次化,才能把握平的世界,才能理解这平的世界更丰富的内容。尽管基于物质性利益冲突的社会组织将因为这根纽带的消失而变得扁平和单一,但是看似简单的物质性社会将在虚拟空间、精神空间里获得重构,面对更复杂、更危险的任务。另一方面,哲学将回归社会大众,成为每个人的基本活动,人类的物质性生活将让位于主要由哲学支撑起来的知识性、精神性的社会生活。

第一章　层次的观念

　　层次是一个被广泛使用的普通词语。它通常指系统在结构或者功能方面划分为不同的具有等级秩序的系列。不同的层次具有不同的内在性质、外在表现特征与功能，有其内在的特殊规律，但同时也相互关联，表现出共同的规律与功能。层次的划分具有多样性，根据系统的特性可按照时间序列、空间关系、组织程度等进行划分。在自然界、人类社会与历史中存在普遍的可划分层次的现象，但各自的层次现象却有显著的区别。在自然界与反复重演的历史事件中，看似一样的能指、一样的所指，应该是同一的事物，事实上却不相同而且有本质的差异，其中有一种可能的原因是，能指与所指具有不同的层次，但我们的话语通常只是从最显著、直观或外在的层次进行。

　　还是让我们从自然直观的事物说起。例如，现代建筑大多是高楼大厦，从地面或者地下底层开始往上分成一层一层的结构，有的还对更高更多的楼层划分为不同性质的类别，如地下层区、商业与住宅楼层区、观光楼层区等。楼层是一个最普通不过的外在直观的例子，却是我们理解复杂层次意义的原型、简单意象。美国近些年来不断跟一些国力、军力、技术水平完全不在同一层次上的国家交战，虽然最终取得压倒性的军事胜利，但在宏大的文明战略层次上可能是失败的。这里，前面一个"层次"虽然不像楼层那么外在直观，也仍然是比较直观的，可以用"档次"表达，但后面一个"层次"就不那么直观了，涉及战争与文明的问题，孙子曰"不战而屈人之兵，善之善者也"。根据收入高低、地位等级进行的社会阶层划分也不那么直观，但稍有一些社会经验的人都能在社会交往过程中感受到这样社会层次的现实存在。还有一些层次划分需要一定的知识与思维能力，不同阶层的人可能生活在同一世界不同层次的场境，有的人凭借官二代、富二代的身份混迹于纸醉金迷的娱乐场，有的人像蜜蜂一样成天忙忙碌碌却只够养家糊口；有的人在为远大的理想而奋斗，有的人却已看破红尘归宿于宁静的市井生活或者寺庙之中。对人生境界不同层次的感悟，在有关人生的宗教与哲学的小册子里随处可见。这样的层次观念显得高深,似乎只是借用直观性的层次概念,表达对丰富多彩人生的不同感悟。如果没有这样的层次观念,如何把不同的人生感悟说清楚呢?

要回答这样的问题,必须对层次观念有所认识,甚至也要对这个认识本身建立层次性的观念,用层次性的观念来看待万事万物。这样的说法可能有点饶舌。在媒体上,我们经常会看到一些表现中国人的谦和、忍让、勤俭节约的文字,也会看到涂刻"到此一游"、公众场合大声喧哗等不好的习惯,看到一些国家政治生活方面钱权交易、贪腐成风的负面消息,但尽职尽责、正气凛然的人民公仆也不少。这些现象说来倒也正常,让人感到不正常的是,优良品质与恶劣行径可能集中于同一个人身上,例如尽职尽责的公仆却可能是个贪官,却又过着俭朴的生活,对此看似不合理的现象怎么解释呢?这就需要层次观。职业精神是公共空间的表现,私下行为是个人品质,在哪个层次上就说哪个层次上的话,在人这个综合体的超层次上,就说复合性的而非片面层次的话语,在特定语境层次上就说特定话语。例如,政治家以政治评价为主,而不以个人性格、外部做派或血缘关系来混淆其政治能力与成绩。

自然界的层次性特征是外显而直观的。从自然界、特别是空间现象看最为明显,无论是宇宙的、宏观的,还是微观的世界,表现出物质状态、类型、颜色等各方面存在的层次性,"宇宙是无限可分的层次序列,每一层次的运动由矛盾引起……宇宙层次不能仅仅从空间和时间间隙来分析,必须研究各层次的无限参量"[1]。这种直观的自然现象反映到直观的自然科学中的层次观念,随着科学精神的传播与渗透,生物进化论等领域也出现了层次的观念。例如摩尔根在《突现进化论》中提出世界构成的四个基本突现层次:心理物理事件、生命、心灵和神灵(神性)。亚历山大提出,世界上存在着空间-时间、物质(第一性质、第二性质)、生命、心灵和神灵等五大层次。

随着跨学科发展与不断融合,自然科学的层次观念也从物理化学等物质性科学向生物学、心理学、向社会科学领域传播,例如,惠勒尔认为社会层次是一个实在的突现层次;塞拉斯将物质、生命、精神、社会视为实在的层次。这些观点中科学的、突现唯物论的色彩浓厚:物质性事物是世界构成中最基本的层次,生命过程是在物质性事物的基础上产生的,而心灵又是在生命的进化过程中产生的。[2] 而突现唯物主义者马里奥·邦格在《方

---

[1] 威西叶:《层次论和自然界的辩证法》,《自然辩证法通讯》1964年第1期。
[2] 曾向阳:《关于层次的哲学思考》,《广东社会科学》1997年第1期。

法、模式和物质》中也基本延续这种思路。这也受到反心理学主义的批判，自然界中不存在所谓的等级和层次，存在的只是人的神经过程。最后到精神与思维科学，对意识或者思维也可分层，有的意识属于长久的、稳定性很强的，有的属于短暂的、流变性很强的，有的介于两者之间。直觉本身也是分层次的，只不过由于直观所摄取的杂多材料簇拥而出，整个过程几乎在一瞬间完成，主体几乎不能自我意识到这个过程性的存在，就像潜意识无法自我意识到一样。这不是一种辅助性的假设或逻辑意义的分层次，而是实体性质的分层。潜意识与意识也是联合在一起发挥作用的，但它也不仅仅是一个逻辑的概念，而是实体性质的，这样从逻辑上理解就更容易了。

关于词语的采用需要说明一下，用层次（或层面）而不是面向、维度、领域或者立体这样的词语，是因为层次直接表明结构性关系，例如层次、层次摩擦、层次渗透、层次反卷都是结构性关系的属性与内在运动机制。层次具有延展性。首先，当代世界以及未来领域在继续扩张，但层次衍生更加迅速，产生的意义更深化了我们的生活空间。其次，层次既能建立一种有序的划分序列，又能有内在诸要素构成的逻辑从而形成的相对独立性，而且层次之间由共同要素相互作用而贯穿，从而建立起一个层次架构的主体，加深了我们的视野。例如当今世界，人具有高度的自主性，因而个人幸福感如马斯洛划分的几个层次等级，每个人或多或少都拥有其中每个层次上的幸福感受而形成整体的个人幸福生活，若用"领域"或"线索"则难以表达其中的一些横向、纵向的复杂关系；尤其是对于历史，时间序列的表示在层次上容易进行拓展。再次，方法论上层次框架本身在每个方向的可拓展性使它也更有方法论的灵活性，也更能适用于历史与社会交互的开放性。简言之，层次是可拓展的三维架构，而领域是半拓展的二维结构，线索是简单复数的一维形式，因而层次架构更有对历史时空论题的表现力。

对于历史而言，层次比线索更能表达出内部的结构性。虽然历史线索、多重因果关系的线条这样的说法很多，但线条、线索表达的是针对单一的线性发展的逻辑而言的，它难以表达这条线索本身的内在结构，而层次却能展开这个逻辑的内在结构、要素及其互动等空间性的描述。当然在无需内在结构的单纯针对线性关联的语境下，层次也就从二维的面坍缩为一维的线条、线索，但仍能够胜任表达的需要。但是，反过来却不能对线索附加内部的结构性描述。层次观念既可能指向真实的层次性结构的实体，也可以作为一种思维方法，层次说并不假定所有的层次结构都是从上到下、一层叠一层的模式，虽然有的场景这种上下次序关系的确更有利于解释，例如社会层次。对于人而言，世界是一个多层次的统一整体，层次既是客观事物本身的属性,也是我们认识事物本质的一种分析方法,而且在实践中被广泛地运用,这也是唯物辩证法的基本精神,因此有人主张把层次作为一个哲学范畴来看待。[①]

当然,层次不是万能的,不同的研究对象具有不同的层次性特征,自然现象与社会现象也有显著的不同。通常来说,社会历史的层次性既隐蔽又复杂,对此,唯物史观提供了一个宏大的社会历史的层次结构,而对于社会静态性的内在分析,韦伯的阶层分析方法也是一种重要的社会层次结构模式。随着现代社会的多元多样化的展开,恰当运用层次分析才行。对于运动的事物与静止的事物的层次分析可能有不同的视角,前者更侧重运动及其动力机制,因而有矛盾方法,后者则更关心结构的综合整体性,因而有结构方法,并逐层深入。如果滥用层次的划分,会出现层次之间要素的过度密集渗透交互,那就要合并为同一层次,或者运用奥卡姆剃刀消减多余的层次了,因为层次是概念,是能指,根据实践的需要来确定。

第一节　传统哲学观念的困境与层次性改造

人们常说:这是最好的时代,也是最坏的时代。把握这个时代的精神需呼唤多元的、层次化的观念。物质积累的极大丰富与科技的迅猛发展使当下人们的生活世界出现空前的多样性、便捷性。今天的人们生活在多元化的时代,人们着装不同,言谈举止各异,对问题的价值判断不一。传统与变革、经典与时尚、追随潮流与张扬个性等,构成了我们多样的生活,而我们也享受各种不同的文化、文学艺术。多样化的世界也给我们每个人的思想观念提出了挑战,作为整体性的思想不能用单一的视角来审视时代的新生事物。作为时代精神的精华,哲学也要走向层次化,以层次的观念来接受这个多元化的时代、多样化的世界。

作为思想观念的载体,知识是人类进步的阶梯,难以想象没有知识的人类社会是什么样子。知识不仅是人类智慧积累的结果,而且也是思想的基础,但思想还有更基础的层次,即智慧。作为"爱智慧"的学问,哲学被视为人类站在思想的最高视野把握时代精神的学问,在现代资本主义生活方式成为主流之后,对更加美好的物质生活的追求让人们忙碌于

---

① 郭海云:《"层次"应该成为哲学的一个范畴》,《西北民族大学学报》(哲学社会科学版) 1984年第4期。

更现实的事务,科学技术与商业类学科成为学校的热门专业。哲学曾孕育了几乎所有的现代知识的萌芽,凭借对科学与知识、社会时尚与风云变幻的思潮的反思能力,仍可把握并审视快速发展的科技与社会变迁的各种现象。

从学科与知识的结构来说,哲学作为"爱智慧"的历史悠久的文化传统,在现代学科分类中演变为一个庞大的家族。随着哲学所面对的对象、现象与问题越来越复杂,哲学也被划分为不同的类型,例如形而上学、技术哲学等,总体可归类为理论哲学与应用哲学。它们各成员之间相互交叉,错综复杂,形成了一个相互关联、难以分离的层次性结构整体。对于哲学内部的结构,也具有典型的层次性特征,有人按照由低到高、由简到繁的顺序排列,分别是哲学观点、哲学学说或哲学体系、哲学形态、哲学类型、哲学学科。这对于比较哲学研究是一个建设性的构想,例如,对比中西之间的哲学,对黑格尔有关中国无哲学的说法,就可能在不同的层次上给出不同的回答,"哲学有实质也有形式,有问题也有方法"[①],按照现代学科建制的标准,与宽松的标准也有不同的说法。[②]

对哲学所涉问题层次的探讨,表现在本体、认识与方法等三个大的方面。而面向科学问题的层次性分析是比较容易获得支持的,因为它言之有物,容易被理解与接受,主要是针对实在的不同层次的研究。[③] 20世纪70年代随着计算机的发展,层次研究也逐步成为科学与哲学研究的标准方法。[④] 在认识论上对一个系统的观察与解释的层次,即抽象的层次方法;在本体论上对系统的复杂组织结构与因果交互作用的关系进行分层;在方法论上表现为对关于一个系统的各种不同理论之间的相互依赖,或者对同型关系进行的层次性探讨,弗洛里迪提出了参与比较的三种层次类型:组织层次、解释层次与概念图式,并据此对相对主义与反

[①] 金岳霖:《〈中国哲学史〉之"审查报告"》,载于冯友兰:《中国哲学史》下册,华东师范大学出版社,2000年,第435~436页。

[②] 按照前者显然没有,无论是学科建制还是研究形式与方法,哲学并不是中国传统文化本来固有的学问形式。按后者,就某些哲学观点,当然是有的,但如此,其他许多古代文明也是有的。

[③] H.C. Brown, "Structural Levels in the Scientist's World", *The Journal of Philosophy, Psychology and Scientific Methods*, 13(1916), p.337-345.

[④] Newell, "The Knowledge Level", *Artificial Intelligence*, 18(1989), p.87-127; C. Foster, Algorithms, Abstraction and Implementation: Levels of Detail in Cognitive Science(London: Academic Press, 1992); R.Poli, "The Basic Problem of the Theory of Levels of Reality", *Axiomaths*, 12(2001), p.261-283.

实在论进行了实用主义的审视。①

一、传统哲学的困境

对于哲学来说,本体论、认识论、方法论的传统划分是基于其研究的内容与目标而定的。本体论所关注的是存在的本质与实在性,试图回答"什么是真实的存在?""存在如何被组织?"之类的基本问题;认识论关注认知与知识的来源、性质与过程,探寻知识的本质、人如何获得知识、如何分辨真理等问题;方法论则侧重研究方法与过程,包括实验与推理,试图回答方法有效性与"如何进行研究"等问题。这种划分可能带来片面的理解,但它主要是为了更好地组织与研究哲学问题,进而提供一个清晰的框架,其研究对象与本身都不是完全独立的,而是密切联系,甚至交叉与重叠的,尤其是面对现实问题与复杂的哲学问题,通常需要结合不同的方法与视角,从三个不同方面来综合考虑,以获得全面的理解。因本体论的某种限定性,传统一元论的本体论在蒯因的"本体论承诺"之后就不合时宜。本体论承诺一方面表明把本体论绝对化是不可能的;另一方面说明本体论的实用主义特征,本体论完全不必依循传统固定、僵化、外在的模式,因为除宗教意义外,它不能对认识论、方法论,以及人类社会与生活提供任何价值的支撑。

站在黑格尔整全的历史进程视角看,哲学史上的思想、学说与流派都是不同的层次、领域或者环节上的观念或思想,相互之间如果有抵触或者批判——无论是包容性的还是对抗性的,都应当在超越对立的层次上得到"和解",在一个整体性的层次模型之内得到合理的解释,包括柏拉图、亚里士多德、康德与黑格尔建立起来的伟大的哲学体系,都试图囊括其时代精华的全部智慧结晶。可是,黑格尔之后,如果体系性哲学继续存在的意义只是创作出发人深省或者批判性的观念作品,那么越来越多的挑剔的洞察力就仍如文学艺术一样具有现实价值,即使不能重构诸如古希腊或德国唯心主义那样恢宏或精致的理论体系。当下哲学家都把精力主要用在解决具体层次的问题,而不是追求人类或许根本无法获得的那种关于本质、范畴与逻辑的真理。

哲学的进步表现在,概念和问题深入更细化的层次,对概念的运用与问题的讨论已经不是在其过往形态原来的层次上进行。黑格尔一般地把哲学发展阐述为认识不断发展的和谐过程,在这一过程中,任何哲学学说

---

① L.弗洛里迪:《信息哲学的抽象层次法》,陈鹏、刘钢译,《世界哲学》2013年第6期。

与之前体系的实际关系更为复杂。这些学说反映了各种不同的历史形势、需要和利益，以及对于科学和宗教所抱持的不同态度。各种哲学学说继承性的关系不是决定性的：哲学与任何社会意识形态一样最终由社会存在所制约。虽然我们不能对曾经存在但终被遗忘的思想有什么真正的认识，但这些从历史中"泄漏"出去的东西就如康德的物自体一样不可知。唯一可知的仅是其存在，因而有存在先于本质、存在先于意识这一说法。拉康的能指链是一个很好的问题转移模式，将困难"中介化"，转移到中介环节上，这样一来，在原有对立概念之间的冲突就进入更深的内涵层次，不再停留于原来概念本身的层次，而是到了连接两个概念之间的一系列中介环节上。由于这些环节具有可调节性、流动性，因而也极好地体现了人的主体性。

在马克思看来，康德、黑格尔的哲学革命仍然停留在纠缠解释世界的认识论层次，无论他们自称"物自体""绝对精神"如何客观，都不能积极参与到矛盾的现实急切需要的社会革命。当然，缺乏真正科学而有效的现实理解，简单投入社会改造与社会运动，并不能发挥积极的"主观能动性"。马克思的名言——"哲学家们只是用不同的方式解释世界，而问题在于改造世界"——常常被当作原理来为行动与社会改造辩护，而非恰当阐释哲学和哲学家在人类历史中的作用。要改造世界，首先要改变社会关系，因为生产力已经受制于不适应的生产关系的反作用掣肘了。法国18世纪启蒙运动为法国大革命从思想上做了准备，促进了这一社会变革。因而从这个层面来说，它不仅是一场社会政治革命，而且也是一场思想的革命，通过思想的时代更新使社会革命和政治革命成为时代的紧迫任务。如马克思所说，德国哲学是走在时代前列的，德国古典哲学实现了德国的哲学革命，也为这个国家的资产阶级民主革命准备了思想的条件。

从历史唯物主义的视角看，人与外部世界都不能单一地决定社会发展，两者相互作用，人在历史性的实践中改造外部世界，同时也改造自身即人的本性。由人及其创造的生产资料所构成的生产力的发展最终决定社会关系的建构和人类的生活方式。而生产力的发展历程由于积累了所有以前的人类创造的成果，成为现时代人们的历史性生存前提。它一方面为当下人们创造自己的历史提供了物质条件和基础；另一方面也给当下的历史性创造活动规定了内容范畴和发展方向。因此，"人们自己创造自己的历史"的原理，因唯物史观而变成真正科学的了。[①]

---

① 〔俄〕奥伊泽尔曼：《元哲学》，高晓惠译，人民出版社，2013年，第109页。

纵观现代西方哲学诸流派，一个共同的特征就是超越二元分裂的认识论，走向融合主客的中介——实践。它主要体现在三个方面：其一，是认识对象的转向：认识什么？不是认识外在的"客观物"，因为一切外在的客观物都将会被经验、实践、存在过程席卷而成为我们的生活世界，而那些没有被席卷进来的所谓"外在客观物"都不过是潜在的可能世界的尘埃，它们进入生活世界的路径只有一条：实践。既然实践是唯一通道，在绝对主义消解了的今天，它自然就是真正的认识对象。我们可能仍然会研究一些重要的存在物，但是，作为如何存在的实践本身才是理性的聚焦点。其二，是真理转向：从纯粹理性、客观上帝转向实践，所谓"实践是检验真理的唯一标准"；而且，实践也是真理保证的条件。拿现实的政治实践来说，国家社会主义创始人布朗认为，政府或者国家就是一群正直、优秀的人，他们能够带领人民走向自由，但谁能保证这一点？已经占据国家政府要职的人吗？还是觊觎者？显然都不是，自夸或者标榜自己是公仆的人不能因为自我标榜而得到保证。可是，又不存在上帝或者纯粹的理性能够指明，特别是先行地指明谁能做到。人们只能通过言行，特别是行动和行动的效果来判断。其三，是方法的转向：追求真理的方法诞生于实践，方法本身有效无效也需要在实践中评判。实用主义哲学家杜威的经验方法其实也是实践方法的一种。

哲学家的思想转向早在柏拉图那里就曾经有过，不同的是，现代哲学家的思想转向却是在持续不断地发生，也没有一个确定的终点。当代哲学家的思想转向则越来越频繁。从哲学内容上来说，剧变的时代、剧变的社会，让哲学家感到难以适从。其实，并不是每一个现实发生的社会现象都需要哲学家给予解释，它也不会轻易动摇哲学的根基，因为在哲学的前面，还有许多专门学科更直接地面对各种具体的现象与问题。但毫无疑问，在哲学与各门学科之间的智力分工还不明确，作为所谓"学问之母"的哲学自身也还没有对此有一个清晰的理论划分，并实现与各学科之间的无缝联结，因为各门学科自身的发展如此迅速，而哲学的发展相对来说却显得滞后。更为根本的是，缺乏一种有效的哲学研究范式、科学化的哲学理论框架。这个范式不仅要对哲学内部的各种学派有一个统摄，还要对外部的与各学科之间的对接有规范化的接口。如果与一门科学对接，则需要遵循通常的科学规范。然而，哲学的科学规范还不成熟，因而，无论对内还是对外，都存在衔接的裂痕。

历史上哲学家参与社会政治实践的效果远不及其思想之灿烂。最伟大的政治著作多是在参政热情惨遭挫折之后深思的结果。孔子晚年"累累如丧家之犬",心灰意冷之后矢志于著述讲学。柏拉图则受挫于色拉库斯,甚至差点被卖为奴隶,最后还是回到他思想的王国兴办"阿卡德米学园"。西塞罗、杜威、海德格尔一再重演类似的政治实践悲剧。而且,一旦哲学变成神学,政教合一却又很可能形成社会发展在多方面创新的制度性阻碍。究其原因恐怕在于,哲学与实践之间存在诸多的环节与层次,每个层次都有不同的规则与逻辑。而传统哲学家即便不缺乏层次思维,也不能把其思想的智慧从哲学层的观念直接穿透到荆棘丛生的实践层。哲学,尤其是实践的哲学,只有建立层次思维,才可能有效参与到具有复杂层次性的社会实践之中。

几乎所有的哲学家在现实社会的实践参与都表现出理想主义的悲喜剧,都是号称理性实则非理性的理性主义者,因为,他们所表现出的行为本身与其自信的理性精神在现实中的表现是"二律背反"。在层次观念看来,其理论与实践的脱节要么是层次的错位,要么是层次与领域的混淆,归根结底缺乏面向现实的层次性思维。革命年代的革命后果表明,18世纪的剧变是断裂性的,是文明由简单层次结构向复合层次结构变迁的过程,要想如传统文明那样由政治革命来主导社会整体的革命已不可能。这表明政治层面的革命单一化在新文明类型中一意孤行必然会带来的问题。

哲学家经过反思,参与现实政治的思想变迁就从激进转向沉着冷静。例如,杜威的心态转变就是如此,一是对于西方战争背后的政治心态的转变;二是对东方道家无为思想的认同,他倾向于这种"缓慢"而不是他"一战"前的那种对"快速改造社会"的期待。如果说杜威显著地改变了对政治活动、社会改造实践的看法,从激进走向冷静与稳健,倾向于东方式节奏,那么,他同时也对支持激进政治与社会改造事业的激进哲学思想产生了明显的变化,从面向积极变化的社会现实与社会实践,到可以接受一些看似脱离社会现实与社会改造的东方精神:无为而治的、直觉的自然主义也能够带来幸福,杜威对罗素的书评中流露出,他非常羡慕中国人由于这种哲学观而依然保有西方丧失了的"本能的幸福和生活的愉悦"[①]。而这种生活方式与思想显然不同于西方通过外在扩张带来权力与财富的、基于主体性的现代精神,即"永不停息的改变"。

哲学虽然是时代精神的精华,但其未来一定要依附于时代精神的发

---

① 〔美〕杜威:《杜威全集·中期》第11卷,马迅译,华东师范大学出版社,2012年,第216页。假如杜威去印度看看,大概也会有同样的感触,这是东方文明不同于西方文明的地方。

展。时代精神并非完全由哲学本身倡导而直接实现,时代精神更多的是一个时代现实社会问题的解决。这么说来,哲学与其他学科一样,都是面向现实问题的,只是与其他学科的解决路径不同,它是试图站在更高更大的层次上来试图解决问题,并引导社会走向更好的未来。如果没有时代现实的问题,没有时代现实的需要,就不会有更高层次的时代精神,也就没有精华的存在必要了。

精华不是哲学在自己脸上贴金粉,而是指哲学是在满足时代发展需要,为解决时代问题出谋划策,是设想美好未来的思想。由 AI、机器人替代的劳动把人类从地表依附中解脱出来,人类即将根本性地脱离农业与原始工业,但同时也因为这种隔离而产生了不安全感。时代发展如此之快,科学技术的各种产品让世界变得光怪陆离,各种现实矛盾的未来呼唤哲学的出手。如果说 18 世纪的工业革命把大量农民从土地转移到工厂,那么,现代 AI 等技术将把部分工人从工厂迁移到知识生产的场地,而剩余的大多数人则从传统的生产、生活层次被排挤出去,既没有现成的生存层次可以回归,又没有潜能去开拓新的生活世界层次。这对于传统的社会秩序而言是致命的危机。时代发展再一次指向了作为知识之母的哲学。

二、哲学的层次性改造

传统哲学陷入困境的根本原因在于层次与领域混淆不清,受到的挑战却是层次与领域的迅猛膨胀与扩张,不仅层次越来越深,而且领域也越来越多。层次是一个演化的立体性层次结构,而不是模糊、混沌的一个黑箱单元,结构内逻辑是存在历史性的,这个结构既具有外在作用逻辑或外部关联逻辑,也有内部的结构逻辑。例如历史研究中的层次方法,不同波长的波浪各自的运动、相互之间的"摩擦",特别是后者导致了我们时代性的剧痛。

古希腊哲学中的改造与革命自不必说,既有泰勒斯的"惊奇之问",又有智者学派的"人是万物的尺度"。伟大的古希腊三杰接过哲学的衣钵,从苏格拉底的"认识你自己"开始,通过柏拉图对理念、共相的追问,开启了胡塞尔所谓"苏格拉底-柏拉图的哲学革命"。亚里士多德是革命的总结者,进一步辩护了人类理性的发展方向:哲学是科学、思辨科学,而不是实践,不是感觉经验或者技术的描述,并对哲学、各种具体经验学科进行了层次性的划分,被公认为现代许多科学门类的奠基人或者先驱。柏拉图、亚里士多德建立起来的哲学形态是人类第一次哲学科学化的革命尝试。能够与这次革命相提并论的第二次革命就是笛卡尔-康德的哲学革命。康德通过认知理性的范畴分析,揭示思维如何通过范畴把规律加诸自然,从而实现了"人为自然立法"。黑格尔是这场革命的总结者,对凝聚在范畴与二律背反上的理性诡计进行了思辨的考察,用宏大的思辨哲学体系展现近代自然科学的知识与一切科学知识的合理性,并为现实存在的合理性进行了历史辩证的辩护。

哲学革命从来都是对思维方式进而对思想指导的经验与实践的革命,而非简单指向纯粹的外在世界。对外在世界的具体改造是农业与工业生产的事情,是农民与工人的任务,现在则是科技工作者通过遥控机器人去实现的工作。但哲学革命则首先是哲学家让自己的思维变得更复杂,更有层次性与秩序能力,从而提出对外在世界与社会各种秩序的最根本的秩序安排的根据,然后将这种思维形式或者结构的革新传播给其他人,让每个人都能获得对世界、人生与社会的合理认知与行动根据。胡塞尔在《回忆布伦塔诺》中说,"不能以激烈的语言方式换取强词夺理的思想简化"[1],唯有层次性思维才能在整体观下带倾向性地安定于特定的层次与领域,对于个人如此,对于人类社会全体更是如此。

其实,实践转向就是在呼吁一个全方位的立体视角、层次理性的建立。因为,这个实践不再是扁平的、单层次的实践(与知识相对立的那个行动实践)。如果这样,马克思主义哲学当然可以被认为是实践论了,但是,过分倡导行动而轻视认知与思想的倾向会导致悖论:强调实践和革命的最后结果表明,呼唤革命的根据除了现实的残酷,则是依据激进思想而构造出来的美好图景,这仍然可以被归结为从单纯想象出发的谬误。因为,所谓社会发展的规律性实则变成指挥行动的教条。而规律性的根据不是真正的现实实践,要真实体会当下正在流变的实践,没有曲折的道路是不可能的。迄今的认知无论如何伟大总是有问题的,因而,教条化的实践其实带有虚伪性,而这个虚伪性就是二律背反的根据之一。所以,问题变得清楚明了:实践转向之后的实践的问题所在,要在结构性的分层次模式上才能看得真切。

哲学革新有两条路径:一是面对哲学内部研究的范式改造;二是面向外部世界与社会实践的参与角色与社会功能的改变。如果说在哲学的历史过程中,这两个方面是哲学改造必须观照到的两个层次,那它们相互之间就存在越来越多的交互。曾经为了更清晰地研究具体问题的方面而进

---

[1] 〔德〕胡塞尔:《回忆布伦塔诺》,载《外国哲学》第十七辑,商务印书馆,2005年,第280~289页。

行的本体论、认识论、方法论的划分,可能有助于针对性地解决问题,现在则走向大融合。例如,以前相对比较独立的作为方法论的辩证法,在马克思对黑格尔"头脚倒置"的历史观的批判之后,也携带了更多的社会批判的成分,在海德格尔与伽达默尔的历史诠释学中则与历史进程密切相关,显示出三合一的态势。现当代哲学研究中的一些词语概念都是跨界的,跨越了本体论(存在论)、认识论与方法论。只是,在面向外部世界的学科分类时为方便起见划分为伦理学、政治哲学、美学、科技哲学等不同的方向,但即便在这样的划分中,也有越来越明显的跨界趋势。

个人与社会之间若即若离的张力关系也是哲学的改造所必须考虑的。对于个人来说,需要对各种剧变的时代、各种膨胀的空间持有一种层次性的思维结构,才能进行整体性的分层次把握,既总体性地把握世界整体,又把握特定层次或者领域(感兴趣的和不得不关注的)。对于人类社会整体来说,则需要有一种总体性的理性辩护,才能让各种具体的分工各得其所,各种组织群体、个人在人类全部历史的最高总体性中获得其独特的价值与定位。如果说整体是人类精神一种特有的自我观照与统摄意识所规约的自恋,倒也有一些道理,因为那的确是人类的,也对于人类才有意义。然而,那不是病态的自恋,那是人类的独特思维的一种层次性创造,也正是人类的"崇高"之处。我们由此将自己与自然界、动物划分开来,由此确定了一种历史的秩序——"前进的方向"。在历史的维度上,整体观的价值和意义恰恰就在于那座"亚历山大港灯塔",给所有承载社会及其全体成员的文明航船照亮方向。

层次思想需要把社会不同范畴、要素的时代性变迁纳入一个统一而公正的框架中来。当人类社会整体上受困于物质财富的贫乏时,那么建设与生产财富更为紧迫和重要,当物质丰富而思想与人性滞后时,思维与价值就尤其重要;当财物丰富而人人善良时,人生活的空间(包括外在的与内在的)可以通过科技与艺术来实现。而总体上,哲学是看护这种公正总体性的平衡的,并在适当时机给出某些方面是否贫乏的警告。分析哲学带动哲学的理论经历"实用主义"的洗礼,其号召力在于有效性,在于解释和效果,而不是"本体论"意义上的绝对真理的追求。绝对的本体论已经随着简单的单层次思维的过时而结束。本体论的死亡就是指外在的"本体世界"的瓦解,但不是对我们的精神整体的抛弃,也不是对表现型的生活世界的抛弃,更不是对经验整体的否定。理论与模型的有效性就是基于这个经验整体的世界。

对世界的根本解释仍然属于哲学的使命,但哲学的事业不止解释,解释远未穷尽哲学所积极参与的认识功能与社会改造作用。改造世界当然重要,但哲学最重要的事情也许恰恰在于:理解、说明和正确地解释世界与社会,并促使其"时移世易"的合理改变。经历19世纪至20世纪波澜壮阔的政治革命、世界大战与共产主义运动之后,马克思主义不仅仍然是一些国家的指导思想,而且渗透到资本主义社会制度改变的方方面面,例如,其福利制度已经成为资本主义的基本制度设计。马克思主义的意义仍将延续,在改造世界与认识世界的两个层次上根据时代变化而变化;在社会制度方面,如果说不再限于只通过暴力推翻资本主义社会,那么通过认识和揭示资本主义的本质,也会形成强大的道德批判与社会批判,达到改造世界的目的;而且它是中国特色社会主义的基本思想与信仰,对世界社会主义运动与实践也起着探索性的积极作用。

哲学就是明知其难,却要迎头而上的人类精神,就如愚公移山的故事、加缪《西西弗斯的神话》中的那个著名隐喻。在世界复杂而分化的趋势下,只有能够理解这样复杂结构,即人-社会-世界(自然加社会)-历史的思维才能帮助人类解决现实问题。而我们对其中当前层次的认识总是直觉的,而不是反思的,要反思就必须在逻辑上更深或视域上更宽的一层上进行。我们总是在更深或更宽的一层上才得到了对当前层次本质的真正认识。例如,我们对某个具体实在物的深刻认识是在对抽象的实在世界建立哲学思维之后;我们对人性的认识是在把握动物本性的层面基础上,对动物的认识则在理解生物的层面之上;我们对科学的真正认识也是建立在科学哲学的基础上,对历史事件的认识则必须建立在历史科学的基础上。因此,哲学必须建立层次性的思维模式,否则,面对时间的维度,就会像海德格尔所说的那样,"要么远远超出当今,要么把当今回复到肇始之初"[①]。在面对世界的宽度上,要么远远超出当下,要么把当下纳入不变的创世纪之中。哲学当然不必变得时髦,亦步亦趋地追赶时尚,相反,哲学要对时尚进行层次性分析,把它回归到更大尺度的时代与世界中来理解与诠释。

第二节 理性的层次

有关人的意识、潜意识、自我意识、理性、精神等哲学基本概念,就如善良意志一样一直在被人使用,但具体定义与内容也一直处于变化之中。意识通常被认为是人对环境及自我的认知能力,这种能力在不同的层次表现

[①] 陈嘉映:《海德格尔哲学概论》,生活·读书·新知三联书店,1995年,第22页。

出不同的清晰程度,其中只有最浅层次的感觉、"察觉"因为外在性而被探讨得比较多,甚至常被当作意识的全部。然而,意识远非如此,其中最重要的还是看不见的自我意识,它是人在成长过程中从具体的事件反应中综合出来的,用于调控自我内部和与外界关系的一个深刻的理性层次。

沉思不是分析,也不是证明。思想与概念的严密性需要论证,而不是仅仅通过黑箱般神秘的沉思。康德对感性、知性、理性、信仰进行了层次与边界的划分,为科学知识和道德信仰划分界限,并处于分离状况。黑格尔试图用历史性的辩证法重新统合它们,然而绝对精神的宗教性设定与理性原则的根本背离,让康德在哲学中建立起来的实证精神被再次削弱。20世纪以来的科学技术革命现实地敲开了人类的视野,整个世界都能被纳入两颗弹丸般的眼睛,同时人类的思维一方面深入微观的量子世界,另一方面扩展到宇宙天际。沿着康德的理性分析思路,人的理性虽然不能还原到物理法则、动物行为之类的某个单一层次的逻辑,但在各门学科有了长足进展的当下,对理性的分析还是有了比之前更多更坚实的材料支持。例如,动物行为与心理学、复杂科学与进化论新进展等微观机制上的研究,以及新科技支持下的语言研究,都让意识与理性更加清晰。

一、理性的层次性特征

理性是复合层次而非单一的结构模式。它让我们对于不同的对象会运用不同的策略,对于线性关系问题,追溯就是还原;对于结构性关系问题,就像一个圆圈一样无头无尾。[①]即使对于线性的问题采取还原的策略,还原入口也有选择性,可能并不存在唯一确定的基点,选择将依后果而定。人类理性成熟的标志是层次理性,是在人类历史的过程中,面向日常生活与社会实践中的具体问题而演化出来的多层次的结构理性。如此说来,宣称为人类最高智慧的哲学对层次理性的认知还不够成熟,最明显的标志就是思维通常是在单一的层次上运行,而不是在一个具有多层次的复合整体结构里运行。对理性的层次结构解析,我们需要具有层次结构的理性,才能应对复杂的问题,因为现代世界的问题都是复合层次性的。

人类最基本的两种思维方式是直线演绎、结构性思维。而且两者是紧

---

① 经济学研究中有些研究暴露出对结构性复杂关系的简单化处理的问题。诺斯通过对经济史的研究得出结论:导致经济增长的因素(创新、规模经济、教育与资本积聚等)其实是经济增长的结果,而不是原因。参见〔美〕诺斯、戴维斯:《制度变迁和美国经济增长》,上海人民出版社,2019年;〔美〕诺斯、托马斯:《西方世界的兴起》,厉以平、蔡磊译,华夏出版社,2015年。

密结合的,任何结构性思维一定内含最简单的直线式演绎思维要素,就像计算机的 CPU 一样,看起来是一个结构性的复杂装置,终归都是由一系列简单的开关元件所组成。这种模型是任何更复杂的思维面对任何复杂情景与问题的基本逻辑。因此,"结构性"解释并不能为任何当前看来显得神秘的现象承担最终的责任,最终还是需要用直线演绎的简单元素来澄清其"神秘"的机制。当然,由这些简单元素构筑起来的东西在积累的层次(或许有多重的层次)上看用结构性模型解释可能更有效,那么,在此也可以将这些聚集起来的东西当作一个"整体"结构来看待,甚至运用一种整体性的结构思维来看,要比数量庞大的元素集在单一的直线演绎逻辑看更为有效,甚至更加清晰而且实用。这大概是结构性思维存在的根本原因。物质对于意识的基础性作用、意识对物质的反卷性统摄产生两个不同的层次世界,而且它们如影随形。这种线性与带循环的结构性的思维使得我们的理性产生这样三个基本的层次:正向性的认知理性、反向性的反思理性与整体性的统摄理性。

层次理性的建立在于,能够包容性地将平面的理性立体化、层次化,其中最重要的一环是对非理性的理性把握,即用理性来把握一切,包括非理性的情感与意志。站在理性的立场,因为理性至上所以总是希望超越感性;站在感性的立场,站在经验、现实,甚至世俗的立场,总是倾向将理性只当作生活的工具或者其外在表现的一个方面。理性与感性之间的宏观辩证关系,使得所有理性的层次推理都出现裂痕,进而动摇全部理性的大厦,因为它希望通达全部的理性的层次结构。任何理性的层次不单是局部性的层次结构,具有本局部领域内的合理性,还需要得到全部领域的承认。当然,这里要区分把握者和被把握者。把握者能用层次理性来把握被把握者包括非理性活动在内的一切活动和思维,譬如在政治和社会实践活动中有许多超出狭义理性的部分。

在哲学家的思维中,应该包容一切,这才是成熟的层次理性。换言之,只有具备哲学思维结构的理性才可能是真正层次理性的。尼采试图用非理性来把握非理性,他混淆了作为个体人存在中的非理性力量本身与作为哲学家思维的把握能力;康德则试图在另一个极端上用理性把握一切,并用理性替代非理性的活动。哲学家通常不会直接参与现实实践,因为哲学思维与实践思维明显不同,两者处于不同的层次。历史上不少哲学家忽视两者的区别贸然从事,导致"实践转向"的悲剧。哲学家的理性并不是实践,这个理性试图把握的是其他人的、历史上的社会中的理性,而不能够包含自身。

个体与群体之间构成一个小与大的矛盾关系。一个个体人的主体性与人类历史主体性的总和之间就是一对辩证性的矛盾。每一个个人的主体性在其生命周期的生活世界里来说,扮演的角色是微弱的,而其生活世界里除此之外的其他很大一部分是文化世界或者人化自然。对于这个个人来说,人类历史的传统和文化社会背景构成其自我主体性极大的边界,其中虽然有纯粹的物理世界——自然界,但文化世界的意义更大,甚至表现得更明显,因此扮演的角色更重要。所以,对于个人甚至对于一个时代、一个社会里的某个局部社会的一个时代来说,更大地依赖于人类社会的历史性文化背景。可是后者主要是人类的主体性表现,而对于人类整体的主体性来说,如果与大自然相比,由于两个层次是直接相连接的,所以相互之间的作用最为明显,因而,大自然在此表现出强有力的主宰力量。但是,由于层次视角的差异,大自然对于个人来说几乎是被遗忘的隐性存在,远不如人类社会和历史文化构成的背景性力量的支配性那么显著。

常人总是就一些事情争论不休,各执一端,这实际是缺乏层次理性的最简单表现。甚至哲学家也有前后对立或颠覆的情况,以历史的整体观来看也是如此,或者反过来说这构成了对立事情层次性的认知空间。社会规范是需要社会生活理性来主导的,专门学科需要专门学科理性来主导。但是,人总是现实的人,不仅要专业研究,还要面对社会现实,由于我们的理性还不足够复杂,总是将这些交错性的理性实践并在一起,形成挤压,因此需要一种宽宏的层次理性才看得清楚。应该让每个人都不仅在其专门的学科有理性,还要在社会生活层次也有共通的理性,如此才能形成真正的相互理解与互动。

这需要层次理性,去理性地认识、看待各种不同理性的相互关系,建立理性平等。层次理性的核心就是理性平等,对不同层次的逻辑形成均衡的理性把握,例如,资本理性(理性的经济人假定)、工具理性、商业理性、道德理性、价值理性等系列概念之间的层次性关系,需要在层次理性中才能恰当建立起来。

理性在层次之间的跃迁就如量子跃迁一样,不同的是,层次看起来是两个异质的层次。其实这里的"异质"是可以进行内部解剖而更明确化的,它类似于进化认识论的"同化-顺应"、诠释学里的"视界融合"。如果拿杜威实用主义的经验理论来对比,那么,经验概念的一个重大缺陷就是缺乏经验层次、经验跃迁的观念,因为并不是所有的经验都看起来一致地平滑与连续。经验在同一个层次上是平滑的,但是在某些阶段,面对质变节点时,则会出现经验从一种类型向另一种类型经验的"断裂性"变迁,经验的"原初"成分仍然一如其旧,但"反思"成分明显堆积,在经验所包括的思维一端构成一个明显的"结点"。经验在思想中有不同的呈现结构与反思性质,这是英美经验主义始终没有明显认识到的一个环节,这个环节就是康德所谓"材料之外的概念"的形成机制与结果。

日常生活中,人们总是要在几个不同层次的世界内转换角色。如果没有一个多重或立体的层次理性,就不能很好地把握这些转换,这将会导致许多问题,甚至导致生活与人生价值的紊乱。现实政治世界中的角色,与其哲学世界的价值建构、日常生活世界等不同的层次上都会产生"紊乱"的关系。层次对于一个人特别是现代人应该如何生活尤其重要。人们总要工作、学习、生活,在其中可以有理性,也可以有感性,但是,人们从来没有认真地想一想:究竟应该怎样处理这些异质的方面,难道要用情感方式来处理情感与理性之间的关系吗?或者反过来,用理性方式来处理?这些不同的方面是我们人生的多维度,作为一个整体的人,就不得不处理它们之间的相互关系、调节问题,因为它们是可能发生冲突的,是可能犯毛病的,事实上,它们经常"打架",编织出各种各样不同的人生。

二、层次理性的真理性

追求真理是知识分子的崇高目标,虽然真理常常高不可求。休谟认为,既然我们不能把握一个真理,那么我们就不能把握任何真理,这显然也是一种独断论。康德不以为然,并竭力寻找真理与知识存在的根据。虽然对客观事物本身的探究中,康德逐渐转向事物向人类认知结构展开的属性,而非事物本身,作为物自体的事物本身是追求不到的,因此只能追求我们认知形式所能够把握到的属性。但黑格尔却认为,通过追求事物属性我们可以达到事物本身。黑格尔的知识(显现为现象的知识)与康德的知识层次不同,如果说黑格尔的知识观是生命知识,那么康德的则是知性知识。康德的知识是划分界线的,想在不同的领域进行讨论;而黑格尔的是层次性的,所有层次都包容进去了,但是容易造成这样一个结果:用终极层次覆盖从而遮蔽了一些浅层次的知识。

黑格尔曾说:"现象是生成与毁灭的运动,但生成毁灭的运动自身却并不生成毁灭,它是自在地存在着的,并构成着现实和真理的生命运动。这样,真理就是所有的参加者都为之酩酊大醉的一席豪饮,而因为每个参加豪饮者离开酒席就立即陷于瓦解,所以整个的这场豪饮也就同样是一种透明的和单纯的静止。"[1]"命题应该表述真理,但真理在本质上乃是主体;作

---

[1] 〔德〕黑格尔:《精神现象学》,序言第30页。

为主体，真理只不过是辩证运动，只不过是这个产生其自身的、发展其自身并返回于其自身的进程。——在通常的认识里，构成着内在性的这个外在陈述方面的是证明。但在辩证法与证明分开了以后，哲学证明这一概念，事实上就已经丧失了……至于辩证的运动本身，则以纯粹的概念为它自己的元素；它因此具有一种在其自身就已经彻头彻尾地是主体的内容。"①酒席上的精神状态是一种迷狂与混沌的状况，只要看到的就是最终真理。一切浅层次的真理与现象都会隐退，或者被折叠起来。黑格尔认为，没有一个哲学流派消失了，它们都参与到黑格尔的哲学之中。

追求真理的过程本身就是一条弯曲的道路，通过弯曲的道路各种经验显现出来。黑格尔的整个《精神现象学》就是讲主客相互作用的，在通过生死的斗争来证明自身存在的过程中，斗争要经验到个体与他者之间的具体差别，这些差别的偶然性填充了他者在自我意识中的内在意识部分，从而对自我的偶然性进行扬弃，进而也扬弃他者的偶然性要素，进而上升到更高的层次，对偶然性差异的扬弃。双方一开始是抽象的，但在生死斗争的过程之后，达到了真理性。黑格尔坚持的真理观在于生存论意义上的辩证法，而不只是经验派所谈论的知识论真理。如果就单纯的人生来说，经验派也应该知道，人生真理与经验知识的真理是不同的，而他们大谈特谈的知识论主要限定于知识真理。可见，这是在不同层面上的批评。在指向实践的逻辑层次上，黑格尔哲学绝不是僵化的形而上学。

把自己从其自身的形式中解放出来的过程，就是精神自我认知的最高的自由和自己对自己有了确实可靠的知识。各种流派的观点在不同的层面上看，显示出似是而非甚至自我颠倒的结果。例如，经验派所想要表达的，与其实际表达的在不同层面上看就相互矛盾。如休谟的反思怀疑，促使人们反思。真理不是主观与客观分离状态下单就一方的某种特征与表述，而是结合着两者、但在不同层次或者情境下的差异性表现。最终真理是全体真理，而不是分离的片面层次上的真判断。如果说自然科学追寻外在的科学真理，人文艺术科学追求内在的真理，社会科学则介于两者之间的层次，宗教、哲学则追寻人终极的生存真理。如果说真理是人自由的前提，那么，最高的自由就是对一种层次性的真理的追求与建立，既包括真、善、美的综合体，又保持现实参照的某个具体的现实诉求，就是实质性地建立层次思维，从低层次中跳脱出来上升到一个更高层次上，对所有低层次拥有整体性的圆满把握与体验。关于真理的层次性，不同语境与

---

① 〔德〕黑格尔：《精神现象学》，序言第 44~45 页。

学科有不同的说法,例如张世英按人类真谛揭示的深浅程度把真理划分为四个层次:常识真理、科学真理、历史性的真实(基于历史性世界上的真理)、艺术真理。① 但真理观总离不开人与自然世界的关系、人的认识能力与求真本性、人的生存、人的实践性、人的社会性、人的历史性这几个方面的规定性,虽然看起来离不开人,却又不是人自我规定的。

海德格尔说真理是一种揭示活动。揭示真理依赖于方法,没有现实的方法,真理就是一句空洞的构想。任何系统的理论或方法必须具有层次性,内在结构的层次性。层次与结构是与互动的单元区别开来的,结构必须将单元的属性与联系加以区分,只有这样才能区分结构及其内部发生的变化。意义层的实现依赖于各种方式的"验证"和"实现",但是,意义层次上的价值与意义是有区别的。意义实现了的对象物可能从我们给予高度集中的注意力的视界层次逐渐淡化,最终失去关注价值,甚至退出而成为背景常识。历史的真实其实表达着小层次对大层次的关系,层次之间的关系,而不是简单的符合论、融贯论,或者存在论的真理观。历史真理就是一种层次性的真理,"一个历史叙事仅只在就整体而论的历史叙事的(隐喻性)意义超出了其个别陈述的总和的(字面)意义之时,才成其为历史叙事"②。"总括性概念"让历史学家能够将很大范围内的不同现象纳入同一个名称之下。

学科的划分就是一个典型的层次结构。它是根据学科的属性、研究方法、研究对象等维度划分出来的层次结构,如一级学科、二级学科。每个学科都有其独特的属性和研究方法,由此可以划分为不同的层次,如社会科学有微观、中观和宏观等三个层次的研究,分别针对个体或家庭层面、组织或社区层面、国家或国际的研究。在学科分工高度专业化、知识爆炸的时代,这样的层次模式便于更清晰的、更有针对性的研究。同时,如全球化一样,当下学术研究也表现出显著的跨学科性,有的认识论问题需要现代科学,特别是相关心理学、神经科学、认知科学的交叉与合作,甚至需要经验与先验之间的融合。例如先验认识论不能因为进行先验分析,就认为自己的分析是纯粹的,完全脱离经验的,无论从材料、对象、分析手段与方法都要与经验打交道,经验通过科学的经验延伸会支持前者的经验相关中的显

---

① 张世英:《现实·真实·虚拟》,《江海学刊》2003年第1期。从最后一个看,这受到海德格尔艺术性生存论的影响。
② Frank Ankersmit, "Six Theses on Narrativist Philosophy of History", *History and Tropology: The Rise and Fall of Metaphor* (University of California Press, 1994), p.40.

现。显微镜、望远镜的发明延伸了我们的经验范围,一定程度上打破自然经验的局限性,它带来的不只是经验范围的突破,而是在视域的层次上对经验认知的提升,因为,显微镜等与科学相关,科学其实也是主体性的积极表现。主体认知的能动性不能脱离其外在成果,这是先验认识分析中缺失的。能动性与能动性的外化指向不可绝对分离,它们只是方法论层次上的分别。

对历史的观念而言,如果说现实的学科关乎各个领域的知识与技能,而历史关乎一切事情和事物的发展过程,哲学关乎一切事情的纵深意义,那么,三者相互包含、反卷。历史不仅将现实和哲学包容进来,变成自己的一个时间点上的表现空间,而且将这个空间变成其历史性空间的一个环节——一切皆历史。哲学则是在事实、意义和价值等多个层次上将一切现实与历史进行对象化,反过来卷进一个分层次的模型中,让各种事情、观念、知识和理论、价值各得其所,它试图将一切进行理智的切分,为一切知识和非知识性的生活进行辩护,提供存在根据。现实则是我们直观的、实体性的生活空间,它将历史和哲学思想变成一个生活的理智和工具,与其他一切科学技术一样;而且,从存在论上说,它是一切之源,一切知识和思想的活源泉。在其面前,哲学和历史都会被矮化为与物理学、各种技术、文学艺术没有本质差别的东西,都是生活中的思维工具。

三、层次理性的整体性

随着现代知识爆炸式增长,现代人的活动空间也大为扩张。这极大开阔了人们的视野与思维的结构,无论广度还是深度皆今非昔比,尤其是广度。像《精神现象学》那样试图对一些本该由物理学来看管的力等现象进行解释,或者像康德那样用一种静态方法来分析人的全部生活面向,并试图描绘一张整全的精神地图,今天已不足取。如果说前者忽视了不同层次与领域的内在逻辑的异质性,那后者则忽视了知识与思维之为异质要素互构的累积性演化过程。但是,其不忘整全观照的努力却需我们铭记在心,其之所以深入一些本不应该涉足的方面与层次,是因为那时哲学与其他具体科学的职责划分、领地与接口不够明晰,物理学、心理学还未能如今天这样展开丰满的羽翼。现在看来,随着已被具体学科接管的问题能够获得更深入的研究,哲学可以放心地收缩其触角与焦点,折叠其宽广的思维翅膀,聚焦于思想与精神的层次,关注各种具体学科的领地之外的模糊地带,以及哲学与具体学科之间的交接地带。

真理是整体,因为世界是整体性的存在,人是整体性的存在,人的生存是整体性的而不是片面的,人类社会也是整体而唯一的。越来越细分的学术研究让追求真理的目标因分化而趋向虚无,因为每个学科的真理都显得各不相同,真理如此被肢解,就如人生被各种各样的事情所肢解一样。然而,学科划分本身所体现的对真理的完整格局并没有因此丧失,只不过对每个沉浸于具体学科或事件的工作来说自我隐退于幽暗,这需要每个人保留一根整全思维之弦,让隐藏起来的完整意义随时可以被拉出来显现于面前,照亮和揭示那些探寻局域性事件的真理追求在整全真理中的位置与意义。没有层次理性的整体观只不过是一种处于混乱状态的简单同一的观念。人就生活在片面的、简单层次结构的世界里,由于生命时间、空间的有限性,人不可能完成所有想要完成的事情,许多人甚至连改变自己的基本命运都办不到,更谈不上实现理想。对每个人来说,这种无限-有限的悖论是一个根本的悖论,即海德格尔所谓"生-死"悖论的更深层本质。正因此,人不得不一出生就要在不断学习的同时逐渐对自己的各种层次进行限制,对"天命"有自知之明,并基于这种认知进行谋划,进行人生命运的片面选择。所谓的选择都只能根据自身现有的物质、出身、地理、社会身份等条件来进行算计与评估,而不是优先考虑自己的理想或者最切合自身身体、智力与兴趣爱好。

在理性面前,理想与现实之间存在巨大的鸿沟,可我们从来不曾质疑过这个不可跨越的深渊、这堵不可穿透之墙是否可能消失,而本能地认为它注定从一开始到永远都是我们不得不进行的"选择"的前提。因此,每个人最好一开始就被动地"选定"一条人生道路、一个目标,在几十年时间里争取过好它,并认定这就是我们人生的目的,价值与意义的根基。在这种情况下,通常最能带来短期效益的行业更受青睐,自然地带有一种"功利性",例如当前各种层级的课外培训。理性的健全首先表现为层次理性思维。人类生活于其中,并作为对象进行认识的世界是一个多层次的整体,社会也是如此,与世界一样都是复杂的,有许多层次的问题同时展现出来。但是,人又不能有意识地同时做许多事情,意识经验同时也有极度的分化,在任何一个时刻都可以从无数可能的意识状态中选取出一个状态来。这样我们就有一个明显的佯谬:整体性和复杂性结合在一起——大脑必须处理各种可能性而又不失其整体性或协调一致性。①

世界是整体的,也是分层的。对世界的认识首先是对世界之书的阅

---

① 〔美〕埃德尔曼、托诺尼:《意识的宇宙:物质如何转变为精神》,顾凡及译,上海科学技术出版社,2004年,第23页。

读,而阅读是有层次的,专业知识的阅读都是需要一种层次性的阅读技巧的,阅读的层次是渐进而包含的,即高层次包含低层次的特性。第一层次为基础阅读或初级阅读;第二层次为检视阅读或系统化略读;第三层次是更复杂、更系统的分析阅读,其要点是理解,如果只是为了消遣或打发时间,则完全没有必要进行分析阅读;第四层次是主题阅读,这是最复杂、最全面的,不仅要阅读某一本书,而且还可能根据需要搜寻其他相关资料与书籍,其目的是要建构一个主题分析,例如在哲学学习中,针对某经典名著的阅读。① 对世界的理解最终需要整体的理性把握,作为理性的人当然就需要意识层次的整体性。意识的内在原则就是整体地把握经验世界。整体地把握就是"我思 X",通过"我思 X"的反思把握存在,把握一切。黑格尔说:"哲学若没有体系,就不能成为科学。没有体系的哲学理论,只能表示个人主观的特殊心情,它的内容必定是带偶然性的。哲学的内容,只有作为全体中的有机环节,才能得到正确的证明,否则便只能是无根据的假设或个人主观的确信而已。许多哲学著作大都不外是这种表示著者个人意见与情绪的一些方式。所谓体系常被错误地理解为狭隘的、排斥别的不同原则的哲学。与此相反,真正的哲学是以包括一切特殊原则于自身之内为原则。"② 康德、黑格尔是心态宽宏的,因为他们都有一个整全之心。黑格尔当然也赞同整体观,一种能够区分各种特质同时又统合它们的集合整体,并用过程性的辩证法来整合之:

> 如果我们试回顾一下,什么是意识以前算作属于自己的东西,什么是意识现在算作属于自己的东西;什么是意识以前认为属于事物的东西,什么是意识现在认为属于事物的东西,那么我们就会看出,意识以交替的方式,时而把它自身时而又把事物认作这两方面:时而认作纯粹的、不包含众多的单一体,时而又认作一个消融为诸多独立的质料或特质的集合体。通过各种比较于是意识就发现:不仅它自己对真理的认识里,包含着向外把握与返回自身这两个不同环节,而且毋宁真理或事物也以这两种不同的方式呈现其自身。因而我们就获得这样的经验,事物以一定的方式对那认识的意识呈现其自身,但是同时通过呈现其自身给意识的方式,它就返回到它自身,换句话说,事物

---

① 〔美〕艾德勒等:《如何阅读一本书》,郝明义等译,商务印书馆,2004年,第18~21页。
② 〔德〕黑格尔:《小逻辑》,贺麟译,商务印书馆,1987年,第58页。

在它自身中有一个包含对立面的真理性。①

黑格尔这里是从三个环节(直接的意识、知觉、知性)所包含的思维层次来论,思维的层次具有普遍意义:首先是对象直接存在,然后对象是关系,再探讨对象的本质,最后提升而合为总体性。事物或者事情的各个层次并不是均衡地向我们的理性显现或者展开出来,有时,这个层次的表现抢眼,有时那个层次上的要素更为活跃。

马克思主义的整体意识也是其基本特征之一。马克思总是用一种辩证的思维来看待整体中的层次性结构及其层次之间的相互关系,如"人化的自然"与"自然的人化"就把具有主体能动性的人与客观的自然界之间的相互关系统一起来,纳入他称之为唯一的科学的历史学中,从宏大方面而言,马克思对资本主义资本逻辑的政治经济分析,就是在一个具体的社会案例中展现历史唯物主义关于社会发展的普遍规律。这不仅是一种整体性意识,而且是对整体观念的一种具体实现,如果没有后者,那么前者就缺乏内在层次的支撑而变得空虚,成为真正"先验"的观念,那恰恰是他们要颠覆的黑格尔观念性的思辨逻辑。恩格斯晚年为维护马克思主义的整体性思想,并防范在具体的工人运动中造成的片面解读,写作《反杜林论》等著作,全面阐述哲学、政治经济学、科学社会主义三个有机组成部分的内在逻辑关系,构筑着马克思主义的整体性,从而把空想社会主义变成了科学。

马克思之后的现代哲学家更显焦虑,对现代社会的各种发展与丰富表现多持批评的态度,尤其是批判知识与技术全面膨胀后产生的现代问题。焦虑一方面是对技术时代各种实用主义效果的一种哲学警示;另一方面表现出传统哲学难以解释破壳而出的新生现象——这显然不是黑格尔内生式辩证逻辑所能把握的,也表现出整全理性的缺失。这种"批判"与康德的"批判"不同,这是一种从某个方面进行的常常偏激而尖锐的批判,在某种意义上表达了对哲学整体性的失望:既然我们不能清楚描述理性整体性,那么它就是虚妄的。这其实是在延续以偏概全的休谟怀疑:既然我们不能把握一个真理,那么谈论任何真理都不可能最终有意义。

德莱福斯是把现象学同 AI 研究结合在一起的代表。他认为,是胡塞尔首先指出了认知活动,即智能活动的整体性;心理学的格式塔或称完型的心理学派,正是在胡塞尔的这种整体主义影响下形成的。这里的所谓整体是指由人的意指行为产生的、由意义的广泛联系构成的整体。德莱福斯

---

① 〔德〕黑格尔:《精神现象学》,第 82 页。

认为,在人的智能研究中存在三个层次,即物理的层次、心理的层次和现象学的层次。最后一个层次是关键,是最重要的。由于往往忽视现象学发现的第三层次,即意义网络的层次。德莱福斯认为,理论整体论把理解作为理论来对待,不论是世俗形式的理论整体论,还是宗教形式的理论整体论,都将导致虚无主义;而源于海德格尔的用具操作实践基础上的解释学为实践整体论,是克服前者的方案,因为实践能够基于具体的问题情境,给予我们关于现实的理解。[1]

时代快速变化使得具有整体视野的层次理性越来越重要,因为人们经常迷失在一些不同维度、层的追求中而丧失了整体性。只有在遭遇到某个维度或层次上的危机时,才会被迫地去思考一些人生根本性问题。这说明人们通常还是缺乏整体性思维的,理性整体性是欠缺的、有问题的,这在当前社会剧变时期尤其显著。哲学中的大一统理论现在看来要么是空虚的,要么是不可能的。只有在层次理论中才能把整体观和分化理论结合起来。这一点在社会学理论中获得了例证,只有遵循中层研究策略,社会学理论的概念和命题才能更加紧密地组织起来,因为理论强调经验研究,这就促进了每一中层理论概念和命题的澄清、阐明和表述。[2]

从总体上把握事物的可能性是一种理性状态,但从总体上把握历史却是一种动态性的历史层次问题。前者之所以看起来具有可能性,是由于事物的视界是已经确定的,所以存在"总体"一说,即便"当下"存在超越性,但是这个超越性的体现却表现在未来的时间中,而不是在当下和以前。我们当下的视界仍然是主要由过去的经验和观念所构造的。只要我们能够充分理解过去的历史经验和思想,我们就具有总体上把握事物的可能性,虽然这通常是不可能的,特别是在当下社会领域零碎化的生活中,这个呼声所针对的是资本冲击下我们曾经拥有过的"总体式"生活的解体,社会生活本身受到的威胁。相对而言,对于历史,在人类历史开端之后,就不可能在当下把握未来了,而只可能在理论上把握过去的历史。如果要把马克思主义理解为一种理想型的乌托邦,那就只能说,它的总体性体现在现实的社会生活之中,而不是包括未来的历史的总体性上,或者是对过去的人类"史前史"的当下把握之中。

如果说历史、社会的层次性就是内部、外部一体的层次性,也就是说

---

[1] Hubert L. Dreyfus, "Holism and Hermeneutics", *Review of Metaphysics*, 1(1980).
[2] 〔美〕特纳:《社会学理论的结构》,吴曲辉等译,浙江人民出版社,1987年,第106~107页。

它们没有内部之分,因为,对于历史来说,历史就是全体,它将一切以时间轴串联起来,并把当下也反卷进去,甚至未来也作为可能的当下,作为过去的一种延伸,在历史意识的层次中展现出来;而当下的社会显然是现世存在的基本方式或者说基本场域,是"存在"的载体,因而也是整体的了。唯有文学艺术这样的专门生存形式,可以作为社会或者存在历史中的一个部分要素而存在,并存在外部层次与内部层次之分。

第三节　非理性与存在的层次

近代哲学常常被划分为经验论与唯理论这样的二元对立,这样的划分在简化问题的同时也给后继者带来了想象的范式禁锢。这个范式已不合时宜,也不能充分反映时代精神的层次性展开的丰富场景与空间。因而,即便仍被采用也不过是就便而已。就层次性而言,也可以把人的存在——无论是精神还是行为实践——划分为理性与非理性两个层次。

其实,理性、非理性之争在哲学史上也一再重现。理性主义是西方哲学两千多年发展的主导方面,非理性主义是其附属方面,双方构成西方哲学史中一对如影随形的矛盾。这一矛盾来自古希腊理性的两大精神要素逻各斯和努斯的辩证式交替上升,譬如柏拉图的"迷狂说",但不是前理性的迷狂,而是理性基础上的迷狂。有别于中国传统的非理性,西方哲学的非理性是由理性中的努斯发展出来的,但常与宗教神秘主义合一,到黑格尔才将两者明确分开,但仍免不了堕入理性神学。[①] 如果说在诸如哲学之类偏向理性分析的场域,这种争论本身还遵循理性探讨的基本范式,那么在文学艺术的场域则是另一番景象了:用身体进行的写作、不满情绪的发泄与对历史的无知生产着逻辑混乱的文字;本能与身体不仅是探讨的概念,而且是鼓吹野性和纵欲,消解传统道德规范与价值观的现行武器。如果说它在过去曾经起到警惕理性的效果,那么在现代理性、非理性同时展开的多层次世界,如此简单的"颠覆"何益之有?在这个社会性的共在世界,情绪、冲动难道与理性注定只能你死我活吗?本属于不同品质层次的激情书写与冷静分析被压缩在一个单一的层次,如果不能共享这个现存层次,就只能混淆读者的视线与浪漫的人生想象。

对非理性的层次理解就是用理性的思维来理解非理性,把握各种非理

[①] 邓晓芒:《西方哲学史中的理性主义和非理性主义》,《现代哲学》2011年第3期。

性的力量，从不同的层次上对其界定。非理性并不是理性的对立面，而与理性一样是人的能力，是人生存必需的两种能力，它们一起伴随我们的一生，相互协调、相互纠缠，共同建构整全的人生，让一个人生活得美好、幸福而有价值，让一个社会规范有序而又温暖。非理性的层次与理性的层次一样可以构成一个层次性的链条，看似只有一两个层次之隔，其实可能隐藏着许多不同质性层次的困难需要贯穿与连通。异质性之间常常需要许多不同的层次作为中介，让异质与断裂得到平滑的连接，平滑得好像"相似"甚至同质。随着尺度上的延伸，我们会发现许多层次的差异，但是，它们因属于同一类型或者性质而形成层次束。观念的历史演变显现出层次的不断衍生与后退，看似快接近真理，却又冒出一个中介性的新层次，而真理目标又远离一步。

古老文明的现代化历程总是曲折不断，启蒙运动让自由、民主与平等的观念深入人心并遍及世界每个角落，似乎令王权政治与传统等级观念一去不复返，从此就是美好的公正、正义畅行的世界。然而，王权却一再复辟，就连美国建国领袖在制定宪法时还担心总统权力过弱，不承想后来的发展趋势却是总统权力越来越大，表现出当代社会结构再次分化并走向新型王权与贵族化的趋势，尽管有各种各样的选举、法律监督等民主制度的社会制衡性设置，情况也依然如此。

一、关于非理性的层次性探索

探究非理性离不开心理分析。弗洛伊德关于潜意识的精神分析揭示，一个非理性的宏大层次就像新大陆一样被展现在理智的面前。因为这个层次先在于意识、更先于理性，对非理性层次与理性层次的统合要在理性层次上运用单纯理性层次的概念与模式是不可能的；无论施展怎样的理性的狡计，都囊括不了存在于理性之先的要素，都会被非理性所刺穿而形成泄漏。

哲学家也变得聪明起来。对于难解之迷，如果不能运用理性进行包容性的理解，那就在生存论的思维层次上进行叙述，用生存论、身体现象学方法来描述一切非理性的东西。于是一个生存论的存在叙述就诞生了，理性的结构被生存论更原始的力量所瓦解。胡塞尔对认识论意识的意向性的先验分析揭示，意识与意向性本身的存在论前提不可能在认知理性的认识论内得到最终解决。这让我们联想到马克思的警言，"人的思维是否具有客观的真理性，这不是一个理论的问题，而是一个实践的问题。人应该在实践中证明自己思维的真理性，即自己思维的现实性和力量，自己思维的此岸性。"①纯粹认知理性不能够深入非理性的层次,也不能获得认知模式那样清晰的结论,对非理性层次的把握最终获得的只能是诠释学那样的结果。

按照叔本华、尼采等唯意志论现代哲学家的观念,非理性始终是存在的第一要素,是存在展开的第一层次。当然哲学必须通过理性思维来把握一切,而这一点恰恰被谬误地当作笛卡尔、康德所代表的"唯理论"这个名称的根据。其实康德明确地指出经验材料的不可缺失性,还有不可理性解释的"物自体"概念都内含深厚的理性之前的根基。非理性的存在首先就是人类的基本直觉,它既规定存在的基本形式,又规定理性思维的存在论基础与理性思维的基本方向。无论理性制造出一套自我如何融贯自洽的真理体系,都必须与非理性的直觉、人的基本存在相契合,发掘存在指向更宽阔空间的内涵,"哲学的任务就是构成植根于意识中的观念的体系,发现人类基本直觉的含义和建立命题相互关联的系统。思维确实性的标准,一方面是它的必然性(真理的证明在于它的对立面不可思议);另一方面是思维的结果同实际经验相符合"②。

根据哲学家的主张,非理性的层次包含意志、恐惧、情绪、直觉、潜意识、生存等诸多因素,它们构成一个非理性哲学史发展的系列,最后统合于生存,构成生存论这个宏大层次。20世纪以来,非理性主义成为风靡世界的思潮,它强调内心体验、直觉洞察,而非理性认知,更重要的是其存在论观念:世界是一个杂乱无序和偶然的、不可理解甚至荒诞的存在。为什么这些对于人的现实生存来说如此重要的东西一直没有得到足够的重视,而只有等到理性主义达到其巅峰之后才反过来得到揭示呢?马克思简明地指出:"从前的一切唯物主义(包括费尔巴哈的唯物主义)的主要缺点是:对事物、现实、感性,只是从客体的或者直观的形式去理解,而不是把它们当作感性的人的活动,当作实践去理解,不是从主体方面去理解。"③甚至在传统唯物主义那里,感性也只限于看得见摸得着的那种简单直观的东西,而与唯理论一样把意志、情绪等排除在外,生存也不是深深嵌入这些先于认识理性的基本要素那样的真实活动,而只是一种抽象的,没有实质内容的概念般的物质性活动。

如果从人的基本生存中去理解情绪、欲望等在理性看来属于"消极"的

---

① 《马克思恩格斯文集》第1卷,第500页。
② 〔美〕梯利:《西方哲学史》,第586页。
③ 《马克思恩格斯文集》第1卷,第499页。

东西,那么可以更深刻地"看"到其层次性,其实是领悟到其坚如磐石的存在的层次。有些人在论证道德问题时经常举例说明当下社会世风日下,个人欲望的膨胀,这是一种过时的情绪性解释,是基于传统社会的道德标准和过时的社会经济消费习惯等标准来评价导致的结论,它夸大了欲望的道德困难及其负面后果,实则是传统道德观念本身的宽容度问题——抱残守缺所致的文学化叙述。没有节制的私欲是一个社会问题,但对欲望本身的存在论分析优先于道德评判。道德批判固然重要,但归根结底是与社会生活相关联,也需要与现代社会的经济发展的层次协同起来,否则就不是现代社会的特征,也不能形成现代社会的有效道德约束。即使现代经济在现代社会的重塑过程中表现出野蛮的力量,对传统美德构成威胁,也需要遵循相应的层次法则,层次分明地辨析出其中的善与恶、作用机制,进而有效的惩恶扬善。

经历漫长的自然历史的选择与演化,人的选择行为也有复杂的层次性,包括理性与非理性的自动权衡机制。经济学对人的选择行为中理性与非理性的探讨值得我们借鉴。亚当·斯密提出市场机制配置资源的主流经济学把个人、企业和政府都归属于"经济人"范畴。而以行为经济学和实验经济学为代表的非主流经济学则注重个体选择行为,将心理学成果引入经济学分析,分析不确定条件下的风险选择,但在具体分析人们的选择行为时(如金融市场中的投资选择)却不区分个体和群体选择行为。其实,个体与群体构成了选择的两个层次。在主流经济学基于经济人的理性选择概念里,包含行为偏好的一致性与追求效用最大化这两个不同性质的层次逻辑。但行为经济学倾向于将理性选择解释为认知过程,而非理性为情感选择偏好,对效用最大化不置可否,这样就把个体归属到非理性选择。不确定性风险约束下的个体选择行为有时是理性的,有时是非理性的,有时则是由理性转变为非理性的,例如个体在非金融领域的理性选择要比金融领域的概率高。因为,当市场的不确定性让个体无法对风险和收益做出清晰的判断时,人就可能放弃理性思考而简单跳过理性认知层次,直接在外部环境诱导、直觉判断、历史经验、从众心理等感情机制的作用下做出选择。[①] 这一点恰如突发事件面前人的茫然无措。

理性是人类社会文明历史演进的产物,是一套社会规章制度的内在安排的结果。经济理性也不能只归属于纯粹的交换价值。经济理性也包括不同的层次性,如果把主流自由主义的个体物质利益最大化的理性看作一

---

① 何大安:《个体和群体的理性与非理性选择》,《浙江社会科学》2007年第2期。

种理性时代的初级形式,那么,人类社会所依附的超出个体层面的制度性安排,则是一种群体性、社会化、普遍性的理性,是更高级的理性。当然,在现实中,个体的特殊性与社会群体的普遍性之间存在的张力,让我们每个人有现实的局限性理性的存在空间。对社会规则的遵从,恰恰是人的理性不足以把握错综复杂的现实的详细细节而渐渐学会的一项工具。这种社会规则具有弹性,能使自生自发的社会秩序成为可能,也容许人们因经验增加而对先前的规则进行修正和完善。① 如哈耶克所说,人的理性认识来自部落文化所遗留的集体特征与个人在环境和教育的作用下形成的独特文化,在演化过程中,通过长期的试错演化而逐渐形成,且构成了我们所承袭的文明。②

对于个体而言,政治理性在历史波段的个人生活世界里似乎日益萎缩,让位于各种新生的娱乐空间。对于现代的大众而言,政治热情一方面被政治场域里各种虚假事件的不诚实行为所挥霍;另一方面被更多非理性的生活所侵蚀。近代曾经表现出来的人类进化的乐观主义精神越来越受到质疑,启蒙精神的宏大叙事不仅受到后现代主义吹毛求疵的挑剔,在与权贵抗争的过程中逐渐趋于强弩之末。现代社会各种层次的生活世界日益显露出千年权贵归来的踪影。虽然这仍是传统贵族精神的一种复发,但也显出近代理性精神在后现代社会里与非理性的更深层力量的博弈中出现了又一个波浪,进而产生出一个中介性的传统思想的回潮。

社会性的非理性存在,表现为非文明社会或者文明外社会,如正统历史上记载的野蛮民族、来自黑色森林的闪族、来自漠北的游牧民族。游牧民族就像文明理性之外的非理性野草一样,总是在夹缝间生长,一阵一阵地侵扰文明的主体。它们其实就是文明理性的一种补充,是文明理性层次之外的层次性力量的显现,是文明中的非理性对理性的警告。让文明人透过这面"他者"之镜,看到自身"文明"的污点,看到文明本身存在的各种局限性,尤其是在所谓"文明"之外更宽广的各种层次的人性与所谓的"非文明"。

自然之光始终以其强有力的事实性普照人世间,让迷惑于各种神秘之中的人们拨云见日。观念的建构固然重要,但对观念的物质性前提的把握更为基础。它与身体具有某种层次的共同建构性,就如麦金太尔在《有依赖性的理性动物》中说,人类的认同虽然不只是身体的,但基本是身体的,

---

① 景玉琴:《自利、利他与经济学理性的层次》,《学术月刊》2007年第11期。
② 〔英〕哈耶克:《自由秩序原理》,邓正来译,生活·读书·新知三联书店,1997年,第71页。

因此也就是动物性的认同。这种身体认同是比语言层次的认同更为原始的一个层次。正是因为身体，而非启蒙运动的理想，我们才表明道德是普遍的存在——这是直观就可以"验明"的：有形躯体是我们和同一物种的其他人，在时间和空间的延伸上共享的最有意义的东西。我们的需要、欲望和苦难在文化上确实始终很明确具体，但人类有形的躯体生理构造如此这般，从生理到心理，再到精神的层次，基于类似的构型，自然在原则上能够怜悯同类。道德价值也是建立在这种同情之上；而这种能力又是以我们在物质上的互相依存为基础的。自然与人类、物质与意义之间的联系就是道德，具有道德的躯体是我们的物质性与意义和价值交汇之处。文化主义者和自然主义者从相对的两端都未能察觉到这一汇合，不是低估就是高估了人和其他生灵之间的连续性。①人类难以在不同物种之间建立语言交流的连续性谱系，也不知道在人与动物之间究竟有多大的断裂地带，或者多少层次性的过渡，才能贯穿其间的交流屏障。

艺术总是以夸张与极端的形式展现在人们面前，浪漫的爱情故事、爱国影片可以让人热泪盈眶、激情澎湃；阴沉的现实批判却又使人咬牙憎恨：世界如此肮脏有何生存之意？无论艺术呈现的是纯粹政治性质的，还是单纯涉及人性善恶的极端，人们常常会在其中感到愤懑或悲痛。拿政治来说，"国家兴亡、匹夫有责"的材料会让我们精神振奋，每一件小事都有意义，这是激情！可是，社会批判的文章看多了或反思之后，又会如何呢？当回归到具体的日常生活中，面对的还是柴米油盐酱醋茶，还是相濡以沫、相夫教子，还是日常生活的精打细算。

对非理性的探索离不开后现代主义。后现代主义的这一点甚至也称为一种"反理性主义"：现代理性的启蒙历史从一开始就隐藏着一种新的神话与迷信，对现代科学与技术的合理性不加考察的迷信，让掌握技术的政客有了超出传统更多政治权力，技术不仅成为人对自然的统治工具，从而导致现代生态环境的危机，而且还成为政治统治的工具理性。也许启蒙理性随着时间的流逝，逐渐丧失其原有的自由、民主、平等、公正等现代普遍价值的追求，而演变为效忠于现实政治的手段。这使得后现代主义对理性保持的距离变成了排斥与激烈的否定，进而试图从理论上重建非理性主义。在福柯、德里达等人看来，传统非理性主义仍然是一种设定了"在场"的形而上学，仍然是一种基础主义、本质主义，因为它设定了世界和人的某种本质或意志、本能、存在、情绪，仍然没有摆脱理性的制约，因而对理性的

---

① 〔英〕伊格尔顿：《理论之后》，商正译，商务印书馆，2009年，第151页。

思考不够彻底。

后现代主义以功能性的非理性即否定、消解、摧毁、颠覆,代替非理性主义者的实体性的非理性即本能、意志、存在(此在)等实体性的因素。后现代主义提出的"人之死"是对尼采的"上帝之死"的极端化发展,因为在尼采那里"上帝"不仅是宗教意义上的,而且是哲学意义和价值意义上的,仍有西方传统理性主义孜孜以求的价值理想和终极关怀。① 与尼采对历史进步观的否定相似,后现代主义眼中的历史是破碎的片段,而非连续的进步的历史。利奥塔指出,18世纪发展起来的启蒙理性观念使人们相信社会的进步,把全部的人性从无知、贫困、落后、专制中解放出来,但是,"问题不在于缺乏进步,相反,正是发展(科技、艺术、经济、政治上的)制造了全面战争、极权主义、富有的北方和贫困的南方之间不断扩大的差距、失业和'新穷人'、普遍的无文化和(在知识的传授上的)教育上的危机、艺术上的先锋派的孤立(和一个时期以来对他们的否定)的可能性"②。

二、存在的层次

虽然实证主义分析让曾经模糊的问题变得清晰、透明,但存在论层次上的探寻并不能够完全被这种实证科学所替代或消解,因为还有相当一部分属于另外一个层次的内容,不可以科学实证的认识方式解释。其实,这一点对于所有非理性的要素,甚至非理性层次来说都适用。

人是孤独的个体,因为在喧闹的社会中,每个个体内在的核心是基于个人与绝对性的上帝之间的信仰。也正因此,社会是根本不可能解除个人的孤独的,这是人的基本生存状态,"个体因素高于普遍性因素,个体通过其绝对联系来决定其普遍联系,而并非通过其普遍联系来决定其绝对联系"③。人又是无知的,在面临非此即彼的选择时,因为焦虑而战栗。而且,对现代精神的诸多要素越是深入思考,就越是陷入一种悲观主义的情绪中,因为并没有什么东西能够从根本上保障现代理性精神最终胜利,反而是非理性的不断侵蚀与瓦解,让基于非理性的传统一点一点地回归到每个孤独的个体,让社会性的理性精神无处藏身。

存在论层次上的恐惧在现实中以伪装的形式表现出来,尤其是来自他

---

① 文兵:《理性主义、非理性主义与反理性主义》,《暨南学报》(哲学社会科学版)2001年第1期。
② 〔法〕利奥塔:《后现代性与公正游戏——利奥塔访谈、书信录》,谈瀛洲译,上海人民出版社,1997年,第124页。
③ 〔丹〕克尔凯郭尔:《恐惧与颤栗》,一谌等译,华夏出版社,1999年,第64页。

人的恐惧,远比自然界直接作用于生理层次上的恐惧更复杂。正是心理与文化层次上的交错导致恐惧的遮蔽与转化。政治及其外延的军事是两个最充分运用恐惧的场域。恐惧最擅长的就是发扬反智主义了。霍布斯所谓"利维坦"国家政治的基础在于"每个人对每个人"的战争、无政府的原初状态的恐惧,"人如果没有恐惧,就会更急迫被支配人所吸引而不是被社会所吸引。……大规模的、持久的社会起源不在于人们相互的仁慈而在于相互的恐惧"①。如此强烈的恐惧似乎有些过分,洛克则告诫人们对专制统治的恐惧,政府绝对权力可能带来更大的恐惧,因此才需要三权分立的制衡。美国宪法的非理性基础,"联邦政府和各州政府一样,自己必须能直接说明每个个人的希望和恐惧,并吸引对人心最有影响的情感来支持自己"②。当今政治狡计已经能够巧妙地"操纵民众的焦虑感以实现其目标"③。

当今世界随着生产力的发展、社会财富的增多、人们生活水平的大幅度改善,出现了阶层分化,而且阶层之间的隔阂并没有减少,政治上的等级划分的消除没有拉近阶层之间的距离。在政治、经济、文化、科技等各方面有大量的理性、非理性并存现象,如在国家主权上宣称"寸土必争"的观念的同时,边界国土存在大量浪费与不合理使用的现象。这值得深思:要么是政客煽动的情绪表达,以绑架大众达到转移内政危机的目的,要么是人类心智仍未摆脱时过境迁的传统利益争执(殖民主义之残余),以虚伪的政治层次逻辑遮蔽已经敞开的未来多层前景。

用伦理道德压倒社会性,则是层次错位!生命、生长,是永恒的,比社会性、道德性更有持久的生命力,是最根本的人的力量,是最大、最深层次上的力量。而短暂的社会要求、时代性的伦理道德则是小尺度的。对于民众的情绪,常常是理性不足,情绪有余。个体与群体的差异,由于理性的方向性可以形成聚合效应,情感等非理性则由于多方向性而相互抵消,形成集体情感、集体意志,进而在全体中几乎完全消失,或者趋近于消失。

理性地看待非理性在历史事件中的作用,可以帮助我们成功地解释历史事件,揭示出"历史意识"中的心理成分。例如,"焚书坑儒"的历史后果远非其发动者的初衷,反而在历史情绪的不断负面塑造中变成儒家思想在反对改革、复古崇古的过程中打击对方的大棒。焚书无疑具有深刻的心理影响,它使后世的文人对秦帝国产生持久的反感,尽管这一事实并没有阻

---

① 〔英〕霍布斯:《论公民》,应星等译,贵州人民出版社,2004年,第3页。
② 〔美〕汉密尔顿、杰伊、麦迪逊:《联邦党人文集》,商务印书馆,1989年,第80页。
③ 〔英〕弗兰克·富里迪:《恐惧的政治》,方军等译,江苏人民出版社,2007年,第110页。

止中国古代不断发生禁书、禁言与打压知识分子的事情。

人与动物不同,在于人产生这种基因的可能性的存在,有大量的变异能力,而且这些变异能力是倾向于与具体问题相对应并解决这些问题的。也就是说人类社会与社会问题之间具有同源性。比如,基因可能会延展其核心利益,跨越个体寿命,从而在个体与社会之间建立起价值桥梁。个体利益在某种程度上参考社会利益。从逻辑上看似乎存在这种可能性:一个社会极度松散,交往只限于基本的物质层次,没有道德价值层次的,因为人的寿命非常之长,基因的负反馈效应和自然的选择作用只发生在个体身上。但是,进化论认为自然的选择作用是发生在群体身上的,而不是基于个体的。

人的行为逻辑表明思维还是应景性的。它似乎面向具体问题,显示出简单、直观、单层次的特点,然而,事情并不那么简单,因为任何具体问题背后都有一个更大的潜在背景,例如人情世故,它联结着具体事件与相应的民族特性、文化习俗的社会历史。并不是每个人都需要对这些宏大背景有理论性的认知,他只需要在成长过程中面对一个个具体事情的行为中通过模仿别人而习得,形成自然而然的行为。对于宏大背景的自觉认识只是在哲学的反思能力之后才有理性分析的可能,要有一个完整的理解则需要理性的层次结构。各个不同学科具有自己的理性结构,但是统摄全部分科的整体理性结构却没有,没有一个整体性的东西来包容一切,如此才是理性成熟的标志。随着全球化的发展,世界遭遇越来越多的问题与挑战,很多国际国内问题相互关联与影响,需要复杂的理性。人类的理性在解决这些问题的过程中也随之变得越来越复杂,表现出与问题的层次复杂性相似的层次性结构,并衍生出更新的版本,更健全的理性层次结构。

将人类社会的历史与动物世界进行对比,不能揭开人类历史的一切秘密,但有助于寻找历史解释的某些机缘。先抛开伦理道德和国家的宏观调控不说,一个资本逻辑支配的社会是否会像蚂蚁、蜜蜂的群体那样稳定?人与动物的差别表现在资本对人超出动物性的贡献上。也就是说,对于一个稳定的前资本主义社会,假定没有任何对资本的约束政策,资本的介入将使它不稳定起来;对个体分析的追根溯源,可归结到人的物质欲望和自私性是被资本激发起来的,而之前的稳定社会中,则有一系列结构性的社会内在机制保证个人在社会中的群体稳定性。假如资本只是激发某一个人或者一些人,这并不可怕,每个人会有不同的激发方向,从而在统计意义上依然表现出社会的整体稳定性。

但情况并非如此,资本集体性地激发所有人相似的自私欲望,因而全世界的原始资本积累阶段表现出资本贪婪的共性。为了避免走向社会的灾难与毁灭，就需要在失衡的一侧增加国家干预。然而，国家干预是一种宏观政策，与微观分析之间需要某种东西和通道来传达，那就是伦理道德的教化。是这种教化把国家干预的法律规定和国家公共意识具体化为个人意识，修改自私欲望与个人价值之间的对应关系，在个人内心的价值观念中添加超出个人私欲满足的成分（那就是来自伦理和法律的部分），从而调节个人的自私行为，在人群的总体性行为表现上，才具有统计意义地表现为宏观经济学的法律政策和道德修正效应。

宏观层次的进化规律在微观上表现为遗传与变异的选择性，换言之，就是对个人如何对新的资本刺激产生的反应会被道德修正的问题。在一个稳定的社会里，人们通常会遵循一定的行为模式（当然包括思维模式，毕竟是人而不是动物），当资本诱惑出现，自私的基因被动物本能激活。如果纯粹只是动物层次上的基因在活动并完全控制人的行为，那么这些基因将最终导致灾难性的结果：人类社会的毁灭。但这是违背基因（哪怕是自私的基因）本性的，即便自私的基因也不会让资本私欲肆意妄为导致自我毁灭。

这里的问题在于个人的生命有限性，社会的群体性和延续性。对于单个人，基因当然在资本私欲刺激下导致人的自私表现，抵制社会进而瓦解社会，但是，当这种社会瓦解必然导致的负面效果反馈到个体与基因层，这个作为基因载体的个人可能已经寿终正寝，所以难以形成有效的负反馈，从而不能像基因的进化历程中那样起到修正作用。[①] 这就是动物（假如前资本的稳定社会里是动物而不是人的话）遭受资本冲击的必然结果。当然，这里面还有一个假定：动物个体的下一代对前一代导致的恶果没有负反馈的修正效应，或者灾难很快在少数几代人中生效，或者即使存在下一代的中观层（个体）和宏观层的修正行为，也难以挽救大势已去的局面。然而人却不同，毕竟人有不同于动物的地方：基因上的不同，宏观层上的差异。这里先谈基因上的不同：人在遭受资本冲击后，在自私基本被激活的同时，也有其他某个或者某些活跃的基因（那是动物所没有的）开始工作，在许多人的身上产生变异，其实这种变异本来就一直存在（以某种比例发生作用），只不过在没有任何冲击时，它们最终被平稳的社会局势所消除，因此，大多数的变异都被认为是错误的、坏的，当作捣乱分子被抹平。

[①] 更微观的细致过程在此不谈，参见〔英〕道金斯：《自私的基因》，卢允中等译，中信出版社，2012年。

以更底层的逻辑看,这是基因的本性。各种变异就像皇宫里的秀女等待着一把尺子来选择,但基因披上的是人这个外观形式,以个体人来参加竞选,其中大部分最后都被忽略掉,唯有一种基因(或者极其少数的几种,这里为了简便起见,假定为一种)产生的个体对资本刺激表现出积极的负反馈性状,这个个体采取某种后来被证明是正确的行动,抵消了资本对社会的异化和瓦解作用,在吃掉资本的糖衣之后扔掉包裹着的炮弹,这个个人的行为被扩散开来,在几代人之后就成为这个社会的主导思想,这个社会继续,或者说是在更富裕的层次上保持社会的稳定、幸福感等核心价值。显然,与这个社会的繁荣昌盛不同,有许多社会由于没有产生这样的基因,或者产生了但由于某种原因没有形成社会性效果而最终消亡了。

存在的层次在历史的思维看来是变动不居的,现在却形成一个差异性的谱系:曾经有相当长一段时间,物种被认为是一个典型的自然种类[①],就像物理与化学世界里的种类一样。但是,生物学关于物种演化的学说告诉我们,物种是在历史过程中经过了许多次的进化而来的,而且将来仍然会发生变异性的变化,不像自然界的物质种类那种存在确定不变的"本质"属性。[②] 社会领域的任何种类概念,随着深入的哲学思考,越来越被揭示出其历史性的建构性质,这拉开了与物理、化学等自然科学"刚性"之差距,从而形成一个层次性的谱系:物质世界的层次最为刚性,几乎可以称为纯粹的自然层次,它们与宇宙同源。而生物世界的层次性次之,因为生物世界从时间,从世界的普适性来说与物理化学世界相比表现出明显的局限性,生物世界仅仅发生于此特定的地球、特定的时期。

在诸如人类社会这样的复杂系统中,基于各种相互联系、相互作用的要素之间的集合模式,我们不能简单地根据要素本身而将社会系统还原为某些要素的特征性表述的组合。也就是说,复杂系统呈现出的新层次上的特征与其部分要素的简单集合上的层次特征有着层次性的本质差异。因为,在复杂系统的新层次上,系统层次内的要素之间的相互作用具有非线性的不可分拆还原性,而且通常表现出协同性的效果。因此,我们既不能

[①] 对于自然类的讨论主要集中在普特南指称的因果理论(Putnam,1975)以及克里普克的可能世界的严格指标(Kripke,1980)里。从那时到现在,自然类概念已经得到了普遍的认同,尤其是在物理学里。自然类的传统概念与物理学和化学里的种类紧紧联系在一起。

[②] 当然,也有一些人提出了一个自然类的改进的概念。布利金特(Brigandt)认为:"某些事物(例如物种)可以同时是一个个体和一个自然类。"(参见 Brigandt I., "Natural Kinds in Evolution and Systematics: Metaphysical and Epistemological Considerations", *Acta Biotheoretica*, 57[2009]。)

把它们根据单个要素的形式回溯到某些简单的线性原因,也不能对这样的协同作用效果有准确的预测。例如,生态文明这样的社会系统虽然可以看作是自然的生态系统与人类社会的复合系统,但复合之后的系统明显更为复杂,如果仍然沿用之前的自然生态系统的观测量来进行表征,就可能出现在新的复杂系统层次上的不适应性问题,因为系统改变,系统层次随之改变。对此,有人说,

> 复杂动态系统理论讨论的是物理学、化学、生物学和社会学中不相同的系统所具有的自组织行为中存在的那些复杂而显著的相似性。这些多要素系统包括许多诸如基本粒子、原子、细胞或有机物之类的单位。这些基本单位的特性,如它们的位置、动量、矢量以及它们的局部的相互作用共同构成了描述的微观层面。复杂系统的全球状态源于局部的多要素状态的集体构型。在这种宏观层面,几乎不存在可用来描述这些单元中那些可观察到的集合模式或数字的集合量,诸如压力、密度、温度和熵等。[1]

唯物主义者认为层次是实在的,而非人们主观构想出来的。自然现象中存在普遍的多层次性现象,物质形态就有固态、液态、气态等离子体形态,它们在一定意义上构成一种层次性,例如物质粒子的活跃程度。存在物的不同层次源于物质的不同组成,譬如物质、生物、社会。不同的层次上表现出不同的规律性。例如,马里奥·邦格认为宇宙中的突现是无穷多的,它们构成一棵系统树,处在最低层次的是物理系统,往上依次是化学系统、生物系统、社会和技术系统;层次依照复杂性、新奇性和类型等的不同,区分为由低到高的等级层次。问题的关键是,哲学家需要进行体系性的考虑,让相互之间的"本体论承诺"[2]不冲突,不同层次的本体论承诺能够形成一个整全的本体论承诺。

---

[1] 美因策:《系统:系统科学引论》,载〔意〕卢西亚诺·弗洛里迪主编:《计算与信息哲学导论》上册,刘钢主译,商务印书馆,2010年,第111页。
[2] 〔美〕蒯因:《语词和对象》,陈启伟等译,中国人民大学出版社,2012年。

第二章　历史的层次

历史与层次一样，都不是什么新词语。就历史而言，其意义并非固定不变，而是随历史的时空而变化的。与我们今天通常理解的概念不同，古希腊人所说的"历史"(ιστορια)主要指学者"探究""考察"等一系列活动及其所得的结果，"在这里发表出来的，乃是哈利卡纳索斯人希罗多德的研究成果，他所以要把这些研究成果发表出来，是为了保存人类的功业，使之不致由于年深日久而被人们遗忘"[①]。

"历史的层次"这个用语目前在语言学界被广泛采用。通过中国知网的查阅，有关"历史层次"或者"历史的层次性"的论文绝大多数都是有关语言的研究，例如《闽语的历史层次及其演变》[②]。因为汉语的层次问题逐渐得到语言学界重视，语言研究把历史层次作为一种分析法运用到方言研究中，通过有层次关系的文字关联其他方言的历史层次，通过共时态与历时态的双重变化来进行比较参照获得层次性的同源对照表，进而获得更详细的历史信息。历史层次分析就通过去除外借层只剩下本体层，从而为历史比较法的实施创造条件。因为，解释史前语言现象的时候，我们必须假定除了有史以来的语言变化中能够观察、评估的原因以外就没有其他的原因。

自然的层次是直观的。对自然的层次性认知是建立在连续性原则上的。古代亚里士多德在自然连续性基础上分出不同的类型与层次；[③]现代美国实用主义哲学家杜威也认为，纳入人的经验之中的自然根据经验的不同层次表现出自然不同的层次特征。[④] 自然的连续性与层次性是一个辩

[①] 〔古希腊〕希罗多德：《历史》，第1页。
[②] 戴黎刚：《闽语的历史层次及其演变》，复旦大学博士论文2005年。
[③] 亚里士多德在《天论》第1卷第7章中说："如果宇宙不是连续不断的，而像德谟克利特和留基伯所说，是被虚空分割开来的，那么一切物体的运动必定是单一的；但是，它们的实体是统一的，就像被碎成许多小块的金子一样。"
[④] 参见刘华初：《实用主义的基础——杜威经验自然主义研究》，人民出版社，2012年。

证的对立统一体,因为层次是一种连续性的断裂。自然有静止的物体,也有运动的物体。微观的量子世界向我们显示出粒子深渊的非连续性,借助于不同的工具或中介遗传学研究看到基因的突变。人们甚至在对不同尺度的世界进行现象描述时,用同一语言文字表征层次性的意义差别,例如"量子纠缠"——量子世界的玄妙现象用"纠缠"这样的日常话语,对于大众直观地展现出类比纠缠的意象,而对科学家则有不同层次的科学含义。

不仅自然的演化与人们对其认识的历史具有连续性与层次性发展的趋势,从低级层次到高级层次的发展;而且,人类的演化也是连续性与层次性交织的过程,这种层次性表现超出自然规律性的意义,也表现在人类的主观能动性方面。这是由于在人类历史,尤其是文明历史的过程中,具有思想的实践活动赋予人类独特的创造力,创造出层次分明的各种文明产物。在物质上表现为从旧石器到新石器,从运用火烧制陶器瓷器到冶炼金属制造工具到农耕制作,从文字的发明到城市国家的建立,表现出层次不断提升的历程。正是由于累积性的层次发展,在古人难以想象的领域,人类开辟了文明的新层次的空间:科学技术与反思的思想境界。

在形式上,我们可以参照河流这个自然现象来理解历史的层次。人类社会是个复杂的结构整体,相当于一段河流中的水,它在时序上的历史运动中由于其组成部分或要素在运动中受到不同的外在条件以及内部属性的差异而表现出不同的运动状态与轨迹,从而形成不同的层次。历史的底层是由人性、社会结构本身的规定性等非理性能够分析的要素所构成,如民族风俗习惯、社会心理结构、审美取向等,它们就如河床上带泥沙的水流动最为缓慢,随时间变化最慢,历史的表层则是时空中不断发生的各种人物与事件,就如河流表面不断掀起的浪花与波涛,不时受到风雨等各种偶然性因素与外来事物的影响,它们稍纵即逝。

每个现实的个人就如浪花来自河流也归属河流一样,本是人类社会与文化历史的产物,最终也成为历史中的浪花或尘埃。但总有一些人物、事件会不断深入表面之下,影响下面的运动,甚至也影响最底层,不断地重塑下层乃至渗透底层的构成、属性与逻辑。介于最上的表层与最底层之间的,如生产关系、社会政治制度、科学技术、意识形态等,以及它们的具体构成部分,由于它们本质不同,表现出不同的运动节奏,因而进一步可划分出更细的层次,它们都有自身的内在规定性、功能与逻辑结构,而且上下层次之间也存在互动、互构的关系。当然,与自然现象相比,人类社会的历史现象要复杂得多,但由于河流自然现象与历史的相似性,流体力学的一些方法也可以作为历史研究的原型,增加我们对历史理解的直观性,也便于理解与交流；在研究中，让只能在想象中进行描绘的历史复杂的社会结构变迁，有个类比的参照模型，而且有些描述河流运动的一些有效概念、方法与理论模型也可以借来作为历史研究的方法。

　　人类文明社会的历史进程也展现出多层次的经验与现象。不同层次的历史地位与主导性作用不同，如果说在传统的历史叙述中政治层次的活动占据了历史书籍的中心地位，那么，马克思、恩格斯则在考察与批判资本主义工业化大生产的经济活动基础上宣称，社会底层人民群众从事经济活动的生产劳动才是推动历史发展的主要力量，而非社会精英阶层的政治与文化活动。他们在《德意志意识形态》中指出，"人们的衣食住行是人们从事政治、科学和艺术等活动的基础"。物质资料的生产方式在不同的历史时期具有完全不同的形式，古代的农民与其熟悉的家人、乡邻周而复始的勤劳耕作于一个有限区域。今天的经济全球化时代，人们穿梭于不同城市的高楼大厦之间，不可见的电子网络信号布满了几乎地球空间的每个角落。劳动创造人，劳动创造了历史。历史唯物主义认为，在这样一种新的生产方式下，当今时代的社会意识自然与古代的不同，表现出远比过去丰富得多的层次性。意识与思维不过是外在世界在头脑中的反映，历史的思维也随着世界的层次性展开而反过来对世界存在的方式投上层次性的印记。

　　历史中需要解释的根本问题还有变迁节奏的历史性：为何历史有时表现出缓慢；有时表现出激烈变化？历史层次的观念可以帮助我们回答这个问题，也为我们打开思维的新空间：因为这是站在某个单一层次而言的，是不同层次上显现出来的断裂与连续的更替，而不同层次的节奏不同，相互之间存在辩证性的相互关系。历史是一个整体，是一个整体的演化进程，这样的变化节奏从总体上来说是整体辩证法的节奏，因而表现为一种质变与量变的交替过程，通常是激烈与平缓的交替。总之，对任何历史性节奏的变化，我们都需要根据更高一个层次结构进行解释，这样的解释把层次间的辩证法作用呈现出来，因而具有更好的解释效果。就人类文明历史的整体视野看，在文明诞生之后，在最大的宏观层次结构上表现出来的节奏大体有两个重大的文明转型节点，即所谓轴心时代与近现代化。两者既有物质性层次上的巨大变革，即铁器金属时代、工业革命时代，也有思想文化层次上的剧变，从原始宗教转向理性哲学（包括理性神学）与传统技术文化，以及认识论转向后的现代理性哲学与现代资本主义，还有科学技术的伟大成就：传统技术与现代科学技术体系。

　　得益于改革开放后中国学界对历史学的科学性问题的理论探讨，学界结合对马克思主义唯物史观的研究,对历史的层次性也予以关注。何兆武在探讨"历史学是不是科学以及在多大程度上是科学"①的问题时,把历史性划分为两个层次:一是对历史史料或事实的认知,这类似自然科学具有客观的科学性;二是对前者所认定的史料与史实的阐释与理解,这个层次渗透了历史研究者的思想、观念与主体性,表现为历史理性的主要内容,也是历史学的核心,是一种人文学科。② 针对这种科学、人文的划分,庞卓恒从历史本体论、认识论上进行了分析,认为两个层次都有人文因素,而且,所谓"科学性"主要体现在第二层次,而非第一层次。③ 这个"商榷"得到史学界重视,2000年还专门召开了研讨会,形成基本共识。张耕华更是把历史学分为史料确认、史事理解、历史规律概括、历史意义的价值评价这样四个层次,分别归属于科学、艺术、超科学的形而上学。④

看来层次性问题也是与科学性问题关联在一起的,因为,所谓科学性在不同的历史研究、历史实践层次上是存在不同的分别的,无论是用自然科学的科学性(何兆武取向)来辨识,还是用马克思主义唯物史观的整体性的科学性(庞卓恒取向),在史料及其解读、纳入史料的历史学研究、叙述等不同层面都表现出多与少、主导性与非主导性的相对差异。为了历史学研究与发展的方法论需要,应当在一定限度内给予清晰的界定,而不是用绝对的定量来消除分层次的定性的合理性。当然,对于任何这种划分都要有一根非绝对化的自我认知线索。如果再加上历史哲学的思维层次,对历史学研究与叙事的层次性划分就更加丰富了。有时,采用自然而简便的习惯用法,并在运用过程中逐层进行探讨问题的本质也是可行的。

第一节 层次展开的人类简史

如果把整个人类的历史都算在内的话,那么时间轴过长,而且人类迁徙的地域变动不居,差异非常大,甚至在文明的数千年时间内成为文明差别的主要因素,按时间与地域空间来进行历史叙述是基本的维度。因而按时间间断划分,即使15、16世纪至今的近现代的世界历史,也有巨大的地域文明差,表现出文明层次与时间段的分段的双重特征。以今天的理性来

---

① 何兆武:《对历史学的若干反思》,《史学理论研究》1996年第2期。
② 何兆武:《历史学两重性片论》,《史学理论研究》1998年第1期。
③ 庞卓恒:《历史学是不是科学——与何兆武先生商榷》,《史学理论》1997年第3期。
④ 张耕华:《历史哲学引论》,复旦大学出版社,2004年。

叙述人类漫长的历史,一方面是直接的叙述;另一方面也需要保持理性的有限性的警惕。也就是说,对前者的每一个概念、事件的叙述与判断,尤其是复杂的思想表达,都沾染了当今我们语言文字的意义内涵的规定性,它不完全是直指真实的历史中的实体事物,甚至很可能有完全不同的历史实在。因为时间间距造成了许多意义的流变,要知道对历史的理解离不开这样一些关键概念:劳动、工具、语言、原始宗教、社会、分工、意义、交流、革命与改革等,而它们在不同的历史时代可能有不同的意义,譬如今天劳动的许多形态放在数百年之前可能有不同的名称。但无论如何不同,历史实在中那个真实发生了的事情还是能够以现代文字的方式进行传播,并在每个人的意义空间中建构起一定真实的符号意义,让我们能够更多地理解了我们古老的人类历史。

一、进化史尺度上的人类简史

有关人类的史前史,在1949年放射性碳测年方法出现后才成为科学的可能。数百万年前的非洲有一群猿演变成人,在生物进化史上,这是一次影响巨大的事件,也是在自然的演化史上开辟了一个新的演化层次。从能人到直立人,再到30万年前的早期智人,其间不仅发生着外在形态的身体演化,自然环境的变迁也激发内在心理与智力、群体交流合作的萌芽,自然演化走向更丰富的层次结构。关于现代人的起源,也有两种针锋相对的观念:一是所谓的"多源说"或"枝形烛台模式",即世界各地的直立人各自独立进化,进化成古代智人与现代人。二是"走出非洲模式"。[1]

在大约七万年前最后一次走出非洲的现代人类大迁徙之后,经过千辛万苦足迹遍及地球五大洲,更是一个新的层次的开启。现代人所具有的语言功能是一切或大或小的人类社会存在与发展的天然基础,由此人类才会走上社会性的团结与跨自然地域的人群合作,进而有对自然与自我的认知革命的可能。每天的生活恐怕都是处于饥寒交迫与猛兽侵袭的恐惧中的先民,约万年之前才找到河流淤积地带,开始了定居生活的农耕文化。这更是一个伟大的文化层次的开端。从此人类走向了自己改变自己命运的道路,基本的生活随之有了与自然状况不同的内容。人类对地球面貌的改变不再是早期人类游牧不定时的流动状态可比的了。五千多年前,有城市组织与文字书写的文明历史开启了又一个伟大的文明层次,文明历史开启之后,一系列伟大的文明创举不断地开启新的历史空间,从生产工具的不

---

[1] 〔美〕布赖恩·费根:《世界史前史》,杨宁等译,北京联合出版公司,2017年,第93页。

断改进到政治帝国的兴起,从原始的图腾到复杂的宗教哲学的思维,从简单的文字到富含各种意义层次的诗词歌赋艺术创作,更有伟大理性的科学精神与技术革命的浪潮扑面而来;今天,人类的生活图景何其壮观,无论是对自然的认知与改造,还是对人文艺术的创造与想象,都展现出无比复杂的层次性世界。但历史的发展并不是单一线性的趋势。在经济学家看来,经济增长在今天被当作常态,但250年前经济不增长才是常态。而且,真正的经济增长,主要不是表现在国内生产总值的统计数字上,而是表现在新产品、新技术、新产业的不断出现,表现在人们的生产方式和消费方式的不断改善上。250年前,人类生产和消费的产品种类大概只有数百种,今天则是数十亿种之多。[①]

关于数百万年尺度上自然史与人类社会发展史之间的层次互动,历史唯物主义提供了一个基本的范式。恩格斯晚年在《劳动在从猿到人的转变中的作用》中给马克思早年提出的自然主义与人道主义的双重统一的历史观以辩证阐释,并针对拉萨尔的唯物史观片面解读"劳动是唯一源泉"进行批判,恩格斯说,"劳动和自然界在一起才是一切财富的源泉",而且,劳动不仅创造了财富,还"创造了人本身"[②]。这是他在受到摩尔根的人类社会史前研究成果的启发后对唯物史观的进一步完善。具体而言,地球生命家园在三十多亿年漫长的天文时间里自然进化出了生命,从低级到高级,生命越来越复杂。生命体与自然之间的物质交换关系也越来越复杂,双重改造日益明显,最终在数百万年前进化出了手脚分工、直立行走的类人猿。手脚的生物性分工首先是自然层次的生物特征,手有更多更大的生物自由空间,因而同时也开启了一个非自然的劳动分工的可能层次。在这个可能的潜在层次空间里原始人把握住了"机会"进化到能人。据考古,他们在约一百七十万年(至少四十万年)前开始了对火的使用,这极大改变了其食物而改变了自然进化的路向。而智人先祖则在十多万年前就熟练掌握了火的技术,这在许多民族的深层记忆里都留下了崇拜火的痕迹,如古希腊普罗米修斯火神神话、中国燧人氏钻木取火的传说。

约二十万年至七万年前走出非洲的现代智人开启了更多层次的人类

[①] 根据最近的统计,亚马逊网站销售的商品以十亿计。当然,这个数据统计具有不同的内涵:古代的种类大概是比较大的、成熟的产品,不包括独立的产品组成构件;而工业化之后的劳动分工与产品分工,使得产品细化、产品的组件细化。当然,还有新产品类型如工业产品、制造业产品、电子产品等;而古代大概只有传统生产工具、衣食住行等基本的生活产品。

[②] 《马克思恩格斯文集》第9卷,第550页。

社会空间,把人与其他动物划分开来。据考古研究,在约七万年前现代人类制造出了石刀这个自然给予不了的工具,而能直立行走的其他灵长类甚至尼安德特人与丹尼索瓦人也可能没有做到。袋鼠等其他动物更不必说,尽管它们也可能利用现成自然物捕食,如鸟用树枝掏虫吃。人类的语言起源是一个更为神奇的进化拐点,把人与动物进一步划分开来——把受生物性局限的人类通过语言变成了当今全球化的人类社会,而且开启了语言生产各种可能性的意义层次。正由于人类语言独特的创造性特征,乔姆斯基反对语言进化论而把普遍语法视为先天遗传:是表现层与词汇层通过一种可能偶然性的"合并"机制而完成的,并坚持从语言现象到心智模型再到人脑神经生理的三层次关联。不过,也有一些不同的语言进化模型出现,例如道金斯和赫尔提出语言进化是模因进化的模仿和基因进化的复制形成的共同进化;而平克的语言模型把语言视为一种原始人为适应当时生活需要而进化来的本能,强调历史因素在心理机制中的关键地位。①

人的手与嘴(其实是以人手为焦点的行为系统、以嘴与声带为焦点的语言系统)的进化史本身也是一个从动物到人类转化的伟大创造史。复杂的神经与功能结构的生成过程改变了人的生产活动与生存空间,同时也改造了人自身,尤其是大脑在来自手、嘴等身体刺激的激发下不断提出增长与复杂化的要求,而人手劳动的成果、语言提高群体的合作效率,不断满足并改善着大脑的营养,进而快速改变了大脑的容量与结构复杂性。因而,这里承载了两个双重层次的逻辑关系,一是人自身以手与嘴为代表的身体与观念器官大脑之间的互动与互构过程,这个过程塑造了现代人的基本面貌,更把人群从小到大地凝聚在一起,形成了原始的共同体,大脑里精神性的观念也因共同体新增认知层次的需要而诞生并开始了人的意识与精神的进化层次。二是人与自然的双重进化的层次逻辑,每一层次的内部都绝不是单一的线条,层次之间的互动也是一部丰富的人类进化史。自然界是人与人类社会生存的物质性前提,自然创造了人本身,提供了人所需各种物质的源泉,还是人与大自然进行能量交换的场所。毫无疑问,史前时代自然变化对人类生存空间具有绝对的主宰力量,约七万三千多年前,苏门答腊多巴火山的喷发导致全球广大地区气候下降,人口锐减到大约数千人的规模。此后,随着气温上升非洲人口才逐渐增加。

然而,作为人类社会进化史的人而言,却不是大自然直接产生或给予

---

① S. Pinker, "Language as an Adaption to the Cognitive Niche", M. Christiansen & S. Kirby eds., *Language Evolution* (New York: OUP, 2003).

的,在这里没有"给予神话",是人自身的劳动创造了社会与社会中的人。同样,社会不仅是不同的人理性地在一起,而是通过生产劳动、分工合作以及分配,并把自然的他者看作与已具有某种同一性归属的观念,并由此而结成了一定的社会内在结构关系。这个大尺度层次上的演化逻辑现在仍在一直进行着,但在新一轮科技革命所蕴含的颠覆性力量预期下,它将可能从自然力量主导向人类科技力量倾斜:对人自身、社会形态、世界样式都有"奇点临近"的呼声。[1]

二、人类文化史的层次简述

虽然在时序上后于前一个自然进化史,但如上所述,人手与语言、大脑等作为进化的成果,已经开启了人类各种文化、文明的可能空间。这个空间中会不断衍生出有重要标签的层次。

文化与文明这两个概念常常混用。文化(culture)是人类实践活动所创造的一切物质和精神成果,文明(civilization)是经历史沉淀人类进步的精神物质的总和。它们都是人类历史的创造成果,是其两个层面的内容,文化偏重于精神和规范,而文明偏重于物质和技术,钱穆在《中国文化史导论》的开始就对文化与文明这两个概念进行了分别。对人类生活而言,文明偏外,属物质方面;文化偏内,属于精神方面。文明是可以向外传播与学习的,文化则不同,它是由群体内部精神累积而产生。两个层面也相互关联,文明是物质文化,文化则是精神文化和社会文化。从时序上,一般把文明视为文化的最高形式或高等形式,文明是在文字出现、城市形成和社会分工之后形成的。

因而,这里为方便起见,先叙述人类文化历史的概貌,再说文化历史中文明的诞生。这样的叙述分段并非简单时序性的,而是从层次衍生的时序上展开的,对文明历史的叙述并不是说文化历史就终结了。文化一直绵延,就如前面所述人类进化历史的自然机制、人与自然交互的机制的层次仍然存在,机制仍在起作用,只不过那个层次上的逻辑运行与文化、文明新层次上的逻辑运行相比不那么显著,相对而言可能微弱得多,不过有些层次的逻辑仍值得我们留意。例如,据最新研究,人类大脑容量在约两百万年前的450毫升迅速增大至1800毫升,但约三千年前又开始下降,直到今天的约1500毫升。其中的原因,据考是外部社会化因素引起的大脑内在

---

[1] 参见〔美〕库兹韦尔:《奇点临近:当计算机智能超越人类》,董振华等译,机械工业出版社,2011年。

结构的高效性走向改变了容量增加的进程,人的骨骼组织随之也发生了相应的变化。

人类文化历史的开端可以追溯到几十万年前的工具制造,有迹象显示,20万年~10万年前,在整个非洲东南部曾发生过技术变革,即石器工具的出现。但对于现代人类而言,在文化意义上的开端则开始于有了语言之后的数万年前,对自我的认知与集体狩猎、采集、驯化动植物的农业革命一样,是开启文化历史的新内容。① 这就是五千年文明诞生之前最值得叙述的认知革命与农业革命两个重大的历史事件或过程,也可以说是两个宏大的层次,两者是部分叠加的过程。人们很难对旧石器时代晚期的艺术形式做出分段,因为它们所传达的象征主义信息来自一个早已逝去的世界。……这些艺术的动机绝不仅仅是装饰性和生存需要那么简单。②

对他们的生活世界进行"还原"才能有更真切的理解。在他们的观念世界里,也许动物与人、人类社会之间没有鸿沟,因而万事万物的普遍联系性可能是他们最大表象特征,虽然他们也会对自己经验直接相关的事物进行一定程度的分类,但不能分类的情形更多,因而就用比较清晰的类比与模糊的类比来把这种有限的经验向外延伸,就如把有限的视觉范围向无限的天际延伸一样。而模糊的类比就是一种渗透,就是把对明确意义的事物描述投影到不清晰的事物。人有灵魂,因而很容易形成原始神秘性,既"万物有灵"的原始思维,"原始人不仅不认为他们所达到的神秘知觉是可疑的,而且还在这种知觉里面(如同在梦里一样)看见与神灵和看不见的力量交往的更完美的因而也是更重要的形式"③。而且,原始思维也有层次性:最底层的是原始人心理层次,它关涉梦与现实的联系;其次是对信仰的彰显,它有关于群体与社会性的建构,表现出创造性与面向现实实践需要的实用性特征;最后是有限度的认知逻辑,这也是一种创造性表现的萌芽,它们又是一个统一的综合体,对人类社会发展、思维能力的提升产生了深远的影响。

从大约七万年前算起,彼时我们现代人类的先祖与尼安德特人、丹尼索瓦人还同处一个地球家园。然而,物种竞争的自然规律仍是主宰力量,刚萌芽的精神文化也不大可能超越恶劣自然环境下的生存竞争法则。即便有少数特殊情况下的物种交合(现代人类仍然携带有极少量的尼安德特

---

① 赫拉利把人类文化历史的起点定在约七万年前。参见〔以色列〕赫拉利:《人类简史:从动物到上帝》,林俊宏译,中信出版社,2014年,第3页。
② 〔美〕布赖恩·费根:《世界史前史》,第115页。
③ 〔法〕列维-布留尔:《原始思维》,丁由译,商务印书馆,1981年,第55~56页。

人基因),大约三万年前,智人已经成为这个家园中唯一起主导性作用的物种了,他们也开始享受大自然的馈赠,人口数量在两万年前不到五十万人,这之后,在八千年内增长了十几倍。这种客观的条件使智人开始扮演唯一高高在上的物种的角色。首先是在一万年之前就占据世界五大洲四大洋能够达到的地理舞台,当然这个过程其实从七万年前智人走出非洲就已经开始了,只不过在前半段时间里还可能要与其他人类与高等灵长类竞争有限的野果与不易捕获的猎物,因而扩散速度相对缓慢。向全球扩散具有重要的意义,可以说是世界史前史最重要的发展,"不仅为现代人类带来了巨大的生物和文化多样性,而且还孕育出食物生产、村落生活、城市文明以及太平洋诸岛上聚落的出现——这些恰恰是我们这个多元而复杂的世界的根源所在"[1]。

即便在这个缓慢的历程中,智人也发明了捕猎与战斗兼用的弓箭,能帮助他们越过地中海、红海的船只,发明了针等缝制御寒衣物的工具,而且还有闲暇与心情制作象牙"狮人"雕像(德国施泰德洞穴,约三万年前),这也有可能是原始宗教的萌芽,或者商业交换的标志,随之,某种尺度上的社会分层也将开始。从外在器物的非自然属性表明,智人的认知能力有了革命性的发展。认知不仅发生在自然事物上,而且同时发生在基于语言的思想与沟通,面对荆棘丛生的世界大迁徙之路,这种集体性的谋划,有生产、艺术与想法的社会交流活动进一步相互激发了智人的潜能。当今世界语言种类之繁多很可能就是原始生存状态下智人依据地理与气候变化等各种因素而独立创造的成果系列,它表明语言的潜能有多么大的生活宽广度与思维内容的不同深度。

农业革命开启农耕文明历史。一般把农业革命的起点定在公元前九千年至前七千年,其标志是人类从食物采集者转化为主动的食物生产者,种植农作物与驯养动物。对于智人如何从仅仅百来人的血缘族群团体逐渐扩大到农业定居城市数万人的规模,这是一个文化历史难题,因为语言在没有文字之前留不下痕迹,而这样的规模扩大也不像地理范围的迁徙那样自然而直观,留下了非自然的人工制造的痕迹。社会群体的扩大一定涉及不同的语言媒介,在保持独立团体和与其他群体合并(很可能是暴力与协商兼有)之间,涉及许多成员不同的利益诉求。无论如何,一部分智人群体找到了一些富饶的河流淤积地带,从采集走向定居农耕并繁衍生息,最重要的地区是东方的中国黄河、长江流域,印度两河流域、西亚两河流域、

---

[1] 〔美〕布赖恩·费根:《世界史前史》,第127页。

埃及尼罗河流域、中美洲地区。这些地区随着农业与畜牧业的快速发展而发展。

也许在一开始，农耕定居并不那么吸引人，但在反反复复的走与留之间，农耕定居的优势凸显，地球家园农业（采集）人口从万年前的约八百万人增长至两千年前的两亿五千万人。这一方面得益于农业与工具的继续改进，定居农业地区基本在肥沃的新月形地带，从自然环境方面来说是因为支持早期农业与畜牧业的野生资源分布稀少、不均衡，另一方面也反映古人的艰辛探索与自然智慧。目前考古发现保存最为完好的中国西安半坡村村社遗址是六七千年前新石器时代仰韶文化母系氏族公社聚落地，发掘面积1万平方米，房屋45座，分为居住区、墓葬区和制陶作坊区，出土生产工具与生活用品约1万件，从石斧、石锛、石铲、石刀、石碾等生产工具和陶罐、陶盆、小口尖底瓶等生活用具来看，半坡人过着以农业为主，渔猎为辅的生活。他们具有较强的审美观念，在彩陶上绘着人面、鱼、鹿、植物等象生性花纹和三角形、圆点等几何图案，还用石、骨、陶、蚌制成耳饰、发饰等装饰品。顺便说一下，陶器上有各种符号二三十种，让人联想到中国文字的起源。距今八九千年前的土耳其恰塔霍裕克（Çatalhöyük）遗址有陶器、黑曜石工具以及燧石，是集农业、贸易与制造业于一身的早期城市发展的一个缩影。英国约四千年前的巨石阵表明原始宗教的普遍存在。

农业定居使生活的物质生产走向稳定。许多人类驯化的牲畜，如今天熟悉的猪牛羊马鸡鸭猫狗，都给原始部落的生产、饲养、警戒、辅助狩猎等直接帮助，甚至本身也为人类提供丰富的营养，帮助克服季节性的波动和自然灾害。当时的人类已经能够耕种小麦、玉米、土豆、稻谷、马铃薯等许多今天的主要粮食——当然由于地理区隔，不同区域有不同的耕种主粮，直到哥伦布发现新大陆之后才有了全世界的耕种共享。工具的变化与洞穴壁画艺术可能是最有力的证据，证明从旧石器迈向中石器、新石器的技术进步，在技术与艺术中都有艺术审美的意识表露。可以推断，农耕定居遭遇到大大小小的各种难题，从洪水泛滥到刀耕火种的效率问题，周边游牧人不劳而获的抢劫等。然而，可能令古人也不曾想到的是，集体规模的扩大与有组织的劳动分工从很多层面带来了正反馈，包括粮食产量，强大的组织，安稳而舒适的生活，内心的平静与相互交流的愉悦，家庭生活伴随的温情，把内在的文化世界与外在的社会规范装置建构起来了，就如农业活动范围虽小于采集狩猎，但内在的人工创造性大增——而这才是文明的本质。文化世界里的复杂构成绝非片面化的层次性世界能够比拟，对于我们今天而言，更重要的是前人的伟大历史指向了文明的方向。

三、文化向文明转变中的多重层次

这一个阶段仍属于前（文明）历史阶段，相关主要研究方法从生物学方法走向考古学、人类学方法。如果说文化相对于政治制度与实践、经济活动等，包括诸如文学艺术、思想教育等精神概念，那么文明则更宽广，包括政治、经济、文化、科学技术等多重层次的概念，但两者都有地域的空间性与历史的时间性、物质与精神的双重特征。这一方面表明在我们的视域里，文明是文化发展的多层次开拓的结果，人类历史上从前文明阶段走向文明阶段是一个层次性的超越，从单一的文化层次衍生出政治、经济有内在结构与逻辑的独立层次，而且在文化、宗教哲学与科学技术等与传统的文化概念相关的方面也有新的开创，表现出历史性的革新，也是层次内在的品质升级。无论是层次衍生还是层次升级，都从一万年前的农耕文化开始，从原始想象到文明现实，从这个层面来看，仍然延续着认知的不断革命。

早期的人类历史，包括以万年计的史前史，主要围绕寻找食物与食物生产来展开，各种石器、陶器等工具的制造、动物的驯养主要是为了提高捕食与食物生产的效率，火的采用也是为了提高食物营养供应与生存的需要。文明历史之后，更能反映人类历史进步的是理性精神的诞生与发展，理性精神表现在政治、经济、文化与科技等不同的层次上。其实在史前时期，人类就以独特的创造力创造了不同的文化系统，这是人类适应环境并不断改变环境的互塑过程，被学者称为"人类的体外适应方式"，它不是单一的时间性事件，而是多重线性的文化进化过程。[1] 这种多重进化历程不仅重塑了我们人类的大脑及其结构、身体的生物性特征，而且最终在外部局限、内部变化的双重交互过程中，发展出复杂的新石器技术、各种原始艺术与宗教信仰，以及伟大的城市组织与文字符号系统。而且，个体与群体的关系也在生产、财产与权力的分配与竞争中演化出复杂的大社会组织结构。作为其伟大的结果，人类文明现代化所拥有的辉煌成就有目共睹，它不仅克服了重重险恶的自然灾害，还能对工业革命以来人与自然之间关系造成的破坏进行批判反思，对人类社会自身的各种有限性与困境进行反思，这都是对历史相对主义与历史虚无主义的有力驳斥。

对于文明前的农民而言，他们在平稳时期的日常生活可能并不如我们今天这般忙碌，仍然不那么安全，也常受到疾病与健康的困扰。但他们已

---

[1] 〔美〕布赖恩·费根：《世界史前史》，第27页。

经在如上重要的层次上分化出独立的历史逻辑了，正是这几个核心层次的共同交互作用，激发了伟大的文明历史的来临。基于定居农业的物质生产不仅满足各方面的生活需要，反过来也进一步改造了人的智力，促进社会组织从生产领域向丧葬与灵魂安顿、安全防务、艺术与文化机制等纵深的社会层次进展，人类开创出一个具有政治、经济、文化等多重结构性活动的多层次的生活形态与社会形态。作为精英的组织者创造出权力的观念，借助于文字与艺术等各类活动中的自然分工把自己的政治意识系统化，营造出宫殿、神庙、管理机构等社会秩序的象征装置。根据英国考古学家科林·伦福儒的看法，文明是文化发展到一定程度的产物，最基本的要素是文字、祭祀中心和一定规模的城市（人口不少于五千人），由多个子系统相互作用促成的多重影响会催生文明。[①] 贝恩斯等人更关注精英阶层的作用，一定规模的社会因分工与生产而出现阶层分化，他们的更高层次的控制需要激发文字、社会秩序认同与传播机制的诞生。

包括畜牧业在内的农业革命是文明起源的一个社会基础性的条件，它不只是如今的单纯经济活动，而且作为文明进程中的首个最主要的动力之源，既为定居的社会团体提供物质性条件，还为商业交换、文字、社会组织管理与秩序等一系列后续伟大的文明构建的产生铺垫了潜在的温床。村落与农业几乎具有共生关系。随着农业财富的出现，在有限区域内人口的大量增长，不同地理条件下的区域之间发生必要的商业往来，婚姻禁忌之后氏族之间的婚姻关系，不可避免地引发冲突，甚至升级到战争，而战争与不定期的饥荒、瘟疫是史前文化所面临的巨大挑战。在一定限度内，这样的挑战从微观层次看不利于个别的村落或氏族部落，但从历史的宏观层次上却促进了社会规模的扩大，推动了社会生产与分工合作，进而导致社会复杂程度的迅速提高：因为面对新的挑战，必须要有足够的智慧"想出"文明的新办法，而不再依靠原初的技术与经验。历史表明，这样的挑战被人们成功克服，并进一步促进了集体的凝聚力。

根据考古发现，西亚两河流域的原始村落最高有五千人以上，已经达到文明诞生后城市的规模了。八千多年前的西亚商业就已经扩大至数百千米之外，发达的西亚商业表明农业生产的大量剩余，这也会引发战争与掠杀。战争反过来也刺激了技术与贸易的发展，同时村落之间的军备竞赛也促进冶金技术的发展，产生了铜制武器与青铜时代的来临。这种暴力性

---

① C. Renfrew, *The Emergence of Civilisation: The Cyclades and the Aegean in the Third Millennium BC* (Oxbow, 1972), p.7.

质的非理性层次的现象以非理性的逻辑向先民提出了理性的思考,如何在其带来的好处与毁灭之间取得有利自己与本氏族团体的平衡。

有人把下限到公元前3500年的欧贝德文化作为人类文明的起源,文明所需的各种技术要素都已具备,神庙出现,犁也被发明出来,还有成熟而精致的陶器制造、铜合金技术、运输工具马车、帆船,小村落变成更大规模的城市建制,有规模的人工灌溉在首领指挥与祭司规划下展开分工合作,坚固的城墙有士兵守卫。社会内部有精细的结构:城墙内外是一个新的社会分化与社会分工的场域,开始形成建制性的社会分层标识。城内是相对集中而重要的专业人士包括商人与工匠,最重要的当然是象征城墙的武士、行政官员,还有凝聚大众共识的能够书写复杂线形文字又能够念经的祭司与书写人员,而居住在外部周边广大田地的是从事耕种的农民。

农业耕作也有一些技术性的瓶颈,这制约了文明的限度,在古代人掌握作物轮作制与施肥技术之前,随着人口的迅速增长,固定的城市终将走向衰落而发生迁徙。而这个"挑战"碍于技术层次,在一定历史尺度上成为制约而非引起积极效果的刺激。不过天无绝人之路,先民很快发现新的肥沃谷地,虽然缺水但通过公元前四千年至前三千年人工灌溉系统的开掘得到利用。工程挑战引发一系列的社会功能的迅速提升与社会系统的建构。这个比原路径上克服瓶颈的可能后果更令人惊叹。这是我们的历史"后思",但的确是一个文明诞生的社会复杂层次性重建的重大机缘。建筑力量是否成为从农耕转向武力的中间环节不得而知,但因生产需要而带来的各种冶炼技术既能锻造生产工具,也会锻造出刀剑。负责祭祀活动的宗教人士随着经济商业需要与社会复杂度而成为精英阶层的专业人士,并在集体性活动中成为凝聚众人、提供心灵安慰等新的精神层次的开创性力量。

总之,酝酿文明的政治活动、原始宗教、语言符号文字开始出现了。首先是政治活动的层次历史,其次是原始宗教。人们相信远古的采集者普遍信奉泛神论,在泛神论的原初形态里,并没有如今的等级编排,所有人、神与万物都有灵魂。然而在社会把握组织与掌握文字的精英的把控下,即使是墓葬习俗这个约三万年前的智人就已发明的一道社会规范,也开始逐渐演变为一种政治逻辑的内在文化构建,这是一个典型的史前时代的跨层次的交互。技术的进步已经开始被政治与文字开启的知识权力的影响所遮蔽,退到社会后台。文明的曙光首先在五千年前的两河流域交叉地带与尼罗河畔点亮,随后不断向地中海与西亚周边传播,在千年之后激发出古希腊文明。同一时段,在中国黄河、长江地域以及印度河恒河流域诞生了两个古老的东方文明,而万年前白令海峡陆桥因气候变暖而断开造成"与世隔离"的美洲大陆也在约三千年前开始萌生本土的玛雅文明。

四、古典文明的层次结构与限度

诞生于大河流域的四大文明在时间尺度上有明显的先后差别。西亚文明与埃及文明最早于公元前 3200 年左右诞生,而古印度文明与中华文明则在公元前 23 世纪、公元前 16 世纪(商朝,如果计入夏朝则前移到前 20 世纪)诞生。每个古老文明作为文明形态都是命运多舛,尤其西亚文明与古印度文明,前者充满了各种战乱与大大小小的王国更替,而古印度文明在有大规模高度城市化系统几百年之后突然在公元前 18 世纪被入侵的雅利安人灭亡。相对而言,古埃及文明虽有间断的中间期,但延续了三千年之久。延续最持久的文明当属中华文明了,即使从商朝计算迄今也有 36 个世纪之多,尤其中华文明的"文化基因"根深蒂固,如钱穆所说,源于文明源头一元多区格局而走向华夏共同体的中华文明,其本质是内倾的道德精神,强调个人德性与修行的天下和平主义精神。这与西亚文明把人与自然对立起来的观念有本质不同,西亚主张征服自然而重器物取向,这通过古罗马文明传递到西方现代文明之中。而正如中国《易经》精神,文明的斗转星移本就是人努力符合天道的历史过程。此外,除四大古老文明之外,还有更多次生的规模或大或小的文明,如美洲的玛雅文明,这一文明在天文学上有独特的创造力,为现代人类留下了先进的农业成果,如玉米等非常重要的农作物。

古代世界各个文明在诞生之初几乎都出现了比较发达的商业贸易活动。古老文明的存在不是孤独的,一方面相互之间存在商业往来,尤其是埃及与西亚之间,甚至与印度也有联系。尤其是西亚两河流域,不仅内部商品交换大量记载于泥板书,而且还与古埃及早期王朝就有葡萄酒贸易,与古印度的哈拉巴与摩亨佐-达罗也有商业贸易,古印度第一位国王摩奴毗瓦斯瓦多遗址就出土有两河流域的绿松石。古代西亚的商业精神塑造出了法律观念,跨过历史时空影响到古罗马帝国,进而成为当今现代文明的商业精神与法治的基调。另一方面,它们是后续历史的文明星河源头的文明之光,它们的文明之光长存于历史的时空,散播到周边的世界,例如古希腊文明就是深受西亚文明与古埃及文明影响的结果;把内在的文明要素传递到历史的长河,哪怕至今尚未释读的哈拉巴文明的重要因素也渗透到后来印度次大陆兴起的各个文明之中。

文明实体越来越多,这是文明传播的结果,虽然开始的传播很缓慢,但在进入古典时代之后,文明提供的生活方式的优越性与安全感对边缘地带的游离人群产生了越来越大的吸引力。但随着文明世界的扩大,世界也变得有些光怪陆离:分散而没有中心与主题,历史也失去了中心事件的主导,进入复杂结构的层次混乱的逻辑中了。因而历史时段的划分也变得难以统一。各地域差别也很大,比如西欧就显得十分混乱,即使历史学家建立了以欧洲中心论为主的宏大叙事的线索观念。反而是中国或者其周边如日本等,相对隔离但显得更有逻辑线索,而在超出地域的全球视野中,的确是难以简明把握。粗略而言,古老文明(中华文明除外)衰落之后的轴心时代兴起的古典文明是前后相接的后一大文明时期,大概时间跨度在公元前6世纪至公元后500年左右(西罗马帝国灭亡的年份476年是个常用时间节点)。之后从5世纪至15世纪的历史,在西方世界是所谓"千年黑暗的中世纪"直到文艺复兴,而东方中国一直在不断螺旋式前进中延续着传统的王朝更替模式,印度则在统一的帝国与分裂状态中间替,其他文明地带主要由阿拉伯世界、中原草原游牧民族的主宰。

所谓"轴心时代"的兴起,代表了古典文明的登场。首先,它区别于古老文明的最重要历史功绩在于帝国时代的政治表现,庞大的帝国此起彼伏,这是在古代条件下最大的政治空间的实现,其中最重要的代表是古罗马帝国与中国自秦汉之后前后更替的王朝,当然地域上最为庞大的帝国当属前3世纪的亚历山大帝国与13世纪的蒙古帝国。虽然时间短暂,但跨区域的文明交往与传播,甚至物种与技术的交换对相互隔离的各地文明起到重要的物质性作用——这是一个政治层次的逻辑悖论:受制于技术而不能实现全球帝国,但自身也是技术的产物,带来的最大贡献也是技术的传播。因而技术传播的跨文明效果十分显著,远非思想文化那么隐蔽而纠缠,想想马铃薯种植技术的传播,金属制造技术的传播,中国古代四大发明的世界历史影响。也许政治本身就是一个复杂层次的实践整体,虽然外显为单一的暴力与权力,但实则向内指向共同体的经济、文化、技术、宗教等的跨层次的总体生存状况。

其次,伟大的思想家与宗教领袖闪亮登场,在结合传统文化的基础上提出了奠定全新文明基础的思想理论,甚至至今仍是我们文明的基调。这也值得大书特书,伟大的古典人文主义精神实现从神到人的转向,开辟了伟大的文明新空间。雅思贝尔斯对"轴心时代"的耶稣、佛陀、孔子与苏格拉底这几位伟大先哲提出的思想范式给予了极高的评价,"这四大思想范式的创造者真实性的内涵是对人类基本境况的体验以及对人类使命的澄明……实现了人类终极的各种可能性……在他们那里人类存在的经验与原动力都得到了极致的发挥。在这里对于他们来说最为本质的东西,对哲学来讲也一直是最为根本的。这四位大师通过他们的真实性及其思维方式，证明了历史性乃是不可避免的事实。于是他们成了哲学思考的源泉，成了引发反抗运动的动力。正是在这样的运动中，反抗者自身的心里也变得敞亮了"①。

作为单一的文明实体，苏格拉底所属的古希腊文明是欧洲历史、世界文明历史中最辉煌灿烂的文明之一。在一个物质生产与周边环境并不优越的历史条件下，他们在哲学、政治、文化艺术、科学思维等方面都有伟大的历史性建树，对西方世界的历史发展产生了深远影响，从而也成为当下科学技术、理性精神的重要思想源头。而且，他们在这几个不同的层次上都被一贯的理性精神贯穿和主导，不像其他文明地区对待科学、艺术、哲学的态度，尤其是开启了学问、思想与政治处于分化的逻辑。令人惋惜的是，他们最终没有把超前的理性精神发挥到政治实践，没能避免国家的最终灭亡。而历史中的政治直接关联文明载体本身的生死存亡，辉煌灿烂的文明精华一定会因政治断裂而出现人类文明层次上的巨大损失，尽管它通过文化交流与传播促进了周边文明，并部分传承到古罗马文明，并在多次文艺复兴中得到接续。如果联想到单一军政的原始文明形态的蒙古人却几乎统治欧亚大陆，不得不让人惊叹政治实践的历史复杂性。我们今天是否还有遭遇类似古希腊文明所遭遇过的危机的可能呢？

再次，在技术层次上的进步越来越快。各个不同文明都有自己的拿手好戏。作为相对更稳定而持久的中华文明，作为一个总体贡献了更多的重要技术。尽管中国古代由于一种"天人合一"、自然主义的整体人文观，对于人工技术存在墨家实用主义、道家自然主义和儒家人文主义的技术批判的合力制约，但还是取得了"四大发明"等重大的技术进步，以至于有史学家把从西罗马帝国灭亡之后到文艺复兴之间的千年世界文明中心定位在东方。的确，虽然中亚游牧民族的草原帝国不断兴起，但连他们也受益于中国的技术生产。以李约瑟为代表的中国科技史家建立的流行的中国古代技术史模型主张②，中国拥有一系列技术发明的优先权，先进的技术向西方单向转移，由此描绘出中国古代技术领先世界的某种"中国中心论"图景。

当然这也许是因反对片面的"西方中心论"历史叙述的另一种历史中

---

① 〔德〕雅斯贝尔斯：《大哲学家》上，李雪涛等译，社会科学文献出版社，2010年，第199页。
② 〔英〕李约瑟：《中国科学技术史》，科学出版社，2003年。

心论的表现,反对者以技术系统概念为基础的全球技术进化模型,主张中西方技术相伴随进化、双向传播,以及平行发展,总体上仍是一种"停滞的系统",新儒家伦理学体系"能够决定所有问题的本质,也为中国技术的停滞献上了力量"①。政治上的官僚封建主义以及闭关锁国政策也导致了中国社会技术发展的停滞,就如韦伯在批判传统主义在社会变革中的消极作用时指出,传统主义体现为对待新事物的保守态度和反应,并会在实践层面导致人们对新技术的拒斥。②

最后,在经济活动与商业往来方面,在轴心时代之前的古老文明时代,人类散播开来的很多地区的社会与古老文明中心是很少往来的。然而在轴心时代之后,情况有了显著改变,发展出一种直观的地理空间上的世界文明层次性分布格局,中心是拥有雄厚综合文明基础的文明体,外围是建立在游牧经济活动基础上却有高效暴力的原始军政组织,中间是复杂社会的地带。这种文明分离的世界格局展现出的历史主题是:古典文明与游牧社会之间的博弈,与两者之间的游离地带。

传统文明的限度在现代文明的参照下显而易见。从层次观念看,首先,社会组织结构限制了人的潜能发挥,也导致社会整体的"不幸福"状况。就如斯塔夫里阿诺斯在《全球通史》里所说,古典文明同上古文明一样,都是建立在阶级分化的基础上。归根到底,它们都依赖于农民群众的劳动,正是农民群众的劳动,提供了维持统治者生存的剩余产品。每个文明内部都是层次分化的社会结构,即传统社会的金字塔结构:顶层是统治一切的国王、皇帝与贵族、古罗马的元老院议员、伊朗的武士贵族、印度的王子和中国的诸侯和大臣;中层也是一个有一定特权的阶层,如印度的婆罗门、伊朗的袄教僧、基督教教士以及儒家世俗文人。而社会底层是遍及各地的从事制造业、采矿业、批发零售贸易、交通运输及施放高利贷的贸易者和商人,以及占人口绝大多数的农业劳动者和手工业者,他们中间有些是自由民,其余都是农奴或奴隶。这种社会结构不可能激发出每个人的自由潜能,因而形成社会资源的巨大浪费,这也是传统文明几乎处于停滞状态的根本原因。只有少数上层人的聪明才智得以发挥,这才会有我们今天阅读的历史材料与各种诗词文艺作品。而且,阶层分化所导致的社会冲突,反过来形成对社会稳定的威胁,导致不断的动荡、起义与革命,导致巨大的社

---

① 姚大志:《论全球视野下的中国古代技术史模型》,《科学文化评论》2010年第4期。
② 〔德〕韦伯:《新教伦理和资本主义精神》,于晓、陈维纲等译,北京三联书店,1992年,第41页。

会资源的损失,乃至文明存续的危机。

其次,最大的层次差异表现在,几乎所有古典文明时代社会下层人民的生存、生活方式从文明诞生之后基本没有变化,他们没有享受到从古代文明到古典文明转型的一些益处,尤其在文化与精神生活方面,他们几乎都是文盲,日出而作日落而息,所不同的可能是他们使用的工具有所变化,从刀耕火种到铁犁牛耕。当然,也有一些地区文明社会上下层的关系性质有所变化,从奴隶制度转到农奴制度。但落实到具体的下层人民,这个差别不如其对社会中层的影响。换言之,真正享受到古典文明历史成果益处的主要是社会中层,他们人数规模因生产效率的提升和社会剩余的增加而有所扩大,他们脱离下层的苦力劳动而进入精英阶层,并享受到一定限度的社会权力。当然,社会上层所受益处是最大的,不过,其中的顶层即帝王与皇族贵族则因传统政治的局限性而在不同历史时期与地区有显著的差别。例如中国动荡的历史时期,帝王之家典型的悲剧与王朝稳定时期不同,例如,自朱元璋以降的皇室家族成员都享受贵族待遇,而到了末代皇帝崇祯一代,朱家贵族遭遇农民起义者的杀戮。

再次,各层次之间的关系没有得到深刻的把握,缺乏理性的处理。传统社会对于政治、军事、文化等不同层次的整体考量囿于历史条件,综合处理不够成熟,例如宋朝有庞大的人口、经济规模,却不能将它有效转化为军事力量,反而屡次遭受北方外敌侵扰。诸古典文明表现出高度的持久性,甚至稳定的结构,一方面让社会内部享受到相对和平的人生经验,但同时也缺乏历史的变动性与社会活力。尤其在技术方面缺乏进步,工艺水平已经达到个体或小规模组织的上限,进一步的技术进步就可能需要技术的专门化,形成如近现代的规模性的社会专业阶层与组织。意大利一些地区的手工业行会组织曾经促进了技术进步,但不久由于社会分工的局限性而走向垄断与封闭,窒息了其技术发展潜能,这是社会整体结构对社会化生产与分工的非理性安排,表现出一种自然主义的状况。农业文明的根本动力没有得到社会组织与机制的激发。这是社会精英阶层缺乏社会理性的历史表现。凯恩斯说得有一定道理:文明之前的新石器时代技术已明显成熟,正是在这一时代,人们发明了带轮子的车、帆船和犁,发现了冶金化学工艺,计算出准确的阳历,学会了怎样使用畜力和利用风力。而农业革命后,这一急速发展随即受阻,以后几千年中只有三大发明具有重大意义能与早期的发明相媲美,即铁、字母和铸币。古典时代的技术进步缓慢,即便有一些技术改进也只是奇技淫巧,思想家与工匠分离,难以形成文明的巨大推动力,否则,宋朝如何会落到向边缘文明政权称臣纳贡呢?

五、现代文明世界历史的层次简述

虽然当今世界已然变成了"地球村"(加拿大传媒学宗师麦克卢汉1962年提出),经济全球化早已变成现实,科技与网络信息的传播通达世界每个角落,但是对于世界范围的文明历史的叙述却不成熟,甚至连世界史的定义与解释也是众说纷纭。事实上,世界史或全球史是"二战"之后才出现的一门历史分支学科,尽管很快得到众多历史编纂者的积极响应,但种类繁多的"世界史"作品仍没有一本得到学界普遍的接受。归根结底,我们还未建立起一个科学的历史观来有效而全面地解释纷繁复杂的人类社会的历史进程的所有重要线索与内容,没有一个合理的历史观来整体地把握人类社会从原始氏族社会的前历史状态走向文明,并达到当前全球化的世界一体化的历史运动的内在规律,更难以对人类历史未来的发展进行有效的预测。但是,在20世纪灾难性的两次世界大战后,具有历史视野的人们不得不面对现实发生的世界一体化历史,从各种视角、各种层面或领域来探寻历史背后的"克里奥之谜"。

关于现代文明的起点,存在不同的层次标准与说法。作为历史叙述,从历史发展动力来看,人类文明历史发展具有共同的动力之源即满足人自身全面发展的需要,其中既有人自然天性的需要也有精神文化的需要。人与人之间普遍交往的社会需要是超出单个个体之上的,是社会发展的需要,它一方面来自每个人的全面发展需要并与之契合;另一方面,社会群体作为一种人类组成的社会有机体,也有自己独特的功能与需要:普遍交往在政治、经济、文化与科技等各个层面上的展现。这也与历史唯物主义的生产力、生产关系、上层建筑等多层次的模型一致。如此就可以把1492年哥伦布发现新大陆作为代表性的事件节点,因为它使真正的全球交往成为可能,并且也很快实现成为历史事实。之前是世界各地传统文明相互隔绝,之后是全球性的普遍交往关系的建立,而且带来了世界历史的重大意义,各地传统文明的优长都被吸收,在一个更高的层次上实现了对传统文明的超越。

西欧国家在开辟新航线打通世界商贸通道后,逐渐获得世界市场资源利用的先发优势,通过科学革命、工业革命和政治革命,初创出一种新的世界商业文明,即以科学化、工业化和民主化为基本原则的现代文明,通过合理变革整合了西方社会,开始在经济、政治、军事等多层面获得优势地位,包括战争武器上的各种技术升级,开启了西方的殖民主义扩张。同时,在经济商贸层面上的合作也促成世界各地区的市民社会彼此相连,宗教与文化层次上的世界传播也结合着资本主义精神向世界传播开来。西欧国家相比中国、印度传统的封闭主义社会表现出显著的扩散性,而且在同其他诸传统文明或文化进行碰撞、渗透和交互的过程中不断地改进自身,例如创建民族国家主权原则的威斯特伐利亚体系,完善基本的人权等法案。

现代文明在世界的扩散是分阶段地由局部而逐渐整体进行的:首先是在欧美和日本,其次是在殖民地半殖民地世界,最后波及全球。在这个世界历史的进程中也出现这样的结果,东方民族独立自强的意识开始觉醒,经过艰辛的反传统主义、反帝国殖民主义,也走上了现代民族国家的道路。具体表现为殖民体系的崩解、中心国家势力的分散、第三世界的兴起和世界财富分配相对均匀化的倾向,或者从国际政治格局角度看,表现为由英国或欧洲独霸到美苏争霸,再到可能出现的五极乃至更多极世界的演进——这是在世界范围内全面贯彻现代文明基本价值观念的一个逻辑结果。

有人把现代文明史描述为一个"否定之否定"的发展过程,是对前现代世界各文明区域之间相对平等状态的一种终结,随即也开启了全世界源于多个传统文明的各民族之间的某种新的平等关系的发展,但这种平等不同于原来的文明体相互之间的平等,而是一种更高层次上的平等,深入更细节的文明内部的政治、经济、文化与宗教信仰,乃至一些具体的政治规定性如自由、人权、民主等核心观念的广泛传播。这些核心观念也正是现代世界文明得以成立的基本根据。也就是说,虽然我们可能民族与种族、性别、地理、文化传统与宗教信仰不同,但我们拥有一套共同的基本原则与生活方式。

这段历史发展内容十分丰富,而且越来越复杂,学界也常把这五百年的现代世界文明的历程划分为早期即近代(1500～1815年)、现代(19世纪～20世纪)。如果再细划分,早期即近代包括两个阶段:西方的兴起(1500～1650年)与现代文明的诞生(1650～1815年)。[①] 在前一阶段,主导线索是在商业精神与各种因素作用下,西欧远洋探险,从而带动了全社会的巨大变革,并突破多个传统文明相对平衡的多元世界格局。当然,各种因素需要在层次框架下才能看得更清楚,文艺复兴、宗教改革、早期商业资本主义的发展、封建社会的发展等形成多层次社会的内部互动。民

---

① 参见拉尔夫等:《世界文明史》下卷,赵丰等译,商务印书馆,1999年。这里的时间节点并非精确固定,例如,如果考虑到英国工业革命、法国大革命与美国革命都在18世纪中后期,那么采用1800年也是一个选择。另外,19、20世纪的现代史也有被再划分为两段的,并以1914年、1917年或简单地以1900年为节点的。

族国家之间的关系也随着发生了变化,从而开始了世界殖民。

现代文明的诞生绝不只是一个时间概念,而有包含现代文明的所有核心要素在每个当今生活世界多重层次的萌芽。最重要的是科学、工业经济和现代政治等三个伟大层次上实现了革命的突破,为现代世界奠定了三大价值基石——延续文艺复兴传统的结果诞生了科学化(或曰理性化,这是基础之基础)、现代化的工业生产与社会化大分工的重组和民主政治(当然,民主政治的现代道路非常艰辛,绝非一蹴而就)。文明在三大层次上向世界各地传播并逐渐取代各地传统的文明形态。而率先开展三大革命的英国在其强大的经济、政治与军事实力下进行殖民扩张,在1815年基本确立世界霸主地位,成为史无前例的"日不落帝国",其他先进国家,包括法、德、意、西、葡、美等国也开始扩张,从而大幅度地拓展了世界性商贸流通驱动的交往网络。

对于现代阶段,有人以"一战""二战"或20世纪60年代为节点将其划分为现代与后现代两个阶段。[①] 虽然具体界线不那么清晰,也没有明确界定的意义需要,但现代阶段基本是现代文明的全球传播与扩散、改良,包括现代文明诸观念与原则在世界局部地区的扩散与改良、在全球的扩散与改良。在政治、经济、文化与宗教传统等不同的层次上激起不同的反应,文明的相互碰撞与冲突反过来也改良了世界文明的观念与实践。由于现代文明的世界化扩张与传播的历程并非一帆风顺,学界也常将它分为前期局部化与后期全球化两个历史阶段。先是局部性的,直到西方世界普遍完成现代化的经济工业化(第一次工业革命成果)、政治民主化、社会组织的城镇化,理性主义精神在其区域内被普遍接受,从而在"西方文明中心"这个区域内部形成了巩固的现代生活方式,并拥有强大的军事力量与各方面的实力,从而展开向全球推广与传播现代文明的进程。

因为层次之间的关系是复杂的,每个层次的逻辑有地理、历史文化等民族性特征,因而在各地表现不同,例如英国几乎在所有层次的逻辑上都走在前列;而德国则在哲学、思想观念上走在历史前列,但在经济与工业化、政治制度与社会结构方面都显著落后于英法;法国具有强烈的社会主义政治解放的革命冲动,对专制的深恶痛绝也直接影响到后起的美国,西

---

① "后现代"与"现代"之间的时间划分说法不一:有以第一次世界大战结束为节点,也有以第二次世界大战结束为节点,还有以20世纪五六十年代为分界线的。"后现代"与"现代"之间本来在时间上很难有明确的划分,因为在政治、经济、哲学等不同的层次上划分的界线与意义都不相同。这也恰恰说明,历史发展越来越呈现出复杂的层次运动差异性及其相间的作用关系,这让外显的世界意义表现出丰富多彩的内容。

班牙、葡萄牙虽最早进入航海时代,但因文化与政治传统而深陷文明旋涡。

总之,各地表现出不同的节奏,而且还有快速的工业化所带来的早期资本主义的自由竞争下的社会阶层、阶级分化与冲突,无产阶级的运动不断兴起。这对于现代文明中心的西欧作为一个整体来说是十分重要的,因为单一的英、法的规模还不足够,因此需要西欧作为整体的文明实体的强大实力为基础。巧合的是,当西欧作为文明实体的一个整体通过内部各种层次上的改良而得到了巩固,第二次工业革命随之而来,科技的快速发展进一步促进了经济层次的活跃,进而渗透到政治与军事等各层次,现代文明的扩散与改良进一步在全球范围内展开,引起了国际政治格局的重大变动,但同时也引起东方国家的民族觉醒。具体表现为:资本主义世界体系的中心国家在共产主义(其实是社会主义)和法西斯主义的双重威胁面前进行局部调整,进一步提高了内部的民主化程度;宗主国的资本输出和文化输出,以及俄国十月革命的影响,启发了殖民地半殖民地人民的民族自强意识,从而推动了亚非拉各国民族民主革命与改革的蓬勃发展。

后现代社会,则是"二战"之后现代文明世界版图的新平衡阶段。首先是现代文明在世界范围内经过前面的阶段从局部到全球的"扫雷"而高歌猛进。节奏变得更加顺畅,间或有反复与曲折,也仅表现在传统文明习俗十分顽强的边缘地带,或者王权主义传统强烈的某些地区的政治层次的现代化曲折。当然印度的种姓制度之类的传统恶习(在其特定的社会历史条件下是合理的,但随着历史发展而逐渐变成一种恶习),由于文化教育、社会资源的匮乏尚有更多的时日。现代文明的诸原则,及其显著的相互融合性与外显的优越效果,得到越来越多地球人的普遍认同。曾经的"西欧"中心与其他世界的"边缘"格局发生了变化,例如,在科技与经济方面,从西欧中心到向美国、日本的迁移。殖民体系一去不复返,第三世界逐渐发展起来,局部地区与"亚洲四小龙"、中国的经济崛起,国际政局在把握相应的变化上缺乏把握能力,新平衡仍处于动荡之中。现代文明在大规模造福人类社会的同时,也产生了许多令人焦虑的新问题,如核毁灭的威胁、地球村的生态环境破坏、种族冲突加剧和贫富差距扩大,等等。现代文明一方面受益于科学技术,另一方面也受限于其引发的种种问题,如技术滥用、AI 的潜在危胁,这些都是历史发展中的内在问题,但外显出来却成为整体文明与人类每个人的困惑。文明发展的逻辑进入细化的粒度与微观层次,也可能表现为全世界的"今日头条"。

甚至有人根据科技革命对全球化的重大作用而把 20 世纪 80 年代网

络信息化作为全球化发展的一个历史性节点。此外,各种依据不同方面的重大革命性事件为标准的次级层次的划分就更多了,例如2023年ChatGPT的横空出世标志智能革命时代的来临。随着新一轮科学技术的革命性突破事件的不断来临,如高温超导、核聚变、脑科学研究、DNA工程、纳米新材料等,每一个都将对人类文明历史的社会生产、生活方式与人们交往方式形成革命性的重塑,从这个意义上来说,它们的确都将是一个新的世界历史的开端。然而,世界历史对于人的原初意义不变——每个人自由而全面的发展、人类社会的普遍交往的实现、生存方式在各个层次上的理性化与整体的合理化。

从层次的辩证运动来看,现代文明的历程就是政治、经济、科技、文化等层次之间,因各层次逻辑演化的不一致性而导致的层次摩擦、适应与克服的过程。"层次摩擦"是对层次之间异步性导致相互矛盾的形象说法,其实是层次之间的冲突,即层次之间的逻辑不协调性,外显为层次逻辑的历史断裂。例如,政治革命、经济生产的工业化新形态、科技革命、文化变革与改良,社会组织的变迁。其效果在外显的方面,如政治、军事、经济,表现为现代先行的强势文明实体(西欧列强)对后发的弱势文明实体(亚非拉世界)的帝国主义掠夺、殖民与权力输出。因为层次及其逻辑因层次的不同界定而明显不同,层次的演化与逻辑也有不同的轨迹与节奏,有的节奏符合这个层次本身的内在品质与规定性,有的则不符合。例如现代年轻人对新传媒与城市快生活节奏已经适应,老一代人则明显不同,又如美洲的印第安民族、中国一些边远山区少数民族对现代商业文明的冲击表现出明显的拒斥。因而,历史断裂所造成的不平滑带来人与社会在心理、精神方面极大的振荡,由此而引起的苦难通常由国家与身处摩擦中的人民大众来承担。

首先,以现代文明成熟的三大革命成果与社会生活中的四大层次的结构来描述。其一,政治革命是最为激烈而显著的层次活动,在几百年乃至几千年的传统历史中,到处都是明目张胆的等级划分,而法国大革命让三个等级的制度一去不复返。这是现代文明最显著区别于古代、古典文明形态的历史新标记:人人生而平等,自由、民主成为基本的政治理念,现在,连种族、性别歧视也成为历史了。政治这个被亚里士多德称为人第一实践的活动,现在逐渐从王权退却为有限度参与调节的市场经济社会的守夜人,这是对现代政治基本完成其历史使命而转向理性政治的管理与治理方向的最好注释。政治逻辑越表现出退隐,对强权力的使用越谨慎、越淡化,现代社会的经济、科技,尤其文化层次展开的自由而普遍交往的空间就越大,就越接近每个人自由而全面发展的理想。其二,科学技术革命产生了两个显见的效果:一是直接提升了社会生产力,这已经得到现代经济学的解释了,而且成为第一生产力,带来社会物质生产的几何级数的增长;[1]二是它承载、体现与传播的科学理性主义精神随着其生产、产品而波及世界,直接改变了人们的生产方式与生活方式的物质基础层次的逻辑,并以自我验证的表现向世界传播理性主义的价值。这从当前世界各地普遍的教育内容中的科学因素可见一斑。无论多么坚固的宗教信仰或者王权主义的政治迷信,都会受到科技理性的全方位渗透与侵蚀,通过改变年轻一代的精神与信仰而让世界最终完全走出古老文明保守主义传统的各种残余。其三,经济革命让市场经济与现代职业精神成为一种基本的社会生活方式与交往场域,不仅是经济交换,而且是个人才干与能量的交换,现代社会对工作日与周末、职业与业余生活的结构性方式的设置也提供了一种社会人际关系与社会能量与资源的中介空间。经济革命与科技革命有效的结合形成了多重层次的复合社会效应,成为最强大的现代化主要层次的逻辑形式,衍生出现代社会绝大多数的社会产品、扩展着现代人的生活空间。它们联合起来让传统的王权政治自惭形秽而逐渐退出历史的舞台。当然,在一定历史时段或与现代社会存在文明差序性的地理空域,如有独特传统文化与历史的亚非拉地区,仍有政治必要而合理的存在空间。其四,现代历史进程中,文化层次的逻辑以平静的温情抚平所有政治革命的火与血,展现出最宽宏的胸襟包容各种经济危机的社会伤痕,文化还赋予科学技术以社会意识形态的支撑,抹平每个层次内在的断裂与层次之间的冲突,让它们得到理解,因而,文化层次具有越来越大的包容性、多元化与多样性。文化层次是最有历史底蕴的人类建构,是最底层的文明历史的积淀,也是人类面对不确定的未来的最后底气。在微观的历史研究中,最不可忽视的是文化与其他层次之间的相互作用。

  其次,以文明体系、国家为单位看,也存在内部的层次辩证发展的历程。例如,西方的兴起是地理格局的外在表现,但内在文明因素是世界普遍交往的开始,从地理可能性的建立到商业流通,军事层面上的强势建立,军事对脆弱政治壁垒的冲击,反过来导致商业、经济的发展,经济发展导致资产阶级的兴起,对内政的传统君主制度的冲击,导致资产阶级革命,进而

---

[1] 据联合国数据,2022年世界从事第一产业的人口占全球劳动力比例约1/4,比2000年减少了16%,而经济价值增长了78%;发达的美国直接的农业从业人口约22万人,在就业人口中占比小于1%。

促进经济发展,社会分工与科技的不断改进,最终导致工业革命、科学革命、政治革命。源于古希腊的理性主义精神在科学技术、商业活动、政治革命中得以延续,并以历史上最伟大的现代文明呈现出来。而对其他如中华文明、伊斯兰文明或印度文明体系来说,则有更复杂的内部层次性变迁与更多痛苦的经验,如革命浪潮、君主专制制度的崩溃、信仰危机、传统宗教走向宽容、政教的分离等。不过,它们以各自不同的方式对现代文明给予了响应,表现在从不同的层次上不同的响应程度,例如对科学技术与经济工业化生产方式,几乎是顺从性的,而在政治、文化的层次上则表现出不同的态度与结果,例如来自西方现代文明的马克思主义基本原理与中国具体实际相结合,同中华优秀传统文化相结合,这就是中国式现代化的特色道路,其历程与经验丰富了现代世界文明。

最后,以各种不同的次级层次、重要因素来进行的现代文明叙述。每个层次或历史要素都有自己的逻辑与演变的历史规律。但都是现代世界文明中的一个层次、一条线索,或一朵浪花。

第二节　历史编纂的层次

历史编纂的核心问题是:它所编纂的关于过去的知识何以可能?因为人们无法观看或体验被编纂的过去的历史事件。柯林武德指出,历史编纂"……是一门研究无法直接观察的事件的科学,并且是推论性地研究那些事件,即借由能够获得观察的事件进行讨论,正是这些被称为事件'证据'的东西才是历史学家所感兴趣的"[1]。因此,历史编纂所断言的事情与其支持的证据之间是否构成内洽的合乎逻辑的关系,才是历史编纂理论的本质层次。对此,英国牛津大学教授斯蒂芬·布尔特撇开单纯认识论的方案,提出比认识论更深的本质层次,"历史编纂知识的难题并非来自历史事件的不可观察性,也不是有关证据与断言之间推理连结的争议,根本性的问题在于任何被当作知识的断言必须是真的,而真本身需要一个成真项。历史实体和事件没有一个明显的断言成真项。所以历史编纂知识的可能性首先面临的是形而上学的而不是认识论的挑战"[2]。这是将历史编纂的

---

[1] A. Tucker, *Our Knowledge of the Past* (Cambridge: Cambridge University Press, 2004), p.17.
[2] 斯蒂芬·布尔特:《论历史编纂的可能性》,张骏等译,《天津社会科学》2021年第6期。

文本当作历史知识,而对这些知识之为知识的前提条件进行哲学的追求。虽然就如自然科学知识的情况一样,历史知识的可见或亲自体验并不是知识成真的必要条件,但是,判断为真需要论证成真这样一个环节,可历史编纂的振振有词却缺乏科学那样的环节。

但这个问题的提法对历史编纂作为历史科学的一个环节提出了太严格的准则,因为历史科学还有哲学的辩护,就如马克思对认知真理的批判而转向实践哲学的真理一样,历史编纂本身作为一个历史实践,就已经超越了纯粹的、自然般的那种客观真理性,而以历史诠释的方式来自我辩护,这是人的生存、实践所特有的品质,特例的虚假编纂案例除外。换言之,历史编纂的真理性在于历史学术共同体乃至人类社会自身作为人类实践主体的实践性,这是高于认识论的科学性的,是人本身的本质层次。当然,不能用这种现代的观念来苛求古代人的朴素历史编纂观念,他们的观念变迁的过程却可以被视为这种靠近历史哲学的自觉过程,并反过来现实地与其历史编纂的具体实践相结合。

一、传统历史编纂模式与层次性

中国是世界上历史记载最丰富的国家,有绵延几千年的官方主导修史的制度传统,意识形态上的大一统观念表现在历史编纂上形成了对通史与全史的追求,因而留下了种种不同形式的政治活动的历史档案。出于强烈的政治动机,人们编史时试图探寻王朝兴衰的规律来为本王朝国祚续命。而西方历史编纂基本是个人行为,意在探寻人性的善恶与历史之关系,观念与方法上更关注事件连贯的因果关系。所以,在历史编纂的观念、方法等层次上中西传统有明显的差异。这里主要以西方历史编纂与中国历史编纂为主要内容进行叙述。

（一）西方历史编纂的变迁

古代史基本为政治和军事史,且为大人物所统治,社会经济与普通人遭到忽视。16世纪马基雅维利的名著《论李维》被普遍当作一部政治思想史名著而非历史著作。它主要叙述罗马共和国的制度建设和内外政策,特别是罗马统治阶级稳定国家和建立帝国的方略,即属于国家层面的政治和政策,而经济、社会文化与家庭生活等都根据国家的需要而定,甚至宗教也隶属于政治话语的叙述之中。这种以政治与军事为主线,为伟大人物活动为中心的历史叙述,直到19世纪才改变。严格意义上的历史科学在19世纪时才成型,随着历史研究走向专业化,这个科学化过程的某些早期特征在近代早期关于历史自身之性质的争论中就已经初具雏形,并经特定途径渗透到后世的历史观念之中。

其背后的逻辑就是层次性的渗透,是科学理性精神对历史观念的影响与渗透。历史研究关注资料文献与处理方法,人文地理的空间观念随着布罗代尔的影响而推广开来,曾经专属古代社会上层精英的政治军事的叙事,被广大劳动人民的社会经济活动所替代,显然也受到了历史唯物主义的影响。一些古代史指南书籍也是把证据部分当作第一位,而第二部分可以视为对第一部分的深化和具体运用,分别讨论了政治史、经济社会史、族群与文化、人口与历史人口学、妇女史、环境史以及对神话的解释等,尽可能为读者提供古代史相关研究领域的进展、理论和方法,以及在此过程中如何解读、使用资料的问题。[①] 这显示了层次分化的走向,从一条主线索主导的政治层次的历史中衍生出经济、文化与人口、环境等不同的层次。而且,远离政治暴力走向世俗人家日常社会的社会内部细微之处,恰恰是对古代王权的一种消解,配合了后现代主义带来的日常生活的转向。

另一方面,西方延续两千多年的"修辞式的历史观念"(rhetorical idea of history)逐渐衰落,并使作为严格知识和方法的历史观念得以兴起。[②] 维柯结合传统历史观念的人性原则与近代兴起的科学精神,剔除传统观念的神学色彩。康德通过对理性的分析进一步为理性精神提供了现代解释,并提出自由意志的理性主义的历史想象。黑格尔提出一种绝对精神自我保证的客观主义的历史观念,为其历史哲学提供了叙述逻辑。实证主义史学将自然科学的客观性运用到历史编纂中,一方面让一定限度内的历史编纂有了客观的科学精神依据,另一方面丧失了传统历史编纂的人文特性,在更高层次上表现为一种简单而片面的记事本,让历史学家的主体性得不到现实的反映或者被忽视掉了。

兰克是客观主义历史编纂的代表;与之相反,柯林武德更强调观念的重要性,"一切历史都是思想史",因为历史学家、历史编纂都是史学家思想的产物,这些思想都主动参与了历史编纂的实践。历史叙事主义用放大镜把历史编纂中的文本书写环节进行细致考察,揭示了其中文学笔法的重要特征,直接影响到历史的所谓客观性。沃尔什在综合考虑各种理论的基础上,提出视域融合论与配景理论。在伽达默尔的历史诠释学看来,历史认识与编纂是史家主体与各种史实客体与历史语境等前提相

[①] 晏绍祥:《古典历史的基础:从国之大事到普通百姓的生活》,《历史研究》2012 年第 2 期。

[②] Amos Funkenstein, *Theology and the Scientific Imagination from the Middle Ages to the Seventeenth Century* (Princeton, 1986), p.206 – 209.

互作用的一个解释过程,所谓主客的分别没有实际意义,史学要做的是在多元视域的融合中提升对客观性的深度认识。

海登·怀特和弗兰克·安克斯密特均尝试提出历史编纂的表现主义解释。叙事主义者认为历史著作包含综合性论题或"叙事",因而不认可传统的表现复制论,而历史哲学的核心任务是提供对历史实在的解释。这本身就包括了历史编纂与历史哲学的层次性分工,即各司其职。21世纪的古代史写作,大多将政治史排挤到相对次要的地位,普通人及其日常生活成为主要内容,其笔下的古代世界,着重古希腊罗马公民的社会生活以及影响公民生活的诸种政治和经济因素。古代史研究的主题变换与研究转型,既与学者们对史料的认识以及对社会科学方法的借鉴有内在联系,也与西方史学注重公民活动的传统相关。此外,叙述主义历史理论在语言转向之后又迎来所谓的"事件转向":反对结构主义文本理论,而强调历史叙述中生成与变化的不稳定性,这是后现代主义史学观向事件层次深入发展的一种延续。

(二) 中国历史编纂的历史与现代转型

中国有重视历史的文化传统,传统的历史编纂非常丰富,就如梁启超所说,"中国于各种学问中,惟史学为最发达;史学在世界各国中,惟中国为最发达"①。在历史编纂方面,中国传统历史编纂比西方更有优长与特色。中国传统历史编纂的基本体裁形式多样,一是以年代为中心的编年体,如《春秋》《左传》等,特点是历时性与共时性。二是以人物为中心的纪传体,如《史记》《汉书》等。三是以事件为中心的纪事本末体,如《通鉴纪事本末》记录了308件事。四是以制度为中心的典志体,如唐杜佑《通典》、宋元马端临《文献通考》。此外,经纬的变动、叙述体裁的多样化,有纲目体,如朱熹《资治通鉴纲目》;有学案体,如黄宗羲《明儒学案》;有传记体,还有方志。

中国史学名著的出色成就与史家编纂思想的独创性、合理性密切相关,包括史家对客观历史进程的理解,史家所要强调和凸显的最有价值的东西,史家如何根据其确定的编纂思想来进行史著的记述议论和组织安排等。② 被金景芳誉为"中国有史以来的第一部信史"的《尚书》,蕴涵了中国传统历史编纂学的诸多特质,并预示着未来的演进方向,建构着中国古代

---

① 梁启超:《中国历史研究法》,载《饮冰室合集之七十三》,中华书局,1989年,第9页。
② 陈其泰:《编纂思想:推进中国历史编纂学研究的关键环节》,《河北学刊》2010年第5期。

文明延绵几千年的历史意识;以生动的史实反映了自殷商至西周初年,从"迷信天命"到"以史为鉴"、以民心为鉴、得民心才能"得天命"的巨大认识变化;创立以"记言"为主的史书编纂形式。司马迁的历史编纂思想是"通古今之变,究天人之际,成一家之言",把先秦时期仍处于比较朴素、粗糙阶段的历史编纂提升到宏大体系的高度成熟的程度。总之,客观与主观、天命与人事、直书与曲笔、实录与名教等构成了中国古代历史编纂学的基本特质。

中国传统史学论史书编撰,最早做出系统的理论阐发者当属南朝史评家刘勰,《文心雕龙·史传》①既是中国传统史学理论第一专篇,也是系统论述史书编撰体裁的第一个。《史传》篇通过讲述传统史体的发展过程,对历代史书体裁作了评论。刘勰将编年体从周初初创,到孔子赋予史义,再到左丘明"原始要终"推究史事的全过程作了叙述。受其影响,刘知幾在《史通》论史书编纂体裁提出"六家二体"说,基本上反映了唐代之前中国史学的主要流派与史书体裁;他对于史书编撰的发展与变化,提出魏晋南北朝时期出现了"十流",还对"二体"进行了优劣评论,肯定编年纪事只要是"同年共世"之事,都可以"备载其事",对于国政则不合适。胡应麟《史书占毕》论史书编纂体裁,认为先秦汉魏史书编撰呈"历阶而下"趋势。史学大家章学诚自觉继承自孔子、司马迁以来形成的优良传统,同时重视革新创造。以"史义"为指导,纵贯分析三千年史学的演变。他认为纪传体本是三代以后之良法,司马迁发凡起例,具有卓见绝识,纪、表、书、传互相配合,足以"范围千古、牢笼百家"①,具有很大的包容量。《新唐书》之后的修史者墨守成规,局限于史例。历史事件和趋势本来复杂,而到了正史编纂的末流,修史者难以驾驭,官修制度更严重地限制了史家表达独到见识,所以后来的"本纪"部分便失去了如《史记》中的纲领作用,大力彰显纪事本末体在历史编纂的独特作用。②

到近现代,传统历史编纂学遭到西学东渐传入的章节体与分时段概念的影响,魏源将史论体例、纪事本末体结合着时代思潮,在《海国图志》中体现出志、史论、图表结合的撰写世界历史地理的一种新综合体裁。梁启超所撰写的《中国历史研究法》及补编对历史编纂学的基本理论作了初步的阐述,梁启超的"新史学"通过对中国传统历史编纂体现的批判,援引西方

---

① 章学诚:《申郑》,《文史通义新编新注》,章学诚、仓修良编注,商务印书馆,2017年,第250页。
② 汪高鑫:《中国传统历史编纂学的发展路径——以史书编纂体裁为中心的考察》,《河北学刊》2021年第5期。

史学方法,重建了中国历史编纂学,同时进行历史实践,在中国历史编纂学的近代转型过程中承上启下,确立了20世纪中国历史编纂学的基本走向,影响深远。白寿彝1961年在《谈史学遗产》中从理论上阐述了研究史学遗产的重要性及研究史学遗产的方法,并将历史编纂学遗产比喻为一个"花圃"。总之,中国历史编纂经过传统向现代的转型,实现了叙述结构的变动以及20世纪初新史学结构的更新。梁启超的"原拟中国通史目录"表现出新编通史的编纂特点:进步史观、全史分历史阶段、关注社会下层生活、采用章节体的新文体。此外还有钱穆《国史大纲》、吕思勉《中国通史》、翦伯赞《中国史纲要》,以及一些新型断代史。

二、世界历史的编纂模式与层次性

人类文明发展到今天,已经成为现实的世界历史。世界史或全球史①,显然不是世界上所有国家历史的简单之和,而是对世界如何成为当下世界的历程的研究,包括最基本的几个问题:世界是什么?世界如何来?世界走向哪里?在历史观念里,核心是把全球化理解为某种整体性的文明历史进程,由于复杂的内部结构因而把握为多层次的逻辑线索而展开的历程。

把整个世界当作类似国家那样的对象进行严肃的历史学术研究,在史学家看来显然不现实。世界太大,材料太多,创新性研究与书写的门槛也随之提高,要如研究与书写国别史那样来对待世界史,把世界当作一个真实而具体的研究对象的确很难,而且从学科研究的制度性安排来看要达到国别史研究的细节,需要更多的前期准备。因而,当下更多的是把世界史或全球史当作一种方法论意义上的概念,偏向形而上学的宏大叙事的结构性描述或者诸如《棉花帝国》这样的后现代主义的微观全球史,从方法论来说,全球史的叙述为普遍性的历史规律探究走入死胡同提供了新的历史研究的新途径;或者如"科技史""经济史""思想文化史"之类的层次性专题的全域研究,而非"美国史""中国史"那样的地域性实体的范畴。因此,从如上世界史的角度更能清楚地表明人类文明历史的多层进程,国家相互之间

---

① 这里由于不是专门的相关研究因而不做严格区分。世界史有囊括世界所有民族国家的含义,也称跨国史,而全球史从字面上说,就是把世界当作一个整体来看,并指向全球化的历史研究,但是,两者都关涉不同国家或文明之间的日渐增强的相互交流、联系与一体化的进程。此外,还有新全球史的概念,专指"二战"之后的全球化进程,预设出现了某种超乎寻常的时空压缩,因而强烈地呼吁一种空前的全球意识,例如生态意识与全球灾难等。(参见布鲁斯·马兹利什:《世界史、全球史和新全球史》,《全球史评论》第2辑,刘新成编,中国社会科学出版社,2009年。)

的横向关系固然重要,也是世界史的具体对象与个体,但因数量众多显得杂乱,要条分缕析或者分别归类分析,①恐怕还得先从更高层次的宏观结构来把握,没有这个更高层次的多层进程的世界整体结构性的历史勾勒,对更细化的个体国家相互关系的历史变迁进行理解将是盲目的。

在多重层次的历史进程的世界历史研究中,存在一个普遍的认知。虽然这个世界只有一个历史,人们也接受一种统一的全球经济史、科技史的概念,也基本可以解释社会史的概念,却很难接受统一的政治史概念,对于思想文化的历史则更是众说纷纭,基于不同的立场大多有相对主义的基本倾向。因为近现代五百年的世界现代化历程源于西欧,并被欧美等西方世界所主导,所以很容易产生的一个现象是欧洲中心主义,这一点在近些年非常显著地凸显出来,区分了披着世界史外衣的欧洲中心主义或者基于狭隘民族国家的传统历史视野。真正的世界史则涵盖包括近现代欧洲与所有亚非拉各地社会形态的时空演化的历程,而且在具体的研究中还需跨学科的宽阔视域。

层次性本身的数量与质量哪怕在近现代的全球化历程中也出现了巨大的变化,也使得这个历史进程中的时空特征发生了重大变化,因此,有人把近现代的真正世界历史的进程划分为15世纪~18世纪的早期近代资本主义的萌芽与扩张、18世纪至"二战"的世界现代化,以及"二战"之后的当代全球化时代,这样的阶段性划分表征了作为世界历史整体的内部层次特征的显著变化,甚至"断裂性"的突变。当前方兴未艾的第三次乃至新一轮智能革命的脚步声,正在引发全球化时代更剧烈的时空压缩与新时空结构的开启,各种细致的线条如炸裂的烟花一样分散开来,更需要层次性的结构来规范理解,以保持历史意义的完整。

在全球化背景下,世界随着经济、科技与社会文化交往的不断推进,日益成为一个紧密联系的整体,世界史研究也成为学术界广受关注的重点和热点研究领域。人类文明的进程是在五千年的时空中发生的总体性事件,而非狭隘的某个局部区域的特产,即便其缘起于某地,也存在地理空间的迁徙。约翰·伯里认为,西方文明的源头无法到凯尔特人和日耳曼人的蛮荒森林中去发现,只能到埃及和西亚文明中寻求。西方史学界从宏观、横向联系和整体化的角度来研究世界历史的理论和实践,例如,斯塔夫里阿

---

① 例如,汤因比在《历史研究》中按文明类型把世界历史分为23种(后来又改为26种)文明的兴衰历史及其相互之间的影响与作用。布罗代尔《文明与资本主义三部曲》中所列举的76种"文明""文化"和原始民族,按照主要经济类型也被归纳为四种:游猎与采集型、畜牧与田园型、手工耕作型、耕犁简单机械型。

诺斯20世纪60年代出版的《全球通史》中提出,世界历史并不是世界上各种文明的简单之和,而是那些具有世界性影响的运动,"在很大程度上也就是人类的活动范围如何从当地扩展到地区、扩展到各地区之间,进而扩展到全球、扩展到星际的历史"①。其根据的是现代化历史观。

在目前学界代表性的世界通史的历史写作中,麦克尼尔1963年的《西方的兴起——人类共同体史》是典型西欧中心论的代表。它把世界历史的发展表述为欧美文明的胜利;不过,抛开"西方中心论"这个观念层次之外,聚焦于各文明、文化之间的相互交流、相互作用,外化为高技术高文明从发达地区向落后地区的传播的历史表现,这却是一种更为深刻的历史观念,因为从历史外在表现向历史发展动力的层次深入,更能把握历史的本质。有趣的是,麦克尼尔后来对其西欧中心论进行了自我批评,"反映第二次世界大战后美国的帝国情绪,它的范围和观念是一种知识性的帝国主义形态(虽然作者并不意识到这一点),而20世纪60年代它的畅销也和社会上的这种帝国情绪有关"②。此外,他还修改了古代世界史观为一种世界体系中心的迁移运动,包括中国曾经在10世纪～16世纪的中心地位。苏联的多卷本《世界通史》,以唯物史观为指导按照标准的五种社会生产方式,即原始社会、奴隶社会、封建社会、资本主义社会、社会主义社会或共产主义社会的顺序,把世界各地区国家从古到今进行编排。但五种生产方式与社会形态的历史规律性表述与越来越具体的历史材料有显著的差异,学界也认识到这种历史观念与历史事实材料之间存在的普遍与特殊之间的层次性冲突。

中国世界史学家吴于廑在坚持马克思世界历史理论的指导下,突破"欧洲中心论"单一书写模式和弊端,将全球文明进程看成相互联系和相互影响的整体,在回答重大理论和现实问题方面做出了重要贡献。第一,"从分散走向整体"的世界历史观念盛行,推动了马克思主义历史理论的发展,帮助人们进一步认识马克思的世界历史观,特别是横向联系的发展及其重要作用。第二,"一元多线的现代化"理论得到重视,推动了马克思主义唯物史观的发展,帮助人们突破"欧洲中心论"。第三,在上述理论突破的基础上,世界史学科从微观角度不断形塑世界历史发展的整体化与多样性的基本特征,既从大量个案助力国家重大战略的推进,又从整体上提出了若干人类社会面临的重大生存问题。③

---

① 〔美〕斯塔夫里阿诺斯:《全球通史》上卷,上海社会科学院出版社,1999年,第56、53页。
② 马克垚:《编写世界史的困境》,《全球史评论》第1辑,2008年。
③ 张杰:《从全球视野推进世界史研究》,《中国社会科学报》2019年7月5日。

对于世界通史的研究与编撰,形式上按照历史线索分段,因为作为世界历史的全球特征在不同时段表现出本质性的差别。以历时性的时间线索来描述世界的历史,大体划分为传统古代历史与15世纪之后的近现代真正世界历史。当然,两者之间的联系是以一种深层的历史整体观为背景的,它们之间在同样的层次上能够建立相对独立的层次逻辑,从而在时间上建立有机的关联,保持历史发展的逻辑线索的完整性。而且,任何新的考古发现都不仅可以影响乃至重写古代史,而且古代史的研究意义对当代、对世界历史整体而言也是十分密切的。美国斯坦福大学的沃尔特·塞德尔(Walter Scheidel)教授在《古代世界的比较研究:过去、具有通史精神,因为西汉时期的文明史是中国现在和未来》一文中指出,古史比较的价值在于把历史发展的一般特征同文化发展的具体特点区分开来,使我们能够对特定历史发展结果起到关键作用的变量做出判定,对某种特定的制度在一种结构相似的体制背景下进行评估。① 这也是通史区别于断代史的更有深刻层次的历史逻辑所在,也是建立历史整体解释与预测的必要模型条件。而且,有了资本主义开辟的真正世界历史的经验与观念,回望之前同处一个世界的古代世界历史,我们更有一种超越农耕文明优越性的世界历史观来审视完整形态之前的历史片段,游牧文明更像是农耕文明的一面镜子,反照出农耕文明自身的局限性,例如古希腊对政治现实、科技生产力的认知与反思仍有缺失;而与资本主义共存于世的社会主义也反映出资本主义的内在局限,如生产力与生产关系之间的层次冲突、社会阶层固化、国内国际矛盾等。

有趣的特例如刘家和指出的,中国古代史学在"政治上分段文明却是连续的,这就是中国古代史学连续性存在的具体方式。古代中国在文明史层面上未曾发生断裂,在史学史层面上同样未曾发生断裂,原因就在于通史精神传统的确立"②。虽然看似断代史,却是根据政治层次的逻辑来评判与叙述王朝更替,在更宏大和深层的文化、文明的思想观念的层次上并不是断裂或更替,而是前后相互关联一致的。因而,中国古代史有默认的、"微言大义"的文本外的大历史语境层次,这是中国历史写作的层次性特征。然而,由于没有把这个潜在层次显明地纳入写作之中,因而也就缺乏基于这个重要的思想文化深层的反思,或者反思本身缺乏深刻的层次逻辑而显得浅陋。

---

① 杨巨平、叶民:《古代文明的碰撞、交流与比较》,《世界历史》2013年第2期。
② 同前。

西方著名史学家阿克顿的历史观秉承西方现代自由、民主的核心思想观念,与中国学者吴于廑基于历史唯物主义侧重社会物质生产活动的世界历史解释形成层次性互补。阿克顿认为,人类不断追求自由是文明历史的主要线索,而自由的表达场是宗教,自由不仅伴随宗教在古代世界的缘起过程,而且也是贯穿现代世界历史的政治层次的核心逻辑,基督教里具有的主权在民的反专制的人权思想在今天一些政治逻辑停留于前现代的地域仍是振聋发聩。阿克顿甚至把宗教中的自由思想视为近代欧美政治革命的深层根源。① 然而,阿克顿的宗教自由观并没有受到柯林武德等当代主流历史哲学界的关注,深受启蒙运动影响的近代历史编纂学囿于时代精神,在经过后现代主义洗礼的当代历史观面前显露出理论层次的深度不足。沃尔什则批评阿克顿的名言"一切权力都使人腐化,绝对权力则使人绝对腐化"是一种道德训言,在指导历史叙述时变成了一种普遍真理的空洞形式,② 从层次思维的角度看,这是把道德判断错位地运用到历史判断上来,忽视了道德价值与历史价值的本质区别及其不同层次的内在逻辑,用某种道德标准来叙述历史,浅化了复杂历史的层次深度,消解了历史本身的生命性与开放性本质。

如果说阿克顿历史叙述有黑格尔自由观的历史观念,那么,中国学者吴于廑的世界通史概念为"对人类历史自原始、孤立、分散的人群发展为全世界成一密切联系整体的过程进行系统阐述"③。他的历史叙述中的游牧-农耕范式,则是深受历史唯物主义影响的史学观,在方法论上与全球史观是一个层面上的理论,是比作为历史哲学的唯物史观更具象的一个理论层次。他在其编纂的《世界通史》教材中展示了宏大的人类文明历史的进程:在近五千年的传统古代文明历史中,如果说农耕文明的国家内部的矛盾表现为阶级之间的冲突,并且在天灾人祸面前分崩离析,那么,直到15世纪之前的数千年的世界历史的主要线索是农耕文明与游牧世界之间的暴力冲突。

这个冲突表现不是同一文明世界之内的,而是在地理空间、文明等级与社会形态等多方面的不同世界之间的,或者说,两者几乎不在文明的同一层次。可是,两者直接而现实地面对面地存在于数千年从东到西的漫长的欧亚大陆的南北之界上——这里既有人为的长城,也有无形的山川河流

---

① 〔英〕阿克顿:《自由与权力》,侯健、范亚峰译,译林出版社,2011年,第23页。
② 张文涛:《论阿克顿的历史哲学》,《史学理论研究》2019年第3期。
③ 吴于廑、齐世荣主编:《世界史》,高等教育出版社,1992年,总序第1页。

与气候差异的分界线。两者之间的冲突看似一种文明的冲突，实则没这么简单。因为，游牧民族在作为胜利征服者之后，通常都皈依了其所冲击或征服的农耕文明，成为其新的农耕文明统治者或者特权贵族。例如，臭名昭著的、极度残忍地毁灭巴格达的旭烈兀一点也不排斥奢华的先进文明的荣华富贵，并在无情屠杀末代哈里发及其政权贵族之后，接受了伊斯兰教创立伊尔汗封建主贵族统治的政权。① 忽必烈灭宋后基本保留了宋朝的机构和行政官员，注意选用人才，重用汉臣，采用汉法创建各项政治制度，开中国历史省制之端，稳定了统治基础。

当然，历史唯物主义是一个宏大层次的哲学历史观，是史学理论或历史叙述的指导性原则，与历史叙述面对具体历史材料的逻辑不同。因此，更细化的历史层次还要具体的方法论与层次观念的支持。林志纯认为，世界各国的历史都具有由原始社会村落到奴隶制城邦、由城邦到奴隶制帝国的共同的发展规律；此后，东西方社会发展出现了不同步的现象：在欧洲出现了封建主义社会而中国没有欧洲式的封建主义；他还对中欧古代社会进行比较研究，认为中国两千年来大一统强大的政治伦理体系，有别于西方，也不可能产生西欧模式的中古封建主义社会的政治体制和社会基础。② 虽然他把中国秦汉晋隋唐视为奴隶制的第一帝国时期，但宋元明清为半奴隶制的第二帝国时期是存疑而难有共识的。③

但是，中西古代史的对比可能揭示了更多具体的历史差异的层次性逻辑：欧洲在罗马和拜占庭的奴隶制帝国瓦解后进入典型的封君封臣的采邑封建制度，然而，其之前历史阶段的商业层次的经济活动逻辑并没因为政治制度层面的更换而有本质变化，强烈的商业交换的民族习惯反而让商人、手工业者、知识分子和农民等生产阶级获得了一定的独立和自由的发

---

① 吴于廑：《世界历史上的游牧世界与农耕世界》，《云南社会科学》1983年第1期。
② 王敦书：《林志纯和中国世界古代史学科的建设与发展》，《世界历史》2000年第2期。
③ 胡钟达在《关于奴隶社会的经济结构问题》（《世界史学术讨论会文集》，1980年）中提出，"在奴隶社会中，租佃制和农奴制总的发展趋向是奴隶化"，并将其论证为主导生产关系说，即奴隶制主导论。胡钟达认为马克思所说资本主义产生以前，亚细亚生产方式的、奴隶制的以及封建制的这三种社会经济形态，其实都是广义的封建制，并对奴隶制社会的复杂性进行了细微探讨。因为从生产工具、生产力水平和生产力性质考察，古代奴隶社会和封建社会都算是自然经济占主导的农业社会。所谓"奴隶社会"中的奴隶并不一定比封建社会中的奴隶多，奴隶制与农奴制长期并存。关于东方社会、东方帝国、奴隶制，马克思把这些看作罗马帝国奴隶制度之前的社会形态。这是层次性视角下的结果，需要根据不同的层次逻辑来分析，究竟在什么层次的意义上是奴隶制的，为何最终导向的是奴隶制度——因为奴隶制度带有普遍性，是普遍交往的形态，实现了全可能域内的普遍交往与生产分工与交换——这蕴含了商业经济活动的普遍分工、理性、资本主义精神等核心要素。

展空间。这与中国秦汉之后两千多年君主专制的所谓封建主义存在层次性有根本区别,秦皇汉武大一统的帝制政治、"罢黜百家独尊儒术"的思想文化、农本商末的国策定位,让春秋战国时期政治混乱而社会氛围相对宽松环境下刚刚萌芽的一些商业、手工业、知识分子等的自由空间没有得到延续发展,虽有皇权不下县的地方乡绅与小村镇集市的社会装置,但不可能有欧洲城市、农村的相对自治与富裕工商市民成为上层人物的那种市民社会的温床了。"学而优则仕"的科举与诗词文化下的知识分子虽然极大地促进了中国古代社会王朝的上下阶层流动与社会长治久安,然而并没有形成独立层次的社会力量,更没有与市民社会相结合直接参与到社会物质生产的大分工,而这对于古代层次有限的社会来说,没有建立自己的独立层次逻辑与社会力量表达。

  试图对人类文明进程进行总体把握的历史观念很早,但历史实践却直到"二战"之后才开始,而且在反思的历史哲学的思维看来都存在明显的缺陷,尤其是对15世纪以来的世界历史的运动的认知与叙述中存在严重的西方中心主义。欧洲中心论的基本立场至今没有得到清理,有些简单的清理并没有构成积极的建构性意义,反而陷入空洞的历史虚无主义或肤浅的相对主义。这表明,历史哲学的视角与历史编纂的具体实践存在显著的层次性间距,构成了宏大的历史观念的层次性空间,有些具体的历史材料对应于不同的历史尺度、历史时序或者地理空间,有些历史意义传递于不同的历史时空之间,而且它们相互之间不是同一的内容,不能用单一的逻辑来把握,总之,世界历史尤其是近代世界走向一体化的全球历史过程,是一个宏大的层次性结构的不断展开,而我们的历史观念在具体实践中仍显力不从心,尚需相应的精细逻辑来满足完整刻画世界历史这个时代使命的需要。

  世界历史观最大的成果表现在从地域观念向层次观念的转化。有学者将世界历史研究近几十年的实践成果总结为四个方面:摒弃以国家为单元的思维模式;世界历史发展的整体性体现于三大公认主题:人口增长、技术的进步与传播、不同社会之间日益增长的交流;三大主题进程中最重要的是不同社会之间日益增长的交流;从学术发生学的角度彻底颠覆"欧洲中心论";最后,在以全球背景为分析历史事件新参数的基础上,对许多重大历史事件发生的必然性重新进行分析得出一些新结论。① 这几个方面综合起来其实就是从国家地域转向内在逻辑,理由如下:

---

① 刘新成:《全球史观与近代早期世界史编纂》,《世界历史》2006年第1期。

其一,如本特利所指出,"以国家为单元具有两个明显缺陷:(1)诸如物种(包括农作物、动物等)传播、疾病蔓延、气候变化等超越国界的现象均被忽略,而这些现象对全球历史发展曾经产生过不容置疑的作用;(2)任何一个社会都是全球的组成部分,但每个社会都不是孤立的存在,社会与社会之间互为发展的条件,相互之间的竞争、交融、碰撞以及力量对比关系是推动全球发展的重要动力,而这一动力由于不是发生在国家框架之内,因而长期被忽视"[①]。对于世界通史来说,基本研究与叙事单位不再是民族国家实体,而转向彼此关联的社会组织相互依存的关联网络,换言之即层次逻辑,是同处一个逻辑层次内部诸要素的相互关联,而且这种单位更能揭示相互关联的内在逻辑,随着层次的深入,网络的运行逻辑也更清晰。因而,这样的考察单元具有同构的拓展性,或者普遍性,比异质的国家或文明之间的混沌性联结认识更具有历史发展的中介实质,对不同的文明或国家都具有可解释性。从历史辩证法的解释学来说,把握中介是一种实质性的研究进展,而停留于外在的异质性直观是不可能把握事物发展本质的,外在现象是结果描述,而过程探究才能理解历史发展的内在机制。中介作为独立的逻辑结构也可以根据学术研究的需要进行层次性的设置与建构。

其二,世界历史发展可以划分为阶段性,但不是基于国家发展的阶段性,而是基于全球发展的整体逻辑。这个逻辑中已经找到具有普适性的主题:人口增长、技术的进步与传播、不同社会之间日益增长的交流,它们作为历史发展中的主题也表现出相对独立的层次性,而且层次之间也存在显然的相互联系。这些主题层次的逻辑不仅可以描述全球史的发展趋势,还可以描述历史中独立的地区、文化与文明实体体系,产生了物种交换、移民、文化交流等新话题,同时也兼容社会发展、商品流通、帝国主义等传统论题。当然,对于全球史而言最核心的逻辑主题是普遍交往,因为"越来越多的学者承认,历史就是世界各民族国家互动的结果"[②]。经过后现代主义的洗礼,我们已经接受这样的观念:强势社会可以在政治上征服弱势社会,但强势社会的文化不知不觉地也会吸收弱势文化的因素并得到重塑。这种互塑不仅发生在社会之间,也发生在社会之间的不同层次上,例如中国北方少数游牧民族社会与华夏主体之间的历史互动就是在军事、政治、

---

① Lloyd Kramer and Sarah Maza, eds., *A Companion to Western Historical Thought* (Oxford: Blackwell, 2002), p.397.

② Jerry H.Bentley, "Cross-Cultural Interaction and Periodization in World History", *American Historical Review*, 101(1996), p.749.

经济与文化等不同层次上的互动。而且,"跨地域跨文化的互动"几乎成为当下世界史研究的最多的课题,这也为世界历史发展整体中跨层次的互动做了准备。

其三,对于目前全球史学存在的理论缺陷与困境,也将会在层次性逻辑展开的探究中得到解决与澄清。例如,对社会内部发展的忽视,这也是层次逻辑的不清晰所致。曼宁认为,在分析跨文化互动对各个社会所产生的政治、经济、社会、文化影响时就显得缺乏深度。① 因为模式转化之前,学界过于关注国家边界,这个前提设定限制了在既有研究成果在跨文化互动的层次逻辑上的意义,因为它们原本不是为全球新视域下做层次逻辑解释服务的。因而,许多相关成果都需要在新的理论逻辑时空中重新检验。历史叙述通常也按时序展开,突出重大历史事件,以时间作为历史分期的划分依据。任何历史事件都是在特定的、具体的历史时间和地理条件下发生的,只有将事件置于历史进程的时空框架当中,才能显示出它们存在的意义。时空不是混沌一团,而是有层次的结构,每个层次有其内部的运动逻辑,层次之间相互关联。有了新视域与规范,在各种计量实证主义技术支持下,世界历史的研究与实践会不断产生出具有新意的研究成果。

最后,关于欧洲中心论,要真正理解它也需要在一个层次性逻辑框架中来分析其合理与不合理的不同层次。这之所以重要,是由于它的缘起与近现代资本主义的兴起与发展直接相关。欧洲中心论的根据是,欧洲人的海外冒险建立了连接世界各地的海上交通,促进了世界贸易,推动资本主义经济在欧洲率先发展,还创造出与之相适应的政治体制、价值观念和国际关系规范,而在这个世界整体化进程中,其他地区和国家受到冲击,并以不同形式、不同程度地为之所吸纳。② 虽然欧洲中心论遭到普遍批判,但各种近代史叙述仍以欧洲为重(无论是经济活动、科学技术创新、社会政治变革,还是文学艺术与思想文化等各种专著),③因为批判视角是站在超越历史叙述本位层次的说辞,历史意义与价值观层面的反思性表达,而在现实的历史材料面前,在专注于世界历史走向整体化的近代史叙述逻辑上,

---

① P. Manning, "The Problem of Interactions in World History", *American Historical Review*, 101(1996), p.775.
② 徐洛:《评近年来世界通史编撰中的"欧洲中心"倾向——兼介绍西方学者对"早期近代世界"的一种诠释》,《世界历史》2005年第3期。
③ 从历史叙述篇幅来看,即使在"吴齐本"的"近代史编"中,欧美历史约占80%,中国历史只占4%;而在斯塔夫里阿诺斯《全球通史》中,欧洲历史占44%,中国历史占6%。

欧洲尤其是西欧的角色无可替代。

事实上,马克思也曾说过,资本主义时代是从16世纪开始的,15世纪、16世纪的地理大发现促进了商业革命和工业革命,并导致资本主义势力的全球性扩张和资本主义世界市场的逐步形成,这就是历史发展为世界历史的整体化过程,所有这一切都源于欧洲。而受历史唯物主义影响的苏联史学家按社会发展五阶段来划分世界历史的各个时期,也是一种欧洲中心论的表现。

学界普遍认为,近现代历史的资本主义世界历史的根源在于文艺复兴与宗教改革、地理大发现、资本主义商业活动、启蒙运动各种理性主义社会思潮的运动等几个核心要素,是几个层次的逻辑演化的共同结果。而单就其中任何一个而言都非西方特有,甚至西方的历史进程也是不断地发展着的。这几个核心要素共同体的作用造就了现代资本主义这种文明形态及其复杂的内容。之所以说复杂是因为它们之间的关系难以泾渭分明,文艺复兴与宗教改革似为商业精神传播铺平了道路,但文艺复兴与商业经济活动之间也有千丝万缕的联系,艺术家的作品是要在市场上卖出的;地理大发现与资本主义商业的发展到底谁驱动谁,或谁促进了谁很难界定,启蒙运动也需要一定的社会经济与政治条件。本特利认为,近代早期区别于以前时代、也区别于现代的19世纪、20世纪,主要在于三大过程即海路打通、商业网络建立和资本主义发展未能完成,结果仍不明朗,世界格局仍然充满变数;因此也就不可能存在把近代早期世界归纳为若干动力和特征的问题。相反,近代早期世界是一个进程,一个飘忽不定的结果,这一结果既来自历史本身的强大驱力,也来自个人或集体的主观努力。①

其一,地理大发现提供了空间条件,这彰显出古希腊海洋文明之源与航海的重要性,但这只是一个前提条件,而非充分条件。从外显的历史时序看,地理大发现的确是划时代的,但亚当·斯密把1492年哥伦布发现新大陆、1498年达·伽马开辟新航线到达印度视为人类历史上最重要的年份②则过誉了,连达·伽马自己也在抵达印度时宣称其目的是"基督徒和香料"。如果把它还原到历史情境中,根据历史发展的层次逻辑,其意义不过是地理空间的扩展。这不能支撑其伟大的划时代荣耀,而事实上,在相当长一段时间内也仅是有限的商业交往,或者使其原有

---

① 刘新成:《全球史观与近代早期世界史编纂》,《世界历史》2006年第1期。
② 〔英〕亚当·斯密:《国民财富的性质和原因的研究》下卷,商务印书馆,2002年,第105页。

的商业网络扩大或密集了。原因在于商业经济的层次逻辑还受限于历史时代整体的条件限制,"当时欧洲商人还拿不出让东方人感兴趣的商品与之交换,所以在跨文化贸易中他们尚未成为主要角色。许多专事亚洲商品运输的葡萄牙水手与亚洲人结婚并成为亚洲国家永久居民就说明了这一点"①。

换言之,地理的扩展并没有得到经济、政治与思想文化等层次的积极响应,层次之间的互动还有待时日,欧洲主导把各个大洲都联系起来的世界性商业网络还需要几个世纪。其实,古代世界许多民族或国家包括中国都有辉煌的航海经验的历史,两千多年前越王勾践从长江口越海航行至山东半岛、徐福东渡,规模盛大的郑和七下西洋比哥伦布还早半个世纪。这是黑格尔提出海洋文化概念时把海洋文化视为西欧区别于东方诸国的文化特征的历史误解。当然,海洋文化的概念不只是航海技术与经验,更有这种技术背后的社会结构,其意义在这个社会结构的生产系统、商业交往、文化观念等不同层次得到意义的确认与传递,从而激发社会各方面的潜能,巩固社会整体,那才是支撑这个社会走向文明新形态的内核。

其二,资本主义的商业经济与商业精神。资本主义历史经验与商业精神在世界一体化的进程中起着十分重要的作用,科汀的著作《世界历史中的跨文化贸易》清楚地表明,远距离贸易的结构和商人的作用是世界历史中最有效的跨文化的经纪人。② 商业与货币在一种社会制度性安排中成为人与人发生普遍交往关系,并具有泛化到全球的潜能,这不能不说是人类的一项切近人性与自然的人道主义的历史创造,不仅仅是一种天然而直观的形式。韦伯对资本主义精神与现代职业精神进行了深刻的研究。资本主义的层次性内涵是深刻的,单取其一个片面的形式层次会导致许多国家曾经有资本主义萌芽的幻象,即便中国明清时期的国内生产总值与局域繁荣的商业经济,甚至在19世纪初还有超过世界30%的份额记录。但这是一种外在的表象,与资本主义属性的商品经济不是一回事。吴于廑的"游牧-农耕"范式告诉我们,农耕文明下的商品经济在时间序列上与资本主义的商品经济共时,但缺乏实质关联的"共时态"。这种经济形态没有与王朝政治、文化与思想观念形成共情关系,不入君臣衙门大堂,因而在严格的共时态内涵上,表现出现代与前现代的文明代差,其主动性角色被强势

---

① 刘新成:《全球史观与近代早期世界史编纂》,《世界历史》2006年第1期。
② 本特利:《20世纪的世界史学史》,许平等译,《史学理论研究》2004年第4期。

的"中心-边缘"模式贬低。① 但要明确提出"边缘"积极参与交往的能动性接受机制及其效果才行,这也是为何易中天批评康乾盛世中乾隆断然拒绝主动来华寻求通商的马嘎尔尼,面对世界历史发展大势而"无所作为"的原因。

当然,资本主义的多重层次的内容是在历史中逐渐发展起来,而非一蹴而就。西欧世界在15世纪至18世纪近代西方资本主义发展的早期,连英国、荷兰也未必有资本主义的成熟形态。而且,就其历史内部而言,也存在某种"中心-边缘"的地域差异,在历史进程的尺度上表现出明显的分层。英国1640年资产阶级革命之前的150年是资本主义更多还是封建专制更多?16世纪前后尼德兰(荷兰)和英国的变化,只是对封建欧洲农本经济的最初突破,而农业和毛织业生产的商品化,也不等于资本主义生产方式的形成。② 不同地区、民族国家,规模、能量与作用不同,从整体视角看与从先导点的视角看是不同的,前者是外在的历史事实描述,后者是事后的历史总结——站在不同的历史观的哲学层次的历史价值判断。无论从内在还是外部,资本主义开启的是多层次的不同文明形态,它在多层次上的新逻辑也是历史的主导。当然,早期资本主义在世界的扩展表现在殖民与军事行动上的恶行,这恰恰是马克思所猛烈批判的,资本逻辑的恶之本性并不受限于世界历史的永久和平的价值诉求。无论"好"还是"坏",道德批判代替不了历史批判,历史批判才能展现出其深度的层次性内涵。

其三,文艺复兴开启的思想文化运动为西欧走向现代化的世界历史提供了思想资源与意识形态的支持。文艺复兴以复兴古希腊罗马文化为名

---

① 弗兰克在《白银资本》中指出,19和20世纪的所有社会理论家以及许多史学家"完全是在欧洲的路灯下四处观望。当他们从欧洲出发考察欧洲的'扩张',即欧洲对世界其他地区的'整合'时,越远的地方越昏暗"。而包括(20世纪80年代以前的)他本人在内的世界体系理论家们也没有摆脱"在欧洲的路灯下四处观望"的思维模式。因此,"无论我们多么想具有世界眼光,但只要我们不承认欧洲中心论决定着我们的思维,决定着我们在那里寻找借以建构我们的理论的证据,我们的世界眼光就不会被开发出来"。(参见〔德〕弗兰克:《白银资本:重视经济全球化中的东方》,中央编译出版社,2000年,第60、83页。)但是,弗兰克的这种自我批评并不能自动地转化为对东方的主导地位,西欧的主宰与单一的主导,与承认东西方共同参与中的主导角色不同,而后者也不能导向东西方的共同主导或者无主导的平等角色。这是两回事,也是两个层次的逻辑:历史判断与道德判断是不同的;历史判断也有聚焦于近现代时空的局部历史判断与超越性的普遍历史判断。超出局域历史之外的逻辑,则受到当下全球化时代动员普遍参与的动机语境影响,因而需要为亚非拉等不同地区的社会进步提供自信的动力,用自身历史条件的独特性调动融入普遍性的物质生产、社会制度与价值观的现代化进程,而西方模式只是一种基于其自身文化历史独特性的一种历史发展原型而已。例如,罗荣渠的"一元多线的历史发展观"。

② 吴于廑:《吴于廑学术论著自选集》,首都师范大学出版社,1995年,第77、137~138页。

而展开的人文主义运动,具有多层次的开放性:批判经院哲学,张扬人的价值,倡导艺术新风格,开启近代科学精神,文化知识的传播,甚至还有空想社会主义的出现,更重要的当属重商资本主义的兴起。继文艺复兴之后,宗教改革奠定了资产阶级的自由原则的基础,而且新教倡导的"职业召唤"为资产阶级的商业经济活动做了思想准备,随着印刷术的推广与宗教世俗化,人们对知识与科学的观念发生了改变,哲学、自然科学蓬勃兴起,科学革命与思想的传播进一步激发了启蒙运动。王权与市民社会的传统关系也在多重层次的逻辑推演中走向资本主义。

其四,资本主义成功霸占近代世界历史的中央舞台依靠资本主义商业经济的发展,而资本主义经济的现代化实质在于资本主义社会化的工业生产方式。18世纪发生在英国的工业革命不仅得益于17世纪的科学革命,也离不开资本主义手工业的商品经济活动。科学与技术的结合直接推动了第二次工业革命的发生。科学技术成为生产力已经是现代世界的公认常识了。

最后,源于古希腊的理性精神是支持以上所有要素的底层基础,它不以显现的方式表现出来,而是渗透性的,通过人渗透到各个层次的逻辑之中。理性精神的传播是通过交流而实现的,不仅在层次之间要交流,在人与人之间,人与社会、自然、世界、历史之间也要进行交流。因为,交流是深度层次性的,交流携带着我们看不见的许多层次的内容与意义,透过屏障穿行于不同的层次之间,越不可见的意义也越深刻,例如人性与文化的底层逻辑。

对于近现代以来的世界历史发展,马克思的世界历史观简洁明了,包括了所有的文明历史现代化的基本要素:世界历史,市民社会、经济活动、生产劳动、商品、货币、机器、社会分工、资本逻辑、共同体,同时又深度地刻画出工业化、现代化的社会大生产与社会关系变迁的复杂历史层次性,形成了一个黑格尔式的但又超越黑格尔历史观的融贯体系。马克思恩格斯晚年在人类学、历史学笔记中,展现出对历史唯物主义在前资本主义,包括原始社会的宏观历史运动的延伸,进一步完善了唯物史观。根据社会大分工来进行社会生产方式的基本划分,恩格斯在《家庭、私有制和国家的起源》中提出的第一次社会大分工,指畜牧部落从其余既不知农耕也不知饲养家畜的野蛮人中分离出来。当然,由于历史条件的限制,有关大分工只是一种历史唯物主义的基本原则,而不是具体的历史实证判断,今天的考古研究表明,畜牧业的起源并不早于农业;原始社会解体和文明滥觞的过程最早也不是发生在畜牧部落中,而是恰恰发生在那些实行人工灌溉的农耕地区。在新石器时代前期,无论农耕还是畜牧都没有取得对其他经济形式的独立或主导地位,生产分工也仍是自然分工。真正的第一次社会大分工以灌溉农业与农业部落群的形成为标志。①

此外,对人类文明历史进程起到重大作用的还有历史地理层次的逻辑。这不是单纯的自然地理,而是人与自然交互的新空间层次,在其中,人类历史将在时间序列中展开广阔而丰富多彩的图景。气候与环境的变化,对人类生存空间的影响,在某种意义上来说,其对人类文明历史的影响是更基础性的,是前提性的,然而并不是文明历史研究中的核心内容。同样的还有科学技术的发展逻辑。自17世纪近代科学革命以来,特别是18世纪工业革命以来,科学与技术的融合形成了更强大的层次性力量,直接参与文明进程,而且越来越显示出其强大的力量。科学技术不仅有其内在的逻辑,而且作为一种思想观念,渗透到其他所有的层次,与思想文化一样拥有渗透性的软力量。考古学、人类学的研究成果也越来越多地参与到我们的历史观念的建构与重建中。而且,作为专门的学科发展,不同学科之间的关系也越来越紧密并相互影响,20世纪以来考古学、人类学也在科技助力下取得很大的进展,生物学、心理学的成果也帮助我们对人性与社会、民族传统与习俗的深层理解。历史归根结底是人的历史。

三、文明进程中的层次互动

从历史哲学反思的深层来看,还可揭示全球史观、世界史编纂的历史学家的时代背景与现实需要。这个层次的逻辑超出历史文本之外,关涉我们对历史理论与历史实践之间关系互动的现实,还关涉传播与受众的时代精神。全球史话语的特殊时代背景是,"20世纪下半叶以来加速发展的全球化过程,以及在这一过程中全球文化趋同与民族本土文化认同之间日益紧张的关系"②。从历史观念的变迁层次来看,后现代主义思潮的影响极大,对宏大叙事的反对,对西方中心论的批判,历史写作的文学化与隐喻手法,把高高在上的看似严肃学术背后的有限性揭示出来了。反之,严肃的历史研究也让后现代主义从消解的极化走向积极的建构,可以说,这是不同层次的思想观念之间互动的典型范式。

这里不是事无巨细的完整的历史叙述,也不是像黑格尔的历史观那

---

① 汪连兴:《关于世界古代史研究中若干重要理论问题的思考》,《史学月刊》1993年第1期。
② 刘新成:《全球史观与近代早期世界史编纂》,《世界历史》2006年第1期。

样,采用一种固定模式来进行"存在即合理"的历史合理化叙述,而是参照马克思主义的历史整体观,以层次性视角,描述历史进程在政治、经济、文化等核心层次上发展的演变及其规律性,对不同层次之间的相互影响与作用进行刻画。当然,由于人类历史是从几个中心地带不断外扩至全球的过程,因而基于地域的国家政治实体的重要性不容忽视。

在历史学家、哲学家与道德家的眼里,历史却显现出光怪陆离的色彩,有的认为历史是人类不断进步的进程,有的则认为历史充满了丑恶与倒退的人性。人类的历史是时间性的,在时间的进程中不断创造出新的事物、新层次的内容。火的使用、石器工具的制造、陶器制造、农业革命、文明诞生(政治)、古典文明(轴心时代,核心是宗教理性)、15世纪迄今的现代文明,都是不同时期的人类成就。比如,陶器制造虽然看起来简单,但从一开始就是一个新的文化层次,在其上会产生许许多多的技术创新与手工业发展,反过来重塑人类社会的分工与组织方式,对社会生活与人本身加以改造。越是古老的发明文化意义越是明确,因为数量稀少、关系层次简单,如火的使用给人类本身带来巨大的进化后果:人的消化系统变短,大脑容量增加,蛋白质等对人本身带来的物种改变,这些都改变了人的生物体本身,为后来的智力提升奠定了神经生物学基础。这并不是说从前的文明只有单一的如石器工具制造这样的活动,而没有经济、政治、文化与艺术的实践。只不过后面的实践在原初社会显得单薄而已,历史或考古的材料证据也更少。有文字记载之前的历史依赖人造的技术器物,如陶器制造、瓷器制造,也许还有新的未知空间所隐含的层次尚待历史与考古的发掘。而近现代以来的文明创造受到更复杂因素的影响,需要在更大、更复杂的社会系统中看才能全方位、全层次显现出来。

人类从原始社会到现代文明的演化历程,会遭遇一系列的困难。在这些困难面前,人类不只是摆脱了生存的暂时威胁,而是永久性地创造出一种人为的生存手段,使得人不再像动物那样依附于上天的恩赐。其中最重要的莫过于农业革命与工业革命,因为它们不是单一的技术革新,而是一套包含挑战和乐趣的伟大的系统工程。在这个系统工程中,在一系列基本的技术(新石器、驯化动物和种植物)支持下,人们逐一地破解一道道难题,而这些难题既不是难得不能克服,又不是容易得像猴子简单摘取树上的果子那样在一条似乎规划好的道路上一步一个脚印地走着就行。定居和管理城市生活要求创造出书写系统,从而开启了教育与信息的传播。

人类的历史以其特有的文化继承性在本质上同动物世界的自然历史

区别开来。每一代人都会继承上一代人的成果和经验,并站在前人的肩膀上展望与开拓未来。随着人口大量增长,人类有计划地大规模驯养动物和培育植物,打磨石器,开始农业革命。动物只遵循自然的法则,拥有遗传学上的继承性,个别生物体在为生存而战时所获得的性状特征都不能得到后代的继承,其后代又重新开始学习它特有的那些技能和习性,比如鸟儿筑巢在今天同古代没有什么不同。而人类积累起来的经验与知识总量是任何一个天才一辈子也不可能学完的,这也是一个看不见的挑战,激发人类社会作为整体来承载知识,并建立人际、代际传承,从而把人际关系从血缘与小圈子空间转移出来,在一个无比宏大的文化知识的空间中重建个体与社会他人的新关系:师生关系、知识生产与传播的社会分工。其中具体的知识内含丰富的宗教、道德、审美、情感等各种层次,每个层次有自己独特的逻辑与表现形式。

  文明进程中不断出现的新层次、新形式的人类活动,当然不是天赐的现成物,它离不开先民能动性的应对挑战,而且早期的文明发展带有偶然性,根据不同的地理条件又有不同的特征与发展程度。在文明中心的周围是一些仍旧停留于酋长国水平的共同体,不得不在"文明"与"野蛮"之间进行带有一定主体性与偶然性的抉择。只要没有压力,人们可能宁愿局限于小而和谐的群体内部生活而不愿冒险,文明化要么通过主动接受(征服和治理其他文明体),要么通过被动接受(被文明世界征服)。但在 15 世纪火器时代之后大概就不可能再现凭借冷兵器开路的前一条道路了,通过文明交往而实现和平过渡者需要的条件苛刻,难以满足。文明似乎就是通过某种内在的"生命冲动"不断生长,生命冲动面对挑战通过应战到达另一个挑战。这种生长表现在内外两个方面:宏观上,生长本身呈现出一个逐步控制外部环境的进步过程,微观上则是一个逐步自决和自我表达的进步过程。① 几乎所有的文明史都表明,地理扩张与文明本质上的解体更新相吻合。

  知识是人类进步的阶梯。图书馆就是知识的仓库,在文明史上很早就诞生了,例如古代商周时期就在王室宗庙设有藏书处,著名的亚历山大里亚图书馆创建于公元前 3 世纪的托勒密三世时期,有文学、哲学、数学、天文学、医学等丰富的藏书,古代波斯也有悠久的藏书历史。它们为当时的精英阶层传播公共知识起到重要的历史作用。如果没有伊斯兰世界对古

---

① 〔英〕霍布斯鲍姆:《帝国的年代:1875—1914》,贾士蘅译,江苏人民出版社,1999 年,第 188 页。

希腊典籍的收藏与传播,很难设想文艺复兴的发生,而且,西方世界在公元8世纪、12世纪的文明进步都离不开图书馆的作用。知识在更大范围的传播不仅促进了西方世界从"千年中世纪"的迅猛崛起,在现代文明的诞生中扮演了重要角色。从17世纪开始,公共图书馆的创建更是把知识信息的传播扩展到整个社会范围,并且是自由传播与获取。现在随着信息技术的迅速发展,知识传播已经超出图书馆的空间范围了。但是,在图书馆的历史发展过程中积淀形成的知识精神,与人类的信息需求体系相对应,是人类追求知识信息自由平等的体现。近代以来知识人的历史活动,知识(信息)的采集、加工与社会共享,体现了知识分子不断开创新的公共知识及其运用的新层次的历史创新精神,不仅有职业精神、尊重学科知识的精神,更有实现公民信息自由权利的图书制度精神。①

　　文明的新层次是在人类应对不同的挑战与危机中诞生的。战争、饥荒与疾病一直是危及人类生存的大敌,至少自农业定居以来是如此。不过在古代,战争的发生促进了经济和社会复杂化的加强,因而仍须把它视为导致文明产生的一个步骤。② 文明与战争如果说有目标的话,那么,最初目标只有一个,那就是全世界的人类外在的社会性的同质化,通过强力跨越山川河流的阻隔让世界变平。而内在具有层次性的差异化,则是社会结构的内在要求:主流层次的规范认同,差异层次的多样多元与开放。对此体悟深刻的民族一定是受异质性文明影响最深的。在这方面,日本文明是具有代表性的,日本人在其并不悠久的文明历史中不断吸收外来文明,使其文明表现出当下独特的欧亚融合的多层次的文明形态。简单而言,日本有4种文化基质:一是土生土长的神道教天皇制文化,这个建国神话是日本国民性格的基石;二是自汉唐传入的中华传统文明,中文汉字与儒教、佛教;三是现代化进程中西化的文明品质,在"二战"之后变成美国化的形式;四是日本神道教之外的各种繁多而混杂的特殊性,武士道精神、"和"的精神就是其代表,这些源于小盆地宇宙世界。③

　　对历史产生意义影响的效果并非单一的层次,例如15世纪的征服者帖木儿可能拥有超过亚历山大大帝的战争指挥水平,却几乎没有产生积极的历史影响。相反,后者由于在文化传播、世界普遍交往与融合方面产生

---

① 韩毅等:《图书馆精神的历史积淀与层次性分析》,《图书馆》2006年第1期。
② 〔美〕拉尔夫等:《世界文明史》上册,赵丰译,商务印书馆,1998年,第26页。
③ 〔日〕浦野起央、刘曙琴:《日本历史认识问题的几个层次分析》,《太平洋学报》2005年第7期。

了深远影响而名垂千古。也许亚历山大的成就并不是作为个体的独特行为,而只是其浸润的古希腊文明本身的价值观使然。在这个意义上说,他是承载了古希腊文明的代表。而帖木儿并不能够拥有这样的身份,他也不如彼得大帝那样积极主动地追寻。我们知道,马镫在战争史上具有重要的里程碑意义,因为它使骑兵能够稳定而自如地腾出双手使用长矛与弓箭,让奔马能在战场上所向披靡,这让历史上的蒙古帝国成为可能,并让中国北方游牧民族能够不断地南下。但是,这个传统社会的战争机器不能脱离"军事-农牧业复合体"的支持。蒙古部落即便全民皆兵,也仍需要四倍的人口才能支持蒙古骑兵的供给,中世纪德国直到很晚还保持骑士采邑的封建制度,在这个意义上,可以说马镫创造了欧洲的封建制度。

　　世界历史发展到今天已经是全球化的时代了。领域扩张结束,开启了层次扩张。首先是地理的领域扩张的结束,终结了传统的领土侵略,传统民族国家之间的暴力冲突,转向民族国家之间在普遍接触的世界体系里在政治、经济、文化等层次的活动与竞争,竞争遵循基本的市场原则。这种市场原则相比传统的国家冲突,具有更好的效果,表现为更低的破坏与成本,传统冲突导致国家之间的武力冲突,战争与毁灭。而在新的市场原则下,首先是经济层次上的理性逻辑的更充分展开,有更广泛的经济合作:技术、人与资源的世界流通,从而达到世界范围内的经济效益最大化;其次,文化层次上的世界普遍交往,不同民族国家与地区的文明传统交流互鉴,通过文明创新实现现代化,保留传统文化的精华,在时代浪潮中淘汰或转变其中的糟粕,实现文化的现代化。即使在最显现的政治层次,基于国家实体基础上的权力也发生了现代化的转化。

　　汗牛充栋的历史书籍更多的是有关人类的政治活动,而在几千年的文明历史中,政治与各种利益与价值的权威性分配有关,直到马克思时代,才把人类社会历史最深层的经济活动凸显出来,解释全面展开的资本主义时代的历史时光。政治活动本身的内涵在适应新技术与世界历史发展趋势中不断地自我否定,否定自我的暴力"利维坦",增强更多的契约精神、市场与协商机制,"政治不是简单抵制,而是重新组织、引导,通往新目标"[①]。虽然政治层次自身的原本逻辑是自主构建一个反帝国、全球流动与普遍交流的政治组织。但是,这个逻辑在政治层次的新历史境遇下会导致与其期望相反的结果。因为,在全球化的自由流通中获得更多层次资源与

[①] 〔美〕哈特、〔意〕奈格里:《帝国:全球化的政治秩序》,杨建国等译,江苏人民出版社,2008年,序言。

新思想的大众不再是传统的民族国家的要素,而是全球化的世界历史发展的驱动力量,是创造历史的最大主体。他们"通过斗争,将创造新的民主形式与新的宪政力量",从而超越、否定原有政治层次上的帝国逻辑,改变世界面貌,并修改政治层次本身的逻辑,进而通过政治层次的"帝国力量"实现世界范围的普遍交往,完全的社会生活,乃至康德所构想的"永久而普遍的和平"。

在科技与资本主义逻辑驱动下,民族国家的边界划分不再能阻止世界范围的生产与经济要素的市场配置,也不能真实反映现实的人类社会的经济活动,社会交往与资源分配。沃勒斯坦、阿明等人关于世界中心、边缘与半边缘国家的划分更多是形式上的,因为具体到不同的社会、政治与经济生产过程,资本的流动伴随着不同的文化与民族国家,表现出潜在的不同,绝非"反资本主义战线"之类外在看来的所谓单一性质的中心-边缘的同质化范式所能包含。例如,非发达国家的中国、印度却是当今数字化科技发展的重要力量,并且在当今世界经济发展中处于不可或缺的重要地位。如果第一世界与第三世界、中心与边缘、北方与南方曾经真正沿国境线区分开来,而今它们清楚地互相融合,将不平等和限制散布在众多断裂的界线上。①

多层次的和谐才是真正的和谐,而不是用上层的单一的"善"压制或者否定下层的善,上层的善是下层善的现实化。每个人的自在实现出来就是全体的普遍性。文明可以被看作一个由如下四个要素构成的四面体:经济、文化、政治、军事。每三个要素形成一个平面,每个平面具有一定的弹性——即任何一面不能过度膨胀,否则会破坏与其他三个平面的某种均衡状态。如果说人为内核,社会则为球体。军事要素虽然属于强力,但要承认其他层次的独立性和存在,它们才是军事的基础。文明的进步表现为军事要素逐渐让位于政治及其管理。政治则逐渐依赖于经济和文化的支撑。历史的成熟首先表现为政治层次的理性成熟。古代人上层之间的钩心斗角的政治斗争,往往是你死我活,但结果导致了大量的资源损耗,而这些资源都是来自劳动人民的双手。这表明,人们的实践理性尚不能面对存在层次间隔的现实问题:政治生命的结束不应直接导致自然生命的终止,法律对生命的惩罚也要有理性的限度。因为,自然生命也是最宝贵的社会资源,对其任意处置就是对劳动的不尊重,不尊重社会底层的逻辑,毕竟上层政治上的逻辑运行依赖于自然层次上的财富积累。

历史上政治与法治的去残酷化路径采取多重层次性的模式,例如汉文

---

① 〔美〕哈特、〔意〕奈格里:《帝国:全球化的政治秩序》,第 323 页。

帝因感动于孝女缇萦救父而去肉刑，还有普遍采用的死囚改劳役、登基大赦等，基于人性化的理由本身也指向层次渗透的多层次逻辑。正是由于政治不成熟的片面层次霸权，古代社会的政治与一些愚昧习俗（如陪葬、大规模丧葬）的结合，导致社会资源的巨大浪费、历史进步的缓慢。这种非理性只是出于维系社会秩序的需要，以及来自传统的政治起源的逻辑。当然，现代社会政治也有很多难题，例如还不能很好地处理自由、民主与平等之间的关系。将不同层次的要素放置在单一层次（例如经济或政治），并用单一层次的逻辑来处理，这种单一层次观念的残留显然是不可能找到出路的。

历史的成熟还表现在对层次之间关系的认识上。近代哲学中的二元分离模式也消失在思想的历史长河中，但它仍是一种自然的思维模式最初的基本形态。因而，人们总是把层次之间的关系放置在次要的地位，甚至归属于层次的内在属性。对于全球化的历史发展而言，上面的各种层次相互之间构成了绝非从属性的关系，而是直接规定着层次的逻辑演化。就如霍米·巴巴所说，"当文化上和种族上的许多边缘团体准备戴上黑人的面具，不是要否认他们的差异性，而是大胆地把文化同一及其差异的严重欺骗性公诸于世"[①]。构成世界的，不是中心与边缘，一、三世界，而是无数不完整的、流动着的差异。简化的强制性逻辑从来没有囊括所有要素，而层次之间各种线索的交织与互动以差异的方式表达出来，显现出主体的"超越性"，即所谓生命政治的兴起。这对于全球化进程中各地参差不齐的经济发展如此，对于政治层次更是如此。对于文化层次而言，真正的世界化还远未被实质地触及，只在紧密接触的新兴城市生活的中产阶级中发生着明显的文化的世界潮流化。对此，了解一下远离城市的印第安部落现状、边远山区少数民族在扶贫过程中对"财富"的认识就可想而知了。所谓"世界文学"更似一个受全球化发展鼓励的指引。

对于各种主体而言，无论是国家、群体与个体，其相互之间的边界划分越来越模糊，原来界限分明的内外之别在各个层次受到侵蚀。如果说在原始社会的诸多话语将自我与其他部落划分开来并界定文明世界的边界，那么，现代以来人们逐渐认识到，一种有限度的低级秩序的公民原则是受制于更高外部秩序的自然世界的。但在全球化的全方位渗透的过程中，连个体的精神世界也参与到社会、自然世界的逻辑之中了。现代心理学家则给出独特的解释，"从空间角度理解欲望、感情、本能和无意识，隐喻化地把它

---

① 霍米·巴巴：《纪念法农自我、心理和殖民状况》，陈永国译，《外国文学》1999年第1期。

们理解为心灵的外界,自然在我们心灵深处的延伸。自我的主权就在于由欲望构成的自然秩序和由理性或意识所构成的公民秩序的辩证关系中"。如马克思所指出的:"这种共产主义,作为完成了的自然主义,等于人道主义,而作为完成了的人道主义,等于自然主义,它是人和自然界之间、人和人之间的矛盾的真正解决,是存在和本质、对象化和自我确证、自由和必然、个体和类之间的斗争的真正解决。它是历史之谜的解答,而且知道自己就是这种解答。"①

现代化的进程就是外界内化的过程,把自然纳入我们的理解之中成为文明的要素的过程。主权国家的边界已经千疮百孔,而每一次规范移民的尝试都遭遇强大的压力,经济学家试图拿出公式,建立模式以解释这一现象,但即使他们的公式和模式完整无缺,也无法解释在这一流动之后的不可抑制的欲求。② 所以说,全球化世界不是单一的片面层次的逻辑完成,而是复合层次的展开,因而不是某个单一层次的逻辑所能解释的。

随着各种新科技的发展,考古学、进化论等新成果的出现,未来将会揭示出历史更丰富的层次,"最重大的考古发现大多是葬品丰富的华丽墓葬或辉煌的城址,但是普通人的生活偶尔也会重新进入人们的视野"③,黄河边深埋泥沙之下两千年的村落遗址再现出繁荣的乡村生活的大量细节信息。在历史层次之外也存在自然历史的演化史,存在自然历史的层次:进化论,人性的变化,人自身的历史等层次。它们一直存在并发生着作用,只是其变化在我们以年月日的时间计量尺度上,太过微小而不易被察觉到,例如,我们的大脑据说在近年来容量有所减小。我们对身体各部位、器官的运用也因文明的影响而发生了变化。一个局域性与普遍性的进化论研究表明,狗在被驯化之后,开始了一种"高于自然"的进化路径:狗依附于其亲近的人,而反对主人周边的敌人。这让人联想到,人类在 20 万年至 7 万年前出现的认知进化的层次性突破特征:通过语言而形成的认知进化,导致小圈子内的进化开始超出种属性的进化;考古学发现现代人战胜尼安德特人,是因为语言形成的认知进化——合作。动物中也有很聪明的,如黑猩猩,但就是不能形成语言的认知进化。而认知进化导致许多在自然进化看来是"异常"的事情,例如小圈子的合作逐渐扩大,从自然状态的数十人的小圈子能够发展到 10 倍的数百人,通过氏族之间的碰撞而形成部落,

---

① 《马克思恩格斯文集》第 1 卷,第 185~186 页。
② 〔美〕哈特、〔意〕奈格里:《帝国:全球化的政治秩序》,第 209 页。
③ 〔美〕布赖恩·费根:《世界史前史》,第 8 页。

直到今天的全球化,这也是认知进化的合作扩大。总之,认知进化导致工具性异化、目的性异化的效果不容忽视。

美国生物学家马古利斯提出的共生进化理论表明,共生与合作在生命进化中的重要性,对生命起源和进化的理解产生了深远影响。新科技不仅帮助我们通过考古发掘与鉴定澄清了历史认识,而且直接参与改变了人类自身。最近研究发现,人类的大脑容量在大约两百万年前开始迅速增大,从之前的大约 450 毫升,增长至大约 1800 毫升,几乎翻了两番,科学家们认为这与人类的饮食习惯有关。在两百万年前,我们的祖先已经开始食肉,并且人脑也在逐渐地得到更多利用与开发。人类在使用大脑的时候,脑细胞的代谢速度会加快,与此同时脑血液量也会得到显著的增加。也就是说,当我们对大脑的使用越来越多时,大脑的发育也会变得更加完善。这是符合进化逻辑的:在这个过程中,需要耗费掉大量的能量,而此时肉食就恰好可以提供足够的能量来促进人脑的发展,于是人脑的容量就逐渐变大了。

然而,在大约三千年前,人类的大脑容量开始下降,直到缩小至我们目前大约 1500 毫升的大脑容量。科学家通过研究蚂蚁这种与人类在群体规模、集体治理、分工劳动和生产食物等方面具有一定的相似性的社会性动物,发现了其社会性合作对大脑进化的影响,发现它们大脑体积的大小会根据群体水平的认知和分工发生变化。由此推测出,在信息高度共享与高效分工的社会,为了使大脑节省更多的代谢成本,就会缩小大脑的容量。所以人脑容量的减少,或许就受到集体智慧的影响。在三千多年前,人类进入高度共享知识的社会,随着群体规模的增加,根据群体决策产生的适应性群体反应,就超过了个体决策的认知准确性和速度。于是,在这样的发展之下,人们对集体智慧的依赖程度也就越高了,尤其是在互联网成为日常生活与工作标配的今天,即便很多知识并没有储备在大脑中,我们还是可以通过搜索引擎来获得相应的信息。

第三节　思想观念的层次演变

历史是人类社会的历史,其中有人类社会的物质性生产实践的历史,还有人类的精神世界的生产即思想观念的历史。按照马克思主义哲学,上层建筑是指建立在一定经济基础上的社会意识形态以及与之相适应的政治法律制度和设施等的总和,是人们在一定的经济关系基础上形成的包括政权、法制、军队、警察、法院、党派团体的组织活动等全部国家机器和政治机构,以及政治、法权、道德、哲学、艺术、宗教等方面的观点在内的一个庞大社会体系。它包括阶级关系(基础关系)、维护这种关系的国家机器、社会意识形态,以及相应的政治法律制度、组织和设施等。

一般说来,思想史从历史发展的脉络中挖掘其背后的思想动力,如本杰明·史华兹说的,"思想史的中心课题就是人类对于他们本身所处的环境的有意识反应",因而接近于历史学。而哲学史探究人类思维演进之规律,如黑格尔所说,"哲学史本身就应当是哲学的",更接近于哲学。因为历史学是以经验事实来阐释思想的学问,所以历史学家不仅要描述历史过程,更重要的是解释历史过程、挖掘历史事件背后的深层次的动力,特别是思想动力。思想是照亮幽暗的历史档案库的明灯,若没有思想,史料就不会说话;没有思想,历史就没有意义。在这个意义上说,其实思想史的研究不是简单地梳理过去历史的人物言行与发生的事件,而是要站在一个更高的历史整体观的层次来俯瞰这些,因此,它也与哲学史一样要面向人类永恒的问题,面向人类的未来。而且,思想史研究与一般的历史研究不同,它试图从观念发展的角度梳理历史上出现的各种思想流派之间的逻辑关联,但对这种横向的复杂联系,如果没有超越这个逻辑网络的层次之上的某种"形而上"的历史哲学观,却是很难做到的。因而在全球化时代,在全球史视野下考察一个过去的民族国家的冲突有全新的意义。

而思想史中的一个精华是哲学史,因为哲学是把握在思想中的时代,哲学史就是历史中思想精华的演变与发展。如此说来,历史的哲学研究就必须包括对人类社会历史的整体性反思,历史哲学必须了解历史、哲学史。而且更重要的是,哲学史中展开的层次性逻辑结构是对所有历史的同类型的展开过程的样本,也是其深层的底层逻辑。因此,这里仍是在历史视角与历史哲学的观念视角来叙述,将哲学观念与层次变迁结合起来,一方面把哲学作为历史中人们思想的精华作为考察对象,来考察其历史变迁的规律性,以反映把握在精神中的时代变迁。另一方面,也是通过考察历史中哲学诸流派有关层次分化的观念,进而获得对历史层次的观念进行研究的哲学高度。

一、思想史的层次

思想史或者观念史的概念虽然最早源于启蒙运动的伏尔泰,但是对思想史的研究却是直到19世纪末才开始的。思想史家们认为,观念的创造导致现实的变化,因而,观念的力量要超出于物质的力量,观念的力量可以成为比物质的力量更具有决定性意义的变化动力。法国历史学家饶勒斯在分析法国大革命的原因时也说:"社会革命将并不仅仅依靠事物的力量来实现,它要依靠意识和意志的活力。"①思想史研究的意义在于追踪历史事物发生的原因,探讨世界与历史的真理、价值和意义。文化史学家不满意于历史研究只限于政治史,想要突破政治史的局限,把历史研究扩展并包括文明、思想、物质和政治。其代表性人物阿克顿说,"在理解历史中,一个伟大的课题就是洞察和把握隐藏在人们之后的观念,观念有着自己的传统,从古至今以它们自己的方式在发展,在这一演进中,观念远远超过法律父母的地位,扮演着教父和教母的角色";他还说:"我们的任务是把握观念的演进,观念不是公共事件的结果而是原因。"②狄尔泰对历史观念中的非理性也给予了高度重视。思想史的研究有两条主要路径:一是思想观念本身,对经典文本的诠释,历史人物,这是思想史的内在层次。二是所产生与流转的历史背景、社会语境,这是外在层次,与客观历史直接关联。历史学家罗伯特·达恩顿则把思想史划分为四个层次:"历史观念史"(常常在哲学的阐述上系统地研究思想)、思想史自身(研究非正规的思想、观念的氛围和知识的演进)、社会观念(研究意识形态和观念的传播)和文化史(在人类学的意义上研究文化,包括对世界的观念和集体心态)等内容,而且这四个不同的层面体现着从"高"到"低"的递进,包括了思想史研究的所有内容。③

(一)西方思想史的范式变迁

在百余年的西方思想史历程中,前后大体经历三个范式的转变。其一是观念史。洛夫乔伊和列奥·施特劳斯主张:针对西方思想传统的核心概念、所谓"观念的单元"(unit ideas)如自由、民主、平等、正义等,通过对一些经典作家的经典著作进行考察,研究作家在基本观念形成中的作用及其不足。他们从方法论上看更偏重哲学的观念研究,而非历史研究,故被称为"本本主义"。其二是历史语境主义。20世纪60年代以拉斯莱特、斯金纳和达恩等人为代表的剑桥学派认为,所谓固定不变的概念意涵在不同的时代背景与具体语境下所指不同,在政治家的内心世界中也未必一致,因而思想史上观念、问题与思想都是变动不居的,甚至所谓"伟大的"经典文本也会随着时间而发生着意义的变化。其三是从新社会文化史的角度来研究思想史。在研究民众观念时特别注意精英思想与民众观念的互动,并

---

① 转引自王养冲:《十八世纪法国的启蒙运动》,《历史研究》1984年第2期。
② Franklin L. Baumer, *Modern European Thought: Continuity and Change in Idea 1600—1950* (Macmillan Publishing Co. Inc., 1977), p.2.
③ Michael Kammen ed., *The Past before Us: Contemporary Historical Writing in the United States* (Cornell University Press, 1980), p.337.

充分挖掘民众观念的史料,如日记、自传、信件、涉及财产继承和债务往来的家庭遗嘱及有关法律纷争的证词档案等。

自从"二战"以来,西方国际思想史研究蓬勃发展,呈现出研究对象和主题进一步拓宽、研究方法更加多元、研究价值更具现实意义等趋势,尤其是近10年被称为西方国际思想史研究的"黄金时代"。在研究对象上,原先被忽视的思想家、国际关系理论家、社会组织或机构等被纳入研究日程;在研究主题上,开始关注全球秩序、帝国、欧洲中心观等新问题;在研究方法上,开始对传统剑桥学派的方法进行反思,并引入"传统-困境"、"次文化-交易空间"、概念史、"侦探历史学"等新的方法;在研究意义上,更加关注这一研究的现实价值,致力于通过研究传统思想对现实政治问题做出分析。西方国际思想史研究大致可以分为三个阶段。[①]

表3-1 当代西方国际思想史研究的三个阶段

序号	阶段年代	研究对象	研究主题	研究方法	研究目标与意义	案例代表
1	20世纪50年代~80年代	分散:政治家、哲学家的思想	分散:战争、道义、人性;民族、革命	简单:文本本身,而少阐释解读,根据传统概念归类	关注:国际思想的理论价值,启示	怀特、加利
2	20世纪90年代~2009年	"两个经典"之思想家:马基雅维利、霍布斯、卢梭、康德、黑格尔等	"两个经典"之二:国家、战争、和平、合作等经典问题	语境主义方法,即波考克方法:语言、斯金纳方法:作者意图和文本的政治含义	国际思想史与现实政治的关联,学术的政治观照	受国际政治规范理论、剑桥学派影响。基恩、雅恩
3	2009年~(黄金时代)	超出两个经典。近现代其他思想家,智库等机构	全球秩序、帝国、西方中心观、非西方国际思想、种族等;还有反思	"传统-困境"、"次文化"与"交易空间"、概念史、侦探历史学方法等多元化的分析方法	更体现现实关怀,进一步探讨国际思想史的政治性与实践性。参与政治辩论	年轻学者涌现,如Ian Hall、Duncan Bell。Peter Galison的"次文化""贸易空间"理论。对国家关系研究产生了巨大影响

---

① 张飚:《西方国际思想研究的新发展》,《国外理论》2020年第5期。

阿米蒂奇说,从狭义的"国政"到"国际",从"大西洋"到"太平洋",每一步都遵循着内在逻辑,发挥指导性作用。"而每一次,我都是在不同场合、地点和学术对话的驱动下,才实现了转向。"① 外在的简单而抽象的推广作用有限,每一次学术空间的扩展都是源于学术交流与不经意的一种激发,如令人着迷的问题或者层次错位带来的挑战。长久以来,对于国际关系学科史的描述一般以"大辩论"的形式展开。具体说来,现实主义者与理想主义者进行了第一次"大辩论",科学行为主义者与历史传统主义者展开了第二次"大辩论",实证主义者与后实证主义者展开了第三次"大辩论"。② "9·11"事件之后,美国国内出现了关于"帝国主义"的讨论,称赞美国推动了全球范围内民主法治的发展、经济繁荣和人道主义,同时,也充分肯定技术对全球政治经济的影响。例如,齐默恩认为通讯和交通改变了国家互动的方式,鲍曼和惠特莱西认识到了交通运输技术对国家的影响,摩根索、约翰·赫茨意识到现代"技术革命"特别是核武器的应用导致古典现实主义思想遭遇了严重冲击。

从民族国家内部研究走向民族国家之间的外部研究,这本身就是一个巨大的层次跃迁。因为,民族或国家都是经过长期的历史磨合过程而形成的一种比较稳定的结构,内部从民族习惯到政治、经济与宗教文化等都相互融为一个有机整体。韦伯认为,"民族是一个情感的共同体,它将在自己的国家内充分展现自然,因此,一般而言民族是一个倾向于建立自己国家的共同体"③。当然这是一种强烈的民族主义传统说法,虽然,今天民族主义、国家主义都受到全球化的冲击而迅速淡化,但是民族、国家之间的外在关系还远未达到那种有机融合的程度,而且,这种外在关联受到各种外力的冲击与反应的机制在各方面的特征都不相同,这一点通过对比外交经验与内政工作的显著差别就可想而知。以研究的视角看,它们的对象与范围、研究主体与目标也不一样,视域的扩大表现在突破狭隘的民族主义而构建积极的宏大叙事,并对互动性、横向关联给予充分的重视。

近年来,世界历史的观念渗透到思想史的研究中,导致全球思想史在

---

① 李汉松、阿米蒂奇:《国际思想史——对话大卫·阿米蒂奇》,《世界历史评论》2020 年第 2 期。
② Benjamin De Carvalho, Halvard Leira and John M. Hobson, "The Big Bangs of IR: The Myths That Your Teachers Still Tell You about 1648 and 1919", *Millennium*, 3(2011).
③ Max Weber, *From Max Weber: Essays in Sociology*, ed., H. Gerth and C. Mills (Routledge, 1991), p.176.

欧美学界兴起。经过对西方中心论的反思，人们认识到，内在观念史研究思路忽略了思想传播的物质基础、社会背景和政治结构。① 由此，这三个层面都受到世界历史的直接渗透，物质性的渗透在新科技媒介作用下直接传递到各个具体的层次。从观念的历史变迁角度看，思想史需要"全球转向"至少有两个方面的理由：一是思想史研究领域拓展的需要，二是思想史学界主动回应全球化时代命题的选择。而时代提供了这样的条件，因此，全球化语境下的历史观念需要直面传统思想史中的民族主义、种族中心主义，并接受后现代主义思潮，从边缘的、底层的、曾经被忽视的地带的本位视角来反思思想与知识传播的历程。

全球思想史并不是一个从欧洲出发进而扩散到全球的单线过程，实际上它以跨文化研究为中介，经历了一个后现代主义的解构，再到重新回复到宏大叙事的积极建构过程。在其解构过程中，跨文化研究已经不再是18世纪启蒙运动以来那种一元论的历史叙事，而是通过对局部经验的发掘突出多重主体性。以往欧洲中心论的历史叙事往往忽略非西方文明的主体性，而现在的关系史研究则更倾向于在多主体之间寻找历史；关系史力图打破民族国家的界限，在超民族国家和次民族国家层面建立更多的历史联系，它往往以微观视角考察不同主体之间的历史联系，对那些被忽视的局部经验和被抹杀的主体性进行补充，以建立新的关系之网。

作为14世纪北非阿拉伯穆斯林的历史学家，伊本·卡尔敦一方面掌握了更多游牧民族的一手史料；另一方面也得以借重前人的研究，合并这两个优势，最终发展出一套游牧与定居民族交互作用的王朝兴衰理论，这一理论对后世的历史书写影响深远并持续至今。② 斯图乌尔曼提出，人类进行跨文化和跨种族，其根据在于普遍的人性——一些普遍的价值认同，例如轴心时代的古典文化价值观，这也受益于另一个层次的研究人类学转向带来的解释文化差异的人类学根据。宏大叙事的重建与以往不同，试图建构多重主体性，因为解构单一文化中心主义和建构世界文化的多重主体性，往往是一体两面。瓦尼萨·史密斯（Vanessa Smith）在《约瑟夫·班克斯的中介者：全球文化交换的反思》一文中，从跨文化交往的角度重新讲述了这个环球航行故事，并借此进行新的全球思想史书写。其中叙述道，

---

① 邓京力、林漫：《论思想史的"全球转向"》，《郑州大学学报》（哲学社会科学版）2019年第4期。
② Samuel Moyn and Andrew Sartori ed., *Global Intellectual History* (New York: Columbia University Press, 2013), p.33-58.

库克船长与其一名随行植物学家班克斯在与土著向导图派亚的交流中受益匪浅。[①] 另一个典型案例是,阿米蒂奇与《独立宣言》的全球思想史研究中的宏大叙事:一方面,《独立宣言》显然推动了国家主权的最终确立;而另一方面,在民族国家建立之后,才可能进行"国际交往",由此,从帝国解体到民族国家建立再到国际社会形成,这样的逻辑顺理成章。[②] 消除帝国的政治霸权,但延续其世界性的层次逻辑,这里也有层次思维。因为帝国并非一无是处,它联结与传播,缩短空间间距。毕竟人类世界历史是一部人类从分散、孤立走向密切联系的历史。帝国进程也是其中的一个环节,并起到重要的历史作用。

如果说全球史侧重全球范围的物质性要素的交换与相互交往,那么,跨文化的全球思想史则是文化与思想的交换,涉及不同知识体系之间的交换。必须强调跨文化交往中不同参与者的主体性,以多中心、多主体的方式来解构欧洲中心主义,建构多元文化的交织网络。我们仍然需要强调全球史中的互动性灵魂,"互动"必然涉及多重行为主体,如果仅有单一主体,便谈不上"互动",因而也不可能写就真正的全球思想史。正如以全球史观写就的探险故事,必定不是救世主君临天下的英雄故事,而是一个讲述世界各地不同人群之间进行跨文化交往的故事。当前的大部分全球思想史家把思想全球化局限在公元1500年以后,但也有很多史家会思考古代、中古时期是否存在思想全球化的问题。对这个问题的思考让部分学者开始关注公元1500年以前的一些具有次全球影响力的世界主义进程,当然,这需要更深刻的层次性逻辑来发掘与叙述。

(二)中国思想史的演变

中国思想史也有近百年历史。中国独特的历史文化,成为中国思想史独特的文化优势。中华民族作为中国思想史的主体,一直保留着前后相承、源远流长的历史经验与观念系统,并保留在经史子集的文献典籍之中,保留在作为主体的中国人的文化心理、社会习俗之中,作为文化遗产的仪式、遗址、遗物之中。这是一个前后相承的历史经验与观念系统的社会共同体。[③] 思想史学界基于这一点,在追求历史客观性与科学性的道路上有自己独特的一些创见,形成了一些有特色的中国学派与方法论。主要有四大代表,一是哲学家的思想史研究,以胡适、冯友兰、钱穆等为代表;二是社

---

① Samuel Moyn and Andrew Sartori ed., *Global Intellectual History* (New York: Columbia University Press, 2013), p.81-109.
② 〔美〕大卫·阿米蒂奇:《独立宣言:一种全球史》,孙岳译,商务印书馆,2014年。
③ 朱汉民:《当代中国思想史的文化自觉》,《社会科学》2021年第7期。

会史学家的思想史研究,以侯外庐等为代表;三是一般的思想史,以葛兆光等为代表;四是刘泽华的"王权主义";还有匡亚明等人的多学科"综合派"的中国思想史研究也充分吸收各方优长。有学者从研究方法的角度,指出20世纪中国思想史研究形成了三大方法体系,即哲学诠释的研究方法、社会史的研究方法和学术史的研究方法。①

无论是"侯外庐学派"的"思想史与社会史的关联"②,还是"刘泽华学派"的"政治决定经济社会的中国封建专制的王权主义政治思想"③,都是基于历史唯物主义对中国思想的史学阐释。虽然"侯外庐学派"有自己独特的学术风格、治学宗旨与学术团体,而且有代表作,但侯外庐自己并不承认创立学派的说法,"要建立一个比较完整的马克思主义的中国思想史体系殊非易事。尽管有同志说我们的思想通史是自成体系的著作,而我们却不敢以此自诩。我很想说明一下,我们在史学研究中所注重的不是自己的'体系',而是如何运用马克思主义历史科学的理论和方法,总结中国悠久而丰富的历史遗产"④。而且其团体重要成员方克立、陆新礼等也自称为"唯物史观派"。与其说"王权主义"是对唯物史观有关社会经济基础决定包括政治在内的上层建筑的论断的分别,不如说刘泽华对中国传统社会里的政治压制经济活动的分析更明确地界定了唯物史观阶级分析方法的具体适用情境,阶级分析方法更适用于社会变革、特别是社会形态的变革这样的重大历史转折时期,例如封建社会向资本主义社会的过渡,而非某个具体社会形态内部相对比较稳定的社会内部,至少不是主导与全部,"在阶级社会,政治思想的核心部分具有明显的阶级性质。但从政治思想的总体看,又不能全部归入阶级范畴……不能把每一种思想命题统统还原为阶级的命题,因为政治思想对象本身并不都是阶级的"⑤。

根据层次的观念而言,刘泽华关注的是中国政治思想史的概念、范畴。它们都是中国思想史的一个内在层次,如君尊臣卑、帝王观念、进谏、臣民意识、抑民等,但在秦汉一统之前的商周时期的政治思想,却是外儒内法的前奏,是道义与功利之辩的争鸣历程,"民为贵,社稷次之,君为轻"的孟子十字箴言;当然更不同于20世纪清末以后的现代转型。在各朝代为臣进

---

① 方光华:《中国思想史研究的三个向度》,《学术月刊》2007年第4期。
② 龚杰:《论侯外庐学派的代表作〈中国思想通史〉》,《西北大学学报》(哲学社会科学版)1989年第1期。
③ 刘泽华:《中国的王权主义》,上海人民出版社,2000年。
④ 湛风、郑熊:《在人文学术园地不懈耕耘:张岂之先生访谈录》,《中国文化研究》2009年第2期。
⑤ 刘泽华:《先秦政治思想史》,南开大学出版社,1984年,"前言"。

谏政治思想对君主专制的某种制约，"汉唐以后，社稷重于君主论被正式纳入统治思想，在朝堂议事，常常被用于规范、谏诤和抨击具体君主"①，这也是古代民本思想的一个深层次逻辑的延伸在君主专制政治思想体系中的一种保留与张力，连接着更广大的下层民众社会的政治观念。而且，它不是超出政治思想史之外的中国思想史，因为中国古代政治思想史主要是上层社会精英或政治家政治思想家的观念，并不包括下层社会的政治思想，更不包括下层社会的宗教信仰与传统文化等思想的观念，如葛兆光所说，"在精英或经典的思想与普通的社会和生活之间，还有一个'一般知识、思想和信仰的世界'。而这个知识、思想与信仰世界的延续，也构成了一个思想的历史过程，因此它也应当在思想史的视野中"②。

所涉资料范围除传统的经书子集，还包括非文字类的图像资料如宗教图像、文学艺术等；此外还有更宏大的中国古代历史层次，所涉论题包括气候、地理、人口与科学技术等各种层次的论题。它们也不是单纯政治思想史所能够囊括的，因而，不同层次的论述所聚焦的对象与论题边界是不同的。近来，赵汀阳提出"天下体系"的中国传统政治思想观，认为古代天下体系是在千年不遇的特殊历史状态中发生的政治创制，以"天道不需证明，因为其已经在所有事物的存在中充分显示出来"的自然主义与"生生与共在"的古代生存论为根据，并试图跨越时空重新成为今天全球化的政治理性原则。③

对比西方思想史与中国思想史的基本层次架构，一种直观的认识是：中国思想史有整体观与模糊的层次性，但还没有提升到层次观念的程度；而西方思想史有清晰的层次区别，但通常在层次性与整体观之间没有构成有机的结合，常常舍此取彼，反映出一定的层次聚焦倾向，但常常没有回复到整体观上进行弥补性论述。而且从思想史的观念变迁来看，从中国传统到现当代，整体观从强到次强，受西方影响而提升了科学性、层次分化的专门研究；西方则是整体观与层次专门研究的视角两者一直存在，甚至当下有悖于"二战"之后的后现代主义，更注重层次之间的交互作用与整体性取向，如全球视野，而且注意不同类型的诸层次跨维度的相互之间的立体关联。中国学者在思想史研究的理论和方法论上还是相对偏狭和单薄一些。近几十年来，对于语言在理解现实方面的重要性日益增长的认可，已经急

---

① 刘泽华：《"民为贵，社稷次之，君为轻"的思想渊源》，《史学月刊》2017年第2期。
② 葛兆光：《中国思想史》，复旦大学出版社，2001年，第13页。
③ 赵汀阳：《天下观与新天下体系》，《中央社会主义学院学报》2019年第2期。

剧地改变了人文社会科学的研究重心和研究方法。这种改变的一个主要表征就是"概念史""政治语言史"和"政治话语史"的发展。然而,在这种变化的内部,各个国家在研究取向及方法论路径上却迥乎不同。① 在这方面我们可以基于中国文化的独特优势,吸收先进研究方法,积极参与到国际学术共同体中。

当代以来,语言转向与语用转向、世界历史转向、全球转向、文化转向、国际转向、空间转向、日常的生活世界转向、消费社会转向,各种转向一方面是对原有潜在的层次的显现与独立层次化,另一方面是在层次性观念架构中焦点层次的变迁,从原来焦点层次转向新的焦点层次,这个新焦点层次通常是一个新的衍生层次。

二、哲学思想观念的层次变迁

哲学思想是思想中的精华,对哲学思想观念的历史变化进行考察是对人类思想观念变化的核心内容。传统的哲学史通常以历史上两千六百年来哲学家的思想的介绍为主,以时间顺序,并按照哲学家思想的相似性、某种前后关联进行解释。但是,在以哲学家的哲学思想为研究对象时,基本上把它们与其时代社会情境、历史背景的关联性分离开来,虽然也做了一些简要的介绍说明,但对后者的历史发展,对其变迁线索与逻辑,对它们与哲学家思想变迁发展的逻辑之间的关联却没有做出明确的阐释。换言之,哲学史对其最根本的发生情境的历史线索缺乏研究,对两条线索的关联追究得不够。因此,哲学史对哲学体系、哲学观念的变迁发展的深度理解不够充分,有些解释不够深刻,尚未达到一种理想的科学解释。

现代哲学延续了近代认识论转向带来的革命性思维——突破传统的哲学根本结构或范式,并在语言与实践等方面出现了独特的转变。这种革新表现在多个方面或者多个层次上,从认知理性的内心一端向外在的移动就是对语言本身的研究,语言本身看似不过是交流思想的符号,却也是精神外显的窗口,精神也正通过这个窗口显现出存在;从存在理性的沉思家园——彼岸世界或"物自体"——向感性直观的外在世界转移,深邃的理性也悟出纷繁复杂的日常生活世界才是各种人生意义、认知真理的生发层次;在超出个人的主体间性的层次上,则是社会层次的逻辑演绎,社会中的个体行为当然带有社会统一的规范性,表现出一种统计意义上的群体特征。但是,社会现象并不是单纯的物质世界里的简单聚合,具有主观意向

---

① 李宏图:《改革开放以来的西方思想史研究》,《史学月刊》2009年第5期。

性的人的社会行动才是社会研究的基本单元,因而也有"社会哲学转向"的说法。可以说,三个层次的转向是相互关联而融合的,只是从不同层次的意义上而论,每个层次都会受到其他层次的影响与冲击,在语言学转向的冲击下,这个层次受到语言哲学的渗透与融合;同时,对日常生活世界的社会学结构与个人行动之间的异质性研究,会导向历史性问题,还有个人的经历与社会的历史流变问题。

当代哲学遭遇到的问题在很大程度上归结于延续哲学传统的路数。因为,事实上古希腊哲学在相当程度上提供了后续研究的主要论题及其展开的可能域,整个哲学史就像一个领域不断延展的链条,既有确定性的层次轨迹,也有不确定的发展。而其中不确定性更显著地表现在问题探索的层次性深度拓展与其内在的关系中。哲学史既是一条有逻辑线索的哲学思想发展历程,也是一条在所谓"规范化"的梳理过程中不断排斥或者剔除"异端"的过程,然而曾经的"异端"可能隐藏着巨大的思想宝藏。就像人在成长过程中的认知既是知识增长的过程,同时也由于规范化程序的运用而窒息其他"非规范"的可能空间与通道,无论在感觉体验中会让本来可能开放性的敏感性钝化而集中于特定谱系,如色彩感知、声音感知,甚至认知能力,都会形成一种抑制效应,从开放、多元向规范封闭的特定程序聚焦。时代变迁让我们意识到这种抑制性与时代发展之间的差异性,由于在规范认知中无法建立所剔除的隐秘信息之间的神奇关联,而这种关联很可能克服抑制效应进而重建感知与创造力的可能性,因此,我们需要反复回到哲学史,反思曾经被视为"无用"而遭到剔除的蕴含原创性的思想线索,更反思蕴藏深度逻辑的潜在层次。

要建立科学的历史哲学,就必须把关于历史的哲学研究置放到历史研究的情境中考察;同样,要建立科学的哲学史,也必须把哲学思想的变迁置放到历史情境的变迁之中,进而阐明其逻辑。在某种意义上说,哲学史充满了重复"发现轮子"的故事,亚里士多德从"质料-形式"到"潜能-现实"的基本哲学范畴,就是中世纪以及近现代一些哲学理论不同版本的原型,比如创世神学理论、黑格尔主义、后现代主义,甚至实用主义也可以追溯到那里。传统哲学已经穷尽了形而上学体系化的主要因素,柏拉图和亚里士多德的学说基本形成了成熟的版本。后现代主义与实用主义在新的层次或视界进行哲学批判与社会批判,不再寻求新的哲学体系,不过前者更为极端,主张完全放弃哲学,后者只是取消对轮子的重新发明权,而不否认一种哲学形而上学的积极意义。不过,与海德格尔-伽达默尔的解释体系、弗雷格-罗素的分析理论相比,后现代主义在这种"现实"层面上的哲学并不成功。

　　这里主要以西方哲学史上具有代表性的伟大哲学家或流派为例,展现他们的思想层次分化的历程。哲学史家梯利说:"希腊哲学从探究客观世界的本质开始。它最初主要是对外在的自然感兴趣(自然哲学),只是逐渐地转向内部,转向人类本身而带有人本主义性质……后来,注意力更特别集中于伦理问题:什么是至善？什么是人生的目的和目标？伦理学成了主要课题,研究逻辑和形而上学是为了帮助解决道德问题。最后,上帝和人同上帝的关系问题即神学问题,占有显著地位,希腊哲学像它开始一样,仍归结于宗教。"①

　　自然比较直观而一目了然,作为探索与分析的入口再合适不过,但转向人自身行为与内心的探索也合乎情理,因为解释自然必然涉及解释者及其认识本身。古希腊智慧的思维进入外在世界、认知、行为规范等不同的层次,然而,苏格拉底过早地聚焦或沉浸于寻求至善的规定性,这也大概是导致中世纪神学占据统治地位的一个重要原因。相反,认识论与形而上学提出的原子论设想、逻各斯与心灵或努斯等天才问题与思路也中止了,没有认识论的深入,伦理学注定走不了多远;同样,政治哲学的想象没有现实层面的"技艺"支持,也只能在遭遇文明上落后部落的不断打击中演变为一种乌托邦。这不仅是古希腊的悲哀,也是古老文明早期层次思维不够成熟的表现。其他文明的核心思想也有这样的更新缓慢或停滞的现象,如中国哲学思想在很早就达到了相当的高度,一直作为文明核心的思想观念延续两千多年,虽然在南北朝佛教传入和唐宋时代盛行的冲击中有了思想的兼容与理论更新,但终因过早的伦理学令律、凝重于现世或完全远离现实的玄虚之思,而没有在历史进程中与其他层次形成更有效的积极互动,激发出质变性飞跃的思想与历史的新层次空间。

　　柏拉图认为,逻各斯、法理、秩序与理性、法规、次序的三位一体既是物理世界的第一原则,也是伦理世界的第一原则,正是这种三位一体构成了真善美。柏拉图构建的"理想国"是超越时空的,或者说是无关乎某个时间与地点的。在现实的时空体系里,这是一种尚未建构起与时空相关联的超验想象,显然,这是远离现世的理智产物,却是一种面向现实世界的未展开的开放状态。就这个历史性视角而言,"在奥古斯丁的学说中,柏拉图的理念变成了神的思想。与此相适应,全部古代哲学概念不得不经历一次根本的变化",于是,柏拉图的"分有"概念变成基督教里的"创世说"与"肉身

---

① 〔美〕梯利:《西方哲学史》,第7~8页。

说"。从柏拉图的开放性哲学到奥古斯丁的宗教哲学,关于层次的衍生与转换,柏拉图并没有明确的定向,但奥古斯丁进行了明确的层次定向——宗教,而从柏拉图那里借用或者继承发展了理念论的宗教性与世界性观念,这是哲学层次的衍生与展开。奥古斯丁不能在哲学上回答"时间是什么"的问题,却在世俗信徒的基督教教义里给予了现实的历史性的回答。这是一个哲学从观念到现实的层次性的创造。

柏拉图的理念哲学体系内含丰富的层次性。在柏拉图哲学的认知层次中,数学位于更高的层次,高于感觉世界和具体事物的层面,与形而上学相关,研究存在的本质和真理。柏拉图认为数学的对象是永恒、不变的实体,与感官世界中的变化和多样性不同,因而数学是抽象、普遍和理性的,代表了真理的形式和理性的本质,也是一种对于真理和现实本质的研究方法。他将数学分为算术和几何两个主要分支,其中算术研究数字和数量的关系,几何研究形状、空间和尺寸。数学通过抽象的概念和推理方法,揭示了真理的本质和理性的秩序,因而是一种超越感官经验的纯粹知识形式,表达着揭示事物本质的理性精神。

亚里士多德哲学体系的层次性更有现实的质感,这与柏拉图哲学基于数学的纯思的形而上学不同,即基于物理学的层次性表现与数学基石的不同。亚里士多德认为数学关注的是数量、形状和关系等抽象属性,而不是具体的实物,因而数学只是一种演绎推理的工具,用于建立准确和必然的论证。亚里士多德更关注自然界中的实际事物和运动,他将物理学看作是一门实证科学,通过观察、实验和归纳来研究物体的属性、运动和原因,因而更有现实世界各种事物具体的运行、时空现象和因果关系,也就表现出现实世界的丰富层次性,物理学也可视为支持其背后的形而上学的现象层次。在亚里士多德的物理学中,他对宇宙的结构和运行提出了一种层次化的观点。他认为宇宙是由一系列不同的层次和领域组成的,从最底层的物质到最高层的神圣领域。他将物质世界分为四个层次:地球、水、空气和天体。每个层次都有其特定的性质和运动规律。这对后世产生了深远的影响,成为更多物质性话题的思想与范式之源。更深远的是,亚里士多德从柏拉图抽象理念走向现实物理世界,这本身也是哲学的一种宏大的层次差异化,是哲学作为思想观念的历史辩证法的"摇摆"表现,它与柏拉图的数学取向以双重轨道深刻影响了后世的哲学,尤其是其核心层次的逻辑一直时隐时现地在演进中,成为新逻辑层次的衍生之源。

由古希腊苏格拉底、柏拉图、亚里士多德等伟大哲学家建基的哲学传统从来都是通过"调和"或总结所知各派哲学观念而构成的,就此而论,与科学技术史上的伟大里程碑没有什么不同。柏拉图建立的第一个哲学体系不是凭空而起的高楼，而是对古希腊各个哲学流派提出的看似千差万别学说的综合，并进行了超越性的革新，包括智者的意见、苏格拉底关于共相的真知、赫拉克利特"永恒的活火"、埃利亚学派不变的理念世界、原子论假说的"多"、巴门尼德的"存在是一"、毕达哥拉斯的"数"和阿那克萨哥拉的"精神"等。每个学派有各种言论，但都有一个共同的追求：世界终极的本原。亚里士多德再次在自然哲学各学派与柏拉图理念论之间进行了深层融合，特别是现实中运动的物质与超验理念之间的关系，是否暗示分离在一个更深后(meta-)层次上的不可分离，在这个形而上学(meta-physics)的层次上，物质与性质或形式变成事物永恒的元质，动力因与目的因浑然一体。而且，苏格拉底追寻的至善被综合为全面而自然地行使人的职能——人的自我实现，综合为中庸之道：既有非理性的感情、欲望与嗜好，更有德性。

哲学史与思想史一样也是理性展开、层次分化的历程。虽然说古希腊哲学几乎提出了两千年来欧洲文明所探究的所有的问题，但认为其同时也提供了所有的问题答案，则是"崇古"思想作祟的臆断。且不说古希腊的许多回答已经被证明是错误的（譬如罗素对柏拉图关于既大又小的困惑的回答），古希腊问题无论在层次数量、所涉宽度与层次深度上都远不如今天展开得充分。新的时代提出的问题以及解决方法，与过去有本质的区别。虽然许多哲学问题看起来相似，具有同样的语言结构，但实质内容已经随着历史的发展而有了不同的层次内涵，意义、意义的层次都明显不同了，就像自然科学的问题一样，随着不同时代的科学范式不同而不同。因此，过于强调其相似性不过是对生活形态高度依赖于人生活范围的相似性和重复性，或者生物属性的一种偏执，而忽视了其实质内涵。但哲学恰恰要强调的是后者而非前者，不是生物性、物理性特征，而是文化特征、精神特征，但文化和精神却是深刻历史性的层次观念体系。

阿奎那为了论证宇宙的合理性为上帝的启示，把以前教会所采纳的各种经院哲学与亚里士多德自然主义的概念与方法结合起来，进而与基督教思想体系中的超自然主义进行更大体系的调和。然而，自然主义与超自然主义终归是两个显著不同的层次，其间的巨大跳跃绝非他简单地用"三位一体"，以及信仰-神启真理、理性-哲学真理之间的区分就可以做到的。①他关于上帝存在的论证，层次不分地跳跃在跨越性的断裂层次之间，因为

————————
① 参见〔意〕阿奎那：《神学大全》第 2 卷，段德智译，商务印书馆，2013 年。

其认识论基础仍沿袭亚里士多德：真正的知识基于概念，概念以感官知觉为基础，当外在对象刺激作用于灵魂时，先验的知识就被激活。如果参照康德标准的三层理性、概念、范畴等认识论，我们可以看到，阿奎那在认识论上停留于亚里士多德主义的阶段，当然不可能对其在神学与哲学之间的调和环节中诞生出新的层次观念，不过他的区分对哲学的进步产生了积极的影响，哲学研究可以撇开纠缠不清的神学问题。这为后来者邓斯·司各脱等人在此基础上把一切有关上帝的问题都交付给信仰，从而为理性划出了地盘铺设了道路。

哲学史的梳理也能像外在实践一样对我们既有的哲学理论构成挑战，并激发新的思想，有的也许只有在一个新的理论框架下才可得到理解。在黑格尔看来，哲学史就是哲学，对哲学困境的研究离不开哲学史，离不开对哲学史研究的总结，就像对哲学家的人生经历的考察有助于对其思想的理解一样，对哲学史的考察也有助于我们把握哲学的现实状况。阿尔都塞告诉我们，"任何哲学都必然要先从别的哲学绕弯，然后通过区别和分裂而确立和说明自己的论点。实际上，任何哲学都不以其绝对存在的简单形式而表现自己（不论它自己如何认为）"[1]。这大概就是哲学思维的基本模式，因为哲学的非直观性与复杂性，我们只能依靠前人搭建起来的梯子才能上到高处，这就是哲学史的学习与考察。

马克思常常通过批判地分析其他思想家来展开自己的思想，有时为了说明自己观点的独特性，还不惜刻意放大批判对象的缺陷。不过，这种批判风格是当时许多青年黑格尔派非常流行的方式，因而是个时代特色的问题，"大多批判是做无谓的细致的分析，并故意把对手的文章观点歪曲到荒谬的程度"[2]。当然，除此之外，我们还需要对哲学内部的各分支进行考察与批判。众所周知，西方哲学源自古希腊的传统，这个传统甚至比近代科学的继承性发展模式更加古老、深远，因此不能离开古希腊哲学的源头，尤其是苏格拉底、柏拉图与亚里士多德恢宏而影响深远的哲学之思，来谈哲学的历史变迁。当然，由于哲学的发展从来都是在辩论过程中进行的，每个关键的辩论节点都是思想的新层次萌芽。例如，休谟对康德独断论的惊醒，更宽一点说是洛克、休谟、莱布尼兹、斯宾诺莎等人相互辩论的独特观念催生了康德对认识论的"哥白尼革命"。又如"德法之争"，伽达默尔施展其阐释学辩证法的魅力，而年轻气盛的德里达尽管以解构论力图摆脱这种

---

[1] 〔法〕阿尔都塞：《保卫马克思》，顾良译，商务印书馆，1984年，第242页。
[2] 〔英〕麦克莱伦：《马克思传》，王珍译，中国人民大学出版社，2006年，第116页。

强大的"善良意志"旋涡,但是,主张非同一性和差异化的解构论诉求本身是否也是一种要求理解和认同的同一性诉求?

毫无疑问,置放在宏大的哲学洪流中,诠释学与解构论具有更多的相同或者相似性,而非对立。① 诸如"语言"等一些重要的共同要素构成的层次表明,现代的哲学之争常被夸大,其实不过是更细化层次上的微观差异。换言之,哲学已经能够在体系层次上拥有相当程度上的一致意见,譬如,再提唯物唯心之别就断然不是近代哲学之前那一种层次的意涵了。看!沸沸扬扬的"不可能的对话"双方都号称继承了海德格尔,所讨论的是签名与"尼采"这个名字的问题。②

一个恰当的哲学科学化教程其实只需要讲出最后的一个结果就好了,但是,对此我们还没有形成共识,也许有人会说黑格尔体系最为完整庞大,是否可以作为教程呢?不行!因为,其中固然几乎无所不包地涉及最根本、最重要的哲学话题。但是,有些结论与推理是错误的或者说现在已经没有说服力了。而糟糕的是,没有产生更有说服力的庞大体系,只是在针对黑格尔体系的一些漏洞或者深入的方向产生了更有说服力的成果。例如胡塞尔在先验意识现象,以及海德格尔在生存现象方面的深入探究,但是他们都没有提供一个总括前人成果的、体系化的解决方案。

我们或许可以用笛卡尔-康德-黑格尔轴心来定义近五百年来的哲学主线,因为,以他们三人代表的论题为科学的哲学研究做出了重要的贡献,而且形成了逐级提升。这条主线逻辑几乎内在地卷入了柏拉图与亚里士多德的主要哲学问题,那么,这个轴心可以被视为整个哲学史的基本范型。

---

① 就如弗兰克(Manfred Frank)所说,他们实质上共享五种因素:一是作为一种理论基础的"语言学转向";二是"贯穿于现代思想的危机批判";三是对一种"绝对精神"或无时间性的自我在场的拒绝以及一种对有限性的确认;四是两者都回到尼采和海德格尔对"西方理性主义"的诊断及其终结这一论题上;五是两者都强调审美现象的原初意义,特别是文学与文艺批评。

② 字面上理解,在一个超越性的层次上,两者所宣扬的还是有所差别的,甚至是一种根本无法解决的差别,就如彻底的怀疑论对于任何实在性的差别。然而,不着边际、声东击西、无中生有的解构语言本身只是一种激烈的批评,而不能建构,因此也就不能拥有对于形而上学的颠覆力,就如任何形式的怀疑论可以指出实在论的缺陷,却不能仅仅以怀疑的名义就可以颠覆实在论。对实在论的颠覆需要层次性的渗透性颠覆,而不是直接跨过中间的层次性环节,就如伽达默尔的回应,"那个固执于差异的人,他站在会话的开端处,而不是在会话的终点"。(参见伽达默尔:《对话与解构》,英文版,第113页。)如果说伽达默尔还在延续海德格尔的此在解释学,那么,德里达则对任何可能成为新的所谓形而上学的具有本源意义的"终极能指"抱有偏执,认为只有"延异"(difference)才是"非完满的、非单一的,有结构的和区分化的差异之源。因此'本源'这个名字就不再适合于它了"。(Jacques Derrida, *Margins of Philosophy*, trans. Alan Bass [Harvester Press, 1982], p.11.)

即便你不直接去读柏拉图与亚里士多德的著作,也可以在这条主线里发现并讨论他们的根本问题。换言之,他们的伟大贡献已经被主线吸收、包容进来了,而对于没有明确说明或包容的,在柏拉图、亚里士多德那里只是含糊涉及。

那是否可以直接以黑格尔哲学体系为基准呢?康德哲学显然是黑格尔哲学包容不了的,虽然黑格尔号称包容进去了,但实际上没有,反而是包容进入的部分又被冲破了——运动总有静下来的时候,让人不得不"回到康德",康德的先验知性分析更具有科学性,如果单单谈论知性分析,我们甚至可以直接以康德哲学为基准,再进行一些非实质性的修补与封装就可以拿出一个具有科学性的哲学小体系了。而且,在这个领域或者层次,笛卡尔以及之前的都可以包容在康德的理性分析之下。也有人就走得更远,如怀特海,认为似乎一切都不过是"柏拉图的注脚",但是,柏拉图的理念、共相,亚里士多德的四因说、潜能与实现、隐德莱希等不是在康德、黑格尔那里获得了比他们自己更清晰、更合理的论述吗?我们当然不能以"心理移情"的方式还原出柏拉图、亚里士多德所言所想,但能就其文本所获取的哲学意蕴最大可能而言,似乎都已经得到了明晰的探讨。

可能有人会说,这么说来,康德、黑格尔构造出的哲学体系已经基本代表了整个哲学体系的集大成,笛卡尔难道就没有哲学史上的地位吗?康德与黑格尔之间存在一个巨大的裂缝,那恰是笛卡尔的特殊贡献,而且,笛卡尔又是近代哲学的开山,作为一个近代哲学的代表,在一定意义上也可以说他代表了近代理性派。他与康德之前的一系列哲学家的争论都是康德、黑格尔哲学的直接理论前提。

哲学史的层次展开也是随人类历史的大潮而波动的,归根结底也是时代精神的层次性展现。假如把哲学与科学技术作为历史中两个相互关联且博弈中的层次来看,由于哲学独特的"超凡脱俗"品质,它一方面在历史的黑夜犹如一丝光亮引导人类寻求光明;另一方面在现代科学技术爆炸的时代,却又表现出一种对于科学技术的观念滞后与保守性。如果说康德哲学是呼应了时代,既进行了近代认识论哲学的综合,也为新起而蓬勃发展的近(现)代科学技术提供了哲学与知识论的基础性辩护,完美地实现了哲学的历史使命,因而是伟大的时代精神,那么勿庸置疑,哲学在此时建立起最好的历史成就与荣光。如果说科学技术与商品文明是人类特有的创造,在人类创造历史的逻辑层次上,时代精神转向科学技术与商业精神的展开,这是理所当然的。从某种角度来说,与之相适应的哲学应当聚精会神于"学科分工的时代精神的触角",深入每个学科之中并与之前行,直到下一次哲学大综合的呼声自然而然地产生出来。换言之,时代精神的聚焦点应当从思辨的哲学与精神科学转向科学技术与工商业的实用层次。

但是,真实历史的后来发展是如何的呢?最伟大的体系综合者黑格尔哲学很快出现了,就如费希特的直观主体与谢林的直接把握的绝对催生出来似的。黑格尔思辨哲学当然没有"直接"——如果是同样的"直观",那么在我看来可能历史效果更好。因此,假如真是那样,那么"综合"不过是一种"直观"哲学的宗教表达,以替代宗教改革后逐渐退出思想领域的信仰残余,起到一种时代性的桥梁作用,但难出现真实的黑格尔思辨的绝对精神哲学,并引起后来的马克思、克尔凯郭尔、尼采等直接的思想浪潮——这些浪潮极大地改变了人类领航的时代精神的基调,不是康德的平和,而是激烈的自由与革命精神。简言之,黑格尔哲学的大综合以及作为其某种对立面出现的巨大思想浪潮,让人感觉有些"时代性的超前"——它是哲学思想上的时代产物,但还不是现实世界的时代产物,是德国哲学精神的进一步远离现实世界的精神高峰,即便对刚完成的法国大革命、双元革命而言,都有些超前。正是这种超前,使得黑格尔自己面对现实世界的变化时,有些手足无措,故将1814年的拿破仑称为"马背上的世界精神",这是理念哲学向世俗力量的鞠躬。

与真实历史层面上的现实世界的状况相比,这些激进的浪潮的确有些"超前",它们站在人类解放的高度呼唤全世界舍弃陈旧的思想。但世界的绝大部分人还在衣衫褴褛地为浅度的基本生存挣扎,还未曾沐浴到刚刚显露出来的科学技术的物质解放的曙光。黑格尔的这种远离,在这里形成的巨大裂缝,引发了后来一系列的思想事件:马克思对资本的逻辑演绎,把商品紧紧绑定在制度上的分析,把资本也紧紧绑定在商品经济的资本主义私有制度上,并简单化地把世界精神在理念上的推进直接投射到现实世界,造成了与英美差异的另一半世界,这个世界包括半个西欧大陆,但几乎覆盖了整个东方世界(俄中与东欧),进而导致两个世界的进一步分裂与更多、更大的断裂地带。——当然,这是现实形成的一种负面效应,并非其原主张者的罪过。这种远离,还引发了哲学中的分裂,如尼采与存在主义者、欧陆人文精神之间。后者对科学技术的生疏发展到天然的偏见与排斥,这与英美的科学精神相背离。然而,当下仍然是科学技术与资本自我修正之后的蓬勃发展,这是另一半世界的光芒四射。尼采、海德格尔的生存论、叔本华的情感意志主义,对黑格尔唯心存在论皆有颠覆性的反思,虽然在最能贯穿笛卡尔-康德-黑格尔哲学体系的时间问题上还是没有更清晰的理性阐明。当然,语言分析、数理逻辑的运用,结构主义、后结构主义在澄清哲学概念与判断、确定意义单元等重要方面把哲学研究的工具箱进行了一番比较精致的清洗,这也是健全的哲学体系建构的必备条件,并且以后现代主义为旗帜渗透到哲学各个层次的研究中。

三、哲学史中的层次观念

哲学史仍然是一门与哲学密切相关的具有原创性可能的艰深学问,而非一种哲学材料的历史整理工作。目前还没有一种能够替代黑格尔哲学史的哲学史理论,特别是运用新的方法进行研究,获得新的哲学认识的哲学史思想。后现代主义虽然从反面指出了这种宏大叙述的历史逻辑的观念性质,但缺乏积极的理论建构来摧毁哲学史大厦,却停留于思想史的碎片之中。许多哲学史研究事实上陷入黑格尔所批评的那种,"所费力寻求的关于哲学实质的知识反而没有。这样的哲学史家有点像某些动物,它们听见了音乐中一切的音调,但这些音调的一致性与谐和性,却没有透进它们的头脑"[①]。这些埋头于"咬文嚼字"般的哲学材料整理者,只是在进行哲学史上某个越来越细、越来越偏僻的事实的澄清,或者浩瀚的资料文献的局部性整理,已经变成一种越来越偏向历史而非哲学思想脉络搜寻与解释的研究,更谈不上用原创性的哲学整体性框架来规整宏阔的材料与思想演变的复杂踪迹。对其中的内在逻辑,或者哲学作为思想知识与其他各种学问知识、整个人类社会的历史演进之间的关系的探讨,都需要一种极其宏大的视野与思想框架,这些都是不容置疑的最艰深的哲学思想。

哲学史上每一个思潮对前一个思潮的"颠覆",其实就是一个新的理论范畴或层次的建构,即便是唯物、唯心之争,在一轮又一轮的历史过程中也都是后一轮对前一轮的层次包裹。对于现代哲学的诸多流派来说,一方面它们并没有单独的体系;另一方面它们几乎涉及哲学所包容的所有方面。用层次思维来揭示哲学思想的层次性变迁是一条有效途径。

对哲学流派的评价需要经受历史的检验,根据对整个哲学史、当前的哲学现状的理解。其价值不在于其哲学体系,而在于其最有价值、产生了影响的那一部分,如莱布尼茨的"充足理由律",而不是他的体系说辞"上帝从一切可能的世界中创造出最好的一个世界"及其相关的一套说法,因为这是他对后来哲学发展的主要贡献。也许他在这个整体性学说上花费的功夫比"充足理由律"的功夫更多,而且莱布尼兹自己可能认为他更重要的事情在于整体性的研究,但我们并不认为他的体系研究更有价值,正是因

[①] 〔德〕黑格尔:《哲学史讲演录》第1卷,贺麟等译,商务印书馆,1981年,第5页。

为它可能并无实质意义,于是不久就被打破或者被放弃了,这恰如牛顿后半生的"第一推动原理"研究。

重视实践的马克思主义哲学是一种积极的现实主义。这种现实主义既是某种实用主义,又是某种实践主义,它把问题的焦点从前现代哲学的永恒性放在一个恰当且小的尺度,关注当下的认识与行动。它不是反对传统认识论关于知与行的分离,而是反对以前的认知,同时也反对以前的行动,因为在前现代,认知是对永恒的认知,如康德先验范畴、先验道德律的认知,或者黑格尔的对于绝对精神的认知,而不是对于变动性的认知,对于当下最重要的关注焦点的认知。对于漫长甚至无限的时间尺度上,进而超出时间之外的东西的认知,行动当然是追求那个永恒性的事物了。这种哲学有一个基本的假定:种属是不变的,宇宙是不变的,世界基本是不变的。因为在前现代的传统社会里,生活是安静的、不变的,美即人的安静、世界的安静不变。

然而现代以来,哲学家从物理学、哲学、宗教信仰等各个层次上发现了那种永恒性的虚妄,完全放弃了那个绝对的概念,而不是保留以前的认知、保留以前的行动模式。通过缩小认知的范围,缩小行动的域,使得它们之间的结合更加紧密,但是这个紧密并不是刻意增加的,而是源于前两者的范围缩小的自然要求。古代的日常生活中同样有知与行的有效结合,例如与基本生存相关联的一系列常识认知和生产劳动、生活行为等,古代哲学思想不是关于这些日常性的,而是具有超越性质的、宗教性的层次。但是这个层次在现代世界的地位越来越低下,尤其是宗教改革之后,其崇高的论域从静谧的天国转向现实的尘世。哲学焦点论题的层次也从大变小,从上往下移动了。对此,实用主义以一种相对性的视角指出,层次选择无所谓崇高或低下,层次选择面向的是现实的困境与问题。同时,现代性的困境很可能需要古代追求静谧的思想来克服,因为现代性对天生与变动性相连的技术的依赖把我们的层次拖到一个狭小的空间里,这个层次如此狭小,窒息了人生意义向上的飞翔。这表明我们的思维依然在这个由层次堆砌起来的立体空间中,只不过发生了焦点层次的转换和迁移,而不是对旧立体空间的摧毁和新空间的涅槃。理性精神的层次一旦开启,似乎不曾离我们而去,而是或隐或现地伴随着我们的历史。

哲学的理论与实践,如果用层次视角审视,那么就是最大的两个层次。由于它们之间的根本异质性,哲学难以直接指导具体的行为实践。在哲学与实践之间一定要有中介环节,这大概是哲学倡导实践自身却不能参与实践的一种"实践悖论"。即便社会政治实践也是由政治学理论所指导,不同的是,后者受到哲学指导。所以,在任何实践与理论的关系中,理论是一个层次性的理论,不是哲学,也不是纯粹的应用理论。直接关联的是应用学科的理论。它介于哲学的理论与实践之间,属于不同的层次,因此,不能混淆哲学理论与哲学实践。

哲学可以有不同的形式,不同民族可以在不同形式下做哲学工作,但哲学的形式(理性、逻辑、方法上的形式)必须得到经验的还原,透过这种还原才能对人类社会与文化做出建设性贡献。美国本土原创的实用主义哲学虽然从思想脉络上来说可以追溯到欧陆理性传统与英国经验主义,但绝非其中单一的一种,也不是对两者的集大成或者简单糅合,而是把源于欧洲的哲学思想进行了面向新大陆独特经验的抽取,对哲学面向快速变化的经验世界所应承担的任务进行了一个新维度上的评估,[1]并提出关于哲学意义的新思考。这其中作为思想缘起与落脚点的社会背景的基础性力量,与美国独特的历史经验一样,无论如何是不可能还原到历史性的思想脉络中去的。

哲学研究要在哲学传统上找到自己的思想脉络,因为哲学史是一条现成而可靠的依赖线索,毕竟青史留名的哲学成就经历过风吹雨打的考验。但与当下论题关系密切的层次逻辑的历史线索会优先关注近现代的思想,并基于当下视角吸纳古代的思想资源,这可能更有价值。过分拘泥于古希腊哲学史的现实意义除非有某个层次上的独特关联,一般来说意义不大。简言之,关于哲学史的研究需要有面向现实与未来的指向性,要划分出层次性的哲学史研究,但同时也要避免过分面向现实,尤其是面向具体的政治现实。这需要有细致入微的专门政治分析才可,否则停留于哲学方式的"外观性"分析——马克思所说的"副本批判"——结果可能似是而非,因为政治自有其本身层次的内部运作逻辑。在海德格尔1933年发表出任弗莱堡大学校长的就职演说《德国大学自己的主张》时,其日本学生三木清就写了《海德格尔和哲学的命运》,认为"海德格尔沉迷于尼采",并提出"对尼采的彻底理解、批判、克服",疾呼"纳粹的酒神式舞蹈要奔向何方?要恢复逻各斯的威力和理性的权力",进而更倾向于马克思主义人道主义与西田哲学。

当然,要给哲学史上某一种哲学观念明确地定出其边界与层次,包括它究竟说出了什么,没有说出什么,哪些是它的本意,哪些是其延伸涵义恐

---

[1] 美国人感到,有太多的事情要做,任何决策必须面向现实且快速,否则就会被快速变化的世界淘汰。参见刘华初:《实用主义的基础——杜威经验自然主义研究》。

怕还是比较难的。例如,黑格尔对奴隶所从事的"劳动"的概念,本来可能只是它在进行精神现象学追踪过程中的一个过渡性环节,这也许就是黑格尔的"哲学所指"。但是,奴隶区别于奴隶主的"劳动"概念本身却有巨大的"哲学能指"空间:马克思的劳动异化批判,奴隶-奴隶主的社会矛盾的批判,劳动本身也有不同区分:奴隶劳动相对于人与自然之间的桥梁;脑力劳动即精神空间里的建构劳动。显然,奴隶劳动在人与自然的亲密关系,身体关注与身体愉悦方面都更有价值、更有人生意义。

而且,作为一个整体的哲学思想还显得很朴素,因而不能对各门快速发展的具体学科有实质性指导,或者说这种潜在能力的发挥还很不充分。譬如,分析哲学与现象学之间的关联与融通就很不够,实用主义就更不用说,哲学家们只是在简单地排斥一派、拥护一派,好像在电影院里选择看电影或者学生报高考志愿一样,理由朴素而简单。如此一来,所谓流派的好坏优劣与价值就变得像时装一样了。可这又是一个很大的未知领域。就流派来说,同一时代的流派之间彼此互补,虽各自有不同线条的历史传承,但时代性的关联可能更大,也就是说,同一时代的学派之别本质上要小于同一学派在不同时代的历史性之区别。① 历史性的时间被扁平化,挤压在一起缺乏纵深空间。

哲学史上流派众多,流派之间的前后联系通常表述为哲学史思想观念发展的线条。如果用单一的线条描述,那么会导致前后混乱,这就是许多充满"颠覆""转向""回归"之类字眼的哲学史论著的毛病。当然,如果我们能够同情地理解"只有通过黑格尔,哲学史才第一次成为独立的科学"②的历史与当下哲学史发展的此一时、彼一时,就会明白,黑格尔单一线条所表达的是宏大的整体哲学史。这是一个宏大的层次,它既不能替代、包容所有更多微小、细化层次的哲学史线条,也不能完全还原为微小哲学史线条。因为,哲学史的线条越来越多,而且错综复杂,相互之间的划分与归类缺乏明确的规范,存在明显的偶然性与不确定性。有的线条微小,而有的线条宏大;线条之间的独立性与层次性也不明晰。然而,对这些线条之间的层次性关系进行梳理是必要的。事实上,真正的理论规整对于各个流派来说

---

① 这句话的准确表达还需要进一步推敲。但无论如何,当代哲学许多流派之间即便存在差异,也不过是一个整体中的部分性差异,全部现代哲学流派才整体性地构成这个所谓的现代哲学,各流派相互之间的差别最大不过是这个整体中的部分之差而已,而现代哲学与近代、中世纪、古代的哲学相比,就像蛋糕与面包、馒头、烧饼之别,源于历史的差异表现更大。这个差异常常被忽视,今天的哲学学者不是在梳理历史的踪迹,而是像把这些蛋糕、烧饼叠加地画在一张纸上,然后看各个部分之间的差异。

② 〔德〕文德尔班:《哲学史教程》上卷,罗达仁译,商务印书馆,1997年,第20页。

应做到这样：从任何一个流派都可以进入整体性的哲学之思，因为作为其中一部分的流派总有一根线索与整体保持联系，就像婴儿与母体之间有一个脐带保持双方之间的代谢与能量交换。无论现象学、分析哲学，还是意志论、宗教哲学与实用主义，都应当有这种确保进入的思想通道，而且进入之后最终一定能通达全体，无论核心还是边缘。

哲学史研究还需克服两个对立的错误倾向。一个是模糊的整体主义，这其实是黑格尔哲学史作为观念辩证法的一种表现；另一个是抛弃整体观的后现代主义碎片化的基本取向。对于前者，现代哲学各流派反思很多，尤其是经验主义者、实证主义者提出的批评。作为试图为全部知识奠定基础而非全程辩护的哲学来说，把过分的整体想象赋予哲学是对它的一种片面化误解。哲学需要整体观才能做到对全部知识的观照，但并非事无巨细，甚至有些地方可以容忍一定程度的模糊。哲学整体理论就如世界文学一样是一个遥远的愿景，但它可以作为最大的哲学理想型；就其走过的历程而言，哲学科学的变迁模式研究，需要如此按照哲学史上的理论所具有的共同的历史性演进特征来进行更替和变革。需要运用概念、范畴等，区分内部机制——外在现象表现，对这种关联的解释表达是否更准确而细致，才是理论评价标准。由于表现包含现实的表现，所以这是基于现实的。但是，现实实践或者生活世界只是一个大的概念，它的实质是通过概念来把握其特征而得以呈现出来的。

哲学史研究所内含的连续性与继承性问题也很重要。伽达默尔曾经说过，新康德主义如果没有胡塞尔可能前功尽弃，不会形成什么有效的成果。因而，今天的哲学史研究需要总结一些基本的问题、原则、方法。例如哲学史上最大的争论是唯物论与唯心论，现代西方哲学对此已有足够多的批判与分析，但是否每个哲学学生或者哲学研究者都了然于心呢？恐怕未必。虽然每个人都可能说上一二，但未必恰当、到位，未必具有哲学意义。如果我们能够运用层次性思维，可能有完全不同的论断，唯物主义-自然科学-自然世界；唯心主义-开辟精神与文化世界。由于两者都是人所需要的，他们不过是不同的世界层次与指向，而不是对立关系，之所以被理解为对立，是因为在理解体系中缺乏层次的观念。就如恩格斯所说，除了讨论思维与存在的关系问题外，"唯心主义和唯物主义这两个用语本来没有任何别的意思"①。

对哲学史祛魅，无论是对于没有说清楚的概念，还是神秘的词语，都需

---

① 《马克思恩格斯文集》第 4 卷，第 278 页。

要交代清楚。方法可以用层次性的思想,以整体理论为地平线,以所有哲学流派、人物为材料,横向为模块章节地解读,而不是以时间前后、典型人物为章节的教材模式。要像布罗代尔的根据时段波长进行层次划分的历史学那样。哲学史就是要从总体、宏观、微观等各个层次的结构中纳入哲学家的思想,用超越的层次形成一个有机整体的既有结构性又思想融贯的理解。

第四节 历史研究的多重层次

人类历史是一个多重层次的演进过程,社会的演化与进步表现在政治军事、经济、科学技术、思想文化、社会组织结构等不同的层次;而且,在历史的进程中不同层次之间相互影响、相互作用,既影响到本层次上的逻辑展开,也影响到其他层次的运行,从而对整个历史产生整体性的作用。这个多重层次进程的历史实在被我们认识,即被我们的意识把握,形成历史层次的观念,进而用概念与框架的形式反映出来。因此,作为历史研究的层次划分也有不同的类型,既可按照政治、经济等社会本体的层次划分,也可按照层次之间的相互作用机制进行划分,基于历史事实针对层次之间的内在关联机制构造更精细的层次逻辑架构。此外,历史研究也离不开方法,方法是为了研究的具体展开,精细的层次方法是为了把握复杂历史过程中真实的逻辑结构及其运动的本质,揭示历史运动的规律,而且根据特定的主题按照一种逻辑的关系,也可吸纳层次的历史材料并进行层次划分,必要时混用几种不同的层次方法。

按照柯林武德有关历史的观念,历史学问有三个不同的层次。其一是历史编纂。与古希腊罗马基于神话、神学解释的历史记载(如《荷马史诗》)不同,希罗多德的《历史学》、司马迁的《史记》记载的是人类的活动,思考的是人类的遭遇,而不是诸神或半人半神的。其二是史学理论。历史学家在这个层面上主要是基于历史学的材料,研究历史学所产生的理论问题,例如历史学的功能与作用、历史学家的认知与方法,及其与社会时代之间的关系。其三是历史哲学的研究层次。这是哲学家对历史本身的存在、历史认识的具体机制与过程、历史研究方法、整体性处理历史的规律性等方面的研究。语言转向之后,历史哲学的学术面貌发生了巨大变化。如果按照沃尔什对历史哲学的两种划分——分析历史哲学与思辨历史哲学,[①]那

---

① 〔英〕沃尔什:《历史哲学导论》,何兆武等译,社会科学文献出版社,1991年。

么,历史哲学的大体走向是从思辨历史哲学走向分析历史哲学,最后走向一种调节性的融合。这个历史哲学的范式仍是黑格尔从抽象到具体再到现实合题的历史逻辑。从观念的层次看,"历史观、历史学、史学方法统属于历史科学的理论内容。它们相互联系,构成一个完整的体系,但由于研究的对象、自身的特点和发展规律的不同,它们又分属于史学理论的不同层次和范畴,形成史学理论内部错落有序的层次架构"[①]。

一、历史研究的层次类型

以往的历史研究常把历史划分为通史、断代史、国别史、区域史,或者政治、经济、文化、思想、军事等专题史。这基本是分别按时序进行简单的全域、部分的划分,按地域上的国家为基本单位进行的划分,按社会生活中通常的几个方面进行的划分。划分尺度是时间、空间与专题,不过这也是从各个层面与维度上进行了简化的处理。事实上,人类文明历史的构成比这复杂得多,时序上下数千年,踪迹遍布五大洲四大洋,社会复杂多样,生活内容包罗万象,各民族、国家历史丰富多彩,即使同一历史时期也是千差万别,因而,时序上的分段可能与地域层面的划分相互重叠交叉,贯穿于专题所论对象的全程,而且,专题也有更细的层次划分。这也大体反映在学科建制上,中国历史学的学科分类,按时序分原始社会史、古代史、中世纪史、近代史与现代史;按横向分十几个专门史,如政治史、经济史、人口史、社会生活史、科技史、文化史、民族史、中外关系史、军事史、历史地理学、史学史等。

从形式上看,历史中的人类社会就是一个复杂的网络,各种要素相互之间的关系可以描述为一个网络结构的形式。这些要素大的有政治、经济、文化等,小的如个人、家庭、社团等;而且要素又可划分为更细的组成,如经济有农业、工业、商业、服务业、知识经济、城市与乡村、资本与货币等;这样就形成一个庞大的网络体系。对于某个具体网络节点要素或者局部网络进行的历史研究,就是以它为对象,对相关联的网络关系进行时间序列上运动的过程进行分析考察。网络研究与传统的专题研究相比,研究对象更宽,不仅有对象内部网络,还有对象的外部网络的动态分析,网络如社会一样也是一个结构,信息化时代的虚拟网络社会就是一个新的社会形式。

(一)宏观与微观的历史研究

人类社会的历史发展表现出复杂的层次性,因而,历史学界的研究也

---

① 吴廷嘉等:《历史唯物论与当代史学理论的发展》,浙江人民出版社,1995年,第12页。

分层次地进行。最简单的就是宏观研究与微观研究两大层次。

宏观研究从历史总体上进行宏大规律性的理解，从整体到局部，从系统到内部要素，从上到下的思考方式与研究途径，从宏观层面对历史进行综合研究，认识历史的统一性，揭示历史的本质，发现历史整体运行的规律。因此，需要对历史各个方面、各个时段、各个领域进行总体而综合的考察，把局部研究都纳入，形成彼此关联的有机整体。从现有历史研究来说，宏观方面取得了很多成果，主要基于国别的总体研究，但以全球人类社会整体历史为研究客体的世界史却还比较初级，这也直接影响到国别与文明体系区域的总结性判断，因为全球史或世界史是对国别史的更高一个层次的历史视野，而不单单只是地域层面上的量的扩大。例如，对中国传统社会的历史研究，特别是近现代研究，如果不能在全球史的历史逻辑之下来考察，要得到经得起检验的科学结论是不可能的。正是由于缺乏世界历史视野，才出现了各种相互矛盾的历史判断，有些结论太过狭窄，不得要领，如对帝王将相的历史判断，农民起义的一些研究结果，就缺乏现代文明观与世界视野，难以把握文明的本质在于生产力的发展，生产方式的不断更新，在于从生产、生活与分工上走向普遍交往的世界历史。

宏大层次之间的外在独立性是比较显著的，对这种层次之间的关系可以用比较简单的因果关系、逻辑关系等来描述。这个层次可以是按研究域定义的，如全球史；也可以是概念性的，如思想史。因而，所谓宏大主要是研究对象所覆盖的范围之大，因而研究视角也宏大，在宏大视野下的某个事物多方面的相互作用与关系的变迁进行历史考察。在这个层面上，马克思、恩格斯创立的唯物史观是最有代表性的理论之一，它主张人类社会的生产力与生产关系、经济基础与上层建筑这些宏大层次之间的相互作用与矛盾是推动历史发展的根本动力。就历史叙述而言，各种全球史、传统国家的历史都叙述一些宏大的历史演变及其规律。例如，《棉花帝国》是一部资本主义以近现代棉花为生产资料向全球扩张的历史叙述，[①]有一个比较小的叙述对象——棉花，但它却是人类历史上最大、最重要的产品，因为棉花的历史充满了各种层次上的冲突与斗争，土地、劳动力、运输、生产与销售的全球网络等。围绕它展开层次性的衍生及其可能性的探索：唯有棉花才衍生出一个庞大的现代层次网络。而之前的中心物品都只能在单一的层次空间，之前是毛皮、丝绸与茶叶——只是引起中西的商业贸易、小规

[①] 〔美〕斯文·贝克特：《棉花帝国：一部资本主义全球史》，徐轶杰、杨燕译，民主与建设出版社，2019年。

模地改变上层社会的生活习惯,而不是改变社会全体的风貌,所以棉花是新版本的商品——承载着棉花加工机器的生产销售贸易链条,生产的复杂化衍生出一个"超级"的社会生产源。所以,它关涉资本主义全球扩张历史的本质方面。

自20世纪70年代起,人们开始对"新史学"与年鉴学派的侧重社会史学进行了批判与反思,许多历史学家对此前西方史学中计量的、社会的研究过多的现象以及片面夸大长时段结构、热衷所谓"静止的历史"的倾向愈益不满。[1] 到90年代更明确地强调要研究个人(个性)、独特性和突发事件,重点已转向在时间和空间上都有限的微观历史研究。微观研究是从具体的细节入手,从具体到抽象的从下向上的研究。历史是宏大的有机统一整体,其内部也是由一些局部组成,例如民族国家的历史,历史人物、事件、社会群体的活动,都是基本的历史构成,它们具有独立性,自成一体,可作为一个相对完整的有机体进行研究。通过具体的历史文本与材料的考证,对一些具有重要历史影响的人物的言行、事迹进行考察,找出历史诸要素的内在联系,也是历史研究的基本功,尤其是历史与考古相结合的历史研究更接近于实证科学的标准。这样的结论是硬史料、硬史事。例如,对竹简的发掘研究可能颠覆单纯基于历史文本材料的一些结论,后者在历史编纂与叙述中可能受到各种主观因素的影响,如历史学家个人情感与国家意识形态。

总之,没有微观研究,就不能真正分析历史的内在关联与机制,也就不能达到对整体的真实把握。微观层面的内部运行机制,就是对事物各个具体的层次相互之间的作用机制进行历史性透视。当下流行的微观社会史通常针对某个具体事物,对其历史进行研究、叙述。例如这方面代表性的作品《奶酪和蛆虫》通过一个磨坊主的视角,让普通人的生活与思想世界显露出来,让人看到16世纪欧洲大众文化的瑰丽一角,被传统史学所忽视或不屑的社会底层、日常的世俗生活,通常是后现代主义史学叙事的领地。

科学的历史研究要把微观分析与宏观综合的历史研究有机结合起来,从微观层次形成对宏观结论的基础支持,从宏观层次的总体把握具体化到微观分析之中,相互补充,兼顾普遍性与特殊性,宏观研究中要有微观的细节精神,微观研究中也不能没有宏观思想的指导。关于宏观、微观的划分也不能绝对化,有些宏观研究在更大的层次上变成微观研究了,例如,中国近现代史研究是一个宏大的历史研究,但放在全球史的层次上因为关注点

---

[1] 陈启能:《略论微观史学》,《史学理论研究》2002年第1期。

变迁而改变,而且也不需要那么细致,类似地,微观研究也可能变为宏观的。微观研究有助于宏观研究的准确与科学化,因为历史的全貌是由具体的微观历史揭示的细节所构成的。有些微观研究的关键材料还可能对宏观研究的结论是至关重要的,宏观研究建立的历史规律性与更高层次的历史观念有助于对微观历史研究的整体观与本质把握。

历史学家在进行宏观历史研究时,虽然不直接涉及微观层次的历史,但离不开微观研究作为例证的支持。而对于具体的微观研究,也要有宏观历史的理论视野与顶层设计的思想引导。微观史若不与更大的历史叙事相联系,不明确交代自身的研究想要推翻什么、坚持什么,那就很容易成为好古癖。我们希望复兴的是这样一种历史,它既要延续微观史的档案研究优势,又须将自身嵌入更大的宏观叙事,"微观史档案研究与宏观史框架的完美结合将为历史研究展现一种新的境界"①。微观研究缩小了研究对象的范围,但并不缩小历史视野与意义的深度,它在重建真实的生活的同时展现出蕴含这种真实生活的那种历史文化的无形结构。就如科萨特所说:"微观层面的分析能够使人更好地理解共时性的历史进程,比如全球化进程中的网络的功能、跨文化联系互动,以及更为广泛的——历史人物在全球进程中所发挥的作用。"②历史学家们最近几十年也在从宏观到微观、再倾向宏观的不同倾向之间变化而推进着微观研究与宏观视野的互动与融合。最近30年来,随着信息技术的发展,包括人口学、经济学等学科的历史数据库大量建立,海量的、碎片化的微观数据需要宏观视野的顶层架构来进行数据清理与有效确认。

在宏大的层次与微观的层次之间,存在层次间的过渡性。这在逻辑上可以表达为集体与个体之间的关系,这种作用才是历史整体性进程的具体内在机制,不仅要解释宏大层面的历史表现,而且还要说明它如何导致微观层次的内在变化,或者相反。总之,历史不仅表现为每个个体、集体性单元的具体变化,而且表现为社会整体乃至人类全体的历史变迁。虽然后现代主义史学叙事从细小处发微,透视宏大层次的现象或逻辑,但对两个重要的划分还是重微观轻宏观。近代欧洲的社会日常生活随着资本主义的兴起而不断内生变革:"在中世纪,风力或水力驱动的磨房是人们知道的唯一一种工业机器。但到15世纪中期,利用活字和破布制成的纸这两种已

---

① 〔美〕乔·古尔迪、〔英〕大卫·阿米蒂奇:《历史学宣言》,孙岳译,上海人民出版社,2017年,第151页。
② 科萨特:《"全球背景下的人生故事":以传记为方法书写全球史》,《全球史评论》(第7辑),2014年,第237页。

有的发明,印刷术开始取代费劲的手抄本。它给人类的思想插上了翅膀,使之能传播得更远,传播层面更广,能不停顿地自我复制,从而大幅增加思想的力量,增加它在人类历史中延续存活的几率。"[1]这是一个极好的重要历史案例——层次之间的平滑迁徙而未出现显见外显摩擦,内在机制消化了摩擦,或者把摩擦变成了内在的驱动力,而非外在的表现——冲突。层次摩擦力驱动了层次的进步,而不是层次摩擦变成层次间的冲突显现。行会没有形成太大的阻碍,因为这是新的行业。更重要的是,这种集中模式变成一种更加普遍的制度,进一步带来了其他行业的发展,刺激工人迁徙的自由,改变社会样态,从而影响到政治制度的相关改变。文明就这样上升了一个层次,工业文明成为新文明的类型。这不单单是作坊或者规模的问题,而是社会基本制度形成中卷入多个层次要素的历史进程。与之相比,中国同时期的明朝也有黄道婆从南方引入的先进人工纺织技术,但最终并没有形成西欧那样纺织业带来的社会变革。

历史是关于社会的历史。一个社会若在所有层次上都实现顺利而和谐的变迁与发展,则称为整体性的层次发展或超越。这只是一种理想型的假设模型,在真实的历史中是没有的,而且不可能存在,因为那需要极高的条件,即使全体公民都拥有完全的理性,也不能获得情感层次上的圆满。而且,整体性的层次发展其实也就没有任何矛盾与矛盾表现。然而,我们对社会的观察是通过矛盾来得到反映的,如果没有任何矛盾,那就如"社会黑洞"一样不可见,不可对其内部进行描述。历史上大多数的剧烈变动都是层次发展不均衡的表现。

(二)历史哲学视域下的历史观念

历史哲学一般包括两大流派,一个是分析、批判的历史哲学;另一个是思辨的历史哲学。前者侧重实证性的概念、推理与逻辑判断,是分析哲学在历史哲学领域的效应,试图把历史研究科学规范化,把历史学社会科学化,这也随着人类学、社会学、心理学等社会科学走向科学规范化后所取得的成就而受到鼓舞。后者则带有历史生命论的意味,强调历史有自己内在的难以被我们分析的一种目的性,这一点强化了历史是人的主体性的表现的逻辑,而凸显出批判历史哲学的科学化的片面性与限度。两者都对历史哲学的发展起到重要作用,而且是从历史哲学视角进行历史思考所不可缺少的两种历史逻辑,如此才能给我们展现出层次丰富的历史。

---

[1] 〔法〕勒纳尔、乌勒西:《近代欧洲的生活与劳作(从15到18世纪)》,杨军译,上海三联书店,2012年,第9~10页。

历史研究的对象是多领域、多层次的,包含基础层次的文献考订、整理,史料的鉴别,针对某一制度、事件、历史人物的具体研究,以及高层次的对历史现象的规律性探索。所谓层次的基础与高等是相对的,在逻辑的客观性方面来说,高层次通常建立在基础层次之上;在逻辑的思想观念方面来说,对基础层次的理解有赖于高层次的阐释。基础层次的研究非常重要,所谓有几分材料说几分话,被称为"中国兰克"的傅斯年说"史料即史学"。但基础层次也会受到来自高层次的逻辑的影响,例如,对一些考古文物、竹简的解读不仅仅是一种科学的技术工作,而是需要具有历史系统的知识。正是由于历史现象的错综复杂,在时间空间上的跨度很大,历史研究也包括微观的研究和宏观的研究,前者如对一些具体历史事件、历史事实与史料的研究,后者如对历史的社会运动、宏大历史事件在历史中作用的研究。当然,相应地在方法上也根据不同的研究对象及其特征而有不同的层次,基础的如技术性方法、文献整理等,高层次的如理论综合与系统的思维方法。对历史研究的不同层次、视角也关乎对历史学的属性,即究竟是科学还是人文艺术。[①]

文化的分层在传统社会是显而易见的。只有一部分人具有进入文化层次的门槛条件,大部分人都从事日常生活资料的生产与服务工作。少数精英从事文化研究与创造,从事宗教哲学、文学艺术与历史的研究与教学,且能够进入我们所知晓的历史之中的十分稀少。这并不是对非精英的社会大众从事社会生产劳动的历史否定,也不是说他们对文化没有贡献。恰恰相反,他们才是社会文化的基础创造者,是他们及其劳动孕育出了文化的温床,然而他们却并不是文化与历史叙述的书写者,更不是思想研究者与思想家。我们现在能够了解的历史中的过程,并不是直接接触历史中的大众或其创造的文化层次,而是通过历史中那些社会精英、思想家与史学家的作品才得以了解历史的过去。不过,考古学与人类学的发现帮助我们看到历史书写之外的真正大众历史遗物,但即便如此,考古发现的古代工匠的工艺制品,社会生活遗迹,也需要对照文字历史进行解释。

语言能力的发展表明,在人类早期,有某种更长远的价值规范着人类的行为进化和改造利用,而这种价值很难在短期内发现。人类的行为受到不可见的利益所驱动,从而相信原始的说教。巫术、原始宗教就扮演着这种角色,他们能够超越常人,用常人看不见的远期利益来规范、指导群体行为,维系共同体的存在,尽管在王权时代的私有制下,他们能够看得见的利

---

① 叶文宪:《历史学是科学还是人文——科学主义批判》,《学术争鸣》2007年第5期。

益分配显然已经发生了社会的分化。假如能够在历史中抽离出这样一种代表普遍性而且可以测量的"利益"概念,就把历史与现实连接起来了,让所有的东西呈现出统一的属性。这样的概念越真切、清晰而精确,我们对历史就理解得越深刻,越有指向未来的预见性。

从巫术—宗教—哲学—现代哲学—科学技术的历史发展中所揭示的,都是价值指标变化的过程。因为,文明是多层次的,在历史上,文明通常在多层次的结构上导致军事这个单一维度上的经常性薄弱环节,正如边缘地带的众多蛮族生生灭灭。文明国家承载人类历史的发展重任,有人甚至把蛮族看成是缺乏人类普遍性的症候,蛮族的存在本身说明了文明的缺陷。因为文明的层次性不是外化地表现在地域的等级分化,也不是表现在人的出身等历史痕迹的人为划分上,而是表现在每个人与社会内在的不同层次的丰富内容上。要在一个局部区域建立真正的文明,排除其他人(无论是用蛮族的标签与否)都是不可能完善的,不可能持久的,蛮族对文明族的攻击可以视为一种历史的、自然而野蛮的证明。文明本身需要多层次的,整体性的结构。但蛮族存在所导致的冲突不可能在文明的内部结构中得到解决,除非蛮族消亡。在普遍性的道德层次上,怎么可以眼见自身落后而他人享受人类的文明成果呢?宋朝的历史悲剧可能最能说明问题:中华文明本身的品质已经应付不了武力提高了的周边"次"文明国家的冲击,即便宋王朝内部更加文明一些。对比而言,现代文明是全方位的、多层次的"文明",科学技术奠定的基础性社会力量从根本上改造了社会生活,同时改造了军事力量。更重要的是多层次文明社会的辐射能力得到了大大提高,同时基于经济合作的内生力量把全球凝聚为一个整体。

二、历史研究方法及其演变

任何研究都需要按照一定的方法才能进行,方法得当才能得到好的结果。历史现象非常复杂,是一个庞大的社会系统在时间中的流变过程,而且有关过去的信息一点也不完善,甚至充满了各种真假难辨的杂多材料,这使得历史研究更加离不开恰当的方法。叙事、归纳、对比、推理、概念等是所有学科研究的方法,也是历史研究中基本的方法。对历史研究方法进行考察,也包含了另外一层意义,揭示方法背后的历史观念的层次变迁。史学研究方法唯有从单一到多元,从定性到定量,从直观描述到分析批判,从对个别历史现象的探索到综合、整体的研究,才能比较准确、比较全面地反映出历史的宏伟气势和丰富内容,揭示历史过程的本质和规律,看到它是怎样的一种"多种规定的综合"。

传统的历史研究主要有考证方法、比较方法。它相对重视史料的搜集、排比和考订;对于叙述方法也很讲究,同样的历史材料,写出编年体、纪传体、纪事本末体等各式各样的历史著作,但是在历史理论上研究不够深入,也忽视宏观的整体研究。究其原因,"在封闭性较强的社会结构中,人们间的横向联系比较薄弱,每个历史学家的研究工作,几乎都是靠独立的手工业方式来进行的,……久而久之延续下来,反而使大家误以为这是唯一科学的研究方法了。……把自己从原始资料中搜集的史料当成是第一手材料,而把别人已经搜集整理研究过的资料当成是第二手材料"①。

研究方法的陈旧导致研究成果的初级,历史的观念也初级,因为现代意义上的学术共同体的学术分工尚未形成。顾颉刚甚至说:"我对古史的观点不在于它的真相而在于它的变化。"②因为有些历史真相可能无法得证,夏之前的古史十之七八是神话传说。冯友兰认为,古史固然不可尽信,但我们可以从中窥见古代社会的一些面貌。这是一种层次超越,例如三皇五帝的确可能不是某个具体的历史人物,但他们很可能是对古代氏族社会某种集体符号的统称,结合现存的古代社会生产、生活与文化等方面的材料,能够加深我们对古代社会的了解。这反而是更重要的,甚至比是不是人君的问题更基础,更接近历史唯物主义对社会经济活动比对政治人物更重视的历史观念。1949 年之后,阶级分析方法几乎成为几十年唯一的历史方法,这一方面与当时意识形态有关,但也说明历史学界自身在理论与方法论方面存在问题,阶级分析方法作为唯物史观的宏观历史研究方法,对于中国历史上侧重史料实证的微观方法是一个历史视野的互补,也是方法论的补充。横向对比西方历史学界对阶级分析方法或者其他历史方法的接受情况可能有更多的自我认知,中国历史研究缺乏更多的方法论支持,也表明历史的观念缺乏深度的层次性。

从中国知网查阅,中国 20 世纪 80 年代有相当多有关历史研究方法的论文,但后来就很少了。很可能是一些谈论方法的都无法落地,对真实的历史研究、历史实践没有直接帮助,而且对世界其他国家的历史研究,特别是西方历史学界的进展缺乏足够了解,方法论还是停留于观念性的探讨与想象的阶段。就如有学者指出,"近年来,史学研究中有一种情况是值得思考的,即史学的研究方法比 20 世纪 30 年代马克思主义史学在中国创建的时期要完善多了,但所取得的研究成果,却同方法的完善程度很不相应。

---

① 李桂海:《史学繁荣中的困惑与展望》,《人文杂志》1989 年第 1 期。
② 顾颉刚:《答李玄伯先生》,《古史辨》第 1 分册,上海古籍出版社,1982 年,第 298 页。

虽然具体的研究成果仍然不少,却已没有了20世纪三四十年代那种生气勃勃的创新姿态和20世纪五六十年代那种深入探索的持续热潮,在重大问题的突破上也大不如前"①。

历史叙述是一种范式,是一种文学化的历史书写风格,也是一种由来已久的历史研究方法。中国历史上就有文史不分家的传统,在历史叙述中兼有历史、思想与情感,这也培育出中国独特的隐喻历史观,就像于连说的,中国历史叙事不是要发掘表象性,而是在普遍关联的观念中建立对事物的看法,"意义的迂回没有任何过分雕琢:因为当我说这一个时,另一个已经涉及,而说另一个时,我更深切思考的是这一个,这就是为什么迂回自身提供了进入"②。历史叙述首先要遵守真实性原则,还要充分占有历史资料,才能叙述真实的过程。

口述历史研究方法是一种新史料观,其实是对历史资料的生态层次的发掘,进而再诠释。记忆的文献价值和研究价值是不可估量的,研究者通过口述历史的方法采集记忆从而"还原"特定历史时期的人和事,这些珍贵的记忆信息不仅仅是一种"社会记忆"或"活的历史",更可以真正地反映个人的认同、行为、记忆与社会结构、社会变迁之间的复杂关系。③ 不过,它也会受到口述者的记忆系统的生理局限,也受其对话过程中的信任与真诚度影响。田野调查作为文化人类学方法,在与历史学交叉中也被运用于社会文化的历史研究,包括民族地区、景观文化的历史。例如,"和20世纪80年代以前不同,当今日本的中国史研究,特别是明清史研究者们更加积极、广泛地运用田野调查方法进行研究"④。这也是日本学界向来重视史料考证的传统在新方法运用中开出的新路径。在新史学观念影响下,田野调查的历史观念也从史料求证的角色转向了历史现场重建的更高层次,这也与空间转向带来的观念变化有关,文献资料的求证问题只是回到真实历史情境再现的一个环节,而人文地理等之前历史的观念中被忽视的"在场"重新浮现出来,并与现实的场景发生时空的联结。

计量史学方法是运用现代数学技术、特别是信息化的计量统计方法。它极大提升了历史研究的视野,拓展了史料的宽度,进而提出了新的历史

---

① 刘文瑞:《历史研究方法的变革与系统方法》,《江汉论坛》1986年第5期。
② 〔法〕弗朗索瓦·于连:《迂回与进入》,杜小真译,生活·读书·新知三联书店,1998年,第385页。
③ 李向平、魏扬波:《口述史研究方法》,上海人民出版社,2010年,第3页。
④ 森正夫:《田野调查与历史研究——以中国史研究为中心》,《上海师范大学学报》(哲学社会科学版)2003年第3期。

研究层次的诉求。它兴起于美国20世纪70年代,但中国古代《汉书》就有人口统计、经济史的计量运用的记录;恩格斯在《英国工人阶级的状况》中也运用了计量方法来进行分析与叙述。由于计算机技术的快速发展,数据、信息处理的能力大大提高,使得计量史学方法得到了很广泛的应用,例如新经济史学,甚至政治史学也采用实证主义的行为与数据分析的方法。数据与信息的完备化与之前相比不在一个量级,这大大提高了基于原始历史材料的定性分析、考证归纳方法的有效性与科学性,而且还在数理逻辑的分析中衍生出"反事实假设"的历史推理,一方面提高了识别史料证伪的效率;另一方面也为预测未来的历史发展趋势提供了客观材料的支持。当然,简单依赖数据分析技术而忽视历史感的总体把握与深度理解,反而会导致历史研究的肤浅化,而且技术的运用需要对其前提条件有严谨的历史求真态度,否则可能得出"数据说话"的荒谬结论。作为一种技术性方法,它如塔奇曼所说只是把描述性提高到精确性的层次,但不可能使整个历史学研究变成一门自然科学。在这一点上,历史学研究与社会学有本质的层次区别,历史学有更深刻的人文精神与主体性的历史价值观。

历史比较方法是历史研究中最重要的基本方法之一,对它的运用也发生了层次的变化,从传统的简单差异对比到含理论层次的归纳提炼。由于历史的多样性,差异之中有共性,即普遍性与特殊性的结合,因此,历史比较不是简单地把一个层次的不同人物、事件、历史要素进行形式性的对比或类比,而是在普遍性与特殊性的辩证统一中来进行比较的研究。当然,比较需要进行比较的历史对象与事物具有可比性,具有某种普遍性这是前提,否则就全是偶然的特殊个例的罗列。就可比性进行的划分本身也是一种历史层次的确认,即认定可比性所蕴含的普遍性本身具有历史的某种本质表达,是一种历史发展进程中出现的"断裂"或质变的痕迹。当然,我们有时也简单地把历史分世纪阶段进行比较,这兼有形式划分的成分,不过重要的还是要有历史阶段性的质变把握,即一个历史阶段与另一个之间存在某种本质的区别,能够相互划分开来,否则就没有划分的必要,这是前提。历史比较使用范围很广,如历史人物比较,中外历史各种比较,还有民族历史比较、王朝比较、跨学科的专题比较等。

对交叉学科的方法运用体现出历史研究的复杂层次性。历史研究越来越多地引入社会科学的概念与方法,因为社会科学越来越走向科学而实证化研究的方向,而历史学作为更具人文学科的描述性特征的学科,也需要从社会科学中借鉴相应的科学实证的观念与方法。这其实是科学理性精神在现代技术支持下,从自然科学向人文社会科学层次性渗透的进展表现。随着科学发展与相互之间的视界融合,产生出交叉科学的方法与相应的新学科,例如社会史学、计量史学、历史人口学、生态史、心理历史学、历史地理学、历史人类学等。竺可桢1973年发表的《中国近五千年来气候变迁的初步研究》,通过收集大量气候变化的历史资料,进行气候学与历史学的交叉学科研究,得出了气候变迁的结论,得到国际学术界的认可,这也是充分利用中国两千多年自然现象的丰富历史资料,并采用现代科学分析方法建立历史模型的方法论成果。

21世纪以来,在国际史学界逐渐盛行全球史、跨国研究的世界史研究,它们也受到后现代主义史学的建构转向、历史人类学等跨学科的支持,从而激发了跨学科的、系统的、综合性的、整体性的研究方法。而且,对不同方法的历史研究进行整体性特征的概括描述,表现为历史研究范式,及其历史演进。例如,20世纪中国近现代史学的革命史范式,以"两个过程""三大高潮""八大事件"为标记的历史阶段划分,贯穿着阶级分析方法与阶级斗争的斗争观念,促进了历史唯物主义在中国的传播与发展,也推动中国传统史学的时代变革。此外,还有罗荣渠在吸收西方现代化理论与反思革命范式基础上提出的现代化范式,以及受到后现代主义史学思想影响的后现代范式。

第三章　作为历史本体的社会分层

历史是关于人类社会的历史，社会是历史的本体实在，是历史研究的实体对象。了解社会的基本结构有助于理解社会在历史过程中的变迁与表现。社会与历史密切相关，相互作用与影响，共同塑造人类的文明及其发展。社会是人类通过相互交往与联系而形成的群体，不仅是由每个个体的人组成，还是人类群体通过生产劳动、言行与相互交往而形成的各种关系的总和，是个有机的整体，是个复杂的组织系统，既基于分工与合作的生产体系，又靠共同的文化与价值体系来维系。

由于历史是关于人的实践活动，历史的主体是人，而人是一定现实社会中的人，人创造历史受到其所在的社会客体条件制约，因此，社会是历史的本体。本体的行为踪迹与思想观念构成历史的内容，通过对这些内容的研究，我们才了解到人类过去的社会形态、思想文化，从而更好地理解当前的各种社会现象与问题。社会的变迁也驱动人类历史的发展，一定社会中存在的政治、经济、文化、科技等方方面面的变化与具体问题直接影响着社会，导致社会结构与制度的改变，而社会内在的需求、危机与新问题也会成为科技发展的动力，推动社会改革与历史的发展。当然，历史的经验与教训也为理解社会、建构未来理想提供思想文化的前提。

社会有机体是一个反映人类社会生活诸要素之间全面联系与有机互动的整体，因此，在面对复杂的现实社会问题时需要具有整体意识，把握事物整体的有机构成要素的发展规律，进而应对各种挑战，预测与评估任何可能的风险。人类社会有机体在任何一个层次上的变化，都可能会产生波及所有层次的一系列连锁的变化效应，这看起来像是一种逐渐扩散开来的问题泛化，但其实也有层次性的规律。变化并非任意，而是存在一个有机整体的变化边界，用混沌理论里经常使用的一个例子"蝴蝶效应"来类比说明，就是一个微小的扰动可能带来难以估量的后果。然而，真实的效应表现出的差异之大通常发生在"相变"上，而非显现于直接现实干扰效果的幅度上。换言之，在不同层次上引起的效应既有空间上表现出来的大小之别,也有时间序列上的前后差异,而且时序差异的"相变"可能更大。例如,美国少数政客在社会贫富分化影响与民粹主义力量推动下,以国家利益为由发动的一些对抗性经贸政策,带来了相当负面的逆全球化影响,在经济层次上的恶果可能被设定在一定的界限内。而在民族主义情绪、国际政治、人类共同体的观念等方面产生的负面效应可能会带来更大的连锁反应,那将可能引发不同层次相互之间的层次摩擦,让整个人类社会"不信任"的观念散播开来,进而影响到世界历史的发展。

人类社会具有深层的经济和社会基础,而它们都与人的本性密切相关。人性包括自然的生物本性与社会历史的文化人性两个层次,它们在人性的塑造上也是相互结合的。还是以经济层次来说,全球贸易随着世界市场的发展而越来越旺盛,尽管美国自特朗普政府时期以来采取了一些逆全球化举措,但终究不会改变世界全球化的根本发展方向。因为这是符合经济学对人追求自我利益最大化原则的,经济层次上的基本逻辑是与人性相关的底层逻辑,人与人之间通过分工合作而达成的普遍交往,是人性、人类历史的基本方向。总之,世界已经越来越变成一个"你中有我,我中有你"的分工合作的整体,这种生产力发展的大趋势比短周期的政治力量更为根本。这个人类历史最持久的底层逻辑与上层建筑共同构成的一种共时性的结构。深层与表层之间的相互作用,可能导致社会系统各种层次上不同的运动变化。

层次的思维就是要为这种发展的结构寻找理论解释的根据与方法。如果说古代社会的各个层次混沌一体,或者说古代社会的人没有层次生活的展开,那么现代社会则不同,既有职业的分工与商业经济活动的竞争,也有道德伦理、审美生活、政治生活,而且科学的理性与审美、道德都是并行的。这种社会的复杂层次特征在工业革命之后表现得尤其显著,正因此,一些历史上的浪漫主义者、理想主义者所处时代的社会远不及现代社会的复杂程度,故而其理论也不可能反映当今社会复杂的现实,其基于过去历史情境而想象出的社会理想也就难以变成现实。同样地,那些悲观厌世主义者、宿命论者也没有看到今天科学技术与人类理性精神的巨大能量,也就难以想象当今世界的社会面貌。

面对当今后现代越来越复杂的社会状况,唯有层次理性才能理解层次分化的社会现实,并寻找到现实问题的解决方案。换言之,层次思维是科学认识与把握现代社会的基本要求。否则,一眼看去,满世界到处都是问题与冲突、分裂和矛盾,一切都是无解的纷乱与纠缠!若用远视的宏观视角来审视,社会宏大层次之间既相互关联与影响,又表现出各个层次一定的独立性——层次内部结构的相对独立性。就某方面而言,现代政治制度并不是工业革命这个科学技术层次和现代资本主义在经济层次结盟的发展结果,而自有其内在的权力运行的逻辑。历史的层次性体现在社会的历史性变迁过程中。任何社会变革与社会革命都会带来各种社会资源的重新分配,也使每个个体在获得社会相关要素乃至社会地位方面发生不同的变化。例如,中国改革开放以来不仅国家实力显著增长,社会资源的配置情况也发生了巨大变化,知识分子随着科学技术在社会生产力发展上的显著作用也变得越加重要,并在社会中获得了新的地位与尊重。社会历史学的研究,就是通过社会不同要素的变迁来把握历史变迁,通过社会不同要素的不同节奏的变迁,以及不同层次的变化,更深刻地领悟历史的层次性运动规律。马克思指出:"人体解剖对于猴体解剖是一把钥匙。反过来说,低等动物身上表露的高等动物的征兆,只有在高等动物本身已被认识之后才能理解。"[①]因而,对处于不同历史变迁环节之中的社会进行层次性的剖析,不仅有助于理解其历史的整体,而且还有助把握其未来的发展前景。

历史的发展变幻莫测,归根结底是因为人类社会是复杂的。各种历史性要素既没有得到完全的理解,更没有得到把控,对其相互之间的作用就更不用说,无论是外界的自然环境的制约性条件变化引起的天灾,还是人类社会内部因关系的失衡引起的人祸;而且,不同的社会组织之间既相似又存在很大的差异,相互之间的影响与作用也难以把握。一个现实例子是中国与印度的社会对比,两者在很多方面非常相近:人口众多、幅员辽阔,而且历史悠久、传统文化根深蒂固、人民温良恭俭。从古代向现代社会转型的近现代史也大体相似:都是在英帝国等西方外来压力下被强行拉入现代世界历史进程的,"二战"之后近八十年的现代化历史进程也具有高度的可比性:从一穷二白到全面建成小康社会,经济迅速发展成为世界经济增长最快的国家之一,人民生活得到极大改善,社会面貌日新月异,已经从传统的农业文明社会成功转型为现代城市文明的工业社会。但是,两国经济与社会面貌从几无差别到差别显著,却发生在近几十年之间,对比研究有助于揭示传统社会转型的条件与效果。单纯高层民主或表面意义上的民主政治,似乎并不必然促进经济与社会的有效发展,甚至在某种条件下,适当的集权、威权模式更能行之有效地贯彻执行经济决策,带来社会繁荣——前提条件是不出现方向性的原则错误。显然,在一个复杂而多层次的社会结构中,转型并不是单一层次的事情,转型的效果最终是根据多层

---

① 《马克思恩格斯文集》第8卷,第29页。

次的相互作用的整体而定,相互作用对于不同的社会历史条件与社会规模也不一样。

第一节 人类社会的层次性

人类社会是分层的,又是整体的。人们由于各种原因,分置于这些不同的层次社会之中,不同的层次有不同的前定、后验,理想主义希望不同层次之间实现完全的流动性,就像资本主义本身的流动性与泛渗透性的力量所指的那样。然而,现实却不是这样,现实的层次性情境是由传统社会的层次性结构根植于人的精神深层的文化传统而来,人天生的一些差异性要素也参与着建构。一个人要从一个社会进入另外一个社会,必须全面地、全方位、全层次地进入新社会整体之中,才算融合性地进入了。如果只是在层次社会所标定的所有层次要素中拥有其中的一些,如经济的层次要素,而没有其他层次的配合,包括意识形态、思想文化的层次协同,那么就会遭受相应层次之间的不融合性而带来的痛苦。因为意识形态、思想文化层次的差异导致的层次摩擦也会反过来构成整体性的阻碍,这一点几乎所有的跨国移民都是感同身受的。

社会学从社会哲学中分化出来并作为独立学科发展后便流派众多,各理论都有自己的架构,研究的视角与问题也有所不同,但个人与社会之间的结构性关系却是公认的一个核心问题。其研究所涉范围分为宏观层次的社会结构与系统性的整体研究,而在微观层次则研究人与人之间的互动关系或社会行动(agency)。社会学研究题材广阔,研究方法因相应的研究领域与主题而不同。在个人与社会整体之间,无论是表现还是内在作用机制都高度复杂,不仅涉及政治、经济、文化、科技等方方面面的因素,而且个人并不直接通达所谓的社会整体,中间传递环节多而复杂,因而对社会发展变迁的任何精确描述与预测都十分困难,从外在表现进行探究不失为一条有效路径。

社会分层是社会结构的主要特征,它表明社会在某种尺度的衡量上表现出不同的差异性,而且具有相对的稳定性让人能够根据这个特征进行人的不同划分。社会分层的内在根源则是据以分别层次的社会资源的占有与分配不均,例如,生产资料、财富、地位身份、教育程度等,通常是多元要素的组合。当然在不同的历史时代,这样的度量资源是不同的,而且相应的重要性也是随时空而变化的,例如,中世纪尊贵的等级身份在现代社会几乎一文不值,而政治权力似乎是对资源分配具有超强的霸占历史。对此,伟大的革命导师马克思以及社会学家韦伯都提出了重要的基本模型,即社会阶级理论与多元社会分层模型。

对人类社会的深刻把握是唯物史观的理论基础,也是其科学性与现实实践性之根基,因为唯物史观是马克思在对资本主义社会进行现实的剖析基础上建立起来的。马克思有关人类历史发展的规律以社会结构理论,特别是生产力和生产关系的结构性分析为基础。[1] 从内容来说,马克思社会学理论与其他部分是紧密结合在一起的,既与政治经济学分析与晚年人类学笔记密切关联,又表现在早期有关唯物史观的论述中,对黑格尔唯心史观的批判就是从绝对精神回到现实社会而实现的。当然,与其对历史的考察一样,马克思唯物史观中基于生产劳动的社会分析并不是单一的实证社会学,而是跨越一般社会学与社会哲学,并且与历史哲学关联起来。马克思对资本主义社会的政治经济分析展现出更强的现实性,"人的本质不是单个人所固有的抽象物,在其现实性上,它是一切社会关系的总和"[2]。两者紧密结合,前者的科学性有赖于后者,也体现在后者之中。一个社会整体的经济、政治、思想文化不是相互独立的,因为经济中有制度和规则可以进行分析与细化,而思想文化包括哲学、伦理道德、宗教情感、艺术美学等内容。

当然,马克思阶级理论、韦伯分层理论也得到了进一步的发展,并与涂尔干的分析方法结合起来。新马克思主义、新结构主义、社会网络理论、市场转型理论对现代化、资本主义经济及社会结构重新进行反思,将在社会分层研究中被长期忽视的社会生产关系、制度因素和历史因素等宏观变量纳入分析。而且,假如社会结构是社会学研究的一个基本主题,又因社会地位是社会结构、社会分层结构的基础,当然也是社会流动或地位获得的基础,所以,社会地位的决定、构成和意义,对于理解社会结构、社会分层和社会流动都具有更为深刻的意义。人们从经济社会结构的层次,重新审视了社会地位及其决定因素,特别是对传统主导的以个人特征为导向的分层理论提出批判,走向系统性的关系视域。[3] 新马克思主义社会分层理论代表人物赖特从生产中权威、技术、技能的占有方面对"中产阶级"进行了分析,而且基于马克思的剥削概念,认为它规定了不同阶级的社会关系,但把社会分层为资本家与小资产阶级以及绝大多数的工人阶级,不能清晰展现

---

[1] 〔法〕雷蒙·阿隆:《社会学主要思潮》,葛智强等译,上海译文出版社,2005年,"前言"第2页。
[2] 《马克思恩格斯文集》第1卷,第501页。
[3] 李路路:《论社会分层研究》,《社会学研究》1999年第1期。

工人阶级的具体社会次级层次的社会状况。

在生活世界里,个人与社会是两个最大的具有独立性的实体层次。人与社会在存在、经验、思维上都存在差异;社会学家从整个人类社会的角度思考人类社会的历史。而个人却在时间、空间上都有限得多,虽然前者也是有限的。社会利益和目的的差异如何协调是个问题,亚历山大代表人类整体的一种需要——普遍交往,文化的交流,但当时杀死了许多活生生的人,对于那些现实的人来说,普遍性的需要意义何在? 通常意义上的普遍性与每个具体的人的独特观照,两者之间是存在层次性的显著差异的。特别是,一个具体的人的思想,与整个社会群体所拟化的"利维坦"的思想可能处于对立状态。

一、社会分层的多重维度

自从人类历史进入文明之后,人在社会中的地位不同从而导致了阶级或阶层的划分。古代世界每个社会都有自己的社会划分标准。古希腊柏拉图在《理想国》里按照社会不同职责,把成员划分为统治者、武士与大臣、平民百姓等三个不同层次,而且对于国家整体而言是各司其职的合理安排。这是人类社会早期理性精神的一种理想表达。不同于柏拉图的理念观,亚里士多德根据现实中参政人的财产状况来划分人的社会等级,这个标准是根据人参与政治这个在他看来是第一实践活动需要的现实,那时的情况是大多数平民参政的实效甚至不及少数精英,因而他认为,中间贵族阶级对民主与法治至关重要。当然,古希腊时代的自由公民不包括妇女儿童与大量的奴隶。孔子也把人划分为不同的等级,所谓"君子、小人"。孟子言:"劳心者治人,劳力者治于人;治于人者食人,治人者食于人:天下之通义也。"(《孟子·滕文公》)具体按社会角色分为从天子到凡人的金字塔社会等级结构,仁义道德是为不同等级社会建立礼制的社会秩序。

自从社会学诞生以来,社会分层一直是社会学的一个经典研究主题,主要集中在两个方向,一个是概念的界定;另一个是识别的指标。马克思在批判资本主义社会现实的基础上,按照社会不同形态将社会划分为阶级社会与无阶级社会,在如资产阶级社会这样的阶级社会里,阶级的划分是基于经济基础。韦伯对马克思的"阶级"概念进行了他自己的理解与改造,并认为社会群体有三个不同的方面:政治、经济、综合性的社会影响地位,因而,按照这三个不同的方面也就有不同的划分标准;而且社会分层是合理的。涂尔干把社会分工与人的才干之间的对应关系作为社会分层的基本原则。当然还有一些不同的标准,帕累托从社会效率出发基于精英视角把社会分层为精英与大众,并认为造成社会不平等的根源在于个体的自然禀赋差别,这是一种资产阶级精英的理想主义表达。而功能主义基于社会是一个层次分化的复杂结构,每个构成部分或者社会阶层都是社会有机体运转不可缺少的组成部分,承担着各自不同的社会角色与相应的功能职责,从而维系社会的稳定运行,因而认为社会分层是正当的、合理的。帕森斯把社会分为政治、经济、文化、社会共同体等四个子系统,它们都已经从早期的人类社会原初一体状况分化出来,而其中每个都走上不同的分化过程,导致社会分层。不同的是它们的重要性有差异,例如资本主义社会里经济活动是最重要的方面,因而这个方面的分化占主导地位。帕森斯这种多元社会分层范式反映了这样一种时代社会背景:美国长期处于稳定的社会状况,因而人们对多元价值体系持相对开放与宽容的态度。而在革命或者社会急剧动荡时期,人们则倾向于压倒性的权力指标。

随着后现代主义的兴起,在相对和平的环境中,社会快速发展,个人与社会都在多层次展现出多元与分化的趋势,而且相对于社会而言,个体更彰显出主体性的存在。个体角色越来越重要,由个体主导的普遍交往及其重新提出的价值主张反过来重塑社会整体的功能与价值观念,例如,霍夫曼、布劳的交换理论把社会交换的行为目标界定为交换所得利益,一旦分层系统确立之后,权力关系将占主导地位,而非交换关系了。现代社会各方面的流动性与传统社会有极大不同,固定的社会阶层分化模型变得不合时宜,每个维度或者层面上的划分标准都受到其他层次的影响而变动不居。相对而言,职业结构更外显出一种人群分别的尺度。有关社会分层的类型,还有希尔斯等人关于社会声誉分层的荣誉类型,马歇尔等人关于公民权分层的公民类型,贝克尔等人关于人力资本分层的个人类型。

对于现代知识社会,布迪厄、埃利亚斯等人关于文化分层的文化类型也很重要。在布迪厄看来,诚如马克思所说,资本逻辑是一个现代社会的核心范畴,但资本本身的内涵与外延却在不断变化。我们仍然可以用资本作为社会阶层划分的标准,但资本不仅有经济资本,还有文化资本、社会资本与符号资本,而且文化资本在当前最为重要,因为教育、生活习惯等都是文化资本。社会因资本占有情况而分为上、中、下三个阶层。基于这四种资本在社会中的分布情况,布迪厄在《资本的形式》中提出了社会空间的重要概念:其一是四种资本的数量,其二是资本的类型,其三是经济资本与文化资本在时间尺度上的变迁,如代际关系等。社会空间虽然是由每个个体的行动场域所组成,但个体的场域本身也具有某种层次上的独立社会空间,而在另一个"惯习"宏大层次上相互联结在一起。显然,独立层次意义上的个体空间具有超出社会整体的意义,这与马克思有关人是一切社会关系的总和区别开来,而带有"公共空间""私有空间"的意味。

社会分层是随时代发展和社会状况的变化而流变的,在工业革命以来物质生产的能力越来越强,在市场机制中消费方已经成为主导了。鲍德里亚这样描述当今世界的消费社会景观,"在我们的周围,存在着一种由不断增长的物、服务和物质财富所构成的惊人的消费和丰盛现象。它构成了人类自然环境中的一种根本变化。恰当地说,富裕的人们不再像过去那样受到人的包围,而是受到物的包围"[1]。在他看来,消费品事实上已经成为一种分类体系,对"物"的消费反映了社会差异或社会不平等的逻辑。

中国自改革开放引入社会主义市场经济以来,随着社会经济、文化与科学的发展而出现了社会各方面复杂的分化趋势,备受大众关注,也是学术研究热点。但在学界,主要是社会学方面在做有关社会分层现象的调查研究。相关研究从现象描述不断向理论解释的深度进展,而且超出简单译介与模仿西方社会理论,针对中国现代社会经历的几次重大社会层次变迁的历史,从社会层次变迁的宏观结构逐渐下沉、深入微观的"民间社会"地位行动与分配规则。对当代中国社会变迁的理论表征为从政治层次转向经济层次为主要价值取向与实践场域。[2] 相应地,社会层次分化的变迁也由政府主导转向市场经济主导的机制。

简单社会的问题比较简单,复杂社会的问题比较复杂。这是复杂思维观察的结果,而在简单思维看来,都是一样的简单或者复杂。任何事物都有两个或者三个层次,宏观法则与微观机制。就像历史包括宏大历史与微观历史一样,社会并不是超越单纯个体之上的一种抽象结构,社会既是如此这般的一个结构,又蕴涵于每个个体之中的内在逻辑、微观机制。也就是说,社会构成除了社会结构这个宏观法则之外,其中的若干人与物就不再是社会构成之前的那些人,而是经过社会性形塑之后多了一个部分:社会性的微观机制。从事实与研究的角度来说,一是事实分层,指社会主体由于占有不同的资源数量、种类和质量,从而产生的社会不平等的层次分化;二是指社会研究者根据一定价值标准将社会主体划分为不同等级的过程和结果。这是针对各种不同社会层次划分的标准本身的一种尺度的分别。例如,从研究动态与静态的角度来说,一是动态分层,指社会分层的过程;二是静态分层,指社会的阶级或阶层结构。还有从微观与宏观来看,一是个体与群体分层;二是民族与国家分层。从功能来说,阶级倾向于政治

---

[1] 〔法〕鲍德里亚:《消费社会》,刘成富、全志钢译,南京大学出版社,2014年,第1页。
[2] 李强:《政治分层与经济分层》,《社会学研究》1997年第4期。

学意义,阶层倾向于社会学意义;从划分标准看,阶级以生产资料的占有作为划分标准,而阶层的划分标准是多元的;从社会动员上说,阶级倾向于自为状态(即结构化),阶层倾向于自在状态。

社会分层形态从等级、阶级到阶层的发展,在社会学领域被概括为从"金字塔型"或者"倒丁字型"向"橄榄型"或"纺锤型"发展。从历史唯物主义的社会有机体学说看,它反映了社会多元分层从机械分层向有机分层的发展。社会分层形态的发展与社会结构形态的发展是统一的,统一于人的发展,在这双重发展的历史过程中,人的感性活动不断突破地域的界限,也不断瓦解历史上存在的政治经济统治和今天仍然存在的物的统治,人的自由个性得到日益丰富、日益广阔的社会空间和文化观念空间,社会有机体不断地向自由人联合体迈进。[1]

因纽特人、游牧民族、奥斯曼人、斯巴达人,通过尽可能抛弃无限多样化的人性而坚持一种僵硬的动物性完成他们所要完成的使命,由此走上倒退的道路。生物学家告诉我们,使自身严格适应高度特殊环境的那类动物已经处于死亡的边缘,在进化过程中是没有前途的,而这恰好是这些停滞文明的命运。[2] 一个停滞的社会,即便在许多方面已经成熟,也可能伴随等级制度与专业化的社会分工。类似蚂蚁这样的社会,在外在表面的等级制度之下,恰恰是没有层次感和丰富内容、单一性的社会生活。

人类社会经历过从小到大的规模发展,同时也展开了层次性的深入,从基于血缘关系的家族部落到部落联盟,再到国家和全人类社会。马克思指出:"我们越往前追溯历史,个人,从而也是进行生产的个人,就越表现为不独立,从属于一个较大的整体:最初还是十分自然地在家庭和扩大成为氏族的家庭中;后来是在由氏族间的冲突和融合而产生的各种形式的公社中。"[3]不同范围对应的不同社会层次具有不同的社会结构与社会要素,而且,在当前的每个人来说,都拥有这所有不同的社会层次上的社会生活。如果不计最原始的家庭单位性质的社会层次,[4]那么社群、国家、全人类构

---

[1] 邓晓臻:《社会分层论》,中国人民大学博士论文 2006 年。
[2] 〔英〕霍布斯鲍姆:《帝国的年代:1875—1914》,贾士蘅译,江苏人民出版社,1999 年,第 180 页。
[3] 《马克思恩格斯全集》第 31 卷,人民出版社,1998 年,第 21 页。
[4] 事实上,纯粹的单个家庭是不可能构成完整的社会形态的,但一个社群(原始氏族、家族群体)却是可以的。因为一个维系社会延续的基本人口数量至少要在 500 人以上,这显然超出单个家庭组织。家庭是社会组织的细胞,但不能单独存在,因而不能构成一个独立的社会层次,而且从历史上来说,最开始的社会基本组织未必是基于偶婚制度的家庭,而可能就是一个氏族部落之类的社群。

成了三个基本的社会生活的层次。韦伯所说的"世界的祛魅",是指对世界的一体化宗教性统治与解释的解体,它发生在西方国家从宗教社会向世俗社会现代性转型(理性化)中。自世界"祛魅"以后,世界进入"诸神纷争"(价值多元化)时期,人们对世界的解释日趋多样与分裂,社会活动的各个领域逐渐分立自治,而不再笼罩在统一的教权威之下。韦伯所谓科层化的社会也就正式在现实中开始展开了。

18世纪资产阶级革命突飞猛进,而19世纪的无产阶级革命进展缓慢,常常停下脚步,自我批评。根据当时的社会状况,资本主义的确是当时社会的发展需要,被普遍接受,所以很快很顺利。而19世纪的无产阶级革命还没有取得普遍的共识,还不是大众意识,甚至被认为是相当"观念的"构想。马克思对政治革命的看法在1848年发表《共产党宣言》之后就不断地进行调整,到晚年的《哥达纲领批判》中已经发生了很大的变化,例如对议会的态度。德国社会民主党甚至倾向于现实的民族主义,最后在第一次世界大战中投票支持战争。各个无产阶级思想流派提出的主张达不到一致,得不到经济、政治层面的支持,也得不到社会的整体支持。

正确地理解政治过程需要对经济结构和经济过程进行恰当理解,因为一个社会的政治制度与经济制度、经济活动都是内在联系在一起的。其实它们都是一个社会内部彼此不曾分离的层次,因而,在新政治经济学中,政治主要研究权力、决策程序、社会利益;经济研究资源配置、收入与财富分配、个人利益,"新政治经济学的主要任务是找到把制度主义解释和理性选择解释重新结合起来的各种方法"[1]。当代社会层次之间的互动更加密切而活跃,因此,把握当代社会需要层次渗透,有效结合政治学方法与经济学方法。要想在经济、政治、思想文化的多重层次上形成内在一致的制度性安排,从而达到整个社会的整体性和谐,还有很长的路要走。也许在传统社会向现代资本主义社会转型过程中,由于经济层次的快速发展,相应的政治层次没有跟上,而导致政治相对于经济的脱节,政治出现严重的问题。对此用层次来解释,似乎比社会制度论更有效,因为它几乎发生在所有国家,而不仅是资本主义国家或社会主义国家。

理性精神的发扬光大开辟出一个知识社会学的宏大层次空间。科学研究也有社会分层,科学共同体的规范结构有科学的制度结构,奖励系统和社会分层等。因为科学活动是一项有高度人为参与的活动,规律性在于人活动本身的规律性,人有意识地规划的结果自然会表现出"规律性",这

---

[1] Andrew Gamble,"The New Political Economy",*Political Studies*,3(1995).

其实只是康德所说"规律"从内向外的外化结果的表现而已,这与物理学规律不同,后者没有意识性的显性参与。科学的进步主要是依赖于所有"社会阶层"的劳动还是主要靠"精英"阶层的工作？很可能是后者居多,即使后者对于前者有社会基础性的依赖关系,但这种关系也比社会生活与社会生产空间里的依赖性更弱。马克思学说所肯定的人民与英雄之间的关系在社会生活中表现得最为强烈,其次是社会生产空间,这两个空间是基础性的社会空间。如果对于人类社会来说,有从社会生活、社会生产、社会教育、社会科学、社会技术、社会艺术、社会思想等不同的层次的空间,那么可能形成一个强度差序的谱系。之所以如此,是因为在智力开辟的各种空间里,主观能动性的表现力量更大,比日常生活的社会空间来说,理性差异性更大。它们能够建构空间本身,虽然仍受制于日常生活空间,但是,理性空间的马太效应显然更大。人们的思想不单促进精英的思想,反过来更可能是后者的解释和注脚,是后者建构的表现结果。虽然在日常生活层次我们主张人人平等,但在思想和历史性价值空间中则有显著的不同。而且,政治家的重要性与价值常被夸大,思想家、科学家们的价值则被低估了,因为从古到今,大众们关注更多的是此在现实中的日常生活空间,而非历史天空中的各种思想空间及其价值。

奥尔特加假设,科学家和科学哲学家们的看法是,小发现为天才铺平道路。但是,"美国实业界的奖励系统似乎与科学界形成鲜明对比。那里,官僚工作的能力、对公司的忠诚、家族关系是奖励的主要根据"[1]。所有的发明或者发现都是杰出的个体所为。经济的发展使得社会功能更加专业化,使能力产生差别,使个人对于群体有着不同的价值。30%的人足以与其余人的能力之和相等。[2] 温和的哲学家所指望的最佳状态,是法律和教育机会的大致平等。社会分层本身也许不是什么罪恶,只要它不妨碍人们能够公平地拥有资源进入各自不同的价值领域。这一点在现代社会里人生活所需的物质条件得到保障的情况下可以清晰看出,由于有了各种不同的趣向,人们各自都能够在不用担心生命安全的基础上进行不同领域的研究。也就是说,基本的物质性社会分配不能阻碍人生真正价值的实现。实现的路径在于社会各种不同分工的通道。原初的价值可能基于社会和物质基础,但总有在一定社会层次的结构中显现自我主体性的诉求。

进入20世纪之后,社会学家面对具体的社会问题时,不再诉诸传统所

---

[1] 〔美〕科尔:《科学界的社会分层》,赵佳苓等译,华夏出版社,1989年,第276页。
[2] 〔美〕杜兰特:《历史的教训》,倪玉平等译,中国方正出版社,2015年,第4页。

谓包罗一切的综合性理论研究和毫无理论性的描述性经验研究,因为它们并不能在更细化的层次上给出具有实质性的指导。重视实证研究的培根非常强调中层理论,"在科学研究的上升阶梯中,从具体事物进展到低层原理,才到中层原理,最后达到最一般的原理,最低层的原理几乎与纯粹经验没有什么区别,而高度概括性的原理往往是抽象的纯理论,缺乏坚固的基石。只有中层理论是真实可靠和富有生命力的原理,人们的实务和机遇都建立在这一原理上,最后才是概括性最强的高层次理论……中层理论的确可以起到限制作用"[①]。

二、社会空间的多重层次

空间概念的社会语境使用,在恩格斯所描述的关于工人阶级从乡村迁移到城市之后出现的生存环境恶劣的状况时就已经有了,并由此开拓了历史唯物主义的空间阐释。随着城市、信息化时代的网络空间,甚至当前虚拟空间的出现,"空间"二字的社会学意涵从物理和地理上的初始意义逐渐延伸到了更为抽象的"社会空间"。当下社会空间的现实变化催生了各种复杂的社会空间理论,而越来越细化的社会理论正是社会层次性分化的观念反映。无论是布迪厄的"场域"还是拉图尔的"行动者网络",或是列斐伏尔所谓的"空间实践""空间再现"和"再现空间",都已经远远超出地域和物理距离对空间的限制,而在这个概念里融入了权力、生产、建构、互动等各种社会意涵。布迪厄社会理论提出的时代背景是,20世纪中后期的法国社会相对稳定,阶级、群体、职业之间的社会分层,社会地位和惯习的再生产也十分明显。

人与人之间存在各种社会性的交往关系。它们与各种社会现象都会发生在一定的空间区域,而且还在社会行为等方面表现出一种结构性的界限与范围。同样,社会性的符号、象征和文化意义也是如此,地标、建筑、街区规划等都具有特定的符号和象征意义,反映了社会的价值观和认同。工业革命之后城市兴起,城市布局与功能分化,一座城市的中心商业区代表繁荣和现代化,而一些特定的社区或建筑物如博物馆、教堂与特定的历史文化、宗教或族群有关联,是地理平面上的空间拓展。社会空间涉及人们在社会中的相互位置、交往和互动方式,以及这些位置和互动方式对社会关系和社会结构的影响,个体和群体在社会中的地位、阶层、社会网络等方面的空间分布和组织。社会空间随地理环境、经济结构、政治力量、文化观

[①] 转引自默顿:《论理论社会学》,何凡兴等译,华夏出版社,1990年,第76页。

念等的变化而变化,例如,城市和乡村的社会空间不同,城市中的社会空间更加复杂和多元,涉及不同社会群体的聚集和交往,而乡村中的社会空间则可能更为分散和有限。其中,基于经济结构的社会阶层在社会空间中表现较为显著。

(一)社会空间的层次分化

一般而言,从宏观层面看,有什么样的社会生产方式,就有什么样的社会空间。古代社会生产力低下,社会空间通常是狭窄的,一个人一天到晚碰到的就是那么几个人,很多人一辈子见识的人不过数千,其中有过语言交流的又能有多少?生理需要的空间一定要在社会空间里展开,因而就会发生碰撞的问题,其中,家庭伦理恐怕就是为此而制定的,因为家庭生活也许要占据大半空间。但意识形态在一定历史时期也会产生巨大的影响,例如备受诟病的宋朝性别文化高度压缩了女性尤其寡妇的生活与生命的空间,在其丈夫死去的时候就已经被社会传统制定的空间规定好了:贞节牌坊堵死了一个美丽生命的个人幸福之路,人不再去寻找下一站爱情,而是承担母亲的角色将子女抚养成人,或者成就贞节牌坊的意义。这与现代社会里人的社会空间的展开完全不同。传统社会里的家庭伦理有一条叫俄狄浦斯情结,心理学上用来比喻有恋母情结的人有跟父亲作对以竞争母亲的倾向,同时又因为道德伦理的压力,而有自我毁灭以解除痛苦的倾向。

在现代典型的城市生活里,一个男性从出生开始,在社会交往里有太多的接触者,她们都可能是潜在的爱恋对象,断然不至于在生理发育到成人情感需要时仍局限于父母养育情感。社会情感、现实交往、行为习惯都不再有发生那种可能性的土壤。柏拉图式恋爱也变得难以想象。空间扩张,时间和人的生物感性属性并没有扩张,单位时间里的交往人数总是那么些,空间扩大带来所遭遇的人数大增,必然会导致持久友谊的弱化。古希腊城邦的那种直接政治更是不可能,因为民主所依赖的直接接触不具有自然的可能性,现代社会空间复杂多样而衍生出更多的中间层次,使得理性政治的实践也变得困难重重,制度设计也随社会空间而更加精细与复杂。

社会空间因挤压而导致社会危机,也导致意识形态与社会道德的问题。没有本质上丑恶的人,也没有本质上丑恶的社会,之所以认为丑恶,是因为非理性的人性没有被理性地得到理解,之所以表现出丑恶,是非理性的行为与社会结构中的一些环节发生了冲突,或者社会结构本身出现了问题,破坏了其他环节的正常运转,从而表现出不同层次之间不协调的问题。在结构马克思主义者阿尔都塞看来,社会的构成非一个以生产方式为中心的联合的统一体那么简单,而是一个比较松散的结构,其中不同层次或者不同种类的实践根据不同的时间尺度发展,社会的和意识形态的上层建筑具有"相对自主性"。也许是由于古典历史时期超强的帝国与政治强力的杀伐,给人留下了深刻的暴力政治的历史记忆,让人们习惯于把政治当作社会结构的首要因素与主要的凝聚力量。

随着视角进入社会内部,针对一个具象的社会,生产力固然重要,政治也固然重要,但对社会的透视却要在生产关系的层次,特别是社会关系的深度层次的场域中进行。福山提供了一个宗教文化与政治层次的本身独立性的很好的案例,"在印度占居首位的不是拥有强制和经济权力的精英,反而是仅有仪式权力的精英……对婆罗门教霸权的最大挑战,却是外国入侵者凭借武力进口的——莫卧儿帝国带来了伊斯兰教,英国人带来了西方自由和民主的思想。所以,必须把宗教和政治本身看作行为和变化的动力,不可视之为宏大经济力量的副产品"[①]。印度的社会制度更多地与宗教有关,这大大限制了国家的集权能力,导致政治扮演着从属于宗教的角色。如果以现在的利益视角看,我们很难说婆罗门究竟是在捍卫神圣的宗教与法律,还是保护他们自己的利益,这就如中世纪的天主教一样,至少在其近现代历史时期是如此。

(二)社会空间变化的历史性

从历史上看,社会空间的形态不断变迁。史前人类从单一的非洲走出来,散布至全球,从陆地到海洋,从单一的地理平面向高层建筑发展,从单纯的社会活动向复杂多样的、层次性的生活世界的空间发展。在有集体记忆之后,来源于一个社会的传统文化给每个成员提供精神的文化空间,让人的心与灵安顿下来,如博物馆、剧院、图书馆和文化遗址等。这些传统文化的载体与精神空间里的历史传承一道,塑造了人们的价值观、行为规范和社交方式,同时也影响着社会中的空间组织和使用。

传统社会相对来说是比较稳定的,层次分置虽简单却比较完善——相比其社会生产力与科技是满足的。但是近代以来,资本主义打破了传统社会的等级化层次,而资本的流通性力量,试图消解一切传统的层次构型。然而,资本的流通性只是在经济生活、基于经济交往的社会生活中带来的层次破除之后的普遍交往,没有在其他层次上进行同样的普遍的、流通性的革命,例如家庭、基于家庭关系的、社会关系的等级形态仍然以其内在的逻辑延续下来,并扭曲经济层次的生活。一方面,新型的资本普遍交往的

---

① 〔美〕福山:《政治秩序的起源》,毛俊杰译,广西师范大学出版社,2012年,第159~160页。

经济层次受到其他层次的传统力量的渗透与影响，从而把革命性的经济穿透力的泛化力量减弱了或者扭曲了；另一方面，经济层次的普遍革命力量同时也会多多少少渗透到其他层次，如政治、文化等层次，瓦解或者冲击了传统的等级与层次壁垒。发展呈现出在多个层次上的趋同效应，即不同层次之间的摩擦会逐渐减小而不是加大，直到理想形态的完全趋同，但不可能完全同步。

古代社会人们的生活比较简单，社会交往虽然也是必需的部分，但是与现代社会相比，无论是数量上还是样式上都无法相提并论。古代社会一般个人生活的社会圈子比较固定，现代人则不同，从上幼儿园开始，在各个学校接触各种人与事，成年工作之后就更多了，远非古代可比。因而，社会空间在现代就显示出复杂的层次性与多样性，各种社交圈子，还有网络虚拟空间中的圈子；而古代只有少数达官贵人、乡绅商人才可能会接触比较多的人群。绝大多数人可能足不出乡镇，有事也只是到附近不远的集市，终其一生不出乡县，周边认识的人大多是乡亲故人，大多一辈子接触、认识的人不过万人，事情也大多是柴米油盐酱醋茶之类的世俗日常生活，现代意义上的许多社会生活与交往在古代可能只限于达官贵人、乡绅豪门。中国古代为何出现所谓兔死狗烹的现象？因为资源的分配与共享机制的原生形态，在社会动荡时期需要更多的人抱团取暖，而在和平安稳时期，没有战争，那些靠"一将功成万骨枯"的军功成为食俸禄的贵族阶层试图分享皇权的利益，而社会资源是有限的，不能支撑那样的享用方式，因此必须减少享用人员数量，这样引发的政治斗争最终导致理性的权谋与非理性的杀戮。换言之，古代社会的生活世界是扁平的，而不是多层次的，更不是立体的，于是就会发生在一个狭窄的层面形成竞争关系。

如果开辟了一个多层次的世界，那么就不必拥挤在单一平面上进行残酷的竞争，你可以在政治平面上意气风发，我可以在思想层次上任意驰骋，他可以在市场经济中大展身手。这才是一个多元化的世界：李白可以在山水之间流连，BATJ（指中国互联网领域的四大巨头）可以在互联网上结出商业的成果。但在中国古代那样的社会，唯有学而优则仕、当官衣锦还乡才是正道。然而，这种陈旧的社会状况早已随着没落的王权一去不复返，任何试图恢复王权的企图都注定被现代社会所携带的历史性新价值观的洪流所淹没。

随着新一轮科技革命的来临，各种新技术的普及运用，例如网络技术，也许并没有立刻导致社会政治层次上的扁平化、社会公平正义的实现，反而会被官僚所利用。也就是说，它既可能被社会力量中的民主力量所运用,也可能被专制与王权的力量所利用。但是,就技术本身具有的普遍价值来看,就其历史性的独立角色来看,它将在长时段上必然显现出其反王权主义的效果,让平等交流与合作成为基础性的社会背景。对于历史理性来说,重要的还不在于这些挑战,而在于其中的根源,是否由于人的行为包含生物层、生理层、心理层、精神层等不同的层次呢？其中一些由于是可以科学描述的,因此可以是科学的,而思想层本身就是对预见的超越、主体性的实质,是不可"科学把握"的,难以套用"科学"的范畴。这么说,倒可以把一些事情划分清楚了,为何有些是科学的,有些不是科学的,而且有些既包含科学的层次,又包含超科学的主体性层次。但是,我们仍然可能对不同层次,甚至对相互之间的纠缠进行条分缕析,尽可能像科学那些进行描述或者划界限,如统计描述的结论在有限数量情况下,既有统计表述也有对这表述本身的评价性结论。

全球化时代,在现代化科技、经济、政治与文化等多层次全面推进下,每个社会都将在新的生产方式下结合其历史传统重建社会空间,而且都将在不同层面走向全体社会。凡是缺乏层次性的社会,都没有建立独立的政治、经济、文化等层次的内在逻辑,因而,出现的所谓政治动乱就不能被理性地纳入政治的层次逻辑内展现,而是必然带入所有的"未成熟分化出来的层次",例如经济、社会等的要素,最直接的就是经济利益——这是他们所能够"看到"的最重要的内容。在缺乏层次性的理性思维的社会成员看来,任何直观的表象就是他们行动的根据。这种层次混沌状态下的行为不是复合层次的,而是前层次理性的行为,是缺乏层次性思维的行为,这种行为更接近动物属性——经济利益为最终的目的。例如,前几年风靡一时的美国0元购也是社会底层的经济利益驱动的行为,但并不被美国社会主流和社会主体所接受,而是一部分下层社会群体的行为,甚至连他们自己也不是理直气壮,因而,更像是一种社会"情绪化"的表达——可能主要是美国城市黑人社群的"半集体行为"。而美国社会能够让这样的"怪事"出现,本身也说明美国社会对黑人的一种"补偿性"的宽容——一方面是历史的补偿；另一方面是因政策而导致的社会阶层分化的结果。

第二节 社会层次的历史变迁

社会学侧重共时性的社会横向联系的问题,探索社会结构的内在机制,针对不同的历史时序的社会结构与功能表现,关注大众的经济社会、日常生活等主题。历史学侧重于历时性的运动变化的规律性,针对的是各种社会基于时间的变化。传统历史学主要是政治史,以从上到下视角关注帝王宫廷政治、征服战争史。传统历史学与社会学两者互不相干,但"二战"之后,随着社会学与历史学研究各自领域与思想触角的不断延伸而发生了碰撞与必然的交叉,交叉的深化发展进入一个巨大的人类社会历史的时空。从宏观的方法论来说,对这个空间的构想要用层次性的架构;而在具体的研究中,历史学家需运用比较模式、计量方法、微观史学的社会"显微镜",灵活采纳社会学的一些基本概念,如社会角色、性和性别、家庭和亲缘关系、社区和认同、阶级、身份、社会流动、权力、中心与边缘、霸权与反抗、社会运动、心态和意识形态、交流与接受,等等。

起源于法国的社会历史学以社会学的方法和思考问题的视角来做历史研究,"以广义的历史为研究对象,把史学研究看作是一种社会运动的现象和过程,主要运用社会学的某些方法,来探讨史学研究的目的、功能、社会作用等问题"[1]。它归属于历史学但采用社会学从下向上的方法与视角,受到马克思主义唯物史观影响而走向对社会大众的世俗生活的历史研究,关注经济、人口、城市、食物、日常生活。著名的代表有法国年鉴学派,侧重经济、地理、人口、劳动、消费的历史,例如,布洛赫的《封建社会》运用社会学研究方法分析封建社会内部的历史建构过程与生活方式的历史变迁,还有布罗代尔的《菲利浦二世时代的地中海和地中海世界》、津恩的《美国人民的历史》与霍布斯鲍姆的《原始的叛乱》等。社会视角有社会内部结构、社会整体的外在表现之分,因此,社会历史学也有微观史学、社会整体史学两个层次的发展,它们共同展现历史中的社会面貌的构成与变迁。

历史社会学研究现存历史因素与当代社会各种现象之间的相互关系及其规律,是近来美国兴起的一门尊崇韦伯传统的新兴社会学分支。它强调对社会现象的研究必须考量历史因素,因为社会现象本质上就是历史过程中社会互动的结果,所以,历史社会学关注现代社会的历史来源和历史变迁。"历史社会学就其精髓而言,是理性的、批判的和富有想象力的。它追求社会自身得以变化与延续的机制,探求使一些人类抱负受阻,同时又使一些人类抱负得以实现的深层社会结构。"[2]例如,韦伯的《新教伦理和资本主义精神》《中国的宗教》《经济与社会》都是历史社会学的经典。它拓

---

[1] 蒋大春、陈启能主编:《史学理论大词典》,安徽教育出版社,2000年,第745页。
[2] 〔英〕丹尼斯·史密斯:《历史社会学的兴起》,周辉荣等译,上海人民出版社,2000年,前言第2页。

展了社会学研究的题材、案例与数据的范围。历史社会学的学术兴趣在于社会学的理论、概念与比较，而非历史人物、事件等之类的历史学主题。如韦伯《中国的宗教》引入了"理性"概念，论证中国儒家与欧洲新教具有相似的理性，不同之处在于：新教理性是个人成为上帝的工具，儒教理性是取得文化身份位置。然而，后果却是新教导致资本主义而儒教没有，这揭示出现代资本主义精神还有其他历史原因。当然，也有介于历史学与社会学之间的作品，如波兰尼的《大转型》、汤普森的《英国工人阶级的形成》，它们既是社会史，也是历史社会学著作。

一、社会与历史的层次互动

在人类社会历史的时-空结构中，纵横两个维度引发双重的动态变化。在历史上表现为波动性，社会随时间波动形成的不同层次之间的冲突，即层次摩擦；而横向表现为共时态的普遍交往，社会内部与外部表现的作用、影响的关联网络，其生成需要在时间序列中探寻，而且一时稳定的网络结构在另一时间会遭到破坏，需要重建。以这个结构的静态分析的基本模式迁移到动态性的研究中，产生一系列的社会学话题。纵向时序上因社会各种意义上的分层而表现出不同层次的历史，如宏观历史、微观历史、国家史、全球史。针对社会与历史各自不同层次的相互作用的考察则有诸多不同层次的论题。

历史是有关人类社会的历史，对历史问题的研究离不开对社会及其历史变迁的运动规律的分析与把握，无论是静态的社会学结构分析，还是社会运动变化的机制探析，对于历史研究来说都是必不可少的方法。对历史问题的分析既需要历史学研究的方法，也需要社会视角等不同方法的综合运用，因为它可以帮助我们解读历史中的一些重要问题，譬如中国传统社会历史变迁等历史现象。通过对历史问题的社会分析，我们还能够揭示停留于人们常识层面上的一些基本认识的局限性，分清问题的实质与层次，寻找到文明与社会发展的基本规律性。历史学缺失社会群体在历史时间中的表现和有关联的前后变迁，因此历史研究还需要社会动态分析。

历史研究本来就是一种动态分析，但是，这种动态与社会的动态分析不同。历史学虽然诞生很早，但是对历史进行理性的规律性把握的研究还是近代维柯开启的。黑格尔更是对市民社会情有独钟，不过他对市民社会与国家之间关系的理论，系统的考察与论证虽然有着严密的逻辑性，但目的却在于论证绝对精神以自由意志的现实化为线索的历史归宿。马克思则在充分吸收黑格尔辩证逻辑与市民社会等精神养分的情况下，对市民社会与国家之间的关系进行"头脚倒置",从一种客观唯心主义的社会观转变为科学的历史唯物主义的市民社会与国家理论。马克思在《政治经济学批判》序言中指出:"法的关系正像国家的形式一样,既不能从它们本身来理解,也不能从所谓人类精神的一般发展来理解,相反,它们根源于物质的生活关系,这种物质的生活关系的总和,黑格尔按照18世纪英国人和法国人的先例,概括为'市民社会',而对市民社会的解剖应该到政治经济学中去寻求。"[1]

虽然也存在帕森斯《社会系统》这样解释社会均衡的理论体系,但历史与社会的关系仍然因为社会变迁的动态转型而非常紧密,因为社会学就是一门以历史及其取向为基础的学科。这个传统可以追溯到西欧资本主义时代早期,"任何一门社会科学,或任何一项深思熟虑的社会研究,都需要一种历史范围的构想与充分利用历史资料"[2]。对文明历史的研究不能排除对社会进行动态的分析。中国、西方乃至世界的历史都不乏社会、政治和思想各方面的改革,凡是伟大的政治家在一定程度上都是成功的改革者,改革无非是对政治、军事、经济措施、文化等方面的社会结构性变革。有的社会体系改革并不很多,从社会结构的平衡来说,那是因为政治制度本身的完善性省略掉了改革的需要,如果没有足够的改革,一个失衡的社会必然出现激烈的变动甚至革命。拿苏联行政机构的改革来说,次数并不少,但不能从根本上解决社会总体性失衡的根源问题,最终导致解体。

所以,社会基本层面上的平衡要素决定了社会的稳定性,而非次于基本层面的具体政治机构的调整。晚清政府虽然镇压了戊戌变法,但在各种改革的呼声与社会的急切需要下,也不得不在1905年进行调整,开始进行改革,甚至在一些方面的改变幅度还超出了几年之前戊戌变法提出的诉求。然而,绝大多数精英与民众已经对晚清政府感到失望,加上民族主义的勃兴、来自西方新思潮的影响,英国、法国、德国与美国发生的巨大社会变化的示范作用在中国精英阶层中得到的传播和彰显,使得革命派主张占据了明显的优势。而立宪派大势已去,中国近代历史上戊戌变法倡导的改良运动也变得不合时宜了。康有为和梁启超的决裂不仅是个人悲剧,更是时代剧变的浪潮运动的结果,它掀翻昨日保守的精神领袖,召唤与时俱进的变革。社会思想领袖人物康有为与梁启超都曾周游欧美各国,可是,康

---

[1] 《马克思恩格斯文集》第2卷,第591页。
[2] C. Wright Mills, *The Sociological Imagination* (New York: Oxford University Press, 1959), p.145.

有为思想僵化,固守"保皇""保教",并没有深入西方社会,对西方各种社会新思潮不深入探究;梁启超则不同,他与时俱进,反对袁世凯复辟帝制,坚持民主启蒙与革新的道路,最终与康有为在辛亥革命的到来中决裂。

一个社会内部的革命一定会从各个方面、各个层次波及社会整体,这跟国家与国家之间的外部冲突有所不同,后者并不一定波及国家内部的社会层面。有学者对鸦片战争背后的社会现状进行了深入研究,得出让人诧异的结论:第一次鸦片战争是一次中国不可能取得胜利的战争,因为在深层的社会、政治、军事、经济方面清朝已经明显地不能与英帝国对抗。[①] 不容否认,西方经过几百年资本主义的社会发展,从政治、经济、科技,尤其在军事上与东方传统文明大国拉开了距离。

毫无疑问,对于一个社会而言,冲击更大的当然是自然环境的巨大变化,因为它对于这个社会实体来说是外生变量,无法通过内部机制调整或消化。发达的文明实体在军事上并不一定虚弱,但是在某些波动过程中,层级间力量的渗透和各自不同的运动规律可能引发混乱局势,这会给其中的反序力量提供显现空间,可能一直隐而不发的内因将会得到激发机会。这个机会表现在两个方面:其一,对于发达国家来说,是由于它自己缺乏突破技术瓶颈的能力。其二,对于整个社会说,它是一个积极的力量,是对社会发展不同路径进行选择的机制。站在微观层上看,人们总是会想象地把整个社会的某种时代性悲剧归结到某一个政治人物或者某个利益集团的身上;但跳出来在宏观层上则有开阔的视界,对社会问题的理解也就不同。纠缠在个人命运上对于一个国家和社会来说是没有意义的,更为根本的还是个人或者集团所代表的社会力量之间的冲突,以及历史时代为何会产生两种不同而相互对抗的路线。历史唯物主义运用生产力、生产关系等要素来解释人类社会形态的变迁就是抓住了社会的最宏大要素,就是试图在最根本的意义上回答历史发展中的问题。

就人类社会的整体历史来说,虽然在古代就有不同文明之间的相互交流与文化传播,但严格意义上的全球通史或者世界史是从近代(16世纪甚至晚至19世纪)才起步。这涉及社会学的一个重要论题——现代性问题,即由传统农业社会转向以现代工业为基础的社会组织与社会生活方式的社会转型,这种转型虽然从欧洲开始,但呈现出向全球扩散的发展趋势。根据吉登斯的看法,三大古典社会学家马克思、韦伯与涂尔干分别从理性、

---

① 茅海建:《天朝的崩溃:鸦片战争再研究》,生活·读书·新知三联书店,1995年,第557页。

工业化、资本主义社会批判等三个重要的方面对现代性进行了原创性的解释,从而奠定了现代社会学的基本范式:解释主义、批判主义与实证主义。社会是一个分层次的整体,马克思与韦伯的理论是绝大多数有关阶级和分层的社会学分析的基础。马克思社会理论的核心概念"阶级"是按照生产资料的占有关系来决定的,因为生产资料决定生活资料的生产。韦伯则发展出一种更复杂而多维的社会层次冲突模型,其中不只是生产资料决定的阶级,还有社会地位与党派,三种交互重叠的作用决定了社会的层次属性。韦伯也认同社会是以围绕权力斗争与财富分配而展开的活动,但其中不只是经济地位决定的阶级,还有社会地位与党派政治的参与。

从社会变革的上层着手,即在缺乏大众社会生活形态发生重大变化的情况下,指望通过简单移植西方的政治军事和思想观念就可以实现社会各个方面的现代化,结果必然是不合中国国情。在中国传统社会里,社会底层力量缺乏变动,社会生活方式没有变化,想要从传统的无政治生活形式转向具有普遍的政治参与的政治生活即便是一种善良的"顶层设计",在面对传统生活模式的回归压力时也不能得到持久维系。有些时候,在人民高度的拥护与信任下,可能动员社会大众,但是,如果这个社会状况还离实现人的自由解放和全面发展很远,那么离开面向全球化的世界历史就还有相当的距离。马克思说:"每一个单个人的解放程度是与历史完全转变为世界历史的程度是一致的。"[①]换言之,还不是现代型的,没有经过现代生活方式与思想的洗礼,那么就不能说是一种能够参与交互建构的能动性力量。正是由于社会基本形态对于历史发展的基础性地位,与中国近现代史最有相似性的很可能是俄罗斯、日本和印度,西方是社会和经济基础先行从而推动政治变革的,而包括日本、俄罗斯、中国和印度在内的东方则不同。

与历史上革命家的意愿相反,革命并不能替代社会改造、社会逐渐转变的过程,甚至并不能够显著地缩短这个过程。法国近代史与英国近代史走的不同道路表明了这一点,断头台的确不能真正消灭阻挡历史车轮的保皇力量,工业革命及其导致的社会变型运动更有效得多。如果一个社会基层并没有发生变迁,那么任何上层的变动最终将化为乌有。

不同的社会在相互交往的过程中难免发生冲突,冲突的发生并不是坏事,而是促进相互交流、达成更大共识的过程。冲突也有不同的表现形式与内容。沃勒斯坦在其《世界体系》里主要根据世界市场——国家之间的

[①] 《马克思恩格斯文集》第1卷,第541页。

相互竞争——来定义全球化的分析层次,从而扁平化了三个层次——阶级关系、国家行为、世界体系,试图把三者都压缩在世界体系的动力模式中来获得最终解决。显然,经济政权与政治、军事外交乃至文化思想都是密切相连的,因此,政治、军事外交等层次上的制度安排与国家经济之间是相互作用的。作为一个社会实体的国家来说,即使高超的意识和文化也必须以社会自身的存在为前提。遗憾的是,古希腊群星灿烂的智慧大师们没有意识到这一点,他们过度追求自我的精神和思想的小天地,而遗忘了自己身边的其他社会群体的存在与诉求,他们时时刻刻都可能与自己发生冲突,毁灭自己。他们没有将国家的命运置放在整个人类的社会之中,至少没有寻找到如何在世界中生存下来的现实方法。就像尼采所说,过度的美德与过度的罪恶一样,能毁灭一个民族。① 古希腊过度地追求社会小圈子阶层内的民主生活、民主的形式,让高昂的运作成本最终毁灭了整个国家。如果说从这个社会变迁中能够有历史的规律性结论的话,作为一个社会实体,它的任何行动都必须要保持自身多层次利益的协调与整体性均衡。

对历史规律的探寻绕不过社会理论,绕不过不同社会群体之间的交流或者对抗。即使在文明程度上看起来落后的部落,也会在基本的求生本能支配下对发达的文明进行顽强的抵抗或者少有成效的进攻。布洛赫对一种相当落后的文明最终抵抗失败而缓慢地转向一种新的信仰的内部原因进行了探究,并指出,"斯堪的纳维亚人没有相应的团体来对抗基督教民族组成的强大教士团体。各血缘群体或民族群体的首领是仅有的祭司。……对于首领来说,与迁徙运动和国家形成相连的社会结构的深刻变化,对他们作为祭司的威望也许是个沉重打击。……多神崇拜本身也使他们容易接受新的宗教,不管新的宗教来自何方"②。

虽然唯物史观运用了时间上的辩证法,如适应-促进的过程与结果,但是,时间上的花样并没有得到深刻的揭示,而是社会整体结构上的动态性得到了解释。所以,与其说唯物史观是真正存在时间上的历史观,不如说它是辩证发展的动态性社会结构观。也就是说,时间上的辩证法只是表现在一个形态的社会结构中的几个基本概念之间的互动。唯物史观对社会的结构性分析,阶级分析、生产力-生产关系的分析类似法国结构主义、社会学。考虑到黑格尔的辩证法从意识-自我意识-精神每个阶段都是不同的,具有不同的内容和要素。而唯物史观所阐述的几个不同社会形态的变

---

① 〔德〕尼采:《历史的用途与滥用》,陈涛等译,上海人民出版社,2000年,序言。
② 〔法〕布洛赫:《封建社会》上册,张绪山译,商务印书馆,2004年,第81页。

迁,每个都是生产力、生产关系之间的辩证法。一个社会形态与另一个的差别不仅是其中的名称变化,如从奴隶社会到封建社会,再到资本主义社会,但其内在的本质内容表达于生产方式的差异上,社会化生产与分工的不同,所有制度不同,在另一个社会关系的层次上则抽象为一种阶级之间的对抗性,虽然其具体的规定性在前资本主义、资本主义社会之间有所不同。

唯物史观实为一种辩证的社会(阶级-经济结构)运动观。一个社会的变迁有四个基本的层次:经济基础、政治治理、社会组织形态、思想文化。每个层面上的变化形式不同,对其他层面的作用与影响不同,变迁速度也不同,但集中地表现在社会形态上。因为,它是经济的载体,是政治的平台,是思想文化的物质性基础。文化层次的表现并不是虚张声势,它一定有来自经济或政治层面的巨大问题。总体上来说,社会组织形态作为一种外在表现,并不是先于社会实质性变迁的前导性原因,而常常是作为一种滞后的社会外在表现而呈现为社会变迁的结果,或者变迁过程中的一种配合,适当地巩固、刺激于经济、政治层面。思想文化固然能够对所有这三个层面起到先导性的指引,或者摇旗呐喊或者如警世醒言,但不是能够独立单行的外化于社会表现的力量。

从长远来说,社会在经济与社会组织形态层次上变化的基础性作用是政治革命不可替代的。后者只有在配合前者的情况下才能够起到实质而有效的作用。法国大革命只能以资产阶级政权的胜利结束,而不可能是第三等级代表的革命民主政权。法国在1789~1795年就被资产阶级占据了主导地位,在后拿破仑时期把资产阶级的统治地位巩固起来。中国从1895年到1949年之间大大小小的革命和运动失败的根本原因,在于社会变革的上层:即在缺乏大众社会生活形态发生重大变化的情况下,指望移植西方的政治军事和思想观念就可以实现现代化。结果是不合中国社会真实的国情,社会底层力量没有被动员起来,如果没有底层社会的变动,不经过现代思想的改造,就难以适应现代社会政治需要,也不可能对上层建筑形成有效的反塑。

毋庸置疑,唯物史观的生产力-生产关系模型是长时间尺度宏观社会变迁的有效理论。一定社会的运动是由包含在该社会本身内的基本矛盾来说明,即生产力-生产关系(归根结底是所有权关系)之间的矛盾。生产力包括三个部分:被人掌握的自然力(水力、风力等);人自身,即作为自然力的人类和作为社会力的人类(社会组织、社会力量、革命阶级等);人类的生产品,即物质生产品(生产资料)、精神生产品(科学、艺术等)。如果说黑格尔的外化之源归根结底是"上帝",马克思就是宣布"上帝死了",并将之归因于社会矛盾自身。但是,这个解释中必然要把一些黑格尔那里出于"上帝"而不归属于人的东西如自然因素,归于生产力或者生产关系的概念范畴之内。对此我们要注意两个问题:其一,生产力成为社会的历史发展动力,然而生产力包括的要素在马克思那里却是非常分散的,如有自然要素、人、人的社会阶级属性、科学技术等,需要将生产力与黑格尔的"绝对精神"明确区分。其二,生产关系在经济基础-上层建筑的矛盾发展中是基础性的决定力量,但是,生产关系是一种结构,社会机制就是结构主义的。如果不能正确理解生产力与生产关系,就难以解释马克思那里作为社会力的人类组织、阶级属于生产关系的范畴。

一定社会存在里的生产力-生产关系结构表明社会存在的"本体论"。但是,社会是历史唯物主义链条上相互关联的环节,而不是相互独立的个体实体存在,基于社会本体的历史唯物主义才是其哲学基础。最基本的要素当然是社会或者历史,不过,这个历史却是社会的历史运动过程,而这个过程却是人类活动的实践过程,以唯物主义观点看,是社会本体;以历史主义看,是人实践的历史过程。如果考虑到社会-人之间的复杂关系,社会-历史之间的运动关系,说"社会"为最基本的概念仍然会有分歧,但是,说"实践"也是有问题的,因为,实践的主体是人与社会,实践的踪迹表现为历史过程,而实践不可能是抽象的,它一定要归属于某个具体的社会或者人类、历史时间之内。超越这些之上的"实践"和"共相"岂不就是一样的吗?虽然我们仍然可以把人、人类社会、整个历史都置于"实践"之内,但是要说实践究竟如何产生出了后者,却是很大的问题。

解释体系的基本要求是直观性、解释性。但实践显然不如现实社会、现实中的人那么直观,也非实体化的事物,看不见摸不着,是个抽象概念但又有丰富而真实的内容,是对一个真实展开的社会活动的概括,同时也在历史的时序中不断运动变化,产生出丰富多彩的现实结果与各种层次的表现。实践是一个历史性的过程,但过程学说的根本缺陷就是抽掉实体性要素之后的抽象过程被实体化、空洞化。同样,如果我们把实践当作哲学的基础对它进行基础化、实体化,就有同样的危险。所以,如果一定要用一种本体论来称谓马克思或马克思主义的哲学,要考虑遵循本体论的传统定义还是称之为社会本体论(称为人类社会历史实践就更恰当了)。

而革命发生的条件为社会体内部的生产力-生产关系的冲突加剧,导致社会体的破裂。任何早期资本主义的生产必然带来这样的问题,看来这是一个社会学的层次问题。所谓"中等收入陷阱"其实不过是一种社会整体性发展欠佳的表现,不是说只有那个"很窄"的收入区的国家才极可能如此,那个陷阱所覆盖的中等收入其实很可能是普遍的,覆盖非常宽、几乎跨了一个数量级,也就是说所有这个收入的国家都可能存在这样的问题:可能不再有经济单方面的快速发展,而是表现为社会整体的发展。

正是由于马克思对资本主义社会的阶级问题的批判,让人们认识到社会层次分化现象对社会发展的影响,从而反过来进行社会改革。例如福利制度、薪酬改革改善劳资关系,降低了经济危机的危害与风险,再一次释放出资本主义社会的历史发展空间,让其得到了进一步的生产力发展盈余。恰如吉登斯的"结构二重性"理论所表明的,社会结构和社会行动之间是不断循环和相互建构的关系;而马克思以后的资本主义实践恰恰是马克思对资本主义批判的"意外后果":社会的建构来于行动者所构成的社会现实与诸如马克思主义的社会理论之间,相互交织、相互渗透的互动关系,甚至让所谓必然灭亡的历史过程得到延长。

因而,在社会发生剧烈变化的革命时期,马克思社会阶级分层理论更为适用,而在诸如资本主义社会平稳发展的时期,例如当下时代总体上处于世界相对和平的时期,韦伯的多元化社会分层模型有更精细的现实解释力。当然,正如韦伯所承认的,马克思阶级分析理论仍然是有效的,"货物获得和货物分配的基础某种程度上(相对的)稳定,有利于等级划分,而任何技术的——经济的动荡和变革就威胁着它,并把'阶级状况'推到首位。赤裸裸的阶级状况具有重要意义的时代和国家,一般都是技术的——经济的变革的时代;而每当经济的变革进程缓慢立即就会导致'等级的'形成的增长,社会的'荣誉'又会恢复其重要性"[①]。在历史变迁的轨道上来说,这浮现出两种不同的历史运动的脉搏,从而表现出两种不同的历史运动层次,叠加两者的结合作用而显现在社会现象上就是阶级分化与阶层分化的共同表现。

二、历史进程中的社会变迁

这里主要以西方世界近代以来的社会变迁与中国社会的历史变迁为例进行叙述。

(一)西方近代以来的社会变迁

西方世界近代的兴起不是单一的事件,而是多重要素的结果,尤其是工业革命、法国大革命,既是 18 世纪末对前一阶段的总结,也是开启后来

[①] 〔德〕韦伯:《经济与社会》下,林荣远译,商务印书馆,1997年,第260页。

两百多年的新文明类型的创举。对其起源也不能简单归结为一个国家、一个事件或者单一的层次要素——例如科学、技术或者资本。从历史的长尺度上看,溯源于古希腊的理性精神,它支撑了理性与知识。但是知识并不直接产生科学与技术,最重要的生产力和财富,也离不开现实可见的社会资本主义的自由激励制度。

一些传统的说法并没有什么大错,突然出现的某个说法看似惊天动地,其实都会被淹没在一个整体的结构性解释之中,仅仅可能对其中的某个要素、层次或者解释视角提供了一个补充或者强调,未必有什么根本性的颠覆。从文艺复兴到宗教改革,从新航线到殖民贸易的扩张,从农业革命到商业复兴、思想上的启蒙、浪漫与狂飙,都既是历史的延续,又是时代新精神的塑造。西欧的历史发展浪潮此起彼伏,从一个国家到另一个国家,从一个运动到另一个运动,从一个层次到另一个层次。这是一个"步调"相当一致的西欧国家的接力赛跑,经过"沉沦的""科学世纪"的 17 世纪之后,就显露出来了,这一浪潮一展现为 18 世纪的工业革命,就鲜明地拉开了与世界其他地方的距离。总之,对西方的兴起,不能只是采纳诺思所言单一经济制度层次的观念①,西方的兴起是一个综合的历史层次的历史发展进程。马克思指出:"在英国,农奴制实际上在 14 世纪末期已经不存在了。"②这为其接受资本主义提供了层次性前提。如果一个社会接受新事物时,自身的接受力与其亲和性层次的多少成正比,与其抵抗性层次多少成反比,接受的质则与其层次性丰富度成正比——层次性越多越能够形成接受的效果。1846 年英国废除了《谷物法》,它标志着英国工商业资产阶级对土地贵族的决定性胜利,标志着英国自由贸易原则对保护关税主义的胜利。从此,资本主义在英国农业革命中得到了迅速发展。

欧洲的社会状况与现代化步伐并非整齐划一的。就如马克思所说,德国相比英法就明显落后,虽然它的哲学思想走在时代的前列。虽然德国人通常在讨论社会改革问题方面相当落后,但是他们现在正在努力弥补自己虚度了的时间。的确,社会主义在德国传播之快简直是一个奇迹。德国虽然在社会、政治与经济方面比较落后,但是,精英阶层,特别是受到英国、法国社会主义运动影响的知识分子,起到了重要的思想宣传作用,改变了社会的面貌。恩格斯在《共产主义在德国的迅速进展》中说:"社会主义在德国已经是一个提到日程上来的问题了。一年来已经有一大批社会主义者

---

① 参见〔美〕诺思:《西方世界的兴起》,厉以平等译,华夏出版社,2014 年。
② 《马克思恩格斯全集》第 23 卷,人民出版社,2004 年,第 823 页。

成长起来；各个政党都对他们表示尊敬，中国的自由主义者尤其在他们面前讨好卖乖。到目前为止我们的力量仍然靠中等阶级。"[1]19世纪40年代的德国，保守主义对于社会秩序与下层人民的利益更为观照。无产阶级还未形成规模，他们也没有组织，并不向往革命，而是更加怀恋过去的手工业、小农经济的日子。倒是一些知识分子组成政党传播自由思想、社会主义与共产主义。因为直到19世纪30年代法国空想社会主义才进入德国，共产主义者赫斯的书《人类的神圣历史》包括了阶级两极分化与无产阶级革命即将到来的主张，他是到巴黎接受共产主义思想的；还有魏特林的小册子《现在的人和将来的人》主张社会平等与教育，但站在救世主地位，更重要的还是施泰因的《当代法国的社会主义和共产主义》。这就难怪费尔巴哈对黑格尔的人本主义解释以及人作为"类存在物"的观点，被青年黑格尔派当作社会主义的基础。

　　社会包括几个不同的层次，社会变迁自然应该在几个层次上展现出其变化的痕迹。而历史研究就要把这些不同层次上的社会变动逻辑揭示出来，例如社会生产、社会道德、社会文化等，还要揭示不同层次之间的相互影响与其对社会整体的关联性、社会的适应过程。19世纪农业的发展和避孕技术的进步，明显地批评了马尔萨斯关于人口自然膨胀的观点仅仅局限于某种假设条件且无视科技发展的巨大潜力不是假设而是真正现实的事实。马克思关于资本主义早期社会的一些观点，随着资本主义社会的变化、技术和资本的角色变化在其晚年也有微妙的改变。马克思原来认为的资本的恶劣性质随着技术的发展、资本治理和管控，资本作为剥削工具的角色逐渐淡化，逐渐转变为一种开拓新的意义空间的工具。因此，"我们不能有把握地说，我们这个时代的道德松弛是衰败的先兆，还是已经失去了农业社会基础的道德规范，向着仍在由我们的工业文明熔铸为社会秩序和常规的道德规范痛苦而可喜的转变"[2]。的确，当前社会剧变带来了一系列的社会失序，而这种失序又常常被解读为道德沦陷之类，可是，即便是相比于传统的沦陷，仍然是在一种表象层次上的简单归类：这是传统的、美的，那是非传统的、糟糕的……而对此类现象需要历史分析，针对道德、社会经济和组织形态、人的本性等进行层次分析。

　　霍布斯鲍姆在《革命的年代》里对18世纪主导欧洲乃至世界历史的英国法国之间的竞争，进行了基于社会变迁的各重大层次上的对比分析，令

---

[1]　《马克思恩格斯全集》第2卷，人民出版社，1957年，第588页。
[2]　〔美〕杜兰特：《历史的教训》，第63页。

人信服地论证了英国、法国社会变迁的历史意义：

> 英法之间的冲突，从一定意义上说，也就是新旧统治体制之间的冲突。对法国来说，虽然它的贸易和殖民帝国的迅速扩张引起了英国的敌意，但它同时也是一个最为强大、最为杰出、最有影响力的国家，一言以蔽之，它是一个典型的、贵族式的君主专制国家。没有其他事物能比英法这两大国之间的冲突更能活生生地反映新社会秩序对旧社会秩序的优越性。因为英国不仅是冲突的赢家，而且除了其中的一次以外，所有战事都在不同程度上取得决定性的胜利。英国人轻而易举地组织战事，从财力物力上保证战争的进行。而在另一方面，尽管法国地广人众，而且从潜在资源上看，比英国更为富有，但是，法国的君主专制制度发现自己力不从心。法国在七年战争(1756~1763年)失败之后，北美殖民地的反叛，给法国提供了一个反败为胜的机会，法国抓住了这个机会。的确，英国在随后的国际冲突中遭到了惨重失败，丧失了它在美洲殖民地中最重要的部分。法国，这个新生美利坚合众国的同盟国，也因此而成为胜利者，但是其付出的代价却极为昂贵，法国政府的国际困境不可避免地使它深陷于国内政治危机之中。六年之后，法国大革命(从危机中)应运而生。①

以《西方的没落》一夜成名的斯宾格勒在20世纪初发出振聋发聩的悲言，崇尚金钱与个人自由的西方资本主义在走向没落，这种文明形态在走向灭亡。而能够拯救西方的唯有尼采所推崇的特殊种族与强力意志。② 20世纪欧洲普遍的悲观主义，与19世纪的乐观主义形成鲜明对比。接踵而来的第一次世界大战、20世纪20年代末全球性的资本主义经济危机、带走亿万生命的第二次世界大战、从一个洲到另一个洲的民族独立运动与革命、持续半个世纪的冷战，各种大大小小的战争此起彼伏。人类文明并没有因为19世纪资本主义的辉煌而聚集在崇尚进步的革命旗帜之下。汤因比说："人类的这一代没有选择的余地，只有尽力认清一个道理，这就是人类现在正处于生死关头，而且不可能臆测到将来的结果怎样。"③

第一次世界大战动摇了欧洲人的自信，文化精英多半却把这归结为科

---

① 〔英〕霍布斯鲍姆：《革命的年代：1789—1848》，第29页。
② 〔德〕斯宾格勒：《西方的没落》上册，齐世荣等译，商务印书馆，2001年，第210~212页。
③ 〔英〕汤因比：《历史研究》下册，曹未风等译，上海人民出版社，1986年，第398页。

学技术的结果。大概是19世纪、20世纪的科学与技术都在迅猛发展，尤其是与以前的人类历史比起来，完全可以称得上日新月异，因而科学技术也就成为给世界带来灾难的罪魁祸首了，也正因此，激起了荷尔德林、海德格尔等人对科学技术的恼怒。其实，"二战"之后的电子技术才真正点燃了现代科学技术的熊熊烈火，把世界照耀得通明，在计算机与互联网普及并走入每个人的日常生活世界中之后，人们又一次感受到了科学技术的威力，重新获得了对技术的自信，而且再也难以逃脱出来了。这么说来，大概可以推断，20世纪初西方精英对科学技术这个怪兽的恐惧主要是由于他们对科技不熟悉，没有历史经验可查，科技的普及教育还未深入人心，而这些文化思想的呼唤者大多是不熟悉科学技术的。也可以说，科技的威力才刚刚显露出一个苗头，就像我们熟悉辩证法的中国学生耳熟能详的，任何新生事物一开始都是容易招来是非，遭到扼杀的。19世纪的科学革命在19世纪末以电灯的发明开启了20世纪的现代技术的历史，这对于刚刚接触到新技术的人来说的确需要时间来熟悉，因为人类悠久的历史上从未有过这样的东西。

显然，社会变迁的危机常常发生在某一个层次上的突变。思想文化的精英们常常是最为警觉的，虽然有时会神经过度敏感。海德格尔对科学技术的恐惧终其一生，这一方面为有意无意排斥科学技术的有文艺范儿的人提供了来自哲学思想的根据；另一方面糟糕的是，就如尼采的《查拉图斯特拉如是说》成为整个第一次世界大战每个德国士兵的枕边书那样，海德格尔甚至斯宾格勒之后一个历史时期的德国都沉浸在"以德意志的特殊民族精神天生的强力拯救世界"的虚幻想象之中。

西方世界波澜壮阔的近现代历程，使得传统的历史层次得到了充分的发展，完成了古典的传统历史。并在21世纪之交，由于网络技术、AI的新苗头，爆炸式地开启了新的层次历史模式。不过，在世界范围而言，各区域的发展极不均衡。处于各种发展层次的社会共存于这个世界，共存世界在经济、科技与思想文化的传播方面又不停地在不同社会之间流通，这让不同社会表现出不同的层次性差异，发达社会具有一样的发达，而欠发达社会里不同层次上现代、前现代属性普遍存在。而且，这种状况在西方世界之外几乎普遍而广泛地存在，甚至连美国这个世界头号发达国家其内部古老的文明遗民印第安人都没有完全转向现代生活方式，仍坚守其古老的文化与传统。当然，更多的是中国、印度等亚非拉地区普遍的古典形态的社会变迁还远未完成，仍处于激烈的动荡之中，这些地区并不是整齐划一地迈向现代文明，而是在古典与现代的文明形态变迁的博弈之中，继续经受各个方面的裂痕痛苦。试想一想印度的贱民仍在痛苦之中祈求转世的解脱,宗教的这种大众而现实的功效表现直接表明——社会变迁还有多么漫长的路需要走。就连当下的美国都兴起了民粹主义的涟漪。

现代社会科学技术与生产方式的有效组织带来了巨大的经济效益,而它并不是对社会中所有群体产生着一样的"吸引力"。因为社会分层,不同层次的人群因为与新生产方式——经济效益这个因果关系之间的"间距"不同,而产生出一种类似潮汐效应的现象,导致社会的进一步撕裂与分层。不过,这个新分层并非与原有社会分层保持一致,而是更有利于科技精英、金融资本的控制者。但通常来说,社会上层精英占有更多的资源优势在这个潮汐效应中保持优势地位,甚至独享新成果。如此则进一步加剧了社会层次分化,社会的确在发展,但不是人类社会各阶层作为一个整体在享受发展成果。这也是当下世界存在广泛的社会不平等的根源,包括所谓发达的西方世界也是如此。

(二)东方社会的历史变迁

毋庸置疑,现代文明来源于西欧,18世纪、19世纪在寻求世界市场的商业利益驱动下,先实现工业化的西方列强走上向东方扩展的殖民之路。正是在这样的历史背景下,包括中国、日本与印度在内的东方国家被卷入现代化文明进程。对比日本、中国与印度的现代化历程中的社会变迁过程,我们可以发现,日本变迁速度最快,印度最慢,中国居中。日本之所以快,一方面当然有其在德川幕府时期就已经开始西化的因素,但更重要的因素还是其社会层次性的相对简单,这样就相对容易发生社会变迁。其宗教色彩、哲学思想观念层都没有强大的自主性,从而不能对现实层次上的政治与经济社会生活构成大的牵制力量。日本神道教文化本身具有一定的宗教宽容性,对佛教的接受与科学技术的传入是相伴随的,"神佛儒习合"思想有极大的面向现实的实用主义政治影响。[1] 于是,接受了西方近代化思想而忧国忧民的武士阶层在明治维新前夕就提出解决政治危机的思想,并且付诸行动。相反,中国与印度就在这两个层次上具有极大的主体性阻力。尤其印度的宗教与种姓制度的层次力量,几乎可以窒息任何来自政治、经济层次的社会改革。可以说,对于这样强烈的宗教层次主导的社会来说,能够发生哪怕缓慢的社会现代化迁徙也已经是很不错的了。因为,在宗教层次上,传统宗教的主体性力量与现代科技主导的社会变迁力

---

[1] 甘峰、俞素美:《日本吸取外来文化的独特方式与日本近代化》,《浙江大学学报》(人文社会科学版)1996年第1期。

量之间存在巨大的异质性、异层次性的冲突。

所以,要理解中国与印度的社会变迁,在层次思想构架里来进行才是最恰当的。因为,印度这样的更具传统性的社会,并没有在遭遇现代力量时崩溃,这正说明,传统文明具有强大的自我维系能力,这本身就表明它的稳定性。而如此大体量社会的稳定性必须有足够复杂的层次性形成足够强大的制约,才不会因为某个层次上的冲突而导致整个社会系统的瓦解。这种制衡力量尤其需要来自宗教与哲学思想的底蕴,因为这些层次具有强大的反卷外来文明因素的主体性定力,它可以把现代科学技术主导的经济层、政治层对象化为其内部的要素,内嵌于稳定的宗教、伦理结构内,用强大的宗教、伦理性秩序吸收经济层、政治层上的问题与冲击,并进而将这个秩序外化到经济层、政治层上去,形成前提性的背景力量,让经济层、政治层的现代性归化于传统宗教、伦理社会。因而,我们可以看到,印度社会不会由于现代科技的冲击而导致传统宗教的瓦解,相反,后者给予了现代印度人一颗安静的心灵,他们依然能够在传统-现代的裂缝中坦然地生活着,并有自我信仰地度过一生。

印度传统社会是一个复杂的多层次社会结构,阶级划分与种姓制社会等级交织在一起。也许正是由于这种交织,才使得两个层次结构发挥出远大于两个简单层次结构单独作用的社会稳定力量。任何试图超越工业化阶段直接达到信息化的设想都违反了层次理性原则。印度社会改革举步维艰,这是对渐进论的现实反驳。由于印度传统社会的政治力量,特别是军事力量的相对虚弱,在传统社会里经济并没有现代资本主义的全球化诉求。因而,种姓制度与利益阶级交错结合逐渐地方化,形成基于地方固化的封闭式的社会等级结构,从而逐渐蜕变为一种封建类型的村社经济结构。[①] 印度社会上层可能是民主政治,但不代表整个社会是民主社会,因为,其下层因现有经济与社会基本条件虽有民主形式而无民主之实。虚伪的民主制度是一块大大的遮羞布,而传统的糟粕是可怕的,这是历史与层次的较量! 即便是强有力的现代手段,也不可能简单地介入复杂结构的传统社会里去扮演解放力量,除非对复杂结构有清晰的认知,并寻找到其漏洞。然而,经过数千年磨合的复杂结构是那么容易被一个仅百年的新力量消解的吗?

中国传统社会最基本的历史规律就是王朝更替,两千多年就有十多次大规模改朝换代,分裂时期的地方小规模政权更迭数不胜数。西欧中世纪

---

① 〔印度〕辛哈等:《印度通史》,张若达等译,商务印书馆,1973年,第21页。

加洛林王朝也有局部性的代际更替,但国外学界的相关研究不大关注宏观方面的论述,而更侧重微观研究。从历史发展的角度说,伴随王朝毁灭的是社会巨大的财富资源与人口的丧失,导致文明陷入低水平循环而不能进入像西方累积式发展那样的历史轨道。对此,历代政治家、思想家都有思考,从土地政策、人口发展规律、王权政治支配经济社会、社会阶层等级划分等各方面进行思考。黄宗羲从国家税收方面进行了总结并得出历史规律:历代税赋改革,每改革一次,税就加重一次,"积累莫返之害"[①]。基于历史唯物主义宏观模式看,中国传统社会的经济基础是封建自给自足的小农经济,受自然环境的限制不可能有质的变化,因而,自然灾害与气候变化,伴随人口规模的增长对经济社会带来巨大压力,上层建筑对经济基础形成了巨大的制约性,商业交往与科技水平的发展规模不及资本主义生产方式形成的正反馈,最基本的生产资料始终不能从土地升级到工厂,不能从农业升级到工业商业。无论是政治上层建筑,还是思想观念的上层建筑,都严重制约着社会经济从传统农耕向工商业生产方式的文明升级,这种严重的内在制约直到在强大的外力冲击下才开始从王权与贵族精英的思想观念两个方面走向瓦解的进程。

中国传统社会是一个相对而言比较成熟而稳定的社会形态,社会变迁的发生过程中社会各种层次之间的关系提供了历史素材。从微观视角看,军功集团由于利益关系,一般在王朝初期与皇权利益相共,但逐渐受到中国独特的"士族"的侵蚀,直到均衡状态。因而,王朝前期的社会一般稳定,军功集团在政治上的表现强力稳定,中期士族阶层成为中坚力量,后期则是两个集团的官僚化腐败。在中国传统社会的层次结构里,皇帝被认为直接代表老百姓利益,其实这是一个虚假的联系,是精英阶层特别是知识分子阶层虚构的一个联系。权力结构分两个层次:上层是皇帝与大臣之间,皇权是通过将官僚划分为左右两派,并通过两派之间的相互斗争来进行制衡的;下层则是官僚(主要是左派)与精英阶层假借皇权的代表性(代表老百姓利益)与右派(恶霸官僚)之间的斗争。如果说上层结构中左右之争论是来自顶层皇权结构稳定性的需要,那么在下层三角结构中,占一个角的老百姓几乎完全是被动的,而不是如皇帝所设想的那样一切尽在掌握。

中国古代社会阶层流动表现为:高层统治以儒家、法家杂之;下层(县以下)社会,在社会生活的组织层面由绅士阶层主导,在社会文化与意识形态层面由官定的儒家思想主导;而中层则是省州地方统治,似乎隶属于高

---

① 秦晖:《并税式改革与"黄宗羲定律"》,《农村合作经济经营管理》2002年第3期。

层。从思想上来说,高层与儒家思想的关系,就如朱维铮所说:经学史是政治统治的学术史,那些统治者的思想固有法家的霸道,也离不开儒家王道思想。上层与下层的互动关系中,下层的儒家思想实践构成了社会大环境,皇家教育与生活必然处于这个大环境中,这才是下层对上层的背景性决定作用,而这是一个历史的、社会的过程。其逆过程是,皇帝对中层的控制,对下层绅士阶层构成的直接性控制。① 的确,中国的许多古代风俗,具有意识形态的固定性和自我稳定性,因此有人说中国是个超稳定社会。不过这只是对表象的描述:表现出超乎寻常的稳定状态,而不是对根本的内在机理的深刻把握。封闭的社会有一套封闭的意识形态,封闭性决定这个社会的发展形式,而且不幸的是,绝大多数社会天然的都是封闭的、偏封闭性。理性社会能够以理性的方式来解读非理性统治的社会,否定它;反之,非理性主导社会能够以非理性的方式来解读理性统治的社会,但是它不会那样去做。这也许就是理性的偏见。然而人类已经在历史的过程中从非理性社会走出来到达理性社会,并实现了一种理性与非理性的融合,走向超理性社会。

具有悠久历史传统的中国在现代化的变迁中一直经受传统与现代的博弈与转化,其表现在社会分层上的变化非常显著。有学者运用实证材料论证,改革开放以来中国社会分层结构在两次普查期间有所进步,但整体仍然呈"倒'丁'字型"。制约中国社会分层结构优化的关键在于,社会日益分裂为"城市-农村""中小城市-超大城市"四个世界,由于国家规模之大,类似于世界体系中的"核心、半边缘、边缘",不同世界社会分层结构迥异,并且差异有加强的趋势。② 显然,城乡分化叠加现代科学发展的工业革命的深入推进,带来社会在不同层面上出现多重分化,即所谓的"多重二元结构"。的确,中国在当今时代剧变中出现社会分层结构内部集团之间的差异关涉多个层次与维度,不只是收入差异的贫富分化,还有当下十分突出的学区房与教育资源分配的不公平问题,叠加住房与房地产的产业问题。社会虽然积累了大量的物质财富,但是各种层次特别是不合理区隔的显著存在,阻碍了社会资源的有效流通与运用,从而阻碍了社会的公平正义与

---

① 据《大清缙绅全书》,平均一个县童生数估计略高于 1000 人,肯定不超过 1500 人。童生的总数可能达到近 200 万。19 世纪前半叶,只有 11% 的绅士是上层绅士。他们组成的集团虽小但很有势力,是绅士阶层的核心。其中半数以上是"正途"出身的。参见张仲礼:《中国绅士:关于其在 19 世纪中国社会中作用的研究》,李荣昌译,上海社会科学院出版社,1991 年。
② 李强、王昊:《中国社会分层结构的四个世界》,《社会科学战线》2014 年第 9 期。

发展。

　　社会空间属于重大的社会资源。近年来,中国城市空间的变迁也是中国改革开放的一个缩影。一方面,这种变迁体现了中国经济的高速发展,改革开放以来,GDP 保持高增长;另一方面,城市社会空间成为社会各利益群体激烈争夺的焦点领域,其变迁展现了中国社会的分化,是显著的社会冲突与利益支配的社会公平、社会公正问题。① 的确,经过几十年的快速发展,当代中国社会的公平、公正问题,在社会分层和社会空间两个方面表现得十分明显。经济发展不平衡导致贫富差距扩大。虽然中国在减贫方面取得了巨大进展,但仍存在城乡差距和地区差距。一些地区和人群仍然面临贫困和不公平的条件,无法享受到经济繁荣的红利。同时,社会阶层的固化也使得社会流动性受到限制,难以实现真正的社会公平,例如城市与农村之间的差距就是一个突出的问题。城市化进程中,一些大城市的经济、教育、医疗等资源集中,而农村地区则面临着发展滞后、基础设施不完善等问题。同时,城市内部也存在着不同社会阶层之间的空间分隔,富裕和贫困社区之间的差距明显,资源和机会的不均衡导致社会公正问题。而在处理社会分层、收入差距问题上,我们所追求的社会公正应该是机会公正、程序公正、结果公正三者的有机结合,为全体国民创造了越来越多的公正竞争机会、公正的程序条件和公正的分配结果。

三、全球化时代的社会空间化与人之普遍交往

　　现代社会比传统社会更加复杂,自从马克思对资本主义社会在生产资料私有制的商品经济制度下导致传统社会的阶级逐渐向现代社会的阶级转化以来,社会分层现象就得到越来越多的关注,也变成社会层次性结构的一个特征或者研究入口。与马克思阶级理论不同的还有著名的韦伯的社会多元化状况下的阶层分析,这也是建立在对市场机制下资源分配导致的社会分化研究之上。

　　(一)全球化时代对社会变迁的挑战

　　第二次工业革命时期,内燃机在欧洲先被发明,但当时的欧洲是一个马车友好型社会,对于汽车的使用实施了许多限制性的措施,典型如英国的《红旗法案》等,最后的结果是汽车先在美国实现了大规模应用。几乎所有的产业革命发生时,相对于原有的社会结构技术都是过剩的,而创新的产品不仅仅要技术上能实现,还需要商业上的可持续,社会层面能接受。

---

① 李强:《社会分层与社会空间领域的公平、公正》,《中国人民大学学报》2012 年第 1 期。

因此，创新要素总是围绕需求相对活跃、社会相对宽容的区域聚集，这些地方会成为新产业范式探索的创新热土。从现实情况看也是如此，中国2000年的研发强度（研发费用占国内生产总值的比重）为1%，到了2021年，研发强度达到2.44%；从总量上看，中国在研发投入上仅次于美国，在投入结构上，对发展的投入要比美国高。这样的投入总量和结构，适应了产业创新的需要，为新产业范式的探索积累了丰富的创新成果。在大数据、人工智能、清洁能源技术等方面，一些科技成果已经开始走向产业化，开始涌现一批有全球影响的产品、企业和新兴的产业模式。

信息技术的确造就了一种计算机的、AI的时代精神。如果一种新颖事物不能引起人们的丝毫注意，那的确将是一件悲哀的事情，因为人类的心智在经历了历史的无数巨浪的拍打之后对刺激有了足够的敏感度了。不管敏感是否会过度，其后果常常是创建了一个大众思维的空间，大众又有了一个新的共同话语，共同话语的作用不单单在于纯粹的技术探讨，而且有强烈的社会组合、社会构造功能，重建一种社会的生命力。而且，共同话语本身就是我们生命意义的智慧结晶。

它们为哲学中一个独立探索的领域和计算机与信息理论方法奠定了基础。信息对生活世界的改变，表现在许多方面。信息社会中的生态问题尤其表现在：网络社会、虚拟社会里的道德、伦理、法律、行为方式。信息社会本身的存在论问题，生态学维度，主要在于对"信息技术"与生命意义、审美价值之间的关系的生态性上，即简洁性、非异化性、原生态性。但是，这种倾向是否会一直继续下去呢，抑或它只不过是人们在一个新颖事物面前表现出的不成熟的好奇而已，随着时光的流逝，生命逐渐回到另一个平衡的存在状态，那种倾向不过是一种新的"自然"中的一个要素了，就像杜威所说，"经验"关于自然，并且在自然之中，一个自然世界的存在是一个基本的事实。无论经验如何发展，它终归依附于自然，因为，这个自然不是诸如原始人生活之前就已经存在的那个自然，而是现实生活中的人们生活所直接涉足的世界内容，"人需要地面来行走，需要大海去航行，需要空气去飞行。人类必然要在这个世界中活动，而且为了本身的生存，他必须在某种程度上把自己作为自然的一部分来调节以适应其他部分"①。也就是说，我们的"自然"世界，我们的生活世界本身并不是像一块石头那样固定不变，只能变成我们认识的把玩的材料，变成信息世界里的符号，而是会随着信息的变化、信息技术的运用同步更新。

---

① John Dewey, *Experience and Nature* (London: George Allen and Unwin, 1929), p.414.

总之,去物理化的生活世界是一种假象,至多只是技术主义的一种表现。信息符号可以是一种存在形式,甚至在我们的生活世界里扮演衣服、手表那样的物件的角色。通过去物理化的性质和具体化的叙事,物理的与文化的在虚拟世界中并立。但是,就此而认定信息社会可被视为最近的(尽管不是最后的)更为广泛的语义过程的阶段,而其中精神世界的比重会越来越大,该环境如若不是越来越多的人趋之若鹜的环境的话,却是走向了另外一个极端。因为:其一,作为人类社会生活基础的自然世界不可能完全去物理化,虽然精神成分的确显得越来越多,但这未必是一种持久的趋势,更不是一种趋向于最终消灭物理世界的走向。除非我们人类的灵魂可以离开肉身。但那是难以想象的。其二,生活世界,特别是人类社会的生活世界不仅仅是物理的自然世界,即便在存在论上来说,其中最重要的内容甚至也不是自然世界,而是实践、生活本身。没有这些,就没有生活世界,没有社会实践就没有社会。用海德格尔的话来说,我们不能抓住存在者不放,而要抓住存在本身,尽管这个存在本身可能会被人误解为脱离主体基础的主体性。

大数据为深刻理解社会变迁提供了工具基础。全球创新指数与人均GDP(基于购买力指数),圆圈大小代表人口数量。数据来源于:世界知识产权组织,2017年全球创新指数表明:[1]中国社会的整体发展,比人们想象的要好,当然,不足之处也不少:人文精神、理性精神、政治参与民主性方面存在短板。2008年由美国次贷危机引起全球的金融与经济震荡,根据层次分析,根源还是在于互联网的普及导致商业基础的变化,一些传统产业大规模破产。产业空心化是经济层次运动的表现,但对于整个社会而言却还有其他层次的逻辑制约。当前,移动互联网的普及非常迅速,并快速侵蚀传统的各种商业类型,除了餐饮零售之外,交通运输甚至金融服务都受到时代性的影响,互联网对传统产业的釜底抽薪才刚刚开始,如果AI成熟起来,规模宏大的制造业也将一样会有一个根本性的改造,这都是由于传统产业、传统工业的物质性基础在现代科技面前发生了剧变而必然瓦解的结果。这里的层次性从实体到作用机制都很清晰,不够清晰的只是从基础层次影响到上一层次的速度与方式,不仅受制于这里的层次性关系,而且还有政府的政策,经济全球化的外来影响,更重要的当然是社会普遍的接受程度与整体性选择。

---

[1] WIPO, *The Global Innovation Index 2017: Innovation Feeding the World* (Cornell: SC Johnson College of Business, 2017).

(二) 社会空间化融合中的相互作用与普遍交往

吉本一再强调罗马帝国的灭亡即蛮族与基督教的胜利。[①] 放眼全世界,很多都是文明海岛不断地遭受到文明周边"野蛮"部落的入侵或者骚扰。但是,这种交往形式并不是毁灭性的,也不是单方向的,文明的扩张常常被我们所忽视,因为没有一个文明一开始就是那么大的,事实上,在历史的更多时候是文明对周围的扩展和卷入,进行征服和赋税责任的强加。但是,文明扩张的步伐也不是一成不变的,其速度受到交通工具、生产力的影响相当大。宋朝即便灭亡了,中华文明并没有灭亡。

马克思说,理论在一个国家实现的程度,取决于理论满足这个国家需要的程度。罗马时期戴克里先的社会主义插曲导致糟糕的结果恰似中国汉代末期王莽的社会主义改革。时代不成熟,先进的观念不能成就先进的伟业,反而把自身变成了先烈。成千上万的罗马人为了躲避税吏,越过边境逃到蛮族人那里寻求庇护。为此皇帝颁发限制农民迁徙法令。[②] 这是中世纪农奴制度的历史原因之一。蛮族如果是一个自由的具有同等竞争性的文明,那么就会征服罗马,但遗憾的是蛮族不具备这样的能力。这可以表述为:历史走向了文明-野蛮之间的中间位置,在两者之间寻求了一个平衡。

为何历史上总有文明边缘地带的人?他们的比例可能比较小,譬如中国北方游牧民族的人口规模与中原王朝不成比例,但屡屡成功侵袭。他们的存在像镜子一样照出了"文明世界"的问题:罗马文明世界里的人特别是下层人,未必过得幸福,因为频繁的战争与工程劳役给他们带来沉重的负担。那么蒙古部落的贵族,是否就好些呢?未必!在这个意义上,同一时代里相互接触的社会,无论文明还是野蛮,都有时代性的困惑与难题。并不能区分出严格意义上的高与低。因此,一个社会与另一个社会的碰撞,总体上来说是带来好处更多,即便由于某个层面上的冲突发生战争带来灾难,但不同层面上的接触与交流会形成互补,中国魏晋时期的一些例子(北魏孝文帝)就可以证明这一点。唐朝的成功亦然。总体上来说,时代性(历史性)差异要胜过社会差异,尤其是在发生剧变的时代。我小时候还可以触摸到的中国传统社会基本形态现已变少,而至今不过半个世纪。

不同社会结构之间的碰撞与融合,也将引发社会变迁,引发社会各个层次的相应变化,而结果是难以预料的。不同国家地区之间存在的差异性

[①] 参见〔英〕吉本:《罗马帝国衰亡史》,黄宜思等译,商务印书馆,1997年。
[②] 〔美〕杜兰特:《历史的教训》,第97页。

不仅表现在经济上,还有政治、文化、民族传统等多方面的因素,因此,只是从经济的合作层次上进行的整合思考主要表现在经济全球化这个维度上。所以,当我们谈论各种贸易协定、各种经济合作,甚至畅想全球化的美景时,其实也主要是基于经济利益上的"红利",即所谓自贸红利。既然存在这种红利,发掘它当然很值得,但是,随着自贸对经济的一体化过程的推进,我们是否考虑过,一体化不可能只是发生在单纯的经济层次,也就是说,我们不可能把经济层次从世界性的人类社会的生活实践活动中抽取出来,把经济从政治、文化等其他维度剥离出来,如果真进行那样的剥离,那将是人类的悲哀而不是人类的福祉,这一点马克思主义、西方马克思主义给予我们太多的警告了。这里想说的倒不是这种剥离的恶果,而是全球化是一个多维度的过程,虽然经济可能占据主导地位,但是,关于政治、文化、科学技术所扮演的角色与经济之间的互动,我们是否足够清晰地考虑过?

如果说考虑与否并不影响全球化、并不影响经济全球化,那倒也罢了,但极其可能的是,地域政治、民族文化传统、科学技术的伦理陷阱等一系列的因素在立体化的全球化过程中不仅会直接影响经济全球化的进程及其效果,而且可能前定性地给予经济全球化在面对具体冲突时的解决前提。例如,中国传统文化对血缘关系的依赖性虽然终究会随着现代化进程而淡化,但是,由于一代人有限的生命周期的存在,一代人所固有的思维方式的惰性必然构成对这种淡化过程的抵抗。我们从现代化发展的过程来说会对这种抵抗不以为然,但是,当我们的视角聚焦于这一代人的现实的幸福时,就不得不重视这种抵抗了,因为这种抵抗造成了痛苦。坦率地说,我们是否具有一种能够假借某种未来发展的价值观掠夺即将成为历史的一代人基于传统观念的某种幸福的能力,这是值得怀疑的。一个现实的例子就是美洲原居民,他们的日常生活与现代社会的发展之间存在裂痕。因此,每一个跨度都要精心设计,不能太小也不能太大,太小可能导致机会的丧失和协议交易的成本提高;太大则忽视了其他维度的全方位渗透式的作用。每一步都尽可能做到全方位的充分融合。因此,所有的投资必须全方位周全,而不能只是经济利益。

不同社会之间的碰撞是一种关涉多个层次的空间融合,每个层次上发生的异质性冲突的强烈程度与持续时间皆为不同。经济层次显然是最为直接但最为顺利的,它甚至成为主导当今全球化的社会融合的文明发动机,当然这个发动机的真正能量却一定要来自社会的内在需要,来自文明的内在趋向。诡异的是,这个内在动力其实就是文明的核心——精神文化,然而在现实的社会碰撞中,最能擦出火花的恰恰是宗教与文化的异质性对立的冲突。① 宗教冲突由来已久,但归根结底仍然是一种文化要素。

对于一些文化冲突的悲剧,人们常常停留于日常的法律与道德层次的解释与说教,但深思却可以揭示更深刻层次的问题。譬如,对于1991年曾震惊一时的中国留美学生卢刚的悲剧事件,人们简单地指责其残酷、冷血,进行法律层次上的评论,甚或归结为作为弱者的中国留学生对美国社会不公的无奈反抗。但是人们对一些无法看见的潜在规则缺乏认知。归根结底,需要在社会层次上对文化冲突进行超越文化比较的深层解释。对于一个人来说,生命周期的有限性、出生时"被抛"的文化根基、家庭与社会渊源、种族特征等都构成一个难以逃脱之网,也构成一个温馨幸福之"家"。一个成长于温情社会的年轻人,遭受挫折时期望劝慰有何不可?可在崇尚个人主义的美国这就是一种异质的诉求,新大陆的民主体制设计看上去很美,但资本与个人自由之间只有狭窄的调和空间,被称作俄罗斯良心的索尔仁尼琴亲身经历资本主义社会生活方式之后说,"西方目前的社会政治制度不是一个值得其他国家效仿的好制度"。

第三节 社会层次的评价与文明度量

一个社会作为整体所具有的成熟度,在面对各种不确定性的危机面前,可以理解为整个社会在危机应对时的理性表现程度,表现为社会与公众所具有的社会责任感与使命感,它是公众配合政府战胜危机的重要保证、力量源泉及宝贵资源。具体而言,一个民族或国家是否具有适合的社会成熟度表现为:一是危机情境下的参与者(包括受害者、反应者和参观者)能够克服自身的心理危机、恐惧情绪,具有良好的心理平衡能力;二是危机的反应者能够及时有效地找到应对危机、处理危机的好办法、好策略并付诸实施;三是民众(包括受害者和旁观者在内)能够团结起来,共同战胜危机;四是整个社会的公民具有强烈的社会责任感和使命感。例如,当今世界各种危机频发,各国在面临危机时的不同表现体现了各国自身的社会成熟度。与日本、韩国、美国民众的表现相比,中国民众在"非典"危机时(特别是危机前期)的表现显示出中国的社会成熟度较低。② 面对未来社会各种不可预测的危机,要成功应对的除了相关危机应对的策略与方法,

---

① 参见〔美〕亨廷顿:《文明的冲突与世界秩序的重建》,周琪等译,新华出版社,2010年。
② 段战平、肖婧:《社会成熟度与危机应对》,《宁夏社会科学》2004年第3期。

更基础的社会建设是，培养现代社会的公共意识、公民集体意识，如此才有社会责任感。公共意识的背后，是在现代化之路上困扰中国百余年的国民素质大考题，当我们自豪地宣称"用一百年走过了欧美国家三百年的路"，也应该更深切地记住美国社会学家英格尔斯在《人的现代化》一书中的论断：国家的现代化，首先是国民的现代化。我们所追求的现代化，不应仅是经济现代化，更应当是现代文明秩序的构建。①

一个社会作为文明实体，如果能够在政治、经济、科技、文化、军事与外交等各层次都有稳定而快速的发展，才是成熟的；如果能够在其所涉现有条件下，最大限度地配置各种资源，如人力、物力和财力，特别是人才的智慧力——因为我们毕竟是在谈论文明的历史，那就可以说它具有最高的成熟度。

显然，文明成熟度的概念是一个历史性的概念，因为不同历史时代的背景不同，一个文明实体面对的世界也就不同（所知世界、所在世界也是有差异的），参照系也不同，评价自然不同。古希腊文明虽然是人类文明历史的天空中最璀璨的明星之一，但在一种竞争性的对比中，它并不比古罗马文明更为成熟，它并没有最佳地配置可用资源或者发掘潜在资源，在文明的未来价值指向与文明的生存延续之间没有更好地获得其历史条件允许的可能平衡。当然，这是后世通过反思来进行的评判，而对于古代社会来说，本来就鲜有成熟的文明实体，这不仅因为古代文明实体最终都灭亡了，还因为其都未能产生一种稳定的可持续发展的能力。他们甚至还不能有效地解决其所面临的一些问题。例如，古罗马在权力继承问题上不够成熟，在大众政治上也是如此，没有让广大人民参与政治工作，面对危险时不能建立起大众的忠诚。中国明朝、清朝，还有印加帝国等皆是如此，未能最大限度地动员资源，这可以称为文明瓶颈。他们不能克服这个瓶颈，是因为全体动员需要民主政治或者武器技术的升级。前者虽然在古希腊就有，在一个阶级中建立了普遍的公民意识，但它没有后者，而且前者也只是在一半人口的一个阶级中建立的；中国古代的宋朝曾经拥有后者，但它不能在前者上有所作为。

跨层次的社会才可能是文明的、成熟的，因为有了复杂的社会结构——复杂多维的生活，才有弹性的社会，因为一个维度上的破坏并不能够导致社会价值观的崩溃，而是可以转移，例如宗教信仰，又如儒家的成功在于多一个维度。多层次的社会才能产生并宽容各种不同的意见，尤其是

---

① 《"公共文明"标注社会成熟度》，《人民日报》2013年8月7日第5版。

批评性的意见。在某种意义上,社会成熟度表现为对时间的支配:是否在创造出新的社会层次、生活层次、价值层次(包括科学技术与艺术的层次)。是否可以建议一个社会成熟指数的标准?这样就可以对中国历史上不同时期的各方面情况、人权进行评估,抽取一些因素作为一种社会发展的评价指数?这样的话,即便一个社会A与另一个社会B同处一个历史时间点,也可以区分开来,这个指数显然不是GDP,可能更多的是科学技术、民主政治指数、人文道德、家庭和谐等几个不同的方面与层次。心理学家马斯洛的七个幸福层次提供了一个基本的社会幸福的标准,人们也试图进行可量化的运用,例如,社会满意度或者社会生活满意度,作为衡量社会发展的一个重要指标已经被社会学与相关研究所运用。按照人在社会中活动空间的层次划分,相应的也有宏观层次上的人对社会整体的满意度,对客观居住的生活空间里表现出来的社区生活与人际关系的满意度,还有微观层面的个人工作与家庭幸福相关的满意程度。相关的实证研究也逐渐增多。

  中华传统文明在历史上曾经展现出高度的辉煌灿烂。中国自隋朝开始的科举制度是儒教治国的一根支柱。"有教无类",虽然士成为高于民的一个精英阶层,但其成员可来自下层民众,保证了民众通过教育而改变自身社会地位的制度性渠道,而且这个精英阶层是调节社会关系的中介,在一定意义上起到了社会交流的作用。这一点与西方封建制的中世纪有很大不同,被韦伯等人高度称赞为保持社会生命力的流动机制。中国传统文明的文明价值空间比起古代文明(埃及、两河与印度)来说,还有更多社会空间的层次衍生。所谓层次衍生即在既有层次上衍生出异质、独立或具有本质性不同的新层次,常发生在异质性的层次碰撞,例如不同文化的相互碰撞。古希腊内部由于城邦之间的某种异质性,或者丰富的多层次相互之间的碰撞,激发出某个层次上的充分发展。

  异质文化碰撞而诞生新层次的一种模式:一个文化提供成熟的材料与记录;另一个文化提供与这些材料具有相融性的思想。两者结合就能够产生新层次。一个新的层次不是毫无根据地产生,而是在已有的层次上,从其"旁门侧道"生长出来,而且经常不受待见,因而在原有层次的逻辑或其上级文化的背景下,是难以发生的。但是在另外一种文化背景下,新的层次却可能是其主张的、追求的价值取向,其文化背景自身并没有这样的传统与材料,却可能有思想观念。一个例子:希腊人在巴比伦人的天文观察基础上,在另外一个层面上展开了探索:数学模式——天文现象的重复性。而这对于巴比伦人而言是"无足轻重的",他们的文化根本就没有展开这个层次。然而，两个层次都共有一个相同的起点与基础：对天文现象的"规律性"的观察、记录，以及方法。中国儒释道、士大夫科举制度，甚至宋朝引入的高产水稻、唐宋的诗词、明清的小说、元朝的戏曲等都是社会生活空间的层次衍生。

然而，联想到中国传统社会各王朝内部的明争暗斗、钩心斗角，实际是"内卷"——这是一个很好的解释模式，或者说一种解释范畴。中国传统社会没有历史价值的空间展开，只能在儒家开创的"现实文人士大夫"为士的价值空间中进行搏斗，这个空间对于大中国传统士大夫来说是太小了。换言之，中国传统文明缺乏理性精神开创的各种学科层次的空间，甚至也没有宗教信仰的价值层次，因而就只能在比较单一的层次空间中缠斗。中华传统文明达到了"内卷"的瓶颈状态，汉朝末就是瓶颈的表现，接下来是民族大融合，带来了外来民族的开放性层次：到隋唐的科举制度（开放性）加上诗词的开放性、佛教的宗教信仰社会大众新层次。宋朝的层次性是：水稻生产——科技的相互激发带来社会生活的提升，教育的上层"普及化"带来诗歌文化从官——上层的世俗化。这也还说得上是新层次的开创。然而，宋朝始终未能产生理性精神，既没从技术到真正的科学，也没有在儒道应对佛学的挑战中开辟出更高的哲学层次，而是内卷到宋明理性——这是一个传统儒学的变型，不是更高、更新的哲学层次的开辟——它没有与科学技术形成层次性共振关系从而走向理性精神的层次。因此，中国传统文化的主干精神到此基本耗尽，或者难以出现新的有生命力的层次衍生。从元、明、清的层次开创相比当时欧洲的历史发展可见，再一次重复了汉末的民族融合这个社会大层次——这受制于传统文明非世界历史的层次性特征。

而古希腊创造了世界各种文明中唯一的理性精神传统，成为近现代科学技术文明的源头。古希腊与波斯帝国的对抗中已经表明，古希腊的层次复合型占有显著的综合文化优势，仅仅在军事-政治方面尚有不足的表现，或者还没有自我意识到这个统一的问题——这表现在征服活动是受到波斯激发而产生征服意识，并反过来征服了波斯。当然，在社会化层次上，古希腊由于技术的原因还未能、也不可能有历史性的推进。应当说，古希腊文明与社会状况的类型从地域来讲是比较完善的，从复合层次的方面来说，比波斯完善——波斯太军事化了——不过这还要看波斯帝国的层次性方面的问题。但无论如何，希腊波斯的对抗表明，现实的军事-政治状况不能提供充分的时间去演化，或者说这种军事-政治的对抗改变了历史发展的方式。希腊最终失败于罗马的军事-政治统治表明，古希腊文明在这个军事层次上的逻辑仍有缺陷,不能在长达三个世纪的历程中得以演化,当然也有另外一种可能:对于古代世界的文明缺乏足够的技术或者在没有取得技术突破的情况下,是存在各种文明的系统性漂移可能性的。不过罗马的确表现出了更强大的军事-政治能力,因为偶然性是不会持续几个世纪的。

社会成熟度还表现在社会变迁过程中,例如社会层次变迁过程中是否体现出社会公平正义,在当今时代有个基本的指数基尼系数是反映社会贫富阶层分化的尺度。一个社会在发生比较激烈的变化时,能够承受一定的社会代价,例如贫富分化带来的社会仇恨与不公平,但对这种代价的承担不可长久,如果超出了一代人的时间尺度,则会带来显著的代际不公平问题,因为对那牺牲的一代弱势阶层的人来说,其生命基本价值没有得到作为人本身目的性的尊重,从而对于社会整体与价值教育来说也是一个不可抹杀的缺憾。[①] 当然,所谓"牺牲"的尺度会随着时代、社会状况、文化传统、民族习俗等不同的方面而不同。从数据上看,中国甚至比美国的贫富分化更严重,因为美国绝大多数人口居于中等收入层,奉行比较严格的缴纳个人所得税的制度,财产的分布通过税收得到了一定的调节,贫富分化受到了很大的抑制。因此,我们要发展经济、新的产业,形成庞大的中等收入层,以经济杠杆调节社会收入,建立健全的会计制度防止灰色收入,严格执行个人收入申报制度,要特别完善个人所得税,开征遗产继承税,建立包括城乡在内的覆盖全社会的社会保障制度,从而达到社会各阶层的社会公平。[②] 假如考虑到改革以前存在一种集团分层现象,也就是说社会阶层的划分不能根据个体对资源、权力和财产的拥有状况,而应该根据人们所工作单位的性质、单位的级别来确定,那么单纯由基尼系数来表征改革开放在社会阶层分化上的缺陷有失偏颇。因为,中国改革开放以来的社会分化是一种多层次的、相互关联的分化,它不仅表现在城市与城市之间,也表现在城市中的单位之间及居民个人之间,而城市的个人分化是以单位为边界的集团性分化,它导致众多利益群体的出现。[③]

概言之,文明社会的成熟在于,一个文明社会实体在政治、经济、科技、

[①] 根据世界银行数据,改革开放之前中国基尼系数为0.16,到1988年上升到0.382,并在1994年上升到0.452,乃至2021年的0.47。而一般发达国家(除美国外)的基尼系数在0.24到0.36之间。

[②] 郑杭生:《社会公平与社会分层》,《江苏社会科学》2001年第3期。

[③] 北京大学"社会分化"课题组:《从城市分化的新格局看中国社会的结构性变迁》,《社会学研究》1991年第2期。

文化、军事与外交等各层次表现出的综合稳定而发展的态势,亦称为综合成熟度或层次成熟度。现代世界文明从整体上来说显然比以往的任何文明更为成熟。而社会不成熟之处表现为,文明社会层次之间的弹性——文明层次"市场"(借用马克思世界市场的概念)的不完善,虽然在经济等层次内实现了有效配置,但层次之间的"能量交换"(对应于世界市场上的普遍交换)缺乏文明制度性的规范,例如,知识与经济要素之间的兑换不够畅通,一个拥有亿万财产的人无法实现财产向文化要素的"能量"转换,反之亦然。实现层次超越[①]的通道被阻断,就会重返原有的传统政治游戏主导的逻辑层次。

韦伯说:"由一个经济上的没落阶级实行政治统治是危险的……但更危险的是那些已经开始掌握经济权力从而跃跃欲试期待着接管政治统治权的阶级,却未达到足够的政治成熟以掌握国家的航向。"[②]韦伯的担心被德意志民族在希特勒上台后带向纳粹军国主义的历史不幸证明。在韦伯看来,一个民族国家的强大不在于外在的军事或经济表现,而在于内在政治的成熟。落后民族国家最重要的是缺乏一套让全体国民都参与其中的政治制度与政治过程。随着科学技术、经济的发展,国民在各方面的利益与诉求会越来越出现层次性的分化,文化也走向多元化,而政治是团结一个民族国家公民的基本社会装置,如果不能与此历史发展趋势相适应,自然就会被历史发展所淘汰。由此,韦伯确立了对于民族国家而言的政治成熟标志是:大众民主制度。它能够形成高度的凝聚力,通过全民政治教育达到国民"责任共同承担的民族习惯"。

随着世界的发展,由于政治社会的复杂性与层次性结构,衡量政治成熟度的标准还可以从几个层次上展开:首先是反映社会经济基础层次的变迁;其次是政治实践中利益集团与大众的有机互动关系;再次是政治制度民主化与法治化的保障;最后是思想观念层次上的大众公共政治理性。忽视任一层次对结构性整体的关系而偏执于某个层次,都难以实现现代政

---

① 超越传统的财产观念,把财产的私有观念转变为实现人类普遍性追求的手段,借以创造新的人类文明的层次空间,例如探索在天文灾难来临之前逃离地球的星际航行。这不是善良意志,而是因为在经济全球化的时代,靠传统政治或地理界限制约财产不可行,保持一定的基本物质需要的分配是社会基本保障制度。超出的奢侈性的"剩余劳动"消费不仅不正义,而且是用传统手段制约了财富的可能性,导致生存之外的另一个层次空间上的不正义;懒汉占有了过多的财物,新空间层次的开创者条件不充足。当然,这个问题比较复杂,现实社会条件充满了多个层次上的利益纠葛,容另论。

② 〔德〕韦伯:《民族国家与经济政策》,甘阳等译,生活·读书·新知三联书店,1997年,第99页。

治的使命,甚至带来灾难性的后果。更重要的是,对不同层次变化引起的效应要有成熟的理论认识。例如,网络时代自媒体的兴起,产生了"工业党"等有一定政治意识与文化自觉的网络群体,而且,经济发展也带来中国社会结构的变迁,这些方面与技术、信息化带来的社会空间转化,都给政治生活带来新的变革诉求。这些网络群体也越来越关心国家前途与未来发展,包括中美关系、乌俄战争等当前重大政治事件。如何把新兴群体的积极政治热情纳入有序的政治逻辑,也是社会政治成熟的所在,甚至包括对各种异己力量批判与监督行为的宽容。应该让所有公民都有合适的政治表达空间与渠道,现代政治生活也是人基本生存空间的一个重要维度。

政治成熟离不开文化的引领与培育。文化的成熟也是一个民族强盛的软实力所在。一般而言,文化包括物质文化、精神文化、社会文化装置等三个方面,其中社会文化装置既有物质属性,也有精神属性,例如教堂、法庭与图书馆等。更细致的文化分层中,物质层次从外在表现而言最为活跃,例如高科技的文化产品及其平台之上的文化交往活动;而理论与制度层次是上层、权威的因素,规定着文化的性质;心理层面的文化如民族传统文化的惯习等,相对来说变迁比较缓慢,常常伴随一代人的整个成年时期,又由于代际心理更替隐藏于家庭与基本社会结构之中,具有深度的保守主义特征。因为文化各层次之间有显著差异,且广义的文化内涵宽广,文化的成熟在于其因时代精神而变迁的成熟节奏。近年来,文化人类学家把文化看作成套的行为系统,而文化的核心则由一整套传统观念尤其是价值系统所构成,它反映了文化的整体性与历史性,并得到普遍接受。合乎时代精神需要的文化哲学应当回归人的生存境遇,面向社会生活实践的丰富多样性,不同文化的历史发展多样性,这样的历史才能被诠释为充满文化创造力的人的历史,这样的文化才能孕育出丰富多彩的生存空间,为未来科技条件下任何可能的"元宇宙"提供文化的空间架构。

科技的成熟首先在于科技观的成熟,即一种与社会文化相契合,有道德观照的、历史感的科技理性。最近出现的 ChatGPT 给人们带来了未来科技社会的难以预测的潜在风险,而这不仅超出科学技术专家的认知,甚至也超出当下人类思想界的认知。假如真的存在"奇点临近"的趋势可能,那么对科技观形成基本的社会共识是当务之急了。事实上,科学技术活动都不是与世隔绝的,而是在特定的社会语境、政治与经济语境中进行的,科学技术与社会之间是一种双向而层次复合的关系。科学本来是一个理性主义的事业,但在通过技术与社会交换能量的历史过程中获得了社会资金的支持,而且随着科学技术的规模性发展,科学实验和课题不是单个科学家所能够独立完成的,科技合作变得越来越重要,例如,高端芯片的完整生产是全世界共同的技术产物,绝非某个单一国家所能够完成。

更重要的是,最大范围的合作拥有最大的合作效益,这种效益不仅体现在科学技术本身,而且体现在经济效益上,更体现在对人类社会最大共同体的形塑提供了具体的现实路径。在理性精神不够成熟的社会,科学技术常受到社会政治层次的控制或影响,例如爱因斯坦对自己的理论开启美国生产核武器之门表示悔恨。作为一个社会共同体整体来说,科学家的选择空间是狭窄的,科学家也没有足够的理智与时间来应对这种看似能够体现其意志但实则艰难的选择。但成熟的社会不应让科学家受政治层次的把控,并同时为自己科研成果的政治属性负责。在科学、技术、社会的复合层次结构体中,科学、技术与各种社会问题一样都会形成挑战,都会让复合层次的结构性问题凸显出来,根据层次性的社会结构、社会历史发展的层次性来理解与划分相应层次的职责。不仅在科技伦理的层次上需要理性的规约,而且在科学技术研究与探索的层次上,也需要有社会整体层次的基本观念的渗透、必要形式的公共监督与参与;成熟的科技理性需要把狭义的职业化的科技实践纳入社会公共的空间中,进行包括社会规范、伦理与政治等多层次参与的重构。就如拉图尔所说:"在科学和技术的实践中,自然和社会是密不可分地交织在一起的。实践就是科学和社会的居所,两者之间的空间在持续地建构、解体和再建构。"[①]这种历史性的融合实践本身就是成熟社会的现实保证。

---

① 〔美〕皮克林:《作为实践和文化的科学》,柯文等译,中国人民大学出版社,2006年,第19页。

第四章　历史理性的层次

虽然历史学有悠久的历史，但人类对自身的历史性反思或理性的自觉直到18世纪才开始。如果说维柯第一次运用理性来解释历史[①]，那么从康德、赫尔德到黑格尔，从德罗伊森到狄尔泰，再到克罗齐、柯林武德，都离不开"历史理性"这个概念。语言转向之后受后现代主义思潮影响的各种历史学派也是如此，包括历史叙述主义者。历史理性的层次有时间、空间、要素、效果等方面不同的划分，对于历史来说，最大的层次在于人-社会之间构成的结构性关系。以个体对社会进行思想上的"反卷"而言，个人与人类社会看来像是构成了同一层面上的两个不同端点的跷跷板。虽然社会学家作为现实中的个人，无论在时间上还是在空间上都隶属于一个具体的社会与一个具体的历史时点，但在思想的卷云中，可以从一种超越性的、人类社会的整体视角来思考人类社会的全部历史。在他们看来，亚历山大的征服战争由于其结果代表了人类整体的一种基本诉求——广泛的交往与交换——而具有历史意义，但是，对于那些被其铁蹄所践踏的生灵而言意义何在呢？

历史意义由此需要历史理性进行重新审视。随着科学研究走向学科细化与专业分化，历史理性的层次分化首先要纳入各种现代学科所揭示的历史进程。唯物史观把人类社会的历史看作类似自然演化那样具有客观规律性的历史过程。自然的历史是天文学和宇宙学说的研究范围，生物的历史可以用进化理论来解释，而人类作为生物体的历史则是人类学的范畴。人类进入文明社会之后的五千年历史才是历史学的考察范围，对于历史来说，社会学、经济学、政治理论、(社会)心理学、人类行为理论等都是相邻学科，都是用来解释历史变化发展的学科资源。而对历史及历史理论的反思则是历史哲学的任务了。在历史学家的技艺层次上，历史学在20世

[①] 维柯(Giovanni B. Vico，1668～1744)，意大利著名的历史哲学家，在世界近代思想文化史上影响很大，代表作有《新科学》《普遍法》及《论意大利最古老的智慧》等。

纪 50 年代处在十字路口：一种历史学通过借鉴经济学得以改造；另一种历史学通过与维达尔、拉布拉什、布朗夏尔和德芒容等人文地理学家的联系，即通过与布罗代尔的长时段历史的联系而获得新生。在 20 世纪 50 年代，为历史研究提出具有时代意义的问题已不再是 1929 年的经济崩溃，而是经济复兴，是全球经济和地区经济在发展过程中的不平等。① 这表明历史研究在宏观与微观两个层次上表现出不同的趋向：宏观层次上规律性薄弱，微观层次上由规律性主导。

历史理性是在时代发展的进程中不断层次分化而逐渐丰富起来的。历史理性在康德、黑格尔那里由于传统认识论留下的印记而带有强烈的历史本体痕迹，不过随着时代的发展，人们对历史与历史理性本身的探究越来越深入，逐渐把历史理性聚焦到如何认识历史、体验历史、重构历史，如何反思历史的认知、行为与实践之中了。这个"历史过程"本身就充分展现出历史理性的历史生命力，展现出丰富的层次性。

正是由于这种层次性的历史理性，人类历史延伸向未来的道路将越走越宽、越走越有人生丰富的层次意义。没有经过现代主义洗礼的人会直接吸纳后现代主义的思想观念，并以此宣称超越了现代主义，就如一个代代为贫民的暴发户把祖先打扮成贵族于是自己就变成贵族一样。这种简单路数最为黑格尔所不齿，"神的直接启示和既没通过别的知识也没通过真正哲学思维而得到锻炼和陶冶的那种普通人的常识，认为它们自己简直就完全等于或至少可以很好地代替漫长的文化陶冶道路以及精神借以求得知识的那种既丰富又深刻的发展运动，这就如同苦荬之自誉为可以代替咖啡一样"②。反思的逻辑会形成历史表现出来的各种所谓曲折与反复的轨迹（如英国资产阶级革命、法国大革命）。单维度、单层次的认识与表述，譬如对历史规律的探寻，不能拘泥规律性的框架，而要深入历史中的事情内部，层次性地把握各种力量的博弈与消长。

历史理性的成熟需要细化而深入的分析，因而也离不开历史整体观。对历史的整体把握是人们历史观念成熟的基本标准之一。对于古希腊人来说，历史就是毁灭的、片段的历史；关于人类历史的整体性观念在基督教中得到了反映，却是关于彼岸世界的；对历史的整体把握则是在德国古典哲学那里获得集大成的。康德的普遍历史观认为，人类历史是一个合乎人

---

① 〔法〕利科：《法国史学对史学理论的贡献》，王建华译，上海社会科学院出版社，1992 年，第 58 页。
② 〔德〕黑格尔：《精神现象学》上册，序言第 46 页。

类自由意志与理性的规律运动,历史学家通过理性的历史叙述,把从个别主体上看似杂乱无章的东西转化为在人类属性上人类原始禀赋漫长而不断前进的发展过程。① 对于人类来说,个人只是一个一个的社会分子,而对于每一个人来说,他自己就是其全部,是一个整体。对于这个完整的主体来说,整个人类社会的历史,全部思想的历史,各种思想流派都不过是被作为主体的个体人在其思想和生活中反卷了的一个背景而已。康德对人的尊严、独立与自由的宣扬,与法国大革命对传统社会特权制度与等级制度的颠覆,都表达了天赋人权的观念,近现代历史上理性精神衍生出的一个新的"实践"层次:人类可以从"世界公民的普遍历史观念"为自己进行自由的谋划。

如果说古代侧重于人类社会整体,近现代以来则是不断地发掘个人的主体性。这是一种完整的主体性,体现在理性把握的历史叙事中。有学者在分析历史叙事中历史理性的表现方式后认为,历史理性作为一种对于历史的反思性力量,首先表现为对前提假设的自觉意识;而历史学作为一门使用日常语言的学科,日常生活中的理性思维也就成为历史理性的合法性来源之一。历史叙事正是运用日常生活的种种原则,如因果逻辑、连续性期待、个人效能规则、社会行为规范等来达成文本的"可理解性",因此,在历史叙事中的历史理性实则呈现为一项服务于历史学家自身目的的计划,而合目的性、合规律性,表现出认识主体的某种能动性。②

如果说历史认识与历史解释需要历史理性,那么,历史写作或历史叙述也需要历史理性,两者都是历史理性的表现。吕森认为:"历史研究是分两点,一点是历史解释的过程我们称之为诠释,在此历史学家都会或隐或显地运用理论;第二点是给予历史解释以叙事结构和叙事形式,这就是再现,我坚持认为应该要区分诠释和再现。"③渗透在这种历史叙述之中的理性是一种更高层次的历史理性。因为,传统的历史叙述根据的是历史学家的"秉笔直书",而现在的历史研究与叙述不仅依赖传承下来的历史书籍,还依据各种历史文献与历史材料,并与考古学的材料、器物形成相互支持与证明。当下,社会各个层次上的历史考察对传统的主要根据政治叙事的主流历史构成重要的支持与辅证,政治的确是人类社会历史中的主线,但

---

① 〔德〕康德:《历史理性批判文集》,何兆武译,商务印书馆,2005年,第2页。
② 陈新:《简论历史理性与历史叙事》,《学术研究》2012年第12期。
③ 约恩·吕森、尉佩云:《历史叙事、历史研究与历史伦理——访约恩·吕森》,《历史教学问题》2016年第1期。

它背后有思想文化层次,有社会经济层次、社会基本生活样态的层次。政治层次上的变迁并不是唯一的变化踪迹,甚至并不是最重要的文明历史的踪迹,我们对历史的反思如果没有在几个不同层次上的协同进行,又如何能够更真切地把握历史呢?

第一节　历史认识的层次

对历史的认识,是由历史基本的人物、事件等要素构成的综合整体。在一个个不同要素与历史整体之间,存在从小到大、从微观到宏观、从事件判断到历史整体判断的一系列差别;又由于它们对于历史认识的中间逻辑环节呈现出不同样态,因而,历史认识表现出不同的层次性。而且,从认识方法看,历史认识从基本的事实判断到因果判断,乃至更高的价值判断,也表现出逐层递进的认识能力与过程的层次性。人与历史之间通过历史认知而逐渐达到黑格尔式主体与历史客体的逐渐融合,它们之间的相互影响与作用,以及认知主体对历史的重建也是一个层次不断提升的过程,以至达到历史唯物主义与辩证法相结合的深刻程度。恩格斯说:"唯物主义历史观及其在现代的无产阶级和资产阶级之间的阶级斗争上的特别应用,只有借助于辩证法才有可能。"[1]对所有的历史认识,也离不开辩证的历史认识,因为人类历史充满了矛盾的辩证运动,是在矛盾运动中辩证发展的。[2]

不仅对历史的认识,任何认识或意识,作为认识论的一个过程是由认识主体与认识客体共同组成的。在存在论的层面上,认识客体或认识对象也可视为认识过程"先行"的存在,即前意识、非意识的世界本体,因为意识不过是大脑对世界的一种反映与把握。它们先于当下意识,在时间上、在存在逻辑的意义上都是如此。对于当下存在与当下意识之间的关系,唯物论模式给出了容易理解而恰当的表述。但在认识论的逻辑顺序中,甚至可以说认识主体是认识客体的逻辑前提,因为没有认识主体,认识过程也就不可能发生,从而也就谈不上认识客体了,至于它存在与否完全是另一个层次的逻辑,而在认识逻辑中,它的进入本身就需要认识主体来发动。类似地,我们对历史认识也可做这样的逻辑分析。由于每一个当下事物在时

---

[1] 《马克思恩格斯文集》第 3 卷,第 496 页。
[2] 于沛:《历史认识的辩证法阐释》,《陕西师范大学学报》(哲学社会科学版)2020 年第 1 期。

间链条中的连续性与因果关系并非先行,而是依赖于思维,是思维的外推结果,因此当下意识有意识流链条的保证从而获得历史性。也就是说,后者的历史性保证先行于前者的历史性,因为前者并不外在于意识的历史性。

所以,历史认识在作为历史性的视界中,存在后于意识,而且,意义、价值等都源于此。因为作为片段的先行存在本身并不能够自行形成意识中逻辑的链条。换言之,在历史认识的层次,存在只是片段的、离散的,需要连贯的意识流才能形成存在有意义的逻辑链条,而这个链条呈现在当下意识中构成其前世界要素。然而,把这个历史认识孤立出来甚至夸大其对于历史存在的先行关系,那就走向了唯心史观。任何一个时空点上的意识流结果都会被当下存在所突破,也会被后续存在所突破,也就是说,意识流进行的积分不能穷尽先行存在片段。所以,实践表现在两个方面:一是意识流的积分效应,二是存在的溢出呈现。因此,历史认识具有独特的层次性,哲学史上呈现的问题由于学科建制划分而表现出层次性,本质上是由于历史性的不同呈现。

意识的物化结构表明,近代认识论转向是从客体的研究转向对主体的研究,强调世界是认识主体的产物而非独立的某种东西。康德说人为自然立法,但自然又是感性的来源、认识能力的界限。卢卡奇敏锐地觉察到形式上这是体系的功能问题,从认识过程看,感性环节有时间和空间两种先天的感性直观形式,统摄材料,使其具有普遍性和必然性。在通常的牛顿时空观中,时间与空间等价,从而历史即是空间统一性,所以有历史整体观。这个推论把历史与时间混淆起来了。虽然在卢卡奇之后西方马克思主义并非建基于其自然科学的特性,但是,他的理论推导却是依据基本的理论逻辑。如果说卢卡奇是因为康德的诸多二律背反而需要重新解释"历史",那么,这个"历史"所需要的包容性不仅是整体性,同时还需要开放性,甚至要把开放性置于整体性之上。因为没有开放性的整体又回到黑格尔的绝对,扼杀了主体的不可预见性,这样的主体还是主体吗? 其实,这样的变换仍然不过是将康德的问题简单地平移到"历史"概念,问题并没有得到解决,困难转移到历史整体——主体性之间,矛盾依然是在同一个层次的概念之间,而不是在更细化、更深入层次的概念之间。

人们再也不能无视意识结构内在的社会特性、思想范畴和行为原则,历史与文化的多样性,以及它们与社会和物质再生产变化的形式的相互依赖。我们是如何知道所谓"存在的先行性""世界的前在性"的? 这些所谓超出意识的非意识内容无论如何也不能逃脱"意识",但是它们超出了与其同时发生的"意识"并在发生性意义上先于意识,至少不是源出于"意识",所以被称为"先行"。然而,我们总归还是"意识"到它们,它们的发生、机制和存在过程以及结果,所以,它们依然被包容在我们的"意识"之中,也就是说,我们所谈论的一切"世界"要素,仍然都是意识的。这种在意识发生的时间链条中呈现出来的不同,表明我们原来总是用两个非时间性的概念抹去这种发生机制上的过程,而扁平化为一个平面上两个领域之间的关系,如此造成一种唯物、唯心的分别。它们两者都各有道理与不同的立场,但在时间性的历史过程分析中我们看到的是"事情"本身,而非单纯的物或心。现在,拥有历史意识的我们是否还会像过去那样纠缠于简单化的两个领域性概念呢?同理,在人与社会的关系中,人有超出社会层面的力量,在这个意义上可以说人优先或者大于社会;但另一方面,社会又是由每个人组成的,为每个人提供公共的活动空间,同时也保证个人私有空间的自由。这种分层逻辑也许能给我们直观的认识。

学界一般把历史认识分为历史事实判断、历史逻辑基于因果分析的研究,以及历史价值判断等三个层次。关于历史价值的层次将在后续专门章节展开,这里主要针对前面的基于史料事实与逻辑的历史认识。当然,历史认识本来就不同于一般的感性认识或自然科学的认识,是立足现实对历史的价值判断的理解,是有历史观、价值观在内的一种高层次的理性认识,在康德对理性分类的层次上归属于理性的范畴。对历史认识的正确性与否的检验及其标准也是重要的历史哲学问题,对它的笼统回应不及层次分析,庞卓恒、姜义华、刘泽华等国内学者对历史认识检验行为本身进行分层次的分析,"历史认识的真理性毫无例外地都要在史料、科学认识总体及社会实践三个层面上依次接受严格的检验"[①]。拿史料来说,古代历史学家虽然确立了历史真实性原则,但直到近代启蒙运动之后,史学家才开发出严格的史料考据方法,从而明确区分一二手史料的历史认知。不仅史料的收集要遵循历史学基本规范,共同体的检验要求在一个学者群体内得到与既有思想体系、新材料的融贯性检验,社会实践则在理论与实践之间更宽广的层次上以"历史社会效果"为基准。这不是基于实用主义真理观,而是符合历史唯物主义的实践观,除了从历史认识的范围和深度在不同层次进行检验及其方法的研究,最后还要在检验标准上做出高度抽象的概括与理论化表述,否则会带来碎片化的拼凑,导致历史相对主义的结果。

[①] 姜义华、瞿林东、赵吉惠:《史学导论》,复旦大学出版社,2003年,第109页。

一、历史认识及其层次

有一种说法：历史的规律是分久必合，合久必分。这其实是在对历史叙述的表象进行概括，而不是对这些历史表象背后的"推动力""规律"的描述或推论，就像我们对天气现象的一种说辞：天气变化无常。但是，对历史的表象的概括并没有得到公认，它只是一些人的看法，是对王权国家的"统一性"的一种概括，特别是对中国封建王朝的"循环"现象的一种概括，是对这个时间段而言的，也没有对历史的起源、历史的走向进行认真的分析与规律性的概括。说这是宏观概括也不成立，因为还有许多历史现象没有纳入，例如人口的数量、生活水平、社会状况、生产力的发展、技术水平的发展等，这些要素也应该是历史所考察的对象。就算是一种概括，也有不同看法。有学者认为，中国人的历史意识源远流长，并与现实观照紧密相连，执着于历史的历史意识是中国实用理性的重要特征，未能把历史的观念从伦理政治规范中独立出来，"只有王船山算是初步提出了上述以客观的'势'为本体的历史观，……并不能把伦理学、宇宙观与这种历史观真正汇通融合起来。他开始觉察、触及历史与伦理的并不一致，但是他并没能真正发现和展开这个巨大矛盾。他强调的仍然是天理人欲之辩、君子小人之别的伦理本体。历史观也仍然从属和局限在传统伦理学范围内"[①]。常有人对某些历史片段津津乐道，进行"规律性的概括"，例如，对魏晋南北朝等乱世的说法五花八门，既有严肃的史学通鉴，也有文史不分的艺术创作的概括：历史风雨变幻，却总逃脱不了刘氏家族，说明汉朝天命在继。[②] 这也是类似的一种表面文章，没有深入事情内部进行分析研究，停留于历史表象的层次，把历史表象当作历史。历史除了表现出这样那样的现象之外，它自身还有内在的运动机制。而我们更想要知道的是对那个运动机制的了解与把握。当然，这是我们对历史的一种认知模式，我们试图对历史进行这样的划分，其实就是一种层次性的划分，以把历史表象与历史内在规律、动力机制等区分开来，为此我们还构想了一个历史本体，是它产生历史的动力——以某种规律的形式向外表现出各种各样的历史现象。

[①] 李泽厚：《中国古代思想史论》，天津社会科学院出版社，2003 年，第 289 页。
[②] 也许生活在晋朝末期或南北朝时期的人更清楚究竟在发生了什么：王莽篡位后，虽然想建立一个新的王朝，但最终还是败给刘家后代刘秀，又延续百余年。东汉衰微，董卓、曹操都想取而代之却未能，因有刘备的存在，曹丕篡位不久病死，政权也很快旁落司马氏，而西晋短命于刘渊。

对这种历史认知模式需要反思。首先,这三个层次的划分是一种历史认识论的构架,并不说明某种外在的历史"实在"事物也有三个分离的层次。即便对应于历史事物,也可能是三合一的,划分不过是为方便起见,毕竟历史所涉及的内容太过复杂,所以需要有相应复杂的认知结构来把握。与之相比,自然的物理现象比较简单:路边一块石头、一朵花,看起来如此,不看它也是如此。但是,历史现象不一样,例如,三国两晋南北朝的混乱时期的政权在刘氏、曹氏与司马等其他姓氏之间的更换,看起来如此,但过了这一段就不是这样了。即便这一段历史也是一种偶然的特殊,恰巧有个刘秀、刘备、刘渊……即便不是他们也可能还有其他的刘氏出现,而且古代的姓氏也不严格,例如刘渊原本是匈奴人。问题还是在于对这些现象进行本质性的追问,原因可能是,一方面刘氏显贵人数量比较多,毕竟那么久的王朝产生了许多有实力的子孙。另一方面也可能是在其他人政权不稳时人心思安,从心理习惯等方面更愿意接受刘氏的权威,这是相比其他人的一个先天优势,例如王莽、曹操都很忌惮自身的执政根据不足,恐怕他们自己都说服不了自己,因为他们的历史认知还没有反思理性,只能建立在那个时代的普遍认知与一些精英对王权正义性的前现代的至多是半自然主义半人文主义的认知上。无论这些精英还是老百姓,或者历史记载者,都未能从王权存在的根据上进行认知,从而把握历史规律,并在遵循它的基础上主动开创历史。即便没有这样的理性自觉,也还是在开创历史,但那就是生存的方式,并不依赖理性的反思。

历史层次的模式首先是一种认知模式,因而属于认识论的范畴。但不是随意构想出来的,而且应该有效解释历史现象以及历史学家、考古学家、人类学家不断发掘出来的历史材料,并能够进行某种历史预测。[①] 在这个意义上说,发掘历史材料,对材料进行基本的历史鉴别与解释的历史学家就像实验物理学家,而历史哲学的工作更似理论物理学家——对材料进行

[①] 历史不可能有自然科学那样的预测功能,也没有社会科学的预测信度。但也可以在一定限度内根据既有历史层次的发展脉络,建立一定的预测,例如层次内的逻辑清晰情况下的层次内预测,或者层次之间在相互作用明确的情况下一定限度内的逻辑外推。但总体来说,历史并不能够提供预测,原因在于太过复杂的层次内逻辑、层次间的相互关联,难以进行准确的科学模型,而且从根本上来说,主体性的人与人类社会对未来就是一个创造的行为——突破任何既定模式的不确定性。作为群体的复杂性现象来说,预测本身就是一个非常规向度上的事情。而在有限尺度上,可以理清线索,进行有限度的基于单线索的指数发展的预测,并对长期趋势采用 Logistics 曲线规律表征;拐点是线索/层次转移的标志:此线索/层次的指数发展结束,通过直线过渡到衰退阶段,而焦点舞台让渡给其他线索/层次。不过,对这里的线索是适应,但层次还需要进行分析,否则与线索重复了,每个层次、层次之间可有诸多线索。

"动力学"分析。物理学有成熟的"力""质点""质量""加速度"概念与理论体系,而历史学呢?还没有成熟的历史概念与动力分析框架,甚至在宏大的事情上仍争吵不断,更谈不上物理学那样的有效检验。概言之,目前的历史叙述是描述性的,而非科学的范式,更不能预测——预测需要对历史内在深层"本质"的普遍性有科学把握,就如物理学需要用力、质量、加速度等科学概念来把握物质世界运动的规律一样。

对于具体的历史材料加工,一方面,历史学家通过各种琐碎的"概括",提出了许多历史概念,例如商周剧变、封建制度、小农模式、君臣关系、王朝更替等,这些词语我们之所以听起来很自然,是因为历史学家已经把其内涵与其对应的历史材料比较清晰地展现在我们面前了。大众也能看历史书籍,并对各种历史人物、现象评头论足,甚至对寻求历史规律也跃跃欲试。另一方面,随着对历史认识的深入,人们会发现参透历史绝非易事,它事实上是历史时间里一系列社会要素相互作用与关联的链条,不仅关涉社会,而且,那些不同历史要素与事件之间的关联链条本身也不是完全独立的——相反,它恰恰就是历史与历史性的核心"语言"。两者都要在社会学家研究的对象"人类社会"基础上,在时间序列中以历史认识的逻辑纳入人类历史的全部社会事实。对其中所关涉的各个层次,要有反思性的认知能力,才可以从所涉及的各个层次与环节进行理解。

历史层次的观念,从认识论的意图上来说,一方面是建立一个认知历史的层次性模式,并把这个模式与历史材料、历史事实进行"实验"与推演或者"概括"。这种寻求历史规律那样的历史"概括",具有历史实证性,可能进行未来预测,或者对历史进行某种反事实的假设推演。譬如,假设没有列宁,现代俄国的历史会怎样?假设没有十月革命的胜利,中国近现代史会如何展开,甚至20世纪的世界史都可能要重写。中国近现代历史虽然异常复杂,难以对其进行简单的逻辑推理,但也不妨进行类似的历史假设,假设没有中国国民党会产生怎样的历史后果——在几个不同的层面上进行假想推理。另一方面,是对历史本身进行哲学的思考,对各种历史理论、历史学研究的工作、历史学实践等进行哲学的反思,用一种层次性的解释模式对他们的工作进行辨析与分别,对其有一个有序的反思认知。这方面的工作带有"玄学"的思辨性,最大的玄是作为人的主体性与历史之间的相互"卷入":全部的历史(现象材料、思想观念等)对于历史认识的主体而言,不过是其"思"的一部分;同时,主体本身无论其外在身体与生活处境、还是所思所想的理性精神,也不过是落入历史的一粒尘埃!

历史学的自我反思,首先是有关历史认识或者历史意识的问题,其次才是历史本体论的建构。具有科学的历史意识是人类理性精神发展到一定阶段的产物,直到18世纪初才由意大利历史哲学家维柯在用人性来解释历史发展中明确地提出。即便在群星璀璨的古希腊,"一方面既有杰出的和经典的历史学家,另一方面也有杰出的哲学家,他们在根本上没有感受到历史"①。他们还没有感受到哲学意义上的那种历史性,而只是各种历史材料的收集与评论。别尔嘉耶夫认为:"对命运古典式地服从乃是希腊世界、希腊意识和精神面貌的最大特点。"②也许正是对命运的服从,古希腊人从来没有在这个深刻的层次上真正意识到自己历史性行动的力量及其历史性意义。作为人类的一种实践,历史本身有其目的,这是历史存在的理由,而无需在自我的行动与愿望中去寻找。否则,他们应该把古希腊城邦民主政治制度当作能够穿越历史的伟大天命。然而,他们只是相信自己的政治制度是当时最好的,没有宏远的"筹划",更没有拿出有效的现实手段使这种制度普及开来从而遍及世界,就像近现代的意、英、法、德、美等发达国家在有意识地,或无意识(受资本逻辑所驱殖民主义的附带结果)地去做引导世界发展的领头羊角色。它们固然有资本逻辑驱动的动力,然而在超出资本逻辑之外的更深层逻辑上,是否也有其历史意义呢?

历史意识作为一种理性,需要历史学家在理解过去的历史时,排除自己情绪、情感、生存境况等非理性的因素,排除与理解历史材料本身无关的其他功利性要素的影响,虽然这些因素是其发动历史认识,建立历史意识的前提。历史学家针对的已经是过去的东西,中间存在的时间间距本身也在历史过程中起着类似的作用,其效果体现在当下的学术语境中,或者已经被历史研究方法所把控。对历史的意识不只是对历史直接表现层次上的史料、人物与事件等的意识,因此,更需要对历史的深度层次有所领悟,只有这样才能对文明——野蛮的冲突有更高层次的理解,超越表象把握其背后的本质,或者说这种冲突本身就意味着一种更基本层次的力量的存在。众所周知,经济学研究的经济事件有一个背景,那就是经济秩序和经济原则的支持:所有的经济活动都不过是在经济平衡中进行资源的有效配置和选择活动。类似地,在历史活动中是否也可把历史事件和历史活动

---

① 〔美〕梯利:《西方哲学史》,第137页。
② 〔德〕西美尔:《历史哲学问题——认识论随笔》,陈志夏译,上海译文出版社,2006年,第123页。

看作是在平衡状态中对各种历史资源的利用，以求历史价值最大化的选择行为呢？这个"选择"似乎不如经济活动中的选择明显，但是，它可能是通过依赖于历史意识来实现的，或者嵌入历史意识之中。从大的方面说，这样的历史意识包含人对自我生存境况、一切社会关系的历史性的深刻把握与时代使命感的确认。

人类对自己的社会在时间长河中的发展变化进行认识的历史意识，虽然在古希腊、古代中国就已经产生，但对历史运动、变化的经验成熟到具有自我反思的层次还是近代理性精神批判的产物。古希腊的思想家没有意识到历史变化、物种、天文的变化超出命运的范畴，直到笛卡尔发出"我思故我在"的哲学沉思开启认识论转向，人类具有对自我认识进行反思的理性时才首次明确表现出来。所谓命运、目的只能适用于一种假设性质，作为一个"历史本体论假设"，它是维系历史事件整体性的一种"客观唯心论"范式。对于同样的历史事件，由于不同的文化背景，不同的人可能有着完全不同的历史认识、不同的敏感性。有的人对轰轰烈烈的历史性的伟大革命置若罔闻，例如喜欢闭关自守而夜郎自大的中国明清皇帝与主流士大夫阶层。郑和下西洋之后不久，明朝皇帝就下令封闭海关，连造船技术资料也一起烧毁。据说东印度荷兰公司于1740年听到反叛的传闻便组织了对中国人的大屠杀，以致两三万人丧生，荷兰方面对暴行遮遮掩掩，并派遣使团向中国皇帝乾隆解释道歉，不料乾隆回复道：我对于这些贪图发财远离祖国、舍弃自己祖先坟墓的不肖臣民并无丝毫的关怀！他对已经开始全球化的商业、利润和国际贸易不屑一顾，对向往外国的中国人态度严厉，因为他喜欢停滞不前的文化。[①] 其实他根本就意识不到其文化的封闭性，更看不到停滞不前的历史代价。

历史反思的意识随理性思维与自然科学的方法而深入。例如，对未来的预测以及对过去历史的反事实假定基础上的历史推理。对人类历史上的每一个具体事件，我们很难明确断言它在何种程度上具有不可或缺性，即如果没有它，类似于其后续历史的事情将不可能发生，人类是否将因此永无可能成为今天的人类。对万年之前的农业革命可以进行这样的一个历史反事实假设：我们的智人先祖靠游牧或者选择捕鱼是否能适应冰河期的变化而发展出文明？基于渔业、驯养动物、辅以采集不能带来人口数量的大增、从而产生交往的各种摩擦性需要吗？渔民也祈祷，说明了农业

[①] 〔法〕佩雷菲特：《停滞的帝国：两个世界的撞击》，王国卿等译，生活·读书·新知三联书店，1992年，第43页。

不是祈祷的必要条件,历史的发展路径可能存在多重的选择与演进的层次逻辑。也许最合理、最现实的路径就是我们已经"选择"了的历史。但我们仍然可以反思:这个历史路径选择的诸多可能的环节及其时间的计算。否则,我们怎么可以说美国比中国的军队建设先进二三十年呢?这个代差时间是依据历史发展的经验而来。当然,社会系统越复杂,要素越多,各种可能性就越多。但依据科学的理性方法是否可以归纳出一定的历史规律性:历史事件发生的可能性,与已经存在的同类历史事件、社会结构的复杂性、事件在社会结构里的可嵌入性是否成一定的正比关系?除此之外,也涉及它与事件构成的压力持存的时间,与可替代事件、方案、路径的多少的关系等,通过对这些因素的分析与归类,也许可以对未来进行某种有根据的预测。

历史反事实假定的相关历史推理不仅建立在历史材料基础之上,而且需要严密的数理逻辑推理,甚至贝叶斯条件概率的相关知识、可能世界与可能空间的分布等其他学科知识。由此可见,不同学科的交叉激发出新的理解层次。心理科学的发展为历史意识提供了心理学逻辑层次的一种解释。历史意识的心理学把构成人类心灵活动的要素构成分成经验、解释、导向与行动等四个环节。经验占据着外部事件,历史意识是意义形成的前期准备,它延伸至过去的经验,它对过去经验的解释使现在可以得到理解并使未来可以被预测。[1] 因此,历史意识就是对时间变化进行体验的精神性映射,对这些时间过程用叙事性方式加以阐释,并将这些阐释整合进一个人类实际生活的文化时间框架之中,从而形成一个与此类时间框架相适应的具有构建性的人类主体性构成。上述形成过程通常就被叫作"历史认同"。[2] 历史认识在于行为主义的层次构造,通过行动与结果,而不是通过心理移情理解历史事件。

基于心理移情的理解或许与历史事件的持久性要素有关,而且移情还有道德体验与教化作用,但不能有效把握历史性要素,特别是不能面向现实与行动。柯林武德认为,行动者的思想和行动之间可能有一种关系,致使行动可以理解。要理解一个行动,研究者必须在头脑中"再思"或"重演"行动者的思想,这是主体性思维,不是行为主义的。它假定了主体的实体性和透明性,其实这都是有问题的。我们对理性的理解都是通过行为和结

---

[1] J. Rüsen, *Historik*, *Theorie der Geschichtswissenschaft* (Koln: Bohlau, 2013), pp.221-234.
[2] 约恩·吕森:《历史意识的心理学:一个论纲》,《世界历史评论》2022年第2期。

果而展开的。构造情境几乎是不可能的,例如罗马法典的颁布、汉武帝的决策,但我们可以通过行动和结果来推论,基于心理学,基于历史材料。发现新大陆的重要性既不在于哥伦布其人,也不在于发现行为本身,而在于它代表了一个航海开辟资本主义发展空间的新时代,或者说后续的历史效果让这个历史行为变得如此重要。即使哥伦布没有发现新大陆,也会有其他人完成这个历史创举,因为初期资本主义种种技术设备的扩张,对于东方市场更深一步开发的愿望,通至印度更远道路的寻求,都将驱使一代又一代探险家去尝试寻找新航线。因而,"促成新世界发现的乃是欧洲的社会史和经济史上存在着的种种'起决定作用的'趋势……哥伦布、味斯普奇、达伽马、麦哲伦等人所造成的显赫功绩都不是历史上的必然,而只有他们干的事业本身才是历史上的必然。在整个儿发展进程中,这些人物都仅是一些色彩鲜明的偶然事件"[1]。

历史认识的层次深化,需要有恰当层次的问题意识,而恰当的问题意识既要有理论深度,也需结合真实的历史材料。历史研究需要提出一些可以具体表达的核心疑难问题,以供最有探索精神的杰出历史研究者集中有限的精力来解决,而不是像天女散花一样地每个人自由而随便地选择历史论题。在这一点上,希尔伯特在1900年世界数学大会上的做法值得借鉴。事实上,当前各门学科的研究都是如此,只有这样才能取得重大的突破,更有效率地促进该学科的发展。譬如,李约瑟难题曾经激发许多历史学者和科学技术史学家进行探讨,更新了对资本主义的认识,中国传统社会与资本主义之间的实质性差异[2],排除了民族主义自卑感之下的国家实体历史发展的必然性。重大问题的寻找和界定本身事实上也是一个难题,因为历史宏观与微观之间、各个层次之间没有得到有效的连接和解释,而具有持久说服力的历史解释应该在各个层次上得到有效的阐明,并保持不同层次之间的融通性。

对于历史人物进行抽象化的层次思考是一个可能的历史认识的理论层次。任何一个历史人物的出现都是偶然的,是现象层的、经验层的,而不是理论层的。只有在理论层上,才可以谈论必然性,因为它是对现象的一

---

[1] 〔美〕胡克:《历史中的英雄》,王清彬等译,上海人民出版社,1964年,第75页。
[2] 这种差异即便在今天的中国社会仍然表现得十分强烈,无论是在广大农村,还是城市市民中,抑或各种精英的思想观念中。中国作为一个国家实体在19世纪40年代就被强行拉入世界文明体系的发展轨道中,但在经过近二百年的复杂历史经验之后的今天,社会群体意识中仍然残留着源于传统"儒表法里"的强烈威权主义,出于自身强大的规模、深度与惯性,漠视世界文明普遍主义精神的东西,有着与苏格拉底主张的"反思性的生活"相异的、自足的、自然的个体性生活取向。

种解读。也许有的现象层内部可以分解成两层,但它们都是现象层,有偶然性。例如历史人物所承载的某种事业也可能只是现象层而非理论层的。哥伦布与拿破仑之间的不同在于前者是经济发展的必然性表现,比较明确,容易把握;后者就不那么容易把握了,因为如果没有拿破仑,并不一定会产生一个类似人物扮演拿破仑相似的角色,政治的特征——任意性较大,对历史的发展决定性意义更突出,政治的主体能动性总体上来说更大,而经济、科学技术等领域的结构性更强大。比较成功的案例是专门类别的历史人物群体的研究,如对诺贝尔奖获得者的研究表明,这些超级精英与大量的下层科研人员之间有分层,即便没有下层,也不大会影响到他们的成就,进一步,即便是他们这些超级精英,也不过是历史中的铺路石,而不是框架建构者。科学史研究表明,历史表现主要是靠像牛顿、爱因斯坦这样的伟大人物的改变人类思想观念的创建组成的,可有趣的是,这些伟大的历史创举即便没有牛顿、爱因斯坦也迟早会出现——这才是更有历史意义的深层的逻辑。

其实,对历史人物的认识最终也将关联或回归到宏大层次的历史认识。科学发现和创新的背后还有一股"看不见"的力量支配着,那就是巨大的文艺复兴、启蒙运动、科学精神这些能够以"运动"为标志的思想观念的更新换代。它们主导着人类社会的发展。然而,它们背后是否还可深挖、"还原",就它们而言,至少不能离开资本主义的发展、资产阶级革命,这就是几个不同的层次,但相互之间却需要建立有效的层次逻辑的连接。显然,思考如此问题的理性,既需要具体的历史知识和材料,也需要与社会学研究对接。例如,对文艺复兴的一个曾经错误的历史认识,就是对所谓"解放思想"的片面性解读:文艺复兴对人们思想的解放是空前的。这是带有前提的:人们的思想被某种东西禁锢住了,而某种现成的思想或已经在等待被把握的思想就在旁边似的。然而根本就没有,如果说这个观点还有一定的接受度或者道理,那就是中世纪宗教的作用现在已经开始制约人们的思想了。早期,这种作用还是有很大的正面价值的,不过,随着时代的发展,西欧社会已经完成了宗教的功能,如果还停留于此止步不前,那不符合时代发展的潮流。

这个说法缺乏层次感,是以一种前定的某种东西来参照。正如文艺复兴时期,人们如果没有宗教,自然而然就有"解放了的思想",而不知道如果没有宗教对社会层次的空白的填补,使社会具有能够承接古希腊理性精神的社会能力,之后的思想与知识的大发展根本就是不可能的。简言之,这里有双层的基本层次结构:理性精神的思想观念层次、宗教对社会现实聚合的社会化层次。两个层次对于现代社会来说不可缺少。古希腊只有前一个层次,却缺乏后一层次上的建构,而中世纪就是日耳曼人从下向上依靠宗教逐渐建立起来的一个历史过程,文艺复兴表明这个过程的完成,从而开启了一个新的时代。

历史认识需要有一定的方法,深度层次的历史认识需要深度的层次方法。作为一种概要,历史认识的方法按照从抽象到具体大体有四个层次:哲学指导、专门规范、思维方式、技术手段。除了传统思维方式,历史认识中还应引进现代系统思维方式和数量思维方式。概率论的大数定律表明,如果研究对象在总体上是由大量相互独立的随机因素所构成,那么,个别因素的偶然性误差将会相互抵消,从而表现出共同的倾向性。据此,对大量历史事件进行综合统计时,就可以确切地反映出现象的规律性和特点。人类社会是具有整体性、层次性、结构性、有序性、动态开放性、自组织性的系统,与之同构的历史科学和对它的反思——史学理论和史学方法论也应当具有同样性质的系统。根据历史唯物主义,人类社会是由深层(经济基础)和表现层(上层建筑)所构成的共时性的横向结构,深层与表层之间的相互作用形成了社会系统的纵向的历史运动。由深层-表层的横向结构和具体-抽象-具体的纵向结构所组成的多视角、多层次、全方位的立体网络结构系统,就是史学方法论系统。可进而分为三个层次:特殊方法、一般方法、普遍方法。这种划分不仅是由适用范围、各层次的不同要素、结构和性质所决定的。特殊方法层次的要素是史料,对史料的搜集、整理、分类、考释。一般方法即针对历史事件、各种专门史、断代史等,如历史编年方法、历史考证、历史比较方法。普遍方法层次的要素是历史过程,采用哲学方法、系统方法、数量方法、社会调查方法等。

当然,对历史认识的自我反思,本身也构成一种体现认知者对于历史的认知能力与视野变迁的过程。在历史认识的理性与其对象历史之间形成一种持续不断的历史性运动,这本身也为历史诠释学提供了思想层次分化的空间。在当下的历史理性与历史中的理性之间,通过文本对话而达成的历史性互动,而视界融合把历史理性所包容的各种前提都纳入历史意识的重建之中,包括理解者追求意义的前定立场与生存情境,因为,"意义总是某个可能的问题的方向意义。正确东西的意义必须符合问题所开辟的方法"①。而理性与历史在时间间距这个中介上形成的解释关系完成了黑格尔的"历史与逻辑的统一"。

---

① 〔德〕伽达默尔:《真理与方法》,洪汉鼎译,商务印书馆,2010年,第515页。

二、历史真实与历史实在

在历史哲学的语境下,历史实在属于历史本体论的范畴,就是所谓历史本身,那些已经成为过去的、远离我们而去的,但的的确确真实存在过,不能为其后的人的意识随意修改变动的人与事物及其各种关系的演化。凡是过去的就都是历史的部分,历史就是过去的现实,而现实在将来也会变成将来的历史。历史实在对应于自然世界的客观实在,这是根据自然世界的客观实在来进行类比的。无论自然实在,还是历史实在,都不可能直接成为我们思维之中的印象与材料,需要经过人的感性、知性与理性的"加工"才能被我们人类的思维把握。正是人的意识与思维的参与过程,使得实在变得不那么实在了,被我们有局限性的意识与思维有意无意地选择性认识,从而与我们想象中的绝对公正、中立而且全面的上帝的视角存在显著的差异。

因此,才有我们对历史实在的真实与虚假之辨。真实的认识就是历史真实、历史真相,或者历史实在;虚假的历史认识就是历史假象。从存在论或本体论看,历史实在先于历史认知,是不以人的意识或历史认知而存在的,但以认识论的逻辑看则相反,历史实在是历史认知所外推出来的一个概念,虽然它对应的存在本身就是历史真实或者历史实在。因为,历史认知和我们对自然世界外在事物的认知有很大的不同,不像我们可以直接面对树木花鸟等外在事物,我们不是直接面对历史,而是通过历史记忆、历史材料来"还原"历史的,实际上是依赖历史学家来重构历史。换言之,从本体论与认识论的分别看,恰恰能够揭示历史真实与历史实在的真正本质,它们都与历史认知过程密切相关。因而,尽管在历史的根本观点上有唯物主义与唯心主义之别,但两者的区别不过是,前者真正地认识到历史认知过程这个环节在参照到现实世界时的边界与限度,而后者没有。假如不纳入历史认知过程,就会夸大两者的区别,那其实是把自己当作上帝,以上帝视角来看的结果。

当然,在认可历史认知过程本身对我们历史认知的参与基础上,仍然不能把一切都归结为这个过程本身,就如对自然世界的认知并不能把一切都归结为我作为人的认知过程一样。也就是说,即便认可了认知环节的存在,历史真实仍然还有超出"认知环节"之外的实在性,我们还是可以使用"历史实在"这个概念,而且我们还是能够肯定,它对应着一个所指的存在,即历史实在。可以说,这里的"上帝视角"与"人视角"其实存在层次性的分别,只不过我们通常不去做精细的分别,只有在这个差异凸显出来,而不得不考虑它时,我们才会去思考它。这显示出历史实在的层次性。虽然历史叙事总是试图模糊历史实在与历史想象,尤其后现代主义叙事实践试图赋予历史想象更大的包容性,彰显历史的社会性和时代性,从而实现民族历史的表现力量。①

历史真实包括元素性的历史实在,也包括认知性的历史联系。对历史事件的理解,首先对基本的历史实在的材料有充分的收集,然后对这些物质性的材料按照历史范畴建立相互之间的关联,有的是共时态的并列关系,有的是时间性的关系,有的是因果性的关系,有的是相互影响的复杂关系,有的是辩证性的跨层次的联系,等等。因为联系的范畴本身带有的主观性,认知模式本身的参与构建,在通过范畴建立普遍联系这个层次上,其真实性就不如历史实在那些基础性的元素、材料了。但其历史真实性仍高度依赖于历史实在的材料本身。对诸多历史事件进行整体性的把握,是更高层级的历史认知了。在这个层次上,所谓历史真实更不单纯,而受到一系列复杂因素的影响:当下时代精神对历史理解提出的新要求,当下历史理论反过来对寻求历史真实动机的统摄与结构性前提,如中国近现代以来对许多历史问题的认知就表现出"历史真实"的显著变化,最典型的是对孔子的看法上经历了从肯定到否定、再到肯定的一个过程,这当然不是"真理性探索"的辩证法过程。无论是肯定还是否定,哪怕是完全相反的立场,也不能颠倒黑白地否定更基础层次的一些历史实在,例如孔子作为历史人物的存在及其一些基本的活动,太平天国起义的代表性人物及其天京事变之类的真实事件。然而,不同的立场所决定的历史认知,却可能影响到对太平天国天京事变的重要解读,更影响到对其的历史认知。如果说历史真实是历史真理的核心,那么这种真理总是离不开知识权力的霸权,如福柯所说,不受权力控制的真实历史还是一块处女地,"这个世界上的真理就是通过各种控制形式被生产出来的如此这般的东西"②。

因而,在从历史实在到历史事件再到整体历史的认知,形成一个历史真实逐渐递减的阶梯,主观性越来越强,价值属性越来越重。之所以如此,不仅仅是意识形态的原因,还有时间间距:历史实在离我们越久远,我们所能够获得的真实性的成分就越低。即便有新科技提供的技术手段,也不能完全恢复其真实的面貌,而且对有些历史实在来说,不单单是物质性的元素,更有历史人物的思想参与,对这样的历史事件要完全还原其真实面

---

① 胡静等:《历史实在与历史想象:近现代史的叙事方式转变》,《中国矿业大学学报》(社会科学版)2021 年第 2 期。
② Michel Foucault, *Power/Knowledge* (New York: Pantheon Books, 1980), ed. Colin Gordon, p.131.

貌本身就是不可能的——因为它首先依赖的是我们当下历史解读者的认知意图与视角,而非历史实在的真实性。远离历史事件的历史学家不可能全息地接触到历史事件的所有实在方面。其实,一定的时空距离感反而更有助于历史学家对历史事件的真实把握,因为,对当下发生的现实重大历史事件,人会恰恰由于身陷其中而带有深度的认知偏见,会根据自身的利益、自己的历史成见有意无意地按照自己现有的历史认知与理解能力进行解读,塑造出历史事件。例如,在鲁迅赞为"千古之绝唱,无韵之离骚"的《史记》中,司马迁对飞将军李广有生动的文学描写,但对战功更大、历史贡献更多的卫青却惜墨如金;对项羽与刘邦都立有本纪,但对他们的叙述明显掺杂着他的个人感情。那么,对历史人物的立传究竟要以个人鲜明的特性气质为重,还是以其对当时社会政治与历史产生的重要影响为重呢?无论是对比项羽的残暴与刘邦的怀柔,还是项羽的政治怀旧与刘邦的政治革新,这对于历史学来说是不言而喻的。

后现代主义揭示历史学家本身的思想观念必然限制其"发现"从而书写的历史真实。又如,对中国古代社会的阶段划分和亚细亚生产方式等问题仍然存在一些争论,一段时期倾向受到苏联马克思主义僵化的理论模式影响而官定的说法,一段时期又倾向对马克思原著的重新解读后的"再发现",而且声称有新的考古材料的佐证。郑和与东南亚的各土著与民族之间亦有传说故事,郑和更多的是扮演了三宝公与巫文之类"教化"的角色:三保大人教马来人如何建造房屋的故事、三保大人教印度人治病的故事,[1]从一些侧面反映了郑和与东南亚各地民族的关系是和谐融洽的。在马来西亚,还广泛流传着郑和护送汉丽宝公主远嫁给满剌加苏丹芒速沙的故事,这则故事来源于《马来纪年》(写于 1511~1612 年)这部广为人知的古典文学名著,然而这个传说却不见于中国历史记载。虽然具体事件是文学化的历史书写或文学创作,但它所表达的历史意义在客观的明朝与东南亚交往史的历史语境中却是真实的,是其历史记忆的一种真情表达,而且在观念的层次,也是一段相互印证的符号实在。

在关于历史真实的历史认知中,历史记忆扮演重要的角色。历史记忆根据历史所涉及的内容不同而有很大的差别,对于自然事物、自然事件的历史记忆高度依赖于相关的历史人物或事件,或者说后者把前者当作材料,是两个层次的逻辑关系:与历史人物事件相关的逻辑是主导层次,而

---

[1] 安焕然:《先民的足迹——郑和在马来西亚的史实与神化》,载陈信雄、陈玉女:《郑和下西洋国际学术研讨会论文集》,稻乡出版社(台北),2003 年,第 307 页。

自然层次则是从属层次，依附于前者而被选择性地记忆并赋予意义。[①] 有学者对社会历史事件的历史记忆进行了两种不同情形的划分，一种是和谐性的历史记忆；另一种是冲突性的历史记忆，前者可能是强权介入的表现，那样的话很可能不是历史真实，而后者则存在两种以上相互对立、相互冲突的历史记忆。[②] 虽然后者不可能同真，但反而有助于抵达历史真实的历史探索，并产生意外的历史理解的效果，从而产生更丰富的历史价值，这一点无关于历史事件的真伪。对于一些重大的历史事件的解读更是如此，因为，道德与价值的判断经验会随着不确定性而获得历史思维的深度价值，就如帕斯默所说，"正像没有任何描述是关于法国革命的正确叙事一样，不可能有关于事件的正确描述那种东西"[③]。

历史辩证法在关于历史真实性问题上也表现出其强大的解释效果。当历史认识论的研究相对比较多或者遭遇到瓶颈，会让历史本体论的研究如跷跷板一样有了研究的相对优势，此时的历史精神会从这个方面"辩证地"转向另一个方面。例如，20 世纪 90 年代之后侧重历史真实、历史实在的历史本体论偏好又表现出来。这当然与社会史研究范式的转换有关，社会历史叙事让史料重新获得了活力，学者对待史料的态度和方法也发生了重要变化。近年来，中国史中 GDP 的估算研究引起了学界的高度关注。[④] 其实最早把 GDP 估算研究带入中国古代史领域的是外国学者贝洛赫、麦迪森等人[⑤]，相关研究引起学界关于 GDP 计量是否适用于中国历史、数据统计与历史真实等问题的争议，随着争议的展开，研究也越来越深入。[⑥]

对于历史真实的问题，中国悠久的文史不分家的文化传统是既熟悉也陌生的。春秋笔法的始作俑者也可能没有想到，这个传统为我们遗留下了大量历史题材的文学创作与大量文学化的历史创作，不知多少人在考证《三国演义》历史真实性的事业中耗尽生命。某一历史演义的形成与传播，

[①] 但是，后者作为自然存在，具有更强烈的刚性，它可能在历史反思性的活动中表现出层次反卷，而成为对前者层次的"纠偏"与矫正。在这个历史实践的活动中，则表现出层次反卷，颠倒了层次之间的逻辑关系。这两种历史实践是不同性质的，但可能同时发生在同一历史实践之中，作为辩证的两个方面而共存。
[②] 张荣明：《历史真实与历史记忆》，《学术研究》2010 年第 10 期。
[③] John Passmore, "Narratives and Events", *History and Theory*, 1(1984).
[④] 参见李伯重：《中国的早期近代经济》，中华书局，2011 年。
[⑤] 参见〔英〕麦迪森：《中国经济的长期表现——公元 960—2030 年》，伍晓鹰、马德斌译，上海人民出版社，2008 年。〔英〕麦迪森：《世界经济千年史》，伍晓鹰等译，北京大学出版社，2003 年。
[⑥] 仲伟民、邱永志：《数据估算与历史真实——中国史中 GDP 估算研究评述》，《史学月刊》2014 年第 2 期。

特别是其内容的思想倾向,常常是受到那个时代背景的影响。许多演义出现于明朝,例如,《杨家将演义》很可能与土木堡事变、朝中奸佞擅权、忠良遭贬有关。这直接激发了中国学界对历史真实与文学艺术创作的关系的探索。在历史真实与艺术真实之间,吴晗倾向于历史真实,由于他遵循严格的史学标准,大部分历史剧在他看来,多半应该划到故事剧的范畴当中,否则便是"虚无历史"。① 也有人推崇艺术真实。实现两者的有机统一却是偶遇而难求的。历史题材的文艺创作毫无疑问借力于历史材料,但也不完全在于史料本身,而在于这个史料与现实之间的契合性,表现在硬的物质性方面,当然包括人物、事件等,但在软的现实契合性方面则是历史的相似性,如时下社会对忠良精神的渴求或者对现实的文学隐喻性批判。

历史创造与历史真实一样都依赖于历史记忆,既然历史包括人类所经历的过去,也有人们凭借人类过往活动所留下的遗迹,对那一过去所进行的编排、表述、解释和评价,那么历史记忆也有两个不同层面的蕴含:个体或特定群体与文化中维持和发展起来的对于过去所发生事情的意识,获得和保持对于自身经验的心理印象的活动。②

相信"客观真理"的各种形式的历史主义基于对同一性"心理移情"的认同,假定历史学家可以回到过去实际发生的事件中,重建一种"客观真实"的历史情境,包括当时人们的实际行为和习俗、社会氛围乃至思考方式和心理等复杂的因素,从而为关注的人物或者事件的研究提供背景。然而,这即使对于较真的历史学家来说都是很难的,历史学家实际上也不是这样实践的,因为许多事关重大的要素可能已经无人知晓,更不要说了解到历史上已经发生了的大大小小的全部事件。历史学家的座椅是搬回不到过去的,他们只能在其现有的理论框架和发掘到的素材下以"反思"式的思维"重建历史情境"。如果说历史的时间差异对于顺从式的置身其境是个障碍,那么,对于反思模式来说,它就变成生产性的力量,反思模式从根本上就抛弃了那种"客观真实",因为它既不可能,也不必要(对于现实来说)。对真理的追求转向了基于反思而达到的"效果历史",它实质上是一种面向未来的"语言游戏"的历史实践。真实性从简单的、与主观对立的性质变成了包含主体在涉身世界中的外在化投影和建构在内的一种标准形式,在超越了符合论和融贯论之后,历史真实的概念同时包容符合论的客

---

① 参见吴晗:《吴晗全集》第1卷,中国人民大学出版社,2009年。
② 彭刚:《历史记忆与历史书写——史学理论视野下的"记忆的转向"》,《史学史研究》2014年第2期。

观性和融贯论的逻辑推理的历史理性的理想追求。

历史真实的观念影响到人们对历史实在的看法,进而影响到历史认知与历史叙述,乃至历史反思,最终也重构人们对"历史是什么"的理解。历史建构的客观性在于历史是主-客要素的相互建构,客观性表现在客观要素上,还表现在主观要素中的分层,即对更大层次上的依赖性,例如个体对群体的依赖,个人对社会的依赖,短暂时代精神对历史时期精神的依赖,诸如此类的依赖就是一种客观性,个体思维对群体思维的依赖。我们可以把历史问题与世界问题相对照来进行研究,人对世界的建构恰如人对历史的建构。可能发生的误解在于忽视个人与人类之别,例如,历史是精神的产物,这个精神肯定不是某个人的,而是全人类在全部历史之中的建构。而对于一个短暂的时代之中的人们,对于一个个体人来说,历史带有强烈的客观性,就像我们的世界的客观性。《苏美尔王表》中早先的君主大概都属神话人物,统治时间非常长。后来的许多君主,是实际存在的历史人物,但是王表也会将他们的统治时间说得很长。在亚述帝国的铭文中说辛那赫里布在哈鲁大战中杀伤敌军 15 万人,而在公元前 700 年的中东这几乎是不可能的历史事实。

关于历史真伪的问题最终将回到哲学的真理观。如果说哲学是等到黄昏才起飞的"猫头鹰",那么历史哲学则是猫头鹰中的晚飞者,它往往到深夜才开始动身。① 而哲学对真理观的看法在现代哲学的语境中已经发生了很大的转变,人们不再追求那种客观的自然主义,而是类似马克思所说的"人是自然中的人,自然是人化的自然",我们不再去争论究竟主观还是客观,因为就如语言文字一样,我们所有的知识与思想,都是主体与客体相结合的产物而非单一的结果,就如孩子是父母双方结合的结果,离开任何一方都是不可能的。也不可简单地说哪一方更基础或者更重要,说自然世界更基础是站在本体论、存在论意义上说的,强调认识论则是站在认知逻辑上而言的。这样对问题的终止或者"悬置",就把我们有限的思维与精力转向更重要、更急迫的现实问题,那就是实践转向。因为,随着资本主义的兴起、现代科学技术的迅猛发展,人类社会与世界发生了日新月异的巨大变化,而我们的哲学视线不能老是停留在那个学究性的问题上面。②

---

① 韩震、董立河:《历史学研究的语言学转向——西方后现代历史哲学研究》,北京师范大学出版社,2008 年。
② 作为认识论的一个最新成果,知识论就对传统知识进行了更细化而深入的发展,对作为被确证的、真实的信念的知识,从认知对象、认知主体、认知过程的环节入手,揭示了知识最终依赖于自然条件、认知主体本身的认知能力、证明手段与工具以及内在的信念。

第二节　历史解释的层次

史学史研究表明,历史研究者在历史叙述和历史研究中运用的基本元素均离不开历史事实,历史学最直接的研究目的是获得历史真实。[①] 对历史事实进行解释也是真实的内在含义,对历史进行解释究竟是解释什么? 是对于具体个例的历史,还是试图寻求类的规律性? 前者是描述性的,而后者的类范畴就会抹去个性特征,这是否会变成消除了"存在"的机械的、纯粹自然的规律性呢? 譬如心理学的、动物性的规律性,在时间中呈现出来的特殊"自然史"的那种规律性,这是我们要高度警惕的。我们要研究的是有人的意识参与的历史事件的规律性,历史经验的逻辑。这个经验包括了主客相互作用相互影响而又结合为一个整体的要素,而不只是其中片面的客体要素,但是也非纯粹的思维的历史规律性、意识的历史规律性。把一切历史都说成是思想史是一种片面地强调思想重要性与主体性的观念,强调其中思想观念的地位,而夸大地理环境决定性则走向另一个极端。历史行为主义所面对的尺度、层次是有限制的,就像经济史,在放弃从主体性方面入手的同时用可以直观、验证、现象学面对的行为要素来解释历史事件。

关于历史的"规律",如果有的话,那么越远的就越不确定,这也合乎常识。因为我们缺乏史料和认识。而且,因为我们在将当今的思维模式套用在差别性更大的古代时更不合适,我们有着更多的历史想象。差异性越大,以某种思想把握的不确定性就越大。而且,人类的认知能力在今天更加规范化,而古代的记载有着更多的不同范式。社会科学派的史学家们倾向于相信,至少近代史是沿着一个明确的方向在运动的。[②] 对于近代,各种基础条件和思想的理解都是比较熟悉的,所以有着更好的理解和把握,而对于古代则不同。但是,利用哲学反思的眼光,我们可以发现,更为根本的原因是我们的"世界"不同,我们今天所"营造"出来的世界与古代更加贴近自然的世界非常不同,例如网络世界、充满机器的时代性;我们对世界的认知模式也不同,形成了一个复杂的认知结构;而古代则简单得多。

这个时间间距不同于海德格尔、伽达默尔的历史解释学上的层次,"海

[①] 徐兆仁:《历史解释学:史学史研究突破藩篱的理论探索》,《学术研究》2008 年第 3 期。
[②] 〔美〕伊格尔斯:《20 世纪的历史学:从科学的客观性到后现代的挑战》,何兆武译,辽宁教育出版社,2003 年,第 5 页。

德格尔探究历史诠释学问题并对之进行批判,只是为了从这里按本体论的目的发展理解的前结构。反之,我们探究的问题乃是,诠释学一旦从科学的客观性概念的本体论障碍中解脱出来,它怎样能正确地对待理解的历史性"[1]。这是形而上学层次上的,而历史学中的间距是方法论上的。当然,对于几千年之前的事情肯定更模糊,但对于去年的事情的理解也未必比三十年前的事情更清楚。这是形而上学层次上的时间间距在认识论、方法论上的投影。

一、历史解释的结构与层次

在历史解释中,因果关系是最重要的解释关系,因为它基于的是时间和相似性原理。曾经发生的可以延伸到未来,为未来的人类经验提供判定依据。历史中的因果关系解释是用假定事件来解剖事件链条,用边际效应来寻找次级"因果关系",例如,假定李自成-吴三桂联盟成功,对短期历史和长期历史会产生怎样的影响与改变?假定乾隆1793年与英通商,后果如何?这很有趣:要先假定大历史背景1840年前后必然出现中西实质交往,这是受到西方工业化的驱动的必然浪潮,或迟或早而已。只有假定这个更大层次上的历史背景才能够对次级的历史事件进行条件假定、因果分析,按照概率增减来判断(寻找)关联事件。对事件置换来判断的依据是:相似性原理。这就消解了绝对的因果关系,同时保留了弱因果关系,从而为历史事件关联链条和历史解释进行了合法性辩护。同时,按照边际高低可以继续开拓寻找更有效的解释路径。

历史因果关系的确定性随着层次的不同而形成一个差异性的谱系,例如,在对中国历史中的王朝更替现象进行的解释中,就有竺可桢提出的气候变化的周期性、社会阶层固化而导致的矛盾激化、"偶然性"的灾害与军事政治决策的失误等不同的层次逻辑。毫无疑问,对同一历史事件的因果关系在不同层次上的解释并不相互抵触,而是相互补充、协助、解释的,物理性的时间因果材料占有客观性尺度上的最重一端,而所谓根本性因果关系(如绝对精神学说、生产力-生产关系学说)却处于另一端。对历史学的研究总是试图把后一端还原、归结到前一端的要素中去,形成可度量的和外在化的标准。但是,若"还原"太简略,那么随着这种还原行动的累积,整体的历史变成了零碎的事件堆,整体的历史时间性被拆解成为物理性的时间因果关系。可见,要保证历史的整体性,就不能用物理性的时间单元来替

---

[1] 〔德〕伽达默尔:《真理与方法》,第377页。

代哲学的时间性,就如自然科学中的时间因子不能与哲学的时间相混淆一样。

即便爱因斯坦智商高,相对论放在物理学发展的历史长河里,也不过是时代物理精神的一个时代必然表现。他自己也说:如果没有他,狭义相对论很快也有人搞出来了,广义相对论虽然有点"超前",但几十年后也会被人提出来。其实,希尔伯特也几乎接近在数学上提出相似的场方程了。但在微观层次看,随着视角越来越近,会发现其发展的轨迹不是平坦的,充满高低不平的坎坷。这里存在一个容易被宏观层次忽视的问题:前前后后的科学家在一共同的科学研究范式下形成的分工与累积性成果本身具有历史性,也有一定的偶然性。宏大的历史性潮流或范式对于历史中的每一个人来说就像是一个客观的存在,但对于潮流或范式之后的人来看却不同,在历史能动性视角下应能看到客观之外的一种群体的主体性力量。拿相对论来说,它不仅是爱因斯坦的贡献,还是当时人们(最直接的是物理学家群体)的集体选择和接受的结果,虽然看起来这个选择与接受是主观的,但由于它在大尺度上与整个人类历史发展(这里表现为物理学——乃至整个科学)相关,因而表现出后者的客观性。后者又离不开前者,因而形成一种从大到小的层次性关联:人类历史发展、科学研究、相对论的提出。

对历史进行宏观研究与微观研究是相互助长,而且缺一不可的。在个体的历史性——社会的历史性在关联机制中,每个人的历史意识包括了整个人类的历史过程,就像生物学胚胎发育的基因顺序激活——重演进化历程。然而,对于任何历史的理解又都是通过一个独特的主体,任何一本严肃的历史书都是有限人物的有限事件的记载。虽然在社会物质生产与社会日常生活的基础性层面上,人民群众构成了主体,但是,绝大多数人除了在军事层面上能够成为军事将领与帝王的群众性力量的工具,难以超出这种被历史编纂所忽视的所谓"简单存在"的历史存在层面,难以进入历史叙述中的政治、文化思想、科学技术、文学艺术等的层次。换言之,在这几个构成人类文明历史主体的层面上,大多数人显得可有可无,即便那剩下的少数,大概也只是在提供着生产各种精英的土壤。实际情况可能是,极少数的精英才是能被后来者看到的历史主要层面的历史人物与历史书写者。就统计数据而言,地球文明的历史中曾有数百亿人生存过,但历史书籍中的人物总数不过百万。

由于历史运动变化的加剧,从过去得到的结论推演未来比过去任何时期都更有风险。因为越来越激烈的变化所涉及的要素与内容越来越不遵循传统的认知逻辑与经验,知识的更新频率也快到让人窒息,有的领域短至几年前的知识与方法就已经变得陈旧了。今天一些年轻的物理学博士甚至认为,他们所学习的学科自1909年以来的改变,超过了以前有历史记载的所有时期。19世纪农业的发展和避孕技术的进步,明显地驳斥了马尔萨斯的人口论观点。我们也不能确定这个时代的道德松弛是衰败的先兆,还是已经失去了农业社会基础的道德规范,而向着工业文明所熔铸的社会秩序和常规的道德规范进行着痛苦却又值得庆幸的转变。① 的确,当前社会剧变带来了一系列的社会失序,而这种失序又常常被解读为道德沦丧之类,可是,即便是相比于传统来说的沦丧,我们仍然缺乏有根据的因果分析,仍然是在一种表象层次上进行的简单归类:这是传统的、美的,那是非传统的、糟糕的,等等。对此类现象的分析,需要历史分析,需要针对道德、社会经济和组织形态、人的本性等进行层次分析。

历史学有足够的层次、视角让不同的观点和说法都能立足,譬如,布罗代尔可以说不喜欢叙事。因为他认为叙事是幼稚的,让人迷幻丛生——显然,他还没有以历史实践的眼光看待历史叙事。如果你是后现代派,喜欢诗意化的隐喻叙事也没关系,对历史的文学化书写与艺术创造也需要人做。同样,道德责任也是有意义的,奥斯威辛集中营依然能够引起人们的关注,激发人们的良知。无论是宏大的,例如黑格尔的抑或马克思的那种分析,还是微观的历史分析,都蕴含层次性地解读历史的内容。18世纪后期英法之间的冲突虽然明显地表现为政治层次,实质上它已经包含了好几个层次上的冲突与发展,其中有的层次超越了国家政治,例如法国支持的最后导致对自己政权的负面影响,这对于英国来说也是一样,而且诡异的是,这样的弯道表达常常借助于美国等第三方的媒介,这就使得问题所涉要素尤为复杂。对于这样的复杂性,我们只能以层次分析的方法才能真正解开谜团,或者说,只有在层次的历史认知模式中,我们才能对这段对于人类历史来说极其重要的时段有更深刻和恰当的理解。

在霍布斯鲍姆眼中,"双元革命"虽然比其他事件更有历史意义,隐含深层的必然性,但并不是历史各个层次的"水到渠成"。在某个层次上看似乎表现出历史的发展规律,但在其他层次上却可能存在相反的趋势。"不论英国领先的原因是什么,它在科技方面并不占优势。在自然科学方面,法国几乎肯定走在英国之前。法国大革命相当大程度地加强了这种优势,至少在数学和物理学方面是如此。因为,在法国,科学受到革命的鼓励,而

---

① 〔美〕杜兰特:《历史的教训》,第63页。

在英国,反动派则怀疑科学。"①看来,并不是科学技术的先进导致了工业革命,活跃的氛围和工业化圈地运动等可能更为重要。同时,这也说明,第一次工业革命并不是强烈依赖于科学的。进行工业革命并不需要太多高深的学问。类似地,法国大革命由于美国独立战争、自由宣言等,也不是绝对超越时代的伟大创举,所谓伟大的历史事件在其发生的时刻是断然不能从历史的趋势中那么容易地看出来的。

这更凸显出历史发展的某种超出人类预料能力之外的"魅力"。一方面,历史学家还没有像物理学家了解天体的运动轨迹那样确切地了解历史发展;另一方面,人类社会的未来发展本身内含的"隐德莱希"是一种超越性的变量。"革命后的法国社会在结构上和价值观念上都是资本主义社会,是暴发户的社会,换言之是自我造就者的社会。"②其实,法国大革命不但改换了政权,而且也改变了整个国家的内部生活,但当时中古时代的社会形态依然存在。不过,贵族虽然还保留着爵位,但已失去了全部权力,由于种种特殊的制度和各个集团特权的存在,法国陷于一片混乱之中。③可见,当时法国的社会结构已经改变了,而不是只有革命才能带来根本性变化。就层次而言,米涅也认识到长、短利益之间的矛盾性。社会从多个层次发生整体性的变化,才是真正的社会大变化,就如中国当下社会正在经历的复合层次变迁的看似发展却又徘徊的过程。将历史划分为经济、政治与社会与文化来进行解释的方式并不是相互分离,更不是绝对重要性的排序,划分只具有逻辑上的次序,而没有时间历史上的次序,即便有也是很小的,是微观层次上的时间差,而不是宏观层次上的时间差。当按照经济阶级之类的范畴进行大划分时,其实忽略了这个范畴内不同时间段内的差异性,而这个差异性却是另一个范畴内的内容了,显然,对后者而言这种处理是粗糙的。

历史就是人类在各个层次的相互碰撞、问题与克服之间的狭窄缝隙间前进。"为了进行这样巨大的改革,革命要克服许多阻力,因此在它带来的长远利益之外,也曾有过一些暂时的过激行动。特权等级曾想压制革命;欧洲也曾试图阻止它;而在它被迫进行斗争时,它既未能量力而行,也未能在取得胜利时适可而止。内部的反抗,导致了人民大众的最高主权,而外来的侵略,则导致了军事统治。尽管产生了无政府状态,尽管产生了专制

---

① 〔英〕霍布斯鲍姆:《革命的年代:1789—1848》,第23页。
② 同前,第243页。
③ 〔法〕米涅:《法国革命史:从1789年到1814年》,北京编译社译,商务印书馆,1977年,第3页。

主义，但目的是达到了：在革命的过程中旧社会被摧毁了；在帝国时期建立了新社会。"①历史的观念也随着面对的问题而有不同的面向，表现出不同层次上的观照。被视为这种道德民主政治奠基人的罗伯斯庇尔成为普遍赞扬的对象、共和国的伟人，人们普遍谈论他的道德、天赋与辩才，可是有两件事情在今天看来应该有损于他，而那时却提高了他的地位与声誉，其中一个是一位名叫塞西尔·雷诺的少女要求面见他而被捕，糟糕的是被发现包里有两把刀子，结果上了断头台，甚至全家也遭到连累。②

在历史变迁的洪流中，依靠人民大众进行自我历史调节的能力而得到有效反馈是需要相当漫长的时间的，而且存在很大的不确定性，作为一种集体力量施加于历史的反馈，几乎就是随机的，难以看出理性的主体性表现。具有足够相应知识和理智、经验的人群才能比较有效地控制历史波浪，否则就要留给自然这个上帝来主宰了。大众是很容易遗忘上一个"精神神灵"的，因为他们还没有形成什么是神灵的稳定观念。大众的确左右了历史洪流的根基发展，但是，他们的"左右"是通过某种势力、理论或者情绪的鼓动宣传，即观念的力量来实现的。帝国建立以后，政府更加独断专横，社会风气逐渐转变反而趋于贵族化，而非革命所倡导的等级消除。人的变化，表面变化和深层变化之间的分离，社会也存在如此的分化。表面的、短期的趋势受到政治宣传的影响。但是这种波动真正内化成为深层的社会文化力量却需要反反复复的、长时间的、跨越代际（可能至少三代以上）的巩固。

按照布罗代尔的划分，历史可以根据历史时间的尺度分成3个层次，历史时间区分为：地理时间、社会时间、个体时间。后来他明确地称之为：长、中、短时段。对应的历史概念是结构、局势（10、20、50、100、200年周期现象）、事件（突发的）。③ 其实，三个层次或者时段的历史无非是三个时段的辩证关系。在历史中，起长期、决定性作用的是自然、经济、社会的结构。其次是局势的变化，周期性的经济消长，对历史进程起直接的重要作用，人力无法控制，不能改变这种客观趋势，人的"自由"是永远受制的。"事件"只不过是深层振荡中翻起的浪花、尘埃而已，对历史起不到重大作用。布罗代尔坚持认为："研究历史的主要途径就是将它视为一个长时段。这当然不是唯一的途径，但借助于它，可以揭示出

---

① 〔法〕米涅：《法国革命史：从1789年到1814年》，第4页。
② 同前，第235页。
③ 〔法〕布罗代尔：《15至18世纪物质文明、经济和资本主义》第1卷，顾良等译，生活·读书·新知三联书店，2002年。

无论过去的还是现在的所有重大的社会结构问题。它是唯一能将历史与现实结合成一个密不可分整体的语言。"①布罗代尔的长时段就是对应于历史的宏大结构,而且这个结构包罗了全部历史与现实,是一个整体。但是过于强调一种结构,而且是不变的结构整体,会消解现实的开放性,把未来变成单调的过去的结构性延伸,而不是基于结构的开放性展开,和对新的历史意义的建构与寻求。

对古代世界进行层次性的分析,我们就能够理解为何几千年的文明历史中被片面的局部利益所支配的刀光剑影终不能成就全球化的帝国了。在基本的生产工具、交通运输、通信工具等都不能支撑一个政治系统所必要的广域联系,从而建立有效的权力以及作为其保障的武力投放能力之前,政治层次的全球帝国就只能是一个单纯政治的想象,停留于历代帝王的头脑中。雄才大略的帝王穷尽一生试图达到其所处历史时空的各种客观条件的极限,在给自己带来穷奢极欲的物质享受的同时,却让众生如奴隶般地生活几千年;而半心半意配合他们的传统社会精英似乎满足于日复一日的稳定生活却不曾跳出局限于单一层次的思想牢笼。间或有偶然好运把握到天赐良机的帝王如成吉思汗,但帝国的坍塌也不过瞬间。对于他们头脑中社会空间已经展开的观念而言,不可能单独依靠一个军事层面的暴力就可以持久维系,也更不能用马背上的人生观来关闭他们更加丰富的多层次的文化与社会生活。对比元朝统治与清朝的统治可知,元朝试图将社会军事化的统治注定是不可能持久稳定的,糟糕的是他们只有军事化一个维度的社会生活,少有经济生活、社会文化生活,甚至政治生活也是高度军事化的。清朝则引进了汉文化的文化社会生活和政治、经济生活。历史事件需要在层次框架中才能得到合理的解释。

二、寻求历史规律的理性

在人类社会的历史发展超越了某个理性的拐点之后,人类的自我筹划能力会越来越强烈地参与到文明历史的建构中。这一点鲜明地体现于历史的发展进程及其自我认知中,使得人类社会体现出强烈的主体性或者理性重塑的色彩,文明的进程超出自然的生物学规律所支配的层次。对历史进行自然层次的规律解释也就逐渐被纳入理性主导的历史规律的深层探寻中,围绕马克思指出的理想社会——人自由而全面发展与社会普遍交往而展开的历史层次的整体演进规律。

---

① 〔法〕布罗代尔:《论历史》,刘北成等译,北京大学出版社,2008年,前言第 viii 页。

历史唯物主义为解释许多历史规律性问题提供了一个范式指南,譬如,中国古代的朝代更替不能说是文明的更替,因为朝代之间其实是同一文明,其基本要素是同一的,从物质生产的主要工具到基本生活方式,从文化形态到精神信仰基本保持不变。中国历史上的朝代更替更像是自我的一种新陈代谢活动,是内在的需要,正是因为没有更大尺度层面上的变化,就只好在小的层面上进行更改,政治上的变化是满足社会对一定程度的廉洁有效政府的需要。这种朝代更替的中期循环规律延续至今,政治层面上的变化随着生产方式上的快速变化而加速。当然,除历史唯物主义宏观层次外,还需要次级层次的具体规律性研究。对历史性的力量和结构的作用机制缺乏明确的、可实证性的分析,这恰恰是我们应该根据唯物史观基本原理进行发扬光大之处。马克思在《资本论》"第一版序言"告诉我们,"本书的最终目的就是揭示现代社会的经济运动规律",即资本主义生产以及与之相适应的生产关系与交换关系,马克思是把经济的社会形态的发展理解为一种自然史的过程。不管个人在主观上怎样超脱各种关系,他在社会意义上总是这些关系的产物。[①] 马克思把资本主义市场方式主导的社会的经济运动规律当作一种自然规律来理解,而且马克思赞同考夫曼的说法:每个时代有其不同的规律。

(一)历史规律最终落实于社会层次性理解

美国前总统特朗普减少美国在民主政治层面的国际外援,以国内优先,"让美国再次伟大"。这首先是美国国内状况的改善,是美国政府在双重社会责任上的一次实用主义性质的调整。虽然民主政治具有道义上的崇高价值,是所有现代国家、全人类的政治发展方向,但是,应该采取何种模式,如何实现这种目标?相应的答案千差万别。至少美国或者西方民主政治模式的推行还要有一定的社会条件,才能与社会其他层次形成同步共进,或所谓社会多层次的"协同进化",否则会导致其他层面上的过大落差而引起负面结果。譬如,社会组织上的家族等级与宗法制度下现成的集团利益,在上层现成的代理人制度会极大抵消民主政治的好处,甚至扭曲民主政治的本质。以前的美国总统等政治人物可能在此问题上过于"焦虑",或者过于看重民主政治的外在理念,而忽视了具体的社会复杂性与进化道路。也许在原始社会里,正是某种"社会"的事物阻碍着技术的发展和剩余的生产。劳动生产力不仅依赖于技术,而且也依赖于社会条件,只不过技术是面对具体问题情境的层次,而社会条件是在一个更宽广的社会关系层

---

① 《马克思恩格斯文集》第1卷,第7页。

次起作用的。

　　一些社会改革运动试图通过改变社会结构的某些方面或者层次，如政治或者经济政策，进而希望改善整个社会。这在层次结构相对比较简单的古代社会里是可行的，但在层次已充分展开而相互关系已复杂化的现代社会，就显得简单了。任何一项社会改革都必须同时在社会所包含的政治、经济、文化思想、科学技术等各个层次上协同进行，甚至还需要观照到社会分层体系的适应，从而达到社会整体性的联动效果。否则，结果就只是一些层次上的逻辑合理，而同时伴随另外层次上的混乱。行为措施对社会整体性层次的渗透越大，改革运动的影响就越大，对社会变动的幅度就越大，社会变迁就越彻底。社会变革的原因可能很多，如经济发展、技术创新、人口膨胀，甚至自然灾害都会对有许多层次构建起来的社会整体大厦产生动摇，而且在传统社会里，人们通常只是在遭受到变革时才意识到它的到来。但是，近代以来，随着各种层次上变革的层出不穷，人们已经认识到，变革也可以由人类发动，科学知识、技术储备和物质财富的积累都让人们信心大增，人不再是任由自然灾害宰割的弱者，我们也能主动地管理控制我们的知识与技术，通过对科学与技术的规划，以有利于人类的方式表现出其力量，让社会朝着我们所期待的方向发展。

　　社会变迁的单线模式已被抛弃，因为它对经验事实的过分简化而缺乏可验证性，容易遭到意识形态的影响；复线模式则更合理，因为社会变得更为复杂，层次更多。由于社会层次的不同特性，对技术或者突发事件的响应与变迁的步伐也不一致，因而在不同的层次上产生不同的表现结果。对其各个层次的动态发展及其相互之间关系的发展变化的研究越来越表明，虽然有些情况下可以对某个层次进行局部性的内部研究，但总体而言，需要在复合型的结构中才能克服直线发展的单层次模式的缺陷。如果能够把变化的复杂性结构性或者分析性地解析为一种明确的框架，则是系统性的了。

　　对历史规律的总体把握，拥有一个更高层次的结构比在低层次上支持其中的这个或那个对立者更为重要。如果认识到一种社会制度与另一种社会制度之间的结构性冲突，那么，在容纳它们两者的一个更高层次的结构中，无论你是拥护前者还是后者就变成次级问题了，因为对结构的认知表明心智已经进到一个更高的层次，从而能够分别看到前者与后者各自的优长与弊端，尤其重要的是，能够更清晰地理解它们的冲突所在，并在一个更高的整体视角来把握这个冲突的本质。但也有一种情况是两者根本不具可比性，而是虚假地放置在一起形成一种冲突幻觉，换言之，看起来好像在发生冲突,但其实是无效的冲突,要么各说各话,要么是在一个更低的层次上发生争执。

如果说结构主义强调超越个体之上的社会文化的结构性,那么,解构主义则试图重新回到个体的层次,把凝聚在结构概念上的文化意义、社会精神生产的功能与过程"还原"到个体,似乎单独个体的研究能够取代文化、社会性整体结构,文化或者社会必须要有实体性的人身体在场,才能支撑其意义与文化的大厦。在文化层次上,宗教也许曾经是法治起源的关键因素,在西欧源于宗教的独立法律制度得到最强劲的发展,并转变为世俗形式而延续下来。但是现代社会对自由氛围的张扬与宗教直接抵触,因而强烈要求对传统宗教的改革。宗教不仅退出政治,而且还要退出社会层面上对人自由行动的约束规范,最后只能在人们回到个体宁静生活的缝隙之间扮演行为与精神之间的平衡调节剂角色,给予个人精神与内心的安慰,或者直面死亡之类的诀别时做祷告的仪式。在经受科学理性精神的洗礼之后,宗教曾经的历史辉煌一去不复返,但是,它进行怎样的改造才能求得和解以保留其一席之地呢?看来在科技咄咄逼人的趋势面前,它只能选择与经过现代理性洗礼之后的文化和解,以求避免科技发展与经济侵蚀所带来的社会双重强制性迁徙压力。

在面向未来的历史预测中,什么层次的力量具有最强的渗透力呢?基于历史的过去与当下现代社会的经验,也许是技术与资本。但是,经济要与技术、交通、交流能力,甚至是军事能力融为一体,才能将能量送达各个层次。历史上,"科学研究渗透工业的重要后果,使此后教育机构在工业发展上越来越具关键性。英国和比利时这两个工业革命第一阶段的先驱者,并不是文化最发达的国家,而且他们的技术和高等教育制度也离杰出还有一段距离……对于以科学为基础的技术,无论是经济方面还是军事方面,完善的初等教育具有显而易见的实用价值"[1]。世界一体化的口号叫得很早,实际行动很晚才开始但发展得很快,而世界历史唯有这样才是真正的世界历史。因此,可以说世界历史是科学技术与资本主义精神双轮驱动的历史。

无论如何,科学技术的迅猛发展越来越表现出对社会重构的强大威力。除了整体上推动生产力发展之外,科技在社会层面上正在制造新的资源分配不公:在未来社会,更加扭曲的金字塔式结构会在所有资源分配中

---

[1] 〔英〕霍布斯鲍姆:《资本的年代:1848—1875》,张晓华译,江苏人民出版社,1999年,第49页。

轻易形成,极少数精英将掌握更多的"资源",不仅是传统结构层次的物质性资源,而且是超越物质性资源之上的更具有流动性与侵蚀性的资源,如数字符号。工业革命本身制造的"工人"身份将慢慢消失,而科技革命下不再需要大量劳工。关于工人身份的时代变迁,马克思提出"总体工人"的思想变化提供了一个参考,工人不再局限于产业工人,而是包括了新时代各种形态的生产劳动者,如数字劳动。概念的扩容才能让伟大理论的解释力与时俱进地获得新的生命力。

（二）历史规律把握的限度

规律性地把握人类社会的整体历史,对于现有的人类理智来说不可奢求。其一,对整体历史进行规律性把握,迄今仍被认为是一种历史学的形而上学。整体历史的观念现在还属于思辨的形而上学,或者说更适用于思辨哲学的研究,而康德说过形而上学不可能。但这是在纯粹认识论意义上说的,而在伦理和审美的意义层次上,对整体历史进行思辨把握是可能的,也是需要的,那就是历史道德和历史方向,以及历史审美的层次逻辑。其二,在实证方面的理由是：宏大历史规律的把握需要宏大模型,而这个模型的周期尺度超出了每个人的智慧成长的内在周期,如果人能活千年,那么他的理性精神的智慧也许是可能把握千年乃至万年的文明进程。在空间维度上也有困难,虽然这个障碍由于现代发达的交通工具而越来越小。其三,在认识论上,说形而上学不可能,是在根本意义或者形而上学意义上说的,不过也可以通过层层推进的方式不断接近那个本体层。原始人的认识是单纯的,而现代人的认识是结构化的、层次感的。这就是人的认识能力的提升,它不仅表现在对历史规律探究的理性上,还表现在对历史客观性认知的知性,表现在对历史实践的体验与历史审美的感性上。

对历史规律的追求在于某种时间尺度或者某种层次上的兴趣。兴趣表达为定性、定量分析才可形成历史知识,进行交流与传播。而究竟采用定量还是定性的表达需要根据不同的层次,有的是心理学所负责解释的,有的则是历史学的。历史研究当然不会去管物理学和生理学的细枝末节,如煤山上的那棵歪脖子树是否足够承担得起崇祯的重量之类。历史学的规律性主要就是针对历史时间维度上的历史展现进行规律性研究,如果以自然时间替代之,那还是历史规律吗？对于过去、即当下之前的历史,在某种程度上,我们或许为了某种需要,可以采纳,从而得到有关过去的"规律",但本质上来说,这是"伪"历史规律,它不是真正的历史规律。然而,是否可以通过现象学的研究揭示：时间与空间的本质统一性,从而把历史规律性问题对时间的依赖难题转换成为另外一种容易理解的问题。也就是说，依赖于空间的物理学规律与现实世界之间的差异性也是同等程度的存在断裂，不多也不少。差别只是在于：其一，对规律性的期望不同，物理学中本来就是假定性的规律，而历史研究中对规律性的要求则需要有主体性参与的实践产生的现实结果的验证；其二，补偿方法、验证、校正手段的不同，物理学有丰富而有效的工具箱，社会学和经济学中都有自己特有的经验方法。但是历史学却缺乏足够的方法积累；其三，历史学中的道德、美学价值与历史写作实践对历史规律性结论形成了干扰乃至"致命"的破坏，虽然这种干扰放在经济学中也会导致科学性的下降。

历史中许多事情都是为了解决问题而"不得已"采取的措施，但后果更重要的历史价值却不是那个问题本身的解决，而常常是开辟出了一条新的线索、一个新的逻辑场域的层次、一片新的可能性空间。如此一来，这些事件的历史价值被额外提升到一个更本质、意义更重大的层次，如文字的发明本是为了记数和记事，但历史发展导向了符号与文化诞生，其历史后果的重大意义远非记数和记事可比，这样的事情充斥了文明社会的历史，火药、印刷术、计算机、工业机器……但有些事情却不是，如农民战争，毁灭性大于建设性，如果说摧毁了旧王朝的统治是建设性的，还不如说是更高层次上的历史规律起作用的一种表象，因为农民的意识局限于"王侯将相，宁有种乎"这样的简单层次，古罗马的斯巴达奴隶起义也只有狭隘的简单目标。导致社会结构发生变化的事件比单纯为了某个原因而发生的暴动可能更有价值，如果后者导致的是失败，而不是双方最终妥协并达成文本一致的结果，那么社会灾难情况就更加恶劣了。在约万年之前的农业革命时期，选择小麦或者水稻来培育种植，在于其自然的演变过程中起决定作用的诸多要素的共同效应，其中至少包括气候、自然回报率，最终选择的也许不是门槛很高但效益更好的作物，我们要有意识地避免用今天的标准去衡量历史中的事情，因为常常看不到这个标准带有许多时代性的、变迁条件的印记。对所谓"环境决定论"的历史意识，阿隆认为，有关过去的意识是由历史的存在构成的，人只是意识到有一个过去，才会真实地有一个过去。历史是由活着的人和为了活着的人而重建的死者的生活，由能思考的、痛苦的、有活动能力的人发现了探索过去的现实利益而产生出来的。又诚如尼采所主张：重建过去不是目的本身，它受到现实利益的推动，具有一种现实利益的目的。

时代的变化并不与思想的变化一致，无论是变化的节奏，还是变化的幅度、时间与样态。假如一致的话，那么，历史学家将完全与政治家们站在同一条没有差异的逻辑线上。如果历史学家进而认为，从精英到大众的历史意识与时代精神完全一致,那就绝对只有当代史,而不存在任何历史的资料,一切历史的资料只是打上了强烈的当代色彩,或者说是被当代精神完全漂白的复制品了,所谓历史厚重感、历史厚度也就无从谈起。所以,对所谓"时代精神"不能按简单的线性逻辑来理解,历史意识恰恰就是因为存在历史性差距(历史意识与当时的时代精神之间的差异性),才让我们认识到历史具有厚度。这个厚度与这个差异性相关,历史材料中的这种差异性的踪迹越重,历史厚度感就越强烈。我们如何能够认识到超越当下意识的历史,在于这种历史意识的存在,在于历史学家的社会职能与历史传承之间的不一致性:前者表达了时代精神,后者表达了历史精神。因此,历史真实有两种:一种是"客观主义的"追寻;一种是历史意识自身的反思,历史存在的真理,历史意识的踪迹的规律性。

剧变时代的人们更看重变化及其节奏。在变化过程中、在差异性中寻找快乐、福利和价值,而不是在千百年不变的事物中寻找心情静谧的根据。但是,忽视历史则可能无法正确理解现实,无法找到解决现实问题的有效途径。密芝勒曾说:"谁把思想局限于现在,谁就不能了解当今的现实。"①因为现实包括源自过去的种子。但也可以说,谁把思想局限于过去,谁就不能了解真正的历史,因为对过去历史的解读包含着现实的要素。在历史研究中,过去与现在就像客体与主体一样,偏执于任何一方者都是片面的。莱布尼茨曾通过在事物的过去中寻找事物发展的根源来研究历史规律,认为"唯有了解事物的原因,才能更好地了解其实际状况",这与工业革命之前的"静态"社会的观念相符合。人们倾向于把历史的发展与大树的成长相提并论,种子当然是真正的源头,变化的观念非常薄弱,几近于无。

直到近代,工业革命、政治革命、科学革命、进化论和现代物理学革命等一系列的革命改变了人们的"静态"世界观和历史观。持续不断的革命极大地改变了人们的思想基底,即对世界和历史的根本看法和体验,难以估量地扩大了几代人之间的心理差距。许多新东西对老人来说完全是新的,是他小时候所不可能看到的、难以想象的。老人能亲身体验到似乎身处几个不同世界的断裂感,因为他的思想倾向于过去的陈旧模式而不是现在流行的,而年轻人在思想上没有传统的痕迹,会毫不怀疑地认为一切新事物都是理所当然的,倒是纳闷过去的思想为何无法包容现实。

---

① 〔法〕布洛赫:《历史学家的技艺》,张和声等译,上海社会科学院出版社,1992年,第30页。

第三节　历史理性的实践层次

真正具有黑格尔意义上进步性的不是单一的社会历史，而是整体性的历史，既有整体性的外在社会的变迁，又有整体性的历史理性精神。首先是精神的历史，特别是理性的历史，理性的精神具有永恒向上的方向性。一种强调历史实在的客观主义理论认为：某些历史证据终究是无法驳倒的，例如考古发现的器物，文字记载；另一派则侧重理性本身的时代历史性：一切历史都是现代史，都是当代史。两者各执一端：前者主要是对于历史经验材料，后者主要是对于历史思维的实用性、规律性。两者是对对方主张与所指内容的相互反卷，把对方的观点对象化，变成思想的材料进而纳入其自身的本位层次之中。归根结底，是不同层次的观念视角而已。

从来没有一种理论是脱离现实社会的生活实践的，因为，那样的理论根本不可能提出来。所有提出来的理论都与经验相关，但这并不是说，所有理论都与当下直接相关，都是当下直接经验的表达。理论之所以是理论，就在于它与当下直接经验之间存在距离。这个距离就是历史的表现和来源。那么，为什么我们总是会说有的理论现实感强，而有的理论缺乏甚至没有现实感呢？这是因为，我们并不能像上帝那样透视全部历史，我们只知道当下或者一段历史时期内的生活经验和社会现实。换言之，有的理论距离我们的当下直接经验比较近，有的则比较远，这种远近感也与我们的生活变迁周期或速度相关。这是学科分类的一个特征，譬如，数学、物理学理论由于我们的数学、物理实践几乎固定不变，也就不会感到它们作为理论与我们实践的距离，或者，它们的历史性不在我们的感觉变化范围之内，而只在数学家、物理学家的研究共同体那里。但文学、历史学、哲学等则不是，因为我们的时代变迁太快，让一些源于历史的理论还未能切合时代变迁。然而，无论如何，它们终归还是历史经验的产物。

一、实践理性的历史性与历史实践

自康德把实践概念纳入哲学的理性思考之后，实践理性就不断挤占理论理性的场域空间，这表现在伦理学、社会学，甚至心理学等不同学科的层次逻辑上，实践、经验与行为占据了中心的位置，而曾经具有崇高地位的理性更像是依附于实践或行为的随附现象。对此我们也可以这样来理解，一方面，理性本身就体现在人的行为与实践之中，正是对后者的内在结构与机制的分析让我们对理性本身有了更具体的了解，把抽象的、停留于观念的理性落实到具体的实践之中,让理性有了本体依据与进行更深层的分析可能;另一方面,正是由于理性分析的框架被越来越多地运用到对实践、人的行为内在的机制与过程的分析,而之前不曾对实践与行为有内在分析的"行为学"或"实践学"才变成一种学问。

而且,在人类历史的进程中,有理性参与的实践不再是前理性的那种实践了,有了更深层次的谋划与指向未来的意义延伸性,或者说实践理性衍生出一个新的层次逻辑:在内心的伦理生活与外在的社会交往上,都有意义不断延伸的历史感。马克思说:"哲学家们只是以不同的方式认识世界,而问题在于改变世界。"①行动、对象性的活动、实践,都是把自在之物通过理性的人的活动转化为现实的人的实践,而非单纯的思辨。马克思主义的实践观是在对批判地继承前人的实践哲学基础上,根据历史发展的现实而形成的实践理性,简略而言,是对亚里士多德实践、康德实践理性的批判,对费希特"本原行动"的反思,对黑格尔"劳动熏陶论"的廓清,对费尔巴哈"感性直观"的改造。

(一)实践理性的历史性

亚里士多德对现实、实践非常重视,从而与柏拉图的哲学区别开来。他将人类的知识体系分为理论、制作与实践,并根据活动目的与之相对应地分出公民的三种活动:理论沉思活动、实践活动、制作活动,三者在理性等级上是从高到低。当然,其中不包括奴隶的体力劳动,因为在奴隶社会劳动是奴隶的、卑贱低下的活动。因而,他把活动分为以本身为目的的活动、实现活动之外的产品目的这样两种,这就很容易理解了,在柏拉图理论基础上迈进了一大步,但又局限于其所处时代的双重规定性,一是来自柏拉图理性哲学对普遍性真理赋魅的基本规定;二是来自奴隶社会现实既定的偏见。而且,狭义的实践活动也是外在目的性的活动,主要是伦理政治活动,这还是以获取最高的善或幸福即第一哲学为目标的,区别于动物的人的活动,所谓"合于完满德性的实现活动"②。亚里士多德对实践活动中的目的性、作为手段的工具性的划分为黑格尔的实践观、马克思"劳动异化"、杜威"圆满经验"开启了实践理性的参照方向。

近代实践理性来源于康德对理性划分为理论理性与实践理性,实践理性意在探求人的自由意志的行为规范,"实践的诸原理是包含有意志的一个普遍规定的那些命题,这个普遍规定统率着多个实践的规则……如果那

---

① 《马克思恩格斯文集》第1卷,第502页。
② 〔古希腊〕亚里士多德:《尼各马可伦理学》,廖申白译,商务印书馆,2017年,第32页。

个条件被认识到是客观的、即作为对每个有理性的存在者的意志都有效的,这些原理就是客观的,或者是一些实践的法则"①。从本质上来说,康德的实践理性是道德层次的,是关乎人与人之间关系的一种伦理规范,区别于理论理性志在人为自然立法,实践理性意在人为社会立法——虽然康德更倾向于人为人自身立法,然而人先天地处于社会之中,这在康德那里还是未能激发其足够的世界性观照。类似于亚里士多德,康德将实践划分为道德的实践、技术的实践,而且技术实践中有关自由的部分是属于道德的实践,尽管后者需要借助于前者来实现。显然,这样的实践理性还是缺乏现实经验的真实内容,承载着更多的所谓至善、普遍性原则之类的传统观念的思维。

费希特继承了康德实践理性至上的原则,以"自由、独立、行动"为主要论题,建构了一种"本原行动"或"自我",将"自我"实践作为其知识学体系重要原则的"行动的哲学"。理性普遍化原则只是一种对于必然性的认知,还不是纯粹的活动,自我的活动不受自我以外的东西规定和限制,但是有它自身的活动规律,自我活动的过程可以衍生出认识的主体和客体以及实践的主体。这样从哲学史上把笛卡尔的自我原则再次纳入实践理性中来,"本原行动"既不是一个单纯从事逻辑思维的精神实体,也不是永远与自在之物处于对峙地位的实体,而是一个既能进行严密的逻辑思维,又能创造合理的实现事物的能动理性实体。然而,由于其底层机理仍然是康德先验哲学,难以跳出先验逻辑的规定性,其实践理性还是落入精神性的活动的窠臼。

黑格尔面向更多的现实思考,不仅纳入德意志的各种制度与宗教的矛盾性,也纳入法国大革命的积极成果对哲学之思的激发,深入探究人的自我意识与劳动的关系,达到了近代哲学最大的实践理性的综合。他用"陶冶"概念去阐释劳动对人的影响,即所谓"主-奴辩证法",劳动对人不只是一种负担,而更是一种锻炼和强化,是一种人与自然交往而达到人对自然的主体性建构的中介。这当然是对劳动进行的一种深刻的哲学诠释,对资本主义早期的实践给予了高度肯定,对顺从自己纯粹的快乐与享受欲望的没落贵族表现给予批判。人不仅能为自然、自己立法,还能自我管理。现代的人要清醒地认识到自己要做自己的主人,不需要外部的力量来控制和主宰,这才是人性的解放和真正的自由。不过,黑格尔的自由是绝对精神的规定性,而非人通过劳动的创造,虽然黑格尔用辩证法实现了对先验

---

① 〔德〕康德:《实践理性批判》,邓晓芒译,人民出版社,2003年,第21页。

理性的超越,但仍然表现出精神自我意识的活动属性。

随着德国古典哲学的终结,以叔本华、尼采与克尔凯郭尔等人开辟的唯意志论、存在主义等为先导的一系列哲学流派,其中当然包括马克思、恩格斯开创的马克思主义理论。他们体现了一种共同的发展趋势,那就是从近代笛卡尔、培根开始的认识论转向另辟蹊径。他们把超出认识理性之外的情感、意志、情绪,乃至基本生存、社会存在与生活实践作为更基本的研究对象与哲学基础。这一点在语言转向上明确地表达在维特根斯坦后期的思想,那就是实践转向。① 这是界定现当代哲学发展的一条基本线索,也是区分近代基于理性与经验二元分离的分界线。可以说,我们划分现当代哲学与近代哲学不能离开这个思想的转变,而反过来,这个转向也标定了现当代哲学的基调与未来发展趋势。实践理性是一种试图用理性来把握现实行动的观念,它面向外在世界中的实践;它是人与包括自然与社会在内的世界之间的具有反思性的能力,它认识到自己的主体性,也充分认识与外在客观世界的关系;它包容而不是排除道德践行;可以说,它比单纯的认知具有更高的历史层次,在具体的历史中表现出不同的类型,如工具理性、价值理性。实践理性具有不同的层次,在时间中表现出文明体系的谱系。

20 世纪以来,"行动"作为关键词高频出现于现代西方人文学科的最新发展中,与此同时,有关行动的理论革新与现代性问题的复杂化还出现了同频之势,这不得不让当下深陷现代性困境的我们提出新的思考,即各式各样的行动理论能否处理我们在现代性问题上的根源性症结。其实,在马克思的实践转向之前,行动是西方哲学的基本概念。行动的形而上学史由亚里士多德以实践哲学开启,他通过区分实践知识和理论知识、实践活动和理论活动,指出行动的潜能寓于行动者,让人的主体性得以彰显。围绕着行动可能,犬儒学派讨论了作为行动之否定的"不行动"及其合理性。进入中世纪,受意愿、意志生产的行动等一系列关于主体行动自由与规定的问题进入了奥古斯丁的论域,不仅是"神-人"这一中世纪的特殊文化语境回归到人自身,如何处理激情、意志与行动的内在关联还受到了阿奎那的关注。随着中世纪结束,欧洲的自然科学进展和哲学研究在 17 世纪时开始划清了界限。当然,这是思想观念的层面,而欧洲 17 世纪之后发生在现实层面的各种活动此起彼伏:资本主义从南欧到北欧、西欧,在欧洲各地发展,英国农业革命、圈地运动等,这个历史背景对理解从安静的生活世

---

① 参见〔奥〕维特根斯坦:《哲学研究》,陈嘉映译,上海人民出版社,2005 年。

界到躁动的生活世界的变化很重要。与他的判断相应,笛卡尔将行动的问题提升到了全新的问题域,无论是他所关注的身心二元的行动,还是在他之后由马勒伯朗士主张的灵肉结合。这一时期,行动的自反性及其作用得到了西方哲学的关注。可以说,从亚里士多德到笛卡尔,西方哲学史关于行动的形而上学论域逐渐突出了对自我的主体性和自反性的关切,这也在随后的德国古典哲学的进展中得以体现。

行动是一个常议常新的概念或论题。一方面,正如巴迪欧提出,20世纪是行动的世纪。① 在马克思实践哲学激活了社会历史论域后出现了诸多行动理论,例如阿伦特所关注的政治行动、朱迪斯·巴特勒的言语行动和利科、德里达、索绪尔等人的文本与行动研究等。这也是一种"巨大的尴尬"——行动刚成为世纪的主题,我们还没来得及反思那些现实的悲剧和失败,行动的时代就已经过去②,巴迪欧、阿伦特、朗西埃等人对行动产生的诸多现实危机及其后果提出了担忧和警惕。T.帕森斯从社会理论角度为行动概念做出定义,提出行动概念的四个含义:一个行动总是一个行动过程、行动者的目的和手段存在谬误的可能性、关于行动的描述和参照系是高度主观的、行动处境是可分析和分解的。③ 学者张汝伦认为,在马克思之前,近代西方思想从一开始就倾向于抹平实践与其他人类行动的区别是"行动","行为"成了实践的代名词,充斥各种各样的行动理论或行为理论,却少见实践理论。④ 对于行动与实践的区分,学者杨国荣认为人既通过行动、实践而使本然的存在成为现实的世界,也通过行动、实践而成就人自身,两者从不同的层面改变了存在,因而以行动、实践与存在的以上关系为指向,实践哲学展现了本体论的向度。⑤

事实上,语言转向之后的历史哲学研究范式也同样受到现代哲学的实践转向的影响。历史哲学研究与历史理性的重构与发展都不是为了再现历史的辉煌,也不是刻意为了对古人进行评头品足,而是要面向现实,解决当下的现实社会问题。换言之,在面对当下日益复杂的世界百年之大变局中出现的经济、政治、文化、科技、生态与社会等各方面的热点问题,或者遭遇各种偶发性的"黑天鹅""灰犀牛"危机事件时,在历史的经验中寻求先人

---

① Alain Badiou, *The Century* (Cambridge Polity, 2007), trans. Alberto Toscano, p.152.
② 汪海:《行动——从身体的实践到文学的无为》,北京大学出版社,2013年,第14页。
③ 〔美〕帕森斯:《社会行动的结构》,张明德等译,译林出版社,2003年,第50~52页。
④ 张汝伦:《作为第一哲学的实践哲学及其实践概念》,《复旦学报》(社会科学版)2005年第5期。
⑤ 杨国荣:《人类行动与实践智慧》,生活·读书·新知三联书店,2013年,第25页。

的智慧,这才是最大的历史性创作。正如康德对理性的哲学分析启示我们的,历史理性不仅具有理论理性的功能,同时还必然有实践理性的效果。

马克思主义思想在全球的传播,尤其是在苏联、中国等国家的传播,取得了革命成功而成为其国家的主导哲学思想,深刻改变了现当代世界的政治版图乃至文化思潮的图景。因此,简单把整个世界的现当代哲学等同于现代西方哲学及其当代发展,不足以囊括全部的历史经验,甚至会遗漏重要的内容。特别是中国当代的经济崛起并没有简单地遵循西方资本主义市场经济模式与政治制度,这让许多人认为,中国通过改革成功走出了一条社会主义市场经济道路。它在相当程度上有别于美国、英国等西方发达资本主义国家,而其中一个重要区别就是有关意识形态的,就是马克思主义的人民群众路线,就是动员最广大人民群众参与到改革开放的大潮,从农村承包责任制到全面市场经济的展开,所取得的成就离不开人民群众的积极和共同的参与。

对于实践被纳入理性的思维来进行考察,或者对人们的实践中所体现出的理性进行考察,是现代哲学转向实践之后的基本内容。当然,迄今为止在这方面的进展远不及真正的现实实践所取得的伟大成就,马克思说那个时代工业革命之后的一个世纪人类社会所取得的成就超过历史上以前所有成就的总和,这句判断似乎同样适用于马克思之后的所有时间点,迄今也是如此,最近百年来人类在物质生产、科学技术甚至数学、文艺产品等各方面所取得的成就都远非以前所能够比拟,呈现出一种加速发展的趋势。或许在哲学这样的深度理性思维的成就方面倒是不一样,严肃的文学艺术思想文化的进展也是相对比较缓慢的。这些"静思"类理性、批判性理性的前进步伐远不及实践与行动的迅速。但是,思想家并没有闲着,而是与时俱进地把新的社会现象、历史展现出来的物质性表现,以及包括大众流行思想的时代精神都纳入理性的考察。

现代化过程中生产工具的广泛使用,甚至人们对工具的使用变成了一种依赖,这种现象从生产到社会生活各个方面越来越多,越来越普遍。这样,人与人之间原生态的交往形式受到了工具的极大影响。这直接导致对康德所倡导的实践理性的冲击。因为,人是目的,实践理性是人为自己的自由行动而制定行为规则的能力,但是,现在人的行动反过来会受制于工具、机器,甚至人们制造出来的各种设备与装置。康德关于"技术地实践的"活动和"道德地实践的"活动的二分(涉及人与自然的关系和自然规律),关于"循自然观念的实践"概念和"遵循自由概念的实践"概念的二分(涉及人与人的关系和行为规范),是他对实践概念发展史的重要贡献。① 但是,康德的理性分析具有强烈的理想色彩,远离了现实与社会大背景,而现实中的人不可能直接受到自我意识的唯一影响。因为人一出生就"被抛"到一个事先存在的社会与文化之中,这都形成了人行动的基本生存状况,对这一点海德格尔早已做了生存论的分析。然而,海德格尔对现代科学技术带来的效果抱持极其强烈的抵抗,认为技术把人从原生态的大自然、具有历史性来源的文化社会背景中拔地而起,变成无根的游魂。

以公共领域为面向的集体行动理论是20世纪实践理论的主流之一。有学者对以集体行动为典型的西方社会活动理论进行总结,认为社会运动研究是20世纪60年代兴起于西方的一个学术领域,现在已经发展成为一门横跨社会学、经济学、政治学、历史学、社会心理学、传播学、人类学等多门学科的综合性研究领域。② 马克斯·韦伯就是突出代表之一。韦伯总结了社会行动的四种类型,分别是工具合理性取向的行动、价值合理性取向的行动、情感取向的行动和传统取向的行动,这四种行动都可以转化为目的理性行动或者价值理性行动。学者李猛认为,在韦伯之后,无论是施密特这样的保守主义者,还是以法兰克福学派为代表的激进主义者,都将韦伯的两种理性行动判断通约到了他关于理性化论述的象征,并且压倒性地将目的理性行动这一带有工具理性成分的行动放大了,"现代西方的理性化在带给西方社会前所未有的文明的同时,也意味着一种不受钳制的、无法约束的庞大工具理性或技术理性的扩张,最终这种扩张将不可避免地将西方社会带向崩溃的边缘"③。相较于公共领域的集体行动理论,私人领域的个人行动受到了海德格尔、阿伦特等人的关注。在技艺与人的行动里,除了经典的"座架"(Gestell)概念,海德格尔还强调了由"手艺"支撑的行动过程与行动状态。学者蓝江引用海德格尔《巴门尼德》中比较手写和打字机的论述,他认为海德格尔十分强调的德语"行为"一词实际上包含了一个"手",这意味着人们总是通过自己的手与世界万物接触而建立起属于此在的周围世界,而这个周围世界进一步被海德格尔定义为"上手状态"。④

---

① 俞吾金:《一个被遮蔽了的"康德问题"——康德对"两种实践"的区分及其当代意义》,《复旦学报》(社会科学版)2003年第1期。
② 冯仕政:《西方社会运动研究:现状与范式》,《国外社会科学》2003年第5期。
③ 李猛:《论抽象社会》,《社会学研究》1999年第1期。
④ 蓝江:《元宇宙时代的赫耳墨斯:论被媒介化的灵魂》,《山西大学学报》(哲学社会科学版)2022年第5期。

在海德格尔之后,阿伦特在《人的境况》中以"积极生活"术语指示了三种根本性的人类活动:劳动(labor)、工作(work)和行动(action)。在这本被哈贝马斯看成是"对亚里士多德行动观念的系统更新"①的书里,她从政治学纬度对行动理论进行了详细的探讨。阿伦特认为,行动有别于劳动、工作之处在于行动结合言说可以区别人的身份,"没有行动对行动者的彰显,行动就失去了它的特定性质而变成了诸种成就之一,最多不过是达到一个目的的手段,就像制作是生产一个对象的手段一样"②。学者陈伟提出,尽管阿伦特视行动为最具政治性的人类活动,但她对行动的局限性也提出了认识——行动的特性意味着行动本身有其危险、脆弱的一面,由此行动需要救赎,涉及革命行动与自由、权力的关联,又表明行动本是非常态之事,因此行动虽有局限,却是自由人弥足珍贵的能力。③

科学技术是当今人类最现实的存在,是人类历史发展到今天最大的人类创造,不仅是器物性的创造,而且是人类理智伟大成就的表现。然而,人类的历史文化保持着高度的传统色彩,文化还没有敞开胸怀或者传统浓厚的文化还不具有足够敞开的胸襟。毋庸置疑,这应该是实践向理性提出的时代问题,是当下思想家的时代使命。哈贝马斯认为,康德那里的实践理性脱离了文化传统和社会历史因素,致使个人和社会相分离,并和实践之间存在着过于直接的联系,因此,它在解决人和人之间的社会整合问题上失去了作用,进而被思想家们所抛弃。所以,他提出一种新的交往理性,就是要把法律和社会规范的制定问题放在话语的交流过程中,用对话中的恰当理由来证明社会规范的正当性,这种把理性的观念放在话语过程和理解过程中的思路,可以克服实践理性所存在的问题,从而丰富理性的历史性内涵。④ 然而,时代发展太快,新一轮科技革命带来了数字化的新生产与生活样态,这标志着一个新时代的来临。在这种新的实践形式面前,哈贝马斯对康德的实践理性的批评意见似乎同样也可以针对他自己的交往理性,普遍交往在新的实践形式下显得缺乏具体的内容,缺乏现实的"意向性",因而在新的数字和网络世界显得并不接地气。

世界上大多数人仍处于生产劳动养家糊口的状况,最现实的仍然是生

---

① Jugen Habermas, Hannah Arendt, "On the Concept of Power", *Philosophical Political Profiles* (Cambridge: MIT Press, 1983), p.174.
② 〔美〕汉娜·阿伦特:《人的境况》,王寅丽译,上海人民出版社,2009年,第141页。
③ 陈伟:《行动及其救赎——汉娜·阿伦特的行动理论》,《世界哲学》2016年第5期。
④ 王晓升:《从实践理性到交往理性——哈贝马斯的社会整合方案》,《云南大学学报》(社会科学版)2008年第6期。

产活动,对此根本现实,马克思实践观的基本内涵并没有过时。在马克思看来,真正的理性是作为社会实践主体的人在其现实的对象性的劳动,即社会实践活动中通过人与自然之间的对象性作用,进而通过人与人之间的社会关系的生产形成的。马克思在《德意志意识形态》中把实践当作人的感性活动,"全部社会生活在本质上是实践的",最重要的实践活动就是人对自然的关系,通过社会存在,实践具有主体性、感性的现实性、文化历史性,马克思这样就为生产的实践理性赋予了世界历史意义。这不仅是人的基本存在方式,也是人实践理性的来源:物质生产的社会活动毋庸置疑是马克思根据其时代资本主义工业化生产蓬勃发展的历史性总结。

根据马克思的资本逻辑批判,由资本开启的世界历史进程同样地把非资本主义领域囊括其中,资本主义生产方式在全球建立了绝对的统治地位。这无疑加快了利润平均化的步伐,利润平均化则意味着个别资本积累的多寡与总的社会资本运动相关。个别资本作为社会总资本的一部分,并根据自身资本所占份额的比例分配社会总剩余价值。就个别资本积累而言,利润量的大小不仅与剩余价值率相关,也与利润率、总资本额以及资本周转速度相关。在利润率下降规律的影响下,资本家总是倾向于提高剩余价值率弥补利润率下降带来的损失。随着科学技术的发展,资本有机构成具有走高的趋势,这又会进一步加快利润下降。在早期的资本积累中,资本家所用的资本量大小将直接影响利润量的积累。"如果利润率是既定的,那么利润量就取决于所使用的资本量。利润率低的大量资本提供的利润,多于利润率高的小量资本。"[1]但是利润平均化的趋势则改变了资本积累的条件,商品的成本价格转化为生产价格。生产价格"由每个所使用的资本作为总生产所使用的社会总资本的一定部分在一定时间内平均得到的利润量决定的"[2]。这意味着在利润平均化的趋势下,个别资本的量作为社会总资本的一部分,并按照其所占社会总资本的份额参与利润量的分配。如此看来,资本量越大并不必然带来较大的利润量。因为在社会总资本的运动中,资本量的缺陷可以通过加快资本周转速度得以弥补,用速度代替数量,仍然可以取得相同的资本积累效果。比起大资本额附加的"沉重的负担",小而活的资本逐渐占据上风。比起规模经济的积累方式,速度经济显然更胜一筹。据此,资本主义生产方式把注意力聚焦在时间和速度上便是必然的趋势,并在资本积累的引导下形塑了当代的资本主义时间

---

[1] 《马克思恩格斯全集》第33卷,人民出版社,2004年,第216页。
[2] 《马克思恩格斯文集》第7卷,第178页。

景观。

作为资本逻辑下的实践理性不再局限于传统的时间概念或者空间限度,而是在新一轮科学技术的协同下走向加速主义的逻辑,在现代城市空间的地理扩张完成后开辟出网络、数字与平台等新的层次,它们共同衍生出无限可能的空间,在那里营造资本逻辑理性的场域并延续其历史。总之,只要是资本逻辑先行在场的层次,无论是生产活动还是生活活动,都被资本逻辑主导的数字"虚体"世界所牢牢支配。消除数字形式的劳动异化,恢复实践理性的本真状况,正如加速主义的主张,必须通过对资本主义内部的资本逻辑的当代新形态的批判,才能找到走向未来社会的路径,不仅解放被资本所奴役的生产者,从陈旧的资本逻辑中把社会资本与社会价值解放出来,把新科学技术的生产力解放出来。

(二)历史实践

历史实践表现在三个不同的层面:历史叙述与历史写作、历史学研究、历史性生产创造活动。

中国历史学界在 20 世纪初表现出具有历史现实性的历史实践,与文学一道走在了时代精神的前列。梁启超融合中西史学方法之精髓而提出"历史统计学"的概念,是中国本土最早倡导历史统计学的史学家,而且还身体力行,在历史文化地理和佛教史等领域的研究中卓有成效地运用,并提出了许多用历史统计学进行研究的设想。梁启超对历史统计学的倡导与实践产生了巨大的影响,20 世纪二三十年代,历史统计学几乎成了一种学术时尚。[1]

历史学的科学化在于层次分析与科学技术在历史研究中的层次性运用。"历史学家总是犯过分简单的毛病,他们从众多的人和事件当中,匆忙地挑选易于处理的一小部分事实,却从来不能对错综复杂的实质和事件予以包容和理解。"[2]历史问题的科学性有两类根据性探寻,或者科学性:要么是基于社会学,通过对比条件并假设历史变化不大(这其实是可以做到的,就像物理学中对一些粒子的假设不变一样,其实都在变化但变化量可观察可控,其实是可以忽略不计),历史学中的一些要素或者变量如果放置在社会学里,也可以对其历史变化性进行极限值的评估测度,从而限定其影响,这样就把历史性问题转化为社会学问题,以及人类本性的一些人类学问题。对此进行奠基的就是——历史层次分析。例如,蒸汽机发

---

[1] 宋学勤:《梁启超对历史统计学的倡导与实践》,《史学理论研究》2006 年第 3 期。
[2] 〔美〕杜兰特:《历史的教训》,第 3 页。

明了很久之后才推动了工业革命(或者不如说,工业革命推动了蒸汽机的应用),①技术的发明与其社会化应用之间的关系对社会的历史发展至关重要。如果历史仅仅表现科技发明的事件,我们从中看到的将不过是一片幻景。昂利·比兰纳的一句话做了很好的概括:"维京人抵达美洲之所以得而复失,是因为欧洲当时还不需要美洲。"实用主义思想家杜威认为,看到了某个东西不叫发现,只有利用了它对自己的思想和活动行为产生了影响,纳入自己的理论与实践之中才是真正的发现。

历史经验告诉我们,一种有关历史宏大趋势的思辨观点要得到人们的普遍认同,最好是在人类社会发生剧变之时提出,因为此时的人们会普遍期待变革的思想、一种不同的历史变化模式刷新陈旧的精神,以慰藉惊恐不安的心灵。例如,作为最后的思辨历史学家斯宾格勒和汤因比声名远播,其原因却不单在于他们提出的理论如何具有科学性的说服力,而是由于他们著作中的基调表达出了那个时期西方社会里人们在面临重大历史转型时期的普遍焦虑和不安。换言之,更多的在于其历史观念与时代精神的合拍性而非其科学性。但是,"二战"之后的情境发生了极大转变,世界大体上处于资本主义迅猛发展的和平时期,人们显然不再满足于显得抽象而空洞的大道理或者充满了文学修辞的历史叙述,转而追求基于严谨的科学分析的历史研究。

在后现代主义思潮的冲击下,一种新的社会文化史学出现了。它包罗万象:物质文化史,即衣食住行等消费品而非生产的历史;身体与性别的历史;表象史,即对自我、民族与他人形象、想象及感知的历史,表象社会史直接通向记忆社会史,而想象共同体和关于政治事件的记忆则通向"政治文化史",通过话语模式则导向语言社会史;还有旅行史等行为社会史。总之,试图将生活和个人自由、政治、经济、文化之间的相互联系最大限度地展示出来。而且,在史料的处理和解释模式以及写作方式上有了重大的变革,从因果解释文化阐释;摒弃传统客观主义及对普遍规律与绝对真理的追求,从分析到"深度描述",既保持有准确的分析,更把对象、问题与文化之间复杂层次性的社会文化结构中千丝万缕的联系与差异性描述出来。

为什么现在的历史学家特别重视社会历史?因为市民社会的日常生活叙事中能够形成许多超脱固有的层次定式,让历史被遮蔽的要素与力量得到显现。例如,口述史主要以口述史料为依据撰写的历史,是采访者与口述者经过对话交流而合作完成的历史,古希腊"历史"的含义就是根据事

---

① 〔法〕布罗代尔:《15 至 18 世纪的物质文明、经济和资本主义》第 1 卷,第 410 页。

件目击者所做的证词去推究事实真相,这里的证词即口述证据。作为一种研究方法,与文献史料、实物史料并列的三大史料之一的"口述"越来越受重视,例如,对某个特殊时期历史的口述研究可以弥补那时缺乏文字记载或者一些报刊停刊造成的历史材料的缺失。由于历史的见证人和在场者、受访者的介入,受访者与历史现象之间、作为旁观与参与者双重身份的访问者与受访者之间构成了多个层次的互塑与互证关系,从而使得对历史现象的考察与揭示变得丰富而接近历史真实。而且,对普遍民众日常社会生活的生动活泼的个案记录,弥补了传统历史侧重社会统治阶层、精英阶层的政治层次历史的缺陷。由文字记录到录音、摄像,历史记忆功能由于新工具的使用而得到了极大的扩展与层次性的丰富。

历史事件表现出不同层次之间的摩擦,不同层次之间的"异步"性导致的冲突。例如,1789年法国大革命是世界现代史上最重大的历史事件之一,然而它在当时法国历史情境中的产生与爆发,在社会、思想观念等不同层次上却有很不相同的原因与后续效果。可以说,不同层次相互之间在这个短暂的时间窗口里经历着各不相同的变化节奏,显现出层次之间的异步性,它带来的摩擦与"痛苦"才是革命的微观层次的真正表现。即便是革命之后,社会各方面也绝非产生了同步的积极效果。其实,革命爆发前后法国人的思想并未发生显著的变化,但在历史书写的政治思想史层次却是"一夜之间"的剧变。拿破仑曾说,法国大革命就是由启蒙运动的观念而引发的。在传统社会里,社会不同层次之间的界限与边界分明,而且相互之间互动稀少,层次整体性表现在不同层次的存在,而非相互之间的互动。因而,人类在不同的历史时期,似乎有不同的关注焦点或者层次,例如古希腊时期的哲学与艺术、中世纪的宗教神学、文艺复兴时期的文学与艺术;启蒙运动以来则是社会各层次、各方面的全面发展,20世纪50年代以来则是科学技术的迅猛发展主导着当前时代的发展。这种在不同层次之间的影响与传导以及波动性的变化在不同的社会里则有不同的表现。但总体来说,随着人类社会的发展,层次之间的互动性越来越强,表现出层次之间的相互渗透与作用越来越多,层次整体性表现更多的层次参与互动。可以说,近代以来就开启了一个层次互动时代,通过区域之间的互动,带动不同孤立社会的层次互动,通过剧烈的社会动荡构成波澜壮阔的近现代历史。

中国历史上历代王朝大一统政治相当稳定,但从社会经济发展与社会治理来说,政府效率日益低下,官员越来越多表现出社会反受制于政治禁锢的一种规律。问题在一个层次上可以理解为制度性约束的紊乱,可是在超越的层次上来理解,则可以理解为稳定态的迁徙,社会能量的流动从一个层次转移到另外一个层次。然而,社会却未能建构新层次上的空间来容纳这种力量,从而成功地转移问题本身,把官员寻租利益转换成另一个层次上的积极力量,而非陈旧官僚政治层次上滋生腐败的势力,譬如从传统的官僚政治层次转向现代的市场经济层次,再转向未来的思想文化艺术的新层次。旧层次的问题就在层次的迁徙与转换中被消解,新的层次当然会有新的问题,但未必恶于历史上一再重演的恶果,而且恶的能量会演化为可能具有创造性的层次性能量,开辟了更多的层次性空间,让恶得到稀释,让善有回旋余地。

最突出的层次互动表现在当下。当下的新一轮技术革命、新一代世界文明的来临,将全层次地触动所有层次的经络,让所有层次互动起来。传统的法律、道德与社会规范都需要与现代技术一起互动。总之,层次分离的时代可能随之终结。人类已经真正进入混合层次的时代。

作为理性的产物,科学技术将在历史学研究与教学方面的实践中有上佳的表现,就像已经出现的世界历史地图演变示意一样。这可能是文史哲经典人文学科中最容易实现的一门。在实证性的历史学研究中,运用大数据与 AI 或许有助于发现历史真实与历史的实在,而且可能比人更有效率而且更可靠,因为历史学家作为人总是具有思维上的有限性。一个历史研究者了解到问题的多方面与复杂性总是有益的,然而,来回反复的思考和海量历史材料的阅读,以及"试错地寻找规律"也有效率问题,对于一个学术生命周期不过几十年的学者而言,存在难以逾越的障碍。在材料处理上,AI 比人做得更好,它一方面可以发挥强大的数据寻找与数据关联能力;另一方面可以发挥逻辑推理能力,如果在中间阶段结合历史学家的介入性操作,可以获得更好的历史规律,这些规律可能在"硬数据"方面的表现更好,但是即便在"软数据"方面,AI 一样会比人得出的结果更优,而且这才是 AI(深度学习、神经网络)的优点。只是到了更高层的更"软"的规律性方面,由于数据的"缺乏",规律性更弱,更需要人的主观联想性,但是,AI 给出的结论也仍可以作为一种参考,而且人可以逆向地把规律从最高层往下挤压渗透,看在下层会出现怎样的情况。

当然,AI 并不了解历史的规律性要求、历史的层次界定。因此,在层次的历史部分,还需要对相关工作进行层次性的划分,制定一些所谓寻找规律的"规定"与法则。借助于 AI 之力,历史学家或者历史哲学家需要做的事情还有很多:首先,原始历史数据需要历史学家给出寻找与甄别的条件;其次,规律性的相关界定与寻找路径可能需要细化到若干不同的层次,有几个不同的层次,每个层次上的规律范式,获得如此规律的推理过程与条件;再次,如何让 AI 具有历史视野。

二、历史叙述的层次理性

历史学试图以理性的科学精神把握历史,在其发展过程中经历了几次科学化运动,包括维柯、康德、赫尔德、黑格尔、马克思,还有最后的思辨历史哲学家斯宾格勒和汤因比。他们与历史学家兰克、柯林武德、克罗齐等人一道推动了历史科学的进步,从"规律史学""事实史学"转向"理解史学"。除了用规范性的模式把握历史之外,还通过"心理移情"体验式地理解历史,或者如所呈现的那样"现象学"地进行历史叙述。前者看似有个人性的情感或情绪等非理性的参与,但这些要素并不直接表现出结果,而是落实到经过"理性层次"过滤的历史经验中;后者的理性则在现象学方法中得到辩护。历史叙述不止是一种理性方法的补充,为历史理性所遗漏补充可有可无的历史材料,而具有更深层次的内涵;历史叙述并不是对历史理性的一种谦让,而是对更深层次的历史意蕴的"诗学"表达。

历史叙事也可称为历史叙述。历史叙述能够将过去的神话传说、宗教信仰、生态环境,甚至民族国家的种种遭遇编织成有趣的故事,没有了强势的意识形态的压力,历史的书写将成为与理性的历史研究形成互补的历史实践。例如,史料是历史学家进行历史研究的基础,可是对于同样的史料,他们却能作出不同的解释,而且个个振振有词。但这并不说明史学家可以对史料进行随意解释,尊重史料和独立思考并不矛盾。历史学家的工作也不都是从原始材料出发的,尤其是如今面对史学界"生产过剩"的现象,许多研究实际上是从阅读二手材料开始的,从阅读中产生研究兴趣与问题意识,然后才寻找一手材料。而且,不断的引证模糊了历史作品与历史材料的区别。"为了使资料产生意义,把陌生转化为熟悉、把神秘的过去变为易于让人理解的现在,历史学家使用的唯一工具就是比喻语言的技巧。"[1]

语言的修辞和虚构功能把历史文学叙述化了,有关过去历史事实的争论在本质上似乎只是一个语言学的问题,正所谓"文史不分家"。诗化的历史文本写作似乎是一个反感科学主义的格式化而要"回到"荷马史诗时代的诉求。中国清代学者章学诚曾经提出过"六经皆史"的说法,试图消解历来高于史学的"经"之权威性,如果再激进一步,按照海登·怀特的"历史皆是文学"的主张,那么高高在上的四书五经同演义别传无异。隐喻就更是随处可见,中国历史材料中就充满了隐喻和类比的语言功夫,比如,"子在

---

[1] Hayden White, *Tropics of Discourse* (Johns Hopkins University Press, 1986), p.94.

川上曰：逝者如斯夫，不舍昼夜"；朱熹用"可惜死了告子！"来吊唁陆九渊是自比孟子和对自己失去辩论对手的叹息，同时也不忘贬低对手。"一切历史都是思想的历史"，历史叙述就要表达事件的历史价值和意义，而不是仅仅拿出编年史或者名人大事列表。对历史事件及其之间复杂关系的叙述还要配以有趣的解说和意义解释，最好能够达到琼瑶小说那样的故事性，委婉曲折又动人心弦。

后现代主义史学认可事件之间的联系和对材料的意义理解，但反对历史存在融贯的整体意义的说法，而且，对意义的理解不再依赖于所谓的"客观材料"，而是转移到关注历史写作的思维范式、语言结构，尤其是关注文本。简言之，历史写作由史料观转换到文本的语言结构，文本不再是透明的和无生命力的纯粹传递工具，而是有着开放性和生产性的意义散播的"在场"。德里达在《论文字学》中说"文字比说完就消失的语言更稳固持久，是一种写下的存在"。作者、读者、历史材料和文本为结构主义和后结构主义的语言舞台提供了变幻莫测的要素准备。用"历史叙事学"代替"历史科学"、倡导史学的叙事化，还蕴涵着这样的一层含义：在政治和社会层面，叙事在某种意义上确实总是意味着对资本主义的反叛，叙事的知识与科学或抽象的知识相对，这是一种前资本主义与真正的资本主义相对立的隐喻。

虽然怀特对史学家的语言形式和理论进行了深入的分析和论述，后现代主义史学理论，如同对于后现代主义的看法一样，不存在一个确切的定义。任何规定性的不变的词语描述都可能被它自己所反感而抛弃。与其说是个概念，还不如说它是一个过程，一股强调相对性、流动性的思潮。它与20世纪的其他史学思潮也存在相互影响和关联，分析的历史哲学对历史问题的出发点是主体而不是客体事件，关注历史学家如何认识客观历史的机制和过程。反宏大叙事并非后现代所特有，在20世纪70年代后兴起的微观史学和新文化史（社会文化史）思想也有类似体现，历史写作的人物从决定历史发展的精英转移到老百姓。宏大结构当然不可能在老百姓身上体现出来，所以，结构就变得微观化，以政治军事等重大历史题材的社会主线细化到宽泛的文化史中的细细涓流，性别史、妇女裹足史、某种民族习俗如饮食服饰的演变等，从小处着手，研究对象范围也缩小，地方边缘化、个例化，试图"以小见大"。

这些转变必然导致对历史中心的消解，政治和文化的多元化，以及零散化、文学化的叙事方式。但无论微观史学还是新文化史都没有如后现代史学那样挑战历史真实性。"去真理化"实际上针对的仍然是本质主义，不管是基于主体认识论的内在真理,还是带着科学光环的外在客观真理,抑或各种各样的上帝崇拜;人随着其主体性的消解而被先在的身体所替代,福柯的解构中心的权力微观分析就是从身体的规训与行动的策略开始的。文学化,尤其是小说叙事性质的使用彰显了文学语言的隐喻价值,虽然语言的逻辑空间和后现代文学所主张的开发差异性的可能领域是完全开放的。在抵制任何以中心自居的旨趣上,与其反本质主义是相辅相成、前后一贯的。

历史学家总是在一定的文明体系里从事写作的,总是拥有其特定的时间和空间、历史背景以及立足特定的立场和意图。就如海德格尔所说,"世界总是已经"于此在诞生时存在着的,"从历史学上开展历史……按其存在论结构来说,其本身就根植在此在的历史性中"①。而这个文化体系当然就是这个世界的一个要素。而且,外在于某个文明体系的视界可能带来迥异的观念,直接触动并消解文明共同体内的自我理解,比如史华慈等外国汉学家对中国历史和传统文化的解读。这种观念的交往和冲撞更新着陈旧的历史观。对于读者来说,历史作品是双重要素的交集:其一是读者所能理解和"还原"的作者写作时的历史情境,其二是读者自身的解读和视界融合。② 不仅历史作者与"历史"本身之间存在一个中间环节,而且历史学家的作品与其读者之间也有一个差异存在。时间间距的历史疏远化作用得到了伽达默尔的肯定,这进一步改变了早期历史解释竭力要克服的历史性看法;他相信我们对历史的理解永远面向着未来的新经验,"经验的辩证法的完成不在于确定的知识,而在于由经验本身激起的对新经验的开放性"③。

试图从读者历史境遇直接进到作者的思想世界的想法也是天真的,反而正是读者历史性的视界融合导致心理移情。心理重建不可实现,传统占用我们每个个体而不是我们占用整个传统,作为中介的时间连接着历史和作者以及读者。时间使得历史文本受到"历练",逃离了时代的局限性而超越历史时间,从而获得普遍价值。而且,后现代主义者也同样认识到对既往历史的认识所倚重的历史和社会科学知识的积累更新正是历史被"现代化"的理论源泉。无论是遥远的过去,还是层层包装的知识的累积,都不过是人类面对当下境遇状况的反思和对未来的展望。总之,对历史的解读最

---

① 〔德〕海德格尔:《存在与时间》,陈嘉映、王庆节译,生活·读书·新知三联书店,2006年,第443页。
② 〔德〕伽达默尔:《真理与方法》,第396页。
③ 〔美〕罗蒂:《后哲学文化》,黄勇译,上海译文出版社,2004年,第44页。

终归结到人类的生活世界,以及基于语言交往的社会实践活动。

近年来,空间转向给历史叙事带来了新的发展,这是一个新的逻辑层次的衍生,在叙事的空间中更能展开层次性的立体结构的叙述宽度。这与传统的线性叙事显然不同,这样的历史叙述本身需要以层次性的空间思维来建构历史,建构历史理性,并把这种层次历史理性运用于历史叙述的实践中。层次空间的历史叙述既有历时性的线索叙述,也有共时性的横向跨层次、领域的关系与事件叙述,而且更侧重于历史中某个特定时段里从空间展开的横向关系网络,对这个共时性的历史结构进行内在关联的叙述,从而为探讨某个具体历史阶段复杂进程的层次性与多样性提供合适的叙述框架。从方法论意义上来说,历史叙事层次性展开的空间化,在于重新审视人类社会多元历史、多种现代化发展道路和社会制度同时并存的合法性基础,走向对地方性历史理论建构与知识生产的尊重和肯定,破除西方中心论式的历史观与话语。①

历史叙述不再局限于传统的历史想象或作为文学创造的题材类型,而有其独特的历史使命。它通过层次空间化的历史叙事来帮助大众理解社会现实、帮助人们把握越来越复杂的、分层次空间化的社会结构及其在科学技术与资本逻辑推动下的快速变迁,让历史内在的当代性在叙述的层次之间流露出来,进入大众的日常生活话语之中。当今社会与空间的关系发生了剧烈变化,社会重新组织与塑造时空关系,空间的结构与功能也经历了根本性的转变。特别是,社会的快速变化,时空呈现出高度的压缩状态,技术重塑了时间与空间及其意义。"时间之被替代、时间之空间化。"②社会的跨越性发展导致历时态的现象共时态呈现,改变了过去的时空体验,不断凸显和强化时间的碎片、时间的瞬间、即时性和加速节奏。时间和空间的形式、内容、意义、影响发生重大变化,空间的重要性突显。而且,全球化与城市化的空间重构使得社会的复杂性日益增加,并导致历史理论的当代化重构。在复杂的全球化与地方化多样并存的社会理论语境下,现代社会日益呈现出深刻的不确定性、复杂性、非线性。"对时间范畴、时间思维的过度依赖,使批判理论、激进理论无法解释已经发生重大变化的现实世界。"③

---

① 任政:《历史叙事空间化与线性历史决定论的批判及超越》,《哲学动态》2022年第9期。
② 詹明信:《后现代主义或晚期资本主义的文化逻辑》,吴美真译,时报文化出版社,1998年,第195页。
③ 陈忠:《批判理论的空间转向与城市社会的正义建构——为纪念爱德华·苏贾而作》,《学习与探索》2016年第11期。

以中国的历史叙述来说，以层次性的历史叙述方法来处理复杂的中国社会分层展开的历史空间，从而建立独特的中国历史叙述风格，既拥有普遍性的历史理性，又为更深入地通过叙述来探索中国复杂社会的现代化转型提供历史理性的叙述智慧。首先需要对中国传统文化的基础有个层次性的理解。中国文化本身作为一个庞大的体系具有层次性的空间结构，对文化的理解是对历史认识与历史叙述的必要前提，因为历史意识的解释功能与其目的通过历史文化表现出来。对于中国人来说，艰深而严密的逻辑哲学肯定不如说教的体验式哲学更容易接受。但层次逻辑却是介于两者之间的，比起纯粹思辨的逻辑来得直观，但比简单的令言式说教更有现代社会生活的贴近性。

中华文明的优点在于多层次性的包容性思维，恒山悬空寺里有同堂供奉佛祖、孔子、老子的三圣殿。佛教、道教、儒家思想与儒家科考的制度化等社会制度安排，使得中国传统文明在几大文明中是最有生命力的。因为它的多层次性，而且相互之间在历史的过程中形成了有机的关系，所以社会稳定的弹性最好。就如吕森的三重维度的"文化历史意识统一体"，中国历史文化中内儒外法的"道统"就是政治层次上的秩序合法化，它与科考制度、佛教、道家思想的流行，一起从不同的层次共同塑造着社会的稳定与运动的机制。

要详细叙述中国古代社会的历史，还需要更清晰地划分层次，更具体地把复杂性展现出来。通过层次对比，可知在古代中国传统社会的层次性是复杂而圆融的；而现代制度的西方，由于法治的形成与执行（通过民主制度的外化），才使得西方制度稳定而成熟起来。自由在传统社会里并不是一个那么积极的社会力量，只是到民主法治社会里才有实质性的发挥空间。中国经验或者中国道路必须用层次复合来解释，进行源于历史的叙事可能更为妥当。对中国四十多年经济改革成就，不能单单用西方自由主义经济学理论来解释，需在中国在政治和经济、社会等多个层次上的实践，以及中华优秀传统文化在与马克思主义基本原理相结合的伟大转型的历史叙述中，把握其中改革主体的创造性，充分运用国内外有利环境与第三次科技革命所带来的历史性发展机遇，在多个层次上纵横捭阖、智慧运筹的历史经验。中国是一个具有强烈政治结构的社会，在这样一个拥有传统文化和传统社会的庞大国家，在一个世纪的现代化历史中同时推进或开启三次工业化的进程，共产党如何有效地运用毛泽东时代在统一的共产主义思想下建立起来的大众社会权威，并延续传统文化中的简朴实用的经济精神，对这段历史的真实叙述也需要长、短尺度把握时代精神的历史理性。

总之，作为历史理性把控下的历史叙述仍然遵循历史理性的基本规范。我们不可断言对历史的说法就是过去发生的事实，它只是根据历史与考古的材料基于我们有学科规范的逻辑进行的推断。追求历史真相重要，但在目前的有限条件下，更重要的是历史叙述的真实性，因为历史认知理性仍处于不成熟的初级阶段，而历史叙述的真实性对我们把握历史的多层意义来说是更基础的自律。随着一些具体历史材料的易得、借助于语言多样化形式而提升了社会公众的历史兴趣，进而促进了历史叙述的进展，叙述视点也从宏观领域转移到微观领域。

这是历史理性的自觉，对自我有限性的自觉认知，既然不能在宏观层次形成有现实意义的规律性把握的更大突破，而且在宏观层次上的叙述也显得空洞无益，那么在一个限度的微观层次通过叙述以呈现历史各种要素的相互关联与作用机制，进而为这个层次上的要素相互之间的关系网络进行逻辑把握提供历史的可靠材料，这总比停留于大而空的概念或抽象范式的争论更有现实可行性。而且，历史叙述通过一些代表性的著作让宏大的历史逻辑线索更加清晰，从下往上的层次逻辑让历史认知与规律性的把握也变得更加牢靠。

第五章　历史评价的层次

　　人们常常喜欢对历史人物与历史事件评头论足,例如,中国历史材料的丰富与人们独特的历史文化感,使得各种以历史人物、事件、历史朝代为主题的讲坛与新媒体花样百出。人类历史上的评价活动由来已久,例如《春秋》的"是非明辨,褒贬精当"。西方文艺复兴之后运用理性进行历史评价,但如恩格斯所说,在无情批判传统宗教、社会制度的同时,却成为试图衡量一切的唯一尺度而缺乏历史维度,"以往的一切社会形式和国家形式、一切传统观念,都被当作不合理的东西扔到垃圾堆里去了;到现在为止,世界所遵循的只是一些成见;过去的一切只值得怜悯和鄙视"①。在以历史评价为题材的现代文化产品的内容生产与消费过程中,人们既在历史叙事中产生思想与情感的共鸣,也在试图进行"盖棺论定"的争论过程中不断突破原有的简单而固定的认知,从历史经验中获取深刻的道理,甚至在评价的实践中反思历史与历史评价的真与善,重新审视现实的人生与时代。

　　历史价值与评价是人与过去历史之间的关系表征,是人作为主体对作为客体的历史对象之间认识与影响的双向阐释过程。虽然马克思、恩格斯并没有"历史价值"的概念,但国内学者从历史认识的历史事实与作为评价的历史价值,作为事实与价值在历史中的统一进行了研究,对唯物史观进行了一定的创新性阐释。历史作为一个进程,其价值不仅在于对人的现实存在的肯定和规定,还在于历史也是人类未来发展的条件,所以,历史价值从来都是就相应的主体而言的。② 有人对历史价值进行不同视角的概念界定,一种是以人为主体视角看待历史表现出来的价值;另一种是历史对人的客观性作用与意义,因而历史价值表现为历史主体对象化活动所追求和创造的自然物质、社会政治、精神文化等不同类型的历史价值。③ 有了

---

① 《马克思恩格斯文集》第9卷,第20页。
② 黄凯锋:《价值论及其部类研究》,学林出版社,2005年,第226～227页。
③ 王学川:《历史价值论》,《长白学刊》2009年第5期。

历史价值的界定，就可以对历史人物、历史事件与现象、国家与文明等做出相应的评价。评价本身也是历史认识、历史实践的一种多层次的活动，这种活动与生产劳动一样，是人类不断追求历史进步、实现人的自由而全面发展的实践。也有学者从哲学层次看历史价值与评价，认为价值论和历史观是分属不同划分层次和系列的理论分支，"价值观与历史观统一"的实质在于实现历史观中真理与价值的统一，这是一个双向的建构过程，一方面要使价值论研究向历史观高度提升，例如以唯物史观为基础的价值观；另一方面也要使历史观的研究向价值观的高度提升，如以马克思主义价值观为背景的历史观。[1]

令人遗憾的是，一些为人类文明与进步做出过卓越贡献的杰出人物常常不能拥有一个通常意义上幸福的生活与人生。尼采在他最后弥留人间的十年里疯狂地为人类贡献了大概十部传世之作；弗洛伊德晚年忍受剧痛完成其最重要的著作；柏拉图、康德、斯宾诺莎这些人类思想天空中灿烂无比的"文明之星"都在孤独的单身生活中度过其非凡的一生；终生未娶的人还有牛顿、亚当·斯密、莱布尼茨这样的天才；马克思在病痛折磨与家庭困境中为资本主义社会批判与共产主义运动指明方向。几乎所有伟大的文明之星注定要付出超凡的代价与毅力，却不能如常人那样享受人生所有的现世美好。除了罗素、萨特这样少数几个拥有现实荣誉，他们在现世社会的存在与显现大多不是通过"这世界我来了"的高音喊叫与炫耀的体验，而是沉思与想象的体验。这些巨匠在人格层次上为如何过宁静的内心生活树立了一座座丰碑。但我们要问：他们难道不想在常人的社会生活层次上享受现世的愉快生活吗？他们的个人价值实现与世俗生活的幸福之间的排斥关系是社会问题还是他们自己的主动选择？如何是后者当然无可非议，但如果是前者，那这个社会的正当性是否有待改进？这个社会制度是合乎人性的吗？抑或是历史的评价存在不合理之处？

这样的种种不平需要用另外一种价值来填平——历史价值。西方马克思主义者詹姆逊认为，就历史发展而言，我们直到今天才有机会目睹一种崭新的文化形式对大自然和潜意识的领域进行积极统制与介入。所谓文明的过程，如果表现为人类主观能动性的显现过程，那么在新的文明社会里，越来越多的强力统制与干预来自观念，而非生物学属性的人类本质特征。这种统制与干预已经在相当程度上达到了一个拐点，本质性地颠覆

---

[1] 李德顺：《社会历史与人的价值活动——兼论价值观与历史观统一的基础》，《哲学研究》1994年第12期。

了后者的决定作用,人类今天已经可以编制自己的生物性特征基因了,而不只是改变所谓的"文化基因"。例如,历史唯物主义以人类社会的生产方式来解释历史的发展,但以每个人自由而全面的发展为人类社会的最终理想,生产力与器物当然非常重要,也的确表现人类社会的文明发展状况,但是文明的根本宗旨并不是器物,就此一条足以说明,衡量文明发展质量的根本标尺应该是一种复合层次的"文明经验",既有硬的器物技术,又有柔软的人文精神。

历史评价有明确的观念与框架还不够,没有方法论的支持,那个框架也会是空洞的,或者无法具体化与验证,也不能得到发展。传统历史观中一些有关历史循环、历史衰退之类的观念在历史评价中就难以得到实证,所举的例子通常不过是历史上一些特例,但用不多的特例来支持普遍性的论断,显然是逻辑错误的,至少不能让人信服,因为完全可能存在另外一些相反的例子。甚至也有的评价是基于神话、传说等历史观念建构的所谓"历史材料",那就更是一种观念的循环了。

对于许多历史编纂者来说,历史是一座宝库,有写不完的故事能够给予我们以大大小小的各种启示与智慧。但对于批判性、反思性的历史研究者来说,早在古罗马时期的波利比乌斯就曾告诫我们,每个历史的经验都是不同的,更别说日新月异的新时代了。越是试图从长远的历史推演到当下,其中的普遍性逻辑就越是空乏。大众对历史故事感兴趣与对文学性的奇闻逸事感兴趣没有什么两样,并不在乎它究竟是真的还是假的,这再明显不过地告诉我们历史与文学的边界是多么模糊。马克思也认为:"每个历史时期都有它自己的规律……一旦生活经过了一定的发展时期,由一定阶段进入另一阶段时,它就开始受另外的规律支配。"[1]

特别值得说的是,改革开放后延续"真理标准"的讨论,中国学者对评价与价值论进行了比较全面的研究。例如,李连科在《世界的意义——价值论》中基于马克思主义,探讨了物质价值、精神价值与人的价值的不同类型与评价;李德顺的《价值论——一种主体性的研究》从马克思主义视角下比较全面系统地探讨了有关价值的哲学问题;王玉梁在《价值哲学》中把价值认识与价值评价区分开来,探讨了价值真理问题等;袁贵仁在《价值学引论》中研究了价值认识过程的几个阶段。还有冯平的《评价论》从心理学上研究评价主体、评价过程与机制;马俊峰的《评价活动论》从价值论探讨了评价活动的发生发展史,评价的本质与特点、主要类型、结构与过程,结合

---

[1] 《马克思恩格斯文集》第5卷,第21页。

中国之前有关农民革命的历史评价问题,探讨了评价的制约因素与科学化问题。这些都与中国市场经济改革背景下各种新价值观的冲击与人们的精神需要相关,及时回答了普遍的社会精神焦虑,在一定意义上填充了最早创立价值理论的西方思想界近些年来的评价低潮。随着世界各种冲突与新科技剧变时代各种社会问题,以及对中国式现代化、马克思主义基本原理与中华优秀传统文化的结合等论题的思考,时代呼唤着历史评价的再次兴起。

第一节　价值与历史价值的层次

历史价值是价值的一种重要表现形态,因此,我们首先需要对价值有个概念认识。对价值的专门理论研究是价值哲学的范畴,而区分事实与价值是价值哲学的起点。所谓事实即客观存在,而价值则是相对于主体的意义,因人而异。但这样说来,价值本身也是一种客观存在,因而也是一种高层次的事实——价值事实,这是事实与价值之间的辩证关系。事实有两个层次的分别:客观事实与主观性的价值事实。价值也因此表现出两个层次的内涵:满足主体需要的价值,以及作为这种满足的一种客观规律性本身的一种事实支持。罗素认为主观价值论的根据是:不可能找到任何可以证明这个或那个具有内在价值的论据。[1] 这个"内在价值"本身似乎也暴露出罗素的"主观"根据是一种逻辑循环,对于事物内在的价值,如何能够外在地表现出来而被主体所把握到呢?

显然,价值不在于事物的内在属性,而在于那个内在如何被主体外在地认识到、理解到、把握到。因为价值体现的是客观事物与主体之间的一种普遍意义上的关系,是一种关系范畴,而不是离开主体而在外在客观事物内部独立存在的。固然需要那种客观的存在性为前提条件,但那只是潜在的条件,最终要表现为某种满足主体者的需要,无论是情感需要,还是认知、理性与审美的需要,或者宗教信仰、社会生产的需要,等等。关于价值论的讨论,很可能与审美的讨论一样,审美的讨论曾经在中国20世纪60年代激发了一波美学、哲学的热潮。也许我们可以把那之前苏联东欧的美学、价值论热潮,以及中国20世纪80年代的价值热,作为一个思想的运动联系起来。

---

[1] 〔英〕罗素:《宗教与科学》,商务印书馆,1982年,第127页。

价值是评价的对象；评价是主体在与事物或思潮的实践关系中对其显现出来的价值的理解与把握。评价过程中有几重因素的影响，首先是主体的情感与情绪，它会直接影响事物对主体的体验与关系表达。这也是西方价值哲学百年来最强调的一点。然而，单是这一点也是不够的，不能成为理性精神的普遍传播的内容。麦金太尔对情感主义价值论给予了客观的评价，无论是道德的还是评价性的判断，"都不过是爱好、态度或感情的表达"①。中国学界关于价值论的研究，大都坚持价值的客观性，因为受到马克思主义哲学实践观的深刻影响，坚持实践思维，认为实践既是检验真理的标准，也是检验价值的标准，但在价值本质问题上，居于主导的观点还是以满足主体需要来界定价值。这其实是把价值概念的内在-外在、主观-客观的本质性难题用实践来消解了，但究竟是否能够这样轻易地解决，却还是需要现实的评价实践来检验的，例如在面对具体事情进行具体评价时，需要把实践具象化，需要把辩证法与具体评价的规定性关联起来，表征为细化的要素、内容与指标，这时就是"是骡子是马拉出来遛遛"的关键时刻了，哲学性的判断在现实中需要走向微观的具体情境。概言之，我们还需要在宏观的哲学判断与微观层面的具体实际之间有方法论层次的研究，形成理论到实践不同层次的连续性的指导，这也是价值哲学作为一门独立的研究与方法论所必须具备的。

一、价值与评价

马克思说"劳动创造了人"，人类的实践活动通过劳动改造世界来满足自身的生存需要，因而总是有一定目的。其中"满足目的"的关系属性就是价值，从价值这个层面来说，人类任何实践行为都离不开目的，因而也就总伴随有价值，即使所说的"无用之用"也是一种价值，一种超出一般效用价值的更高层次的人生智慧价值。但目的或者价值本身并不是先行存在的，是人在对象性的劳动、普遍交往的关系中发挥主体性能动作用的选择结果。因而，对于劳动实践而言，目的或价值也就起到了一种价值尺度的作用，一种评价标准的作用。

如果能够自觉地对选择进行思考，就如萨特所说的"人的生存就是选择"，那就是有了独立的评价活动了。如果这种思考是一种理性的反思，例如对历史进行的理性反思，那么就是理性的评价活动。有人说，"因为选择是评价的外化，选择的必然性、必要性和重要性同时也就是评价的必然性、

---

① 〔美〕麦金太尔：《德性之后》，龚群等译，中国社会科学出版社，1995年，第16页。

必要性和重要性。评价在人类活动中的重要地位和作用是自古以来就如此,只是到了现代,才由于实践的复杂化和问题的突出而受到人们特别的重视"①。的确,在马克思所说"市民社会"之后,几乎所有人的日常生活都处于一个充满了各种复杂社会关系的巨大时空结构之中,随着人类社会的不断发展,选择多元多样了,选择的自由度越来越大,然而,从传统价值观念里解放出来的选择主体缺乏充分的选择根据,新的价值观念尚未形成而导致个人内心空虚,社会问题频发、社会分化、战争、生态危机、科技伦理挑战等各种人类生存困境。马斯洛指出,"我们时代的根本疾患是价值的沦丧……我们还处在一个旧的价值体系已陷困境而新的价值体系尚未产生的断裂时期……我们面临着毁灭的真实可能性"②。如果说现在有什么能够打败人类的话,那就是人类自身,人类的价值观冲突。

虽然主客分离的二元论模式早已被现代哲学摒弃,但是,其清晰的分析框架与基本概念并不是完全错误的,在方法论上仍有价值,只有在观念上克服二元分离的整体观视域下包容并恰当运用它,才是真正对它的超越。因此,在方法论上,我们可以借鉴并运用其概念进行清晰的界定,同时采用超越分析层次之上的哲学整体方法。这种整体观本身一方面是对二元分离的克服;另一方面也是对非理性主义的包容与超越,因而整体本身有超出单纯分离出来的主体、客体,有辩证地处理它们之间的关系的补充,还有在整体层次上的再反思,这后面两个环节所关涉的其实就是对非理性主义所说情感情绪与生存境遇等要素进行的系统性包容,从外在的现象上进行的综合性表述。当然,它们在真实过程中是同时进行的,只不过在表述逻辑上为了叙述清楚而分前后进行,可以认为它们在真实进程中是同时展开的几个层次的逻辑,相互之间形成辩证的交互关系与作用。用韦伯的概念来说,这是工具理性与价值理性的统一问题。

(一)价值的层次与分类

若采用价值是满足人的合理需要的定义,那么价值是一种事物对于人合理需要的满足关系的属性,合理需要根据人的本质来确定,除了自然属性,更重要的是如前面所述社会实践与文化层次上的。张岱年说:"价值的第一层含义是客体能够满足主体的需要;除此之外,价值还包含对需要的层次和需要的主体进行评价的问题。"③由此可知,价值具有复杂的层次

---

① 马俊峰:《评价活动论》,中国人民大学出版社,1994年,第10页。
② 〔美〕马斯洛:《人类价值新论》,胡万福等译,河北人民出版社,1988年,第1~2页。
③ 张岱年:《论价值的层次》,《中国社会科学》1990年第3期。

性,而且离不开社会实践与文化传统所蕴含的内容,它们都不是如其承载物那样给我们直观的呈现,"某一事物的价值清楚而明显地显示给我们,甚至不必让那种价值的携带者显示给我们"①。价值是社会历史中客观存在的现象,不依赖具体的个人甚至团体社会的主观意志为转移的,也不因评价主体的不同而不同,它也不依赖于评价主体而存在。这其实在哲学的存在论与认识论的大框架中能够解释清楚,认识论有认识论的具体功能与作用,但认识的结论并不能够僭越到存在论的层次上形成对事物存在与否的判断,那是存在论层次上的判断逻辑。

价值是针对人类社会而言的,舍勒从等级层次的角度把价值划分为感觉价值、生命价值、精神价值、宗教价值等四个层次;马斯洛"需要层次说"也是对价值的一个层次划分,而且给予等级排序;培里把价值按照社会活动的类型划分为道德、宗教、艺术、科学、经济、政治、法律、习俗这八个领域。这些不同的划分是为了便于把握实践中价值的普遍性与特殊性的统一。当然,由于每个人因时、因地、因社会具体情境的不同都会产生不同的自然需要与社会交往需要,它们所指向的任何人与自然事物都会被赋予价值,那么价值就表现出无法把握的爆炸性,这就是真实场景中的价值杂多,分层次与维度的杂多属性。就价值关系中的主体与对象而言,通常来说,我们对一个人物或社会组织、国家等进行价值界定是以直视的"间距"来进行的,针对当下社会而言,自身就在其中,因而也就没有间距问题;对历史中的或者其他非直接触及的人、社会进行价值界定,也是暂时忽视间距环节仅从一个共时性的层面来进行。价值的分类也就是评价客体的分类,而评价客体包括三个对象性要素:价值客体与价值主体,以及它们之间的关系——这个关系不是抽象的关系,而是两者在具体的历史性实践中体现出来的,或者在历史性的社会实践过程中被结合而成的,因而也可以说就是两者相结合的实践,历史性的实践。

价值客体又分人与物(这个物是在哲学意义上与人相对的概念,包括自然事物、社会事物、以物质载体方式显现出来的精神之产物),因而有人的价值与物的价值。物的价值相对比较容易理解,就是它对于一定时空中的人与社会来说呈现出的结构价值,同一事物对不同的人与社会、不同时空的人与社会,都可能有不同的价值,因为价值体现的是事物对于人的社会历史性的实践活动的关系,而这个关系是变动不居的。而人的价值包括

---

① 〔阿根廷〕方迪启:《价值是什么——价值学导论》,黄藿译,台湾联经出版公司,1986年,第24页。

人身体、知识与才能等自然属性,还有民族、阶级与群体等的社会属性,这些属性在一定历史时空就有相应的外在价值。价值主体也具有不同的层次。因为人与社会具有不同层次的属性从而有多重层次的不同表现形式,从单个人到人类社会整体这两个极端之间存在许多不同层次的社会结构与组织形式,包括个人、家庭、社群、阶级、民族、国家、文明体系、人类社会整体等不同主体的不同层级,相应地,主体行为及其价值也就表现出不同的层次性。主体所涉各个层次上丰富的内涵表现出不同方面的价值,如经济价值、道德价值、审美价值、文化价值、社会价值、整体价值,等等。由于人是一定历史社会中的人,具有特定历史时空中的各种社会关系,因而价值主体与价值客体之间存在辩证的关系。历史与社会是两个不同的维度,历史是关于人与社会的,人与社会不是天生的而有历史的发展过程,此外,人与社会之间也存在相互的辩证关系,因而,这三个维度上的相互辩证关系使得价值与评价活动本身都变得复杂,对其中任何一个的价值认知与评价都反过来被当作要素或属性纳入另一个维度上的价值认定与评价之中。

拉蒙特在《价值判断》中提出"价值等级"的观念,借助经济学通过社会交换而达成的人对价值的外部效用的市场反思,与心理学范式中人对价值的内部感受性两个方面来对价值进行等级划分的分析。他认为,个人在面临选择情境下,需要根据各种有用事物的"机会成本"列出名次等级,价值根据机会成本来衡量。这受益于经济学、法学与心理学的跨学科影响,"当代道德理论的一个最大的缺点就是道德哲学家还不习惯于反躬自问在这些特殊门类(经济学和法学)中所获得的成果在多大程度上可以有助于解决伦理学理论的传统问题。……不应该再陷入围绕着道德判断和价值判断的本性的那些古老的混乱之中"[①]。不过,用经济学的市场机制来替代价值的所谓"界定者",这是金融市场经济的方法论,但方法论需要有效的结果与"产品",问题是评价活动并没有像金融市场那样形成自由交换的前提条件。

然而,价值判断因为包括经济价值、道德价值、社会价值等在内的社会整体的综合价值的判断,显然不同于单纯的经济价值的,尤其其中的道德价值本身就具有强烈的引导性,例如自由、民主、平等、公正等核心价值观念,而非商品那种具有市场竞争性的功利特征。不过拉蒙特这种试图把价值与评价从伦理学转向心理学,以及法学、经济学这样的社会科学,是一种科学化的方向,而且近几十年来,心理学也表现出更多科学实证的一面,这为不同学科的交叉综合形成价值的层次性架构提供了路径启示。

---

① 〔英〕拉蒙特:《价值判断》,马俊峰等译,中国人民大学出版社,1992年,第2页。

近些年来关于价值本质的深入探讨表明,以上所说的价值同真理问题一样,是与价值诞生的行动离不开的,价值归根结底还是来自评价这个实践行为。因为,评价实践把评价主体与评价客体直接关联起来,任何超出单纯采用分析方法行为层次之外的,都可以而且应该在这个实践的逻辑中得到补充性的说明与解释,它们可能是单纯的分析层次不能包容的,也可能是分析层次所遗忘或者丧失的。

(二)评价的分类与层次

评价的分类对应于评价客体,分为对价值客体的评价、对价值主体的评价两类。前者又分为对人的评价与对物的评价两大系列。其中,对物的评价就是对物的价值进行的评价,而对人的评价就是对人的"自然的"与"社会的"价值进行的评价。对价值主体的评价则按照价值主体的不同层次而进行的价值评价,对价值主体的评价也因其丰富的多样性而有不同方面的价值评价。更进一步,由于评价主体是人或者由人组成的社会集团如民族国家等,与价值主体的层次分别几乎一样多,因而在个人与人类社会整体两端之间的每个层次上就有一个相应不同的评价行为。可以简单分成个人评价与社会评价。

一般而言,对人的评价相对独立于对物的评价,对物的评价又相对客观而容易取得共识,对人的评价则有高度的主观性,因为人的价值中最主要的是其主体能动性所创造的价值,包括物质与精神的产品,而且其中也可能有历史评价的成果。但是,对人的评价离不开对人所创造的物的评价,对物的评价也与对人的评价有关,两者之间存在一定的辩证关系。其中每个要素,包括人、物、社会、评价客体、评价主体都处于历史的运动变化之中,它们之间的相互关系也影响着价值与评价这两个方面。正因历史的流变,人与社会也在不断更替,故历史中不同时代的评价与价值也会发生历史性的变化。

评价的历史变迁表明,人的需要展现出越来越多清晰的层次,如生理需求、心理需求、精神文化需要,还有自我实现的欲望等;它们的层次重要性地位也表现出不同的时代特征。人与人之间的社会交往关系也在发生多元而多样的变化,人的个性从不同的方面展现开来。它们相互之间形成价值观念的冲突,各种评价的矛盾本身表明社会与精神生活的丰富与发展,同时也表明我们还未能形成一种囊括所有特殊性的普遍性的价值观念。对这个变化本身进行反思性的理解,例如对评价进行再评价,则需要更深层次的历史理性来把握那个超出前一评价的评价逻辑层次之上的更深的历史逻辑,例如,对任何评价对象层次(如人、民族国家)的经济评价、道德评价都归属于整体评价,但对这个整体评价进行历史的反思则要把握到超出评价所关涉之外的更大的历史背景层次。如从基于某个历史时代的评价进行历史反思,就需要联系到现实而对整个历史进行全域的语境层次中来重新审视既有评价。

如果把反思前的评价看作一种认知性的观念,那么反思后的评价则是一种再评价的实践,在这个再评价的实践中,前者就变成反思的对象性材料。而且,从真实的历史进程看,就如杜威所说,"一个道德法则……它的正确性和恰当性,是靠实行它以后的结果来加以验证的。……以后果为验证较之以固定的一般规则为验证,更要严正些"①。正因此,杜威主张在道德评价方面也采用实验方法。类似地,我们对于已有的原评价,也要在回归到现实的社会实践中来加以检验与再评价。即便如此形成的再评价,也不能视之为最终的真理与不可变动的结论,因为社会历史是不断发展的,实践也是不断发展的,因此,我们对包括再评价在内的所有评价,都要保持一种"可能错误"的警惕,这看似是走向相对主义,其实是对社会实践的历史性保持敬畏的一种实践智慧,它同时也给予评价以现实性的科学辩护,让评价本身得以有立足的充分根据。这也是我们的理性精神对自我有限性的最高认识。

具体的评价过程由于人与社会的不同而变得复杂,因而对复杂情况的认知就非常重要。有人把这个有关评价的具体认知过程,划分为无意识的直觉水平的评价、情感水平的评价与理智水平的评价三个不同的层次,层次之间存在感性、情感、认知等多重因素的影响而相互渗透与作用,最终完成评价过程。具体的评价活动离不开评价标准,无论是道德评价还是功利的经济评价。但评价标准并非先验的存在,而是具体社会历史情境下评价主体与评价客体之间关系的历史反映,例如古代社会对人的自由的评价在今天看来可能完全不能接受,有关公平、正义、平等这些在今天被广泛接受为普遍价值的核心价值在古代包括柏拉图、亚里士多德这样的先哲那里都有不同的意义,中国古代的道德观、审美观也在历史上有不同的标准。各种不同的评价标准相互之间存在一定的内在逻辑,尤其是以社会历史发展的线索来看,评价标准表现出一个历史性的系列与体系。拉蒙特认为,评价标准表现出一种库恩在《科学革命的结构》中提出的"范式"的历史性演化特征,在基本与派生、派生与再派生、基本与更基本之间显现出标准的层次性。②

---

① 〔美〕杜威:《确定性的寻求:关于知行关系的研究》,傅统先译,上海人民出版社,2004年,第281页。

② 〔英〕拉蒙特:《价值判断》,第64页。

这里,层次性的推演既是作为评价主体的人的能动性表现,也是根据一定社会历史条件下的文化的结果。

评价作为一种主体性活动形成的价值判断不如自然科学判断那样具有普遍性,表明主体之间的价值观普遍性不如基于感性直观与理性数理逻辑推理的自然科学判断。这是一个文明历史发展的现实,但并不一定是永恒不变的,原始社会氏族群体内可能把一些公共的价值判断与自身的价值判断完全同一起来。然而,因身体感官敏锐度与感性经验的不同而对自然现象的认知却反而可能出现不同的意见,例如因纽特人基于身体与经验对白雪还能区分出更多的"白"。因而评价观念的差异性存在,是对评价研究提出更高层次的理性反思的诉求——唯有更深刻的理性才能包容和理解各种层次的感性、知性与理性的评价。看不到评价的历史性与层次性,"总想借助于强制的力量来维护和保持某种统一的绝对的评价标准,把不同于某种评价、某种官方看法的其他评价都当作异端和反动观点来加以讨伐,这只不过是封建专制的残余在现代的表现。这种思想和做法是对历史潮流和人的发展的一种反动"①,当然,我们也不能以相对主义或鸵鸟姿态停留于意见纷争的各种评价冲突的状况。

二、历史价值的层次性

关于历史价值,通常的理解就是某事物在历史发展中表现出来的价值。《价值学大词典》上写道:"历史价值是人们从历史的角度来衡度的事物、现象和行为的价值。凡是对人类历史的发展具有影响的事物、现象和行为,无论这种影响是积极的还是消极的,都具有历史价值。"②当然,历史的参考价值是有条件的,那就是基本的社会状况与日常生活世界在时间尺度上的差异。这种差异大则直接参考价值小,不大则参考价值大:此时不是因为历史观念,而是类比推理与直觉类比,前者类比推理是基于后者,后者是人类乃至任何有思维能力的动物的最基本"能力"。这当然也与人们对历史规律的把握密切相关。对一般规律尝试性的表述:人类社会总是由少数人统治,阶级之间的迅速流动是社会进步的必要条件,文明进步的程度与司法防护的程度是一致的,人类社会的发展趋势总是从低级向高级文明演化,过度官僚化是革命爆发的温床。在经济衰退的时期,人们的兴趣常常倾向于经济贫困的社会阶层的生活和体验,显然,随着时代变迁而变化的社

---

① 马俊峰:《评价活动论》,中国人民大学出版社,1994年,第64页。
② 李德顺主编:《价值学大词典》,中国人民大学出版社,1995年,第410页。

会现实直接影响着人们对历史的价值评价标准。根据历史性的尺度,我们可以把价值划分为持久性的和当下的;价值判断要观照特定时代受众的反应。

对哲学、哲学家进行评价的历史价值立足点有两个:其一,站在同一层面上进行评价,这时就只能受制于自身的兴趣、公众的兴趣和当时代的思潮了,并不能超越这个周期和圈子之外。其二,站在更高的一个层面上进行评价。但这是很难的,困难在于要么难以达到这个更高的层面,要么把握的分寸不恰当、脱离实际。不仅对于哲学与哲学家,而且对于所有历史人物、历史事件的评价标准的建立,都是为我们的真正能动性开辟合理的道路所必需的。在层次观念、历史层次理性的视野下,进行历史的层次评价可以把不同层次、尺度、时段逻辑的力量与要素按照既具有历史整体观,又有历史分层次的模式进行合理的评价。这才是历史评价的价值所在。一个哲学家的言论也许不能在一个短尺度上得到宣扬,也就是说,一个哲学家可能在其有生之年会有成功与失败之别,但是,在数百年乃至千年的尺度上却有差别。大尺度是与人的根本属性、更本质的东西相关的层次,小尺度则是小时代的,而历史评价则是哲学家能够超越有限生命的人类文明对自身的理性反思。

按照康德,以哲学史的逻辑来进行评价,为什么我们必须拥有一种只是建立在纯粹理性原则之上的灵魂学说?这无疑首先是为了使我们思维着的自己免除唯物论的危险。但我们已提供的那个有关我们思维着的自己的理性概念就做到了这一点。因为,按照这个概念仍然会留下某种担忧,即如果我们去掉了物质,一切思维甚至思维着的存在者的实存都会因而被取消掉,这是大错特错的。所以,有一点其实表明得很清楚:当这个世界无非是在我们主体的感性中的现象及这主体的表象之一时,假如我去掉了思维着的自己,整个物体世界就必然会消除。当然,康德为先验灵魂(其实就是人格)进行辩护是基于道德考虑,但是,我们现在可以这样回答这个问题:建立一个人格,是因为在中观层次的社会交往之中,我们每个人是作为一个单一的单元参与其中的,这不可还原到其下一个层面(即心灵-物理层面),固然在那里还可以分析,甚至还可以还原到分子生物学、神经理论等层次,但那完全是另外一个主体领域了,两者不可混淆。康德的辩护完全可以这样简单化,进而可对事实-价值进行思考:为什么要揭示一些所谓事实的真理,进而触及我们的目的和"远期实用价值"。许多人贬低实用主义就是因为他们混淆了实用主义所倡导的实用有两种不同的类型:一是属于当下的个人或者小集团的;二是属于整个人类全体的,并限定在可以考虑到的时间跨度内。

黑格尔明显夸大了各种哲学学说之间的同一性，而低估了其历史差异性。在黑格尔看来，哲学家之所以犯错误，只是因为把每种哲学体系都会向世界宣示的普遍真理（绝对知识）绝对化。由于那个时代哲学的认识论转向之后的普遍观念，康德对"先验""实体"概念的处理显得无可奈何，既需要它们，又要限制。在超越了认识论转向的阶段之后的当下，这些别扭的、啰唆的说辞就变得简单多了，我们完全不必担心这担心那。这就是历史性——时代性啊！那个时代还可能提出更有效的理论吗？在什么意义上我们可以说康德是不可替代的，在那时的知识积累和思维水平中，康德处于什么地位？他建立的平台的效果和对哲学的推动如何？这都是评价康德哲学的标准依据，而不仅仅是理论本身，或者理论本身对哲学的推动力。就像在历史学中，对一个人的评价不只是看他的行动后果，而且还要看他的不可替代性、周围情况。例如打桥牌，抓到一手好牌固然是好的、幸运的，从而可以赢得胜利，但是，最后计算成绩时还要减去这个依赖偶然性的成分，因为偶然性的运气并不属于人作为一个主体的真正能动性。我们评价人物既要看其效果，更要看他真正的能动性，否则他就只不过是一个偶然性的自然产品而已。我们需要改变对历史人物的评价标准，建立起科学的评价体系，这才能真正地鼓励每个个体能动性的发挥和对人类事务的积极参与。

历史价值与社会价值、个人人生价值是不同的，与市场价值更有本质的、层次性的差别。当下市场经济中，互联网公司风生水起，市场对互联网是如何进行估值的？主要参考两个指标：用户量、用户留存在平台上的使用时间。这个商业价值评估的经济模式启发我们，对历史实体的历史价值进行量化的评价根据：历史实体所影响的人群（社会空间）、其持续价值所涵盖的时间（社会时间）、影响的人的物质与精神的生活深度（社会深度）。例如，明星演员虽然在全国乃至全世界有名，尽人皆知，有很广泛的社会影响，但也常如白驹过隙般很快被人遗忘，社会时间太过短暂，而且他们在对人的影响深度也是停留于表面，而且是比较低级的娱乐性层次。[①] 一些深

[①] 企业家有不同的表现特征。马云在阿里巴巴成立18周年的"成人礼"上说："我有生以来最大的错误就是创建阿里巴巴，因为工作占据了我的所有时间……如果有来生，不会再做这样的生意……我不想谈论商业，不想工作。"这绝不是马云的矫情！这个时候的马云是无数个中国企业家的缩影，其言是对这个时代企业家"单向度"人生方式的慨叹。吴晓波曾在多个日日夜夜里为一些遭遇大败局的企业家而惋惜，为他们身上共同流淌的"失败基因"奋笔疾书。然而，中国企业家的大败局不是他们亲手构建的企业帝国突然崩塌，而是常年过着丧家式生活，中国企业家几乎是最累的一个群体。对很多第一代创业者来说，他们的生活几乎都是工作，在很多人看来，那种生活几乎是不可思议。中国的企业家从身体到心理，只有企业没有家。这其实是一种病态的社会单层次现象。

刻改变了人类思想历史版图的思想家,却未必能够有多少人知道其名,但其影响持久地流淌在人类思想的长河里,间或掀起一朵浪花,会比那一瞬间要长久得多,这种影响的时间长度与其思想影响的深度常常成正比。在物质性方面,科学家与科技发明家也有相似的表现。站在历史评价的层次,如黑格尔所说,历史反思总是在终结处才开始,因此,让子弹飞一会儿,对于任何光芒,尤其是来自权力的威望,不可盲目下结论更不可盲目崇拜,因为在文明历史的长河里,没有一道光芒是一直持续闪亮的。

　　历史评价最终落实到对人或者由人组成的群体与社会的评价。一个人可以在当下过着贫困而孤独的生活,现世给予他的荣耀远远不够,可是他却不会被历史所遗忘。马克思被BBC评选为人类历史千年伟大思想家,这绝不是任何一个当下叱咤风云的人能够比拟的。梯利在其著名的《西方哲学史》里高度评价康德,称之为"伟大的哲学改革家"、哲学的新教开创者、哲学中的马丁·路德,只有康德单独成为一篇,黑格尔作为流派名称出现在一篇中。① 用层次方法解读中国古代传统文化中的每一句谚语,孔子、老子的著述、四书五经等会发现,每个人的价值体系可能都有历史性,对其进行解释就需要对接一个立体的价值体系,但会对接到不同的位置、层次和方面。每个人的价值体系构成及其产生根源,在于其短短一生中的唯物主义的实质内容,出生、成长过程中的一些重要环节和要素。

　　对人的存在价值、生存价值的区别,从而建立起科学的人生价值体系,即科学的价值评价的哲学根据在于,生存价值无所谓差异,所有人的生存价值平等,没有专业、贫富、内向外向、表现形式的不同。但"此在"的存在价值则是根据海德格尔的存在定义而来的,是在人类历史整体的文明价值体系中的评价,在此显示出价值的不同,政治价值、专业价值等皆有不同。许多评价的结果似是而非、矛盾皆是因为混淆了这最大结构中的两个元素之差异,没有划分出这两个不同的价值所导致的结果。这如同康德对现象与本体的划分。当然,这种划分具有认识论意义,而不具有存在论意义,也就是说,它是认识形式中的一种把握方法,而不是指存在本身。它们两者在存在论上来说是结合在一起的。所以,在对价值评价进行类似于康德的现象-本体划分的同时,需要指明这一点。可是,如果只是坚持这一点不放而在一种朦胧的整体观中不进行划分,那要么是回到原始状态,要么是持自然主义的态度,随着这种自然主义的不断退缩就回到了神秘主义的神学阶段。黑格尔、海德格尔皆是例子。

---

① 〔美〕梯利:《西方哲学史》。

要实现人彻底的自由价值还相当遥远。根据马克思的唯物史观，人不仅要克服物资匮乏的束缚，还要克服社会关系的束缚，才能实现自由，并开启全面的发展。而克服"唯物主义要素"的路径，才是进入"自由世界"的基本途径。当然，人的寿命是个很重要的基本要素，因为，短短的生命周期将许多还无法展开的可能性空间给消除掉了。这大概是一些宗教与神话的历史价值了。它本来是一种主宰性的意识形态，但是，随着科学时代的诞生与发展，神话的功能逐渐从全方位的角色退化，现在只是人们缅怀人类曾经可能具有的一种丰富想象力，这种想象力对于世俗化生活的当下来说，形成了一个极大的补充，可以说，表现为层次的一种转移。

如何对动荡时代进行解读？和平时代与动荡时代的区别和相同之处又是什么？用什么模式可以简单地囊括之。这需要用超出和平时代的评价标准才行，因为按照和平时代的价值标准，譬如货币、财富，可能仅适用于同一和平时代；同样价值的物质财富在动荡时代可以在瞬间化为乌有，如此，许多人会说动荡时代要么一无是处，要么是要尽量避免的。假如我们永远活在和平的社会中而没有动荡不安，对于身处动荡周期内的我们来说，那当然是再好不过的了。然而，从历史中我们清楚明白地知道，并非所有的人能够如此"幸运"，因为和平与动乱是历史表现出来的一体两面。我们似乎一方面会为自己可能的"幸运"而自我陶醉，另一方面为动荡中的人们的"不幸"惋惜、悲叹、伤感。然而，假如我们能够与历史上的他们交谈，跟佛陀、苏格拉底、孔子、老子、庄子交谈，他们会说些什么呢？他们说的可能会让我们许多人大吃一惊，因为今天躺在价值百万的床上享受的幸福可能一点也吸引不了他们，反倒会让他们感到我们和平时代的另类悲哀。

我们是否能够建立一个跨越历史时空的价值标准？是否能够真正理解在动态的社会变化中社会内部发生的真实运动？是否理解在和平的年代我们在尽享幸福之时对"生存"和人生意义的遗忘？毕竟那些在和平年代里与我们日夜相伴的物件器具都不过是工具而已，它们并不能够直接赋予我们人的快乐与价值，更没有精神，而没有精神的人生就是没有灵魂的动物。我们需要自己来塑造精神，无论身处和平还是乱世。人类文明的历史已经翻过了两个篇章，一个是古老文明（轴心时代之前的文明），一个是古典文明（古典理性的物质性文明）。接下来是基于理性的超物质性文明（当然这个文明才刚刚开始），因此，我们可以对已经基本"翻过"的文明进行历史评价，而对正在进展的最后那个文明是很难甚至无法进行评价的。

假如我们以超时代的标准来审视乱世，可能会发现，几乎所有的人类历史上的动乱主要是由于两个原因：其一，可能是内部的社会机制到了应该调整的时候了，譬如政治腐败、民不聊生，人口压力太大而没有得到有效的解决，譬如西汉末年的状况。其二，是国家之间，文明之间的冲突，譬如蒙古人、满族人的进入，鸦片战争等。后者的尺度当然更大一些。在动态的历史中，有许多社会内外的问题都可能发生激烈的交互作用和调整，从而达到大尺度上的平衡。和平的历史是在大尺度上的不平衡之中，小尺度上的一种暂时的平衡，其实，都是对平衡的某种反映形式。大尺度（包含地理范围上的国家之间，时间上的政治实体内部的制度与社会状况之间的适应关系之间）的平衡之下，必然是和平的年代，那么小尺度上的不平衡凸显，例如人的生活中会将某些时代性的要素放大，比如金钱。相反，大尺度上的不平衡时期，首要的当然是大尺度的适应调整了，我们在面对救亡与启蒙的双重历史任务时，优先考虑的是救亡而不是启蒙，这是一种历史上的群体选择，是启蒙与传统文明较量过程中传统力量强大的胜出结果。法国大革命时期，也面临着启蒙与救亡，然而它的救亡落差不如中国的那么大，它的救亡仅仅是国家层次上的而不是文化上的，而且其救亡的实现结果总体上说是有效的，所以能做到两者的兼顾。而中国在其一个世纪之后面临双重任务时，没能处理好两重任务，让民族主义与传统的政治层次的强势逻辑占了上风，现代理念的思想启蒙逐渐烟消云散。简言之，和平年代有和平年代的原因和规则，乱世有乱世的规律性支持，没有无缘无故的和平时代。

第二节　历史评价实践的层次

事实与价值对于客观世界的认识来说是基本的两个方面或同一整体的两个不同层次，对历史也同样存在。追求外在真实是基于对象化的思维，而坚持事实与价值统一的思维对于历史研究，少不了主体的价值维度。因而历史评价是一个体现主体性存在不可缺失的历史研究的新层次，就如AlphaGo两个独立计算系统之一的评价系统一样重要，只不过前者有具体历史社会条件下的主体能动性，后者则是基于围棋规则的客观判断。对于通常所谓的历史哲学、史学理论、历史编纂等三个层次的研究，如果说史学理论是对历史学（历史编纂学）的一种"主体性"发现而建立的一个新层次，那么相比较而言，历史哲学对历史的把握由于过于抽象或者"形式化"，常常成为一种纯粹的"观念"，或者不得要领。因为作为研究规范，它离史学理论或者历史学太远，中间缺乏这样一个有效的联通环节：一个兼有两者要素或特性的层次,既有超越性的历史观照与历史观念,又有能够指向史学理论的"主体性"的精细化——这个精细化可以扩展开来,就如辩证法作为哲学精髓一定要在语言层次分析中得到精细的表达,或者如康德的认知图式、认知范畴、认知层次的反卷性刻画对"主体性"的解释那样。

对此,历史评价则起到一个调节性的补充的范式作用。有学者把历史评价与历史认知都归属于历史认识的范畴,这从相互联系方面来说也有道理。历史评价在认识中的普遍性,同时也具体展现了事实与价值在历史认识过程中复杂的交互运动,其中涉及事实与价值、主体与客体的基本哲学关系。[1] 文学界对艺术真实性的历史评价也是一种历史问题在文学场域的探讨,把文学与社会历史的关联揭示出来,深入艺术真实背后的认知、心理与价值判断的关系与互动的层次。[2] 历史评价在中国史学界一直受到高度重视,也是中国传统文化由来已久的一个重要组成部分。中国史学界在20世纪50年代和80年代开展过两次关于历史人物评价问题的大讨论,涉及古今中外许多不同类型的历史人物的评价,根据马克思主义基本原理提出了一些历史评价的意义、历史评价的方法与原则,在某种意义上是结合中国传统以道德优先的评价[3]与马克思主义以历史评价优先[4]的尝试,对历史评价中曾经存在的一些狭义民族主义、"西方中心论"等观点提出了批判。不过,对历史评价的理论研究还有待深入,在当前的时代性和客观性内容中,还残留有中国传统道德评价优先、为现实政治服务的实用主义痕迹。此外,评价对象也不能只限于历史人物,它还可以适用于历史事件、政治实践与社会实体。

一、历史评价的层次性审视

历史评价常常与某种当下的伦理评价纠缠在一起,形成对历史评价的

---

[1] 邓京力:《事实与价值的纠葛——试析历史认知与历史评价的关系问题》,《求是学刊》2004年第1期。

[2] 汪正龙:《认识之真、心理之真与价值评判之真——论作为文学的历史评价尺度的艺术真实观念》,《江海学刊》2003年第1期。

[3] 中国传统的评价标准有正统论、忠奸论、统分论、成王败寇论、道德论、气节论等,不是与道德相关,就是与现实政治相关,与人类社会的历史性发展关系不大。譬如秉笔直书的司马迁对刘邦、项羽的情感和个人偏好明显不同;中国古代正统历史学家大多支持刘知幾在其传世之作《史通》中所说的"父为子隐,直在其中",最直接地表达了道德价值胜过社会价值和历史价值的观点。

[4] 俞吾金对马克思的历史评价理论有比较深入的探讨,认为马克思对历史的评价准则从青年时期基于"异化"概念的道德评价优先转到历史唯物主义以及成熟时期的历史评价优先兼顾道德关怀的维度。参见俞吾金:《从"道德评价优先"到"历史评价优先"》,《中国社会科学》2003年第2期。

控制或主导,因而导致历史评价因时代不同而表现出相对性的现象。例如对历史人物的所谓"功过"与历史贡献的重要性评估就会随时间而变,表现出当下的视角主观性。而且,对于历史人物的重要性来说,似乎过多地聚焦于成王败寇的准则,"大多数的历史书籍强调的都是伟大的思想家、英勇的战士、慈爱的圣人,以及创造力丰沛的艺术家。这些书籍对于社会结构的建立和瓦解、帝国的兴衰、科技的发明和传播,可说是知无不言、言无不尽。但对于这一切究竟怎么为个人带来快乐或造成痛苦,却是只字未提。这是我们对于历史理解的最大空白之处"[1]。人生活于尘世,其幸福既有关自身又有关物质世界,社会之中的幸福既有关自我又有关他人与社会,德性、荣誉与友谊、终极关怀,终归落实到人生在世、社会认同与面向未来的历史指向。这些多面向的概念不是单一的层次逻辑能够囊括,因而,幸福价值与人生一样绝非单一层次的评价。

历史评价的研究需要探讨人的生活圆满性问题的历史表现,以及如何实现圆满生活的方式。我们可以做这样一个单层次的推测,苏格拉底之死本身可能是他超越世俗的"生存观念",试图利用"死"来实现其学说的影响和增益。这种非自然的方式虽然崇高但非圆满,因为,伦理学层次的意义不能超越社会层次意义,历史的社会性超越伦理道德,所以善良意志的以德治国不及社会运动的历史规律的把握、对社会整体的尊重。同样,我们今天对许多人的道德表扬都具有伦理学价值,但是,这种价值与"客观"性的历史价值相比是不能僭越的。所以,苏格拉底之死在于伦理学价值,属于个人的历史价值,提升了个人的历史性价值,但没有提升社会的历史性价值。因为,社会的历史运动不大可能因个体而变迁,即使存在这种变迁,那也不过是一种历史扰动。最高意义的历史性是圆满社会的历史性:即对于任何可能性空间,人类社会的生活对于全体表现出普遍的圆满生活。

不同的可能性空间所支撑的社会形态表现出历史性的差异。一个人可以全身心地投入某种工作或者生活方面去,哪怕这个工作是崇高的,或者是其兴趣所在。如果说某个个体由于独特的爱好可能产生片面性生活空间,那么对于整个社会群体来说,是不大会这样的,会呈现出大数定律的圆满性。譬如,一些作家、教授终其一生追求写作,或者终其一生研究科学,关于其正当性的评价不能仅仅出于励志的道德与教育的宣传需要,还要在历史社会的宏大视域来探讨其是否正当的、合理的,整个社会的资源分配是否合理,是否对个人与社会都是合理而正当的。这当然是很难,甚

---

[1] 〔以色列〕赫拉利:《人类简史》,第387页。

至是不可能的,因为每个人的偏好与幸福感可能与众不同,难以形成整体性的社会一致性的具体幸福指数。这一点在经济学中得到了深刻讨论,即所谓阿罗不可能定理。[1] 这个逻辑也可借用于历史评价,虽然完全做到个人与社会的一致性不可能,但是,可以进行等级的层次划分,以区分最核心的、基本的公共层次与一般的公共层次,此外允许等级差序的不同私有层次,从观念上是可以设想的,而在现实中则可以通过一种"社会观念市场"为中介连接大众与价值标准,就像经济市场为中介连接大众与价格一样。无论如何,如果一个社会存在大量的休闲者与失业者,而同时一些人积劳成疾累死在工作岗位上,即躺平与内卷共存,那表明这个社会的制度存在评价公正性问题,这和在金钱方面的分配不公具有类似的意义。

如果说社会上的所有资源都得到了有效配置、全面运用,呈现出历史性的巨大跨越,那么,在历史维度上,我们当今的加速主义时代也是应该检讨的,有的人为何要如此匆忙？如果没有外来巨大威胁,我们为什么要将一个巨大的可能性空间爆炸在如此短暂的时间尺度里呢？导致这个时段内的人类的生活失态？这是历史哲学的问题。我们不能接受整体忙碌是历史性的观点,也不能接受它是社会意义上正常的状态,因为这种生活现实是"单向度的"、不正常的。需要进一步追问的是：什么导致了这种现象？在古代社会一个稳定的时代,如果简单地按社会分上下阶层,上层人的生活似乎是幸福的,下层人的生活对于下层人张开的可能性空间而言也算平稳,当然整个社会表现出阶层间的不公平。在现代社会特别是资本主义,"创立了巨大的城市,使城市人口比农村人口大大增加起来,因而使很大一部分居民脱离了农村生活的愚昧状态。正像它使农村从属于城市一样,它使未开化和半开化的国家从属于文明的国家,使农民的民族从属于资产阶级的民族,使东方从属于西方"[2]。社会生产方式的历史性变化导致可能性空间的张开机制逐渐消除曾经巨大的社会阶层差异,但张开了两个隐蔽的不公平：现代社会生活空间的不同,以及知识劳动替代体力劳动的趋势。这虽然不是显见的政治或资本的权力带来的结果,却导致社会分工的病态扭曲：有些人积劳成疾,有些人悠闲而虚度光阴,概言之为社会分工在时间上的非正义。

对历史层次的比较或评价的最好理解就是,把虽然看起来并列或者同时

---

[1] 由于人际间效用比较不可能,从个人口味得到社会偏好既要令人满意,又要在一个相当多样的个人排序的集合上有定义,那么这种方法必然要么是强加的,要么是独裁的。参见〔美〕阿罗：《社会选择与个人价值》,丁建峰译,上海世纪出版集团,2010年,第68页。

[2] 《马克思恩格斯文集》第2卷,第36页。

代不同区域的各种不同文明,用一种历史整体视角纳入同一框架中来,看作是人类文明整体在不同层次上的差异表现。这不是用黑格尔的历史哲学的整体逻辑来强制阐释,而要运用马克思历史唯物主义的整体性观念来建立生产力、生产关系、上层建筑等层次上更生动的对比。这一点对于理解古代文明尤其重要,因为时代的久远,许多沉淀在浓缩词语中的一些历史故事与时代精华对于现代的读者而言已经深不可见,从而引发简单的文字意义的误解,直接的意义平移当然是对历史深度的无视,但夸大历史文化的鸿沟也是走向了另一个不可知论的极端。传统文明本身作为历史的沉淀层次,在现代化过程中注定要表现出来,一旦有机会就会显现出它的时空独特性。

一个典型史例是,蒙古帝国虽然征服了许多同时期文明国家的帝国,但从文明的角度看,它几乎是对文明的粗暴否定,是通过简单的"他者"方式对那些文明在那个时期客观存在的脆弱一面或文明缺陷的暴露。这个"他者"方式虽然发生在不同的群体之间,但以人类文明进程的整体来看,实则是以人类底层的前文明的暴力形式表现出来的,是人类文明的底层非理性的情绪对上层文明内涵中的弱点的揭露。——这是不同层次上的逻辑的"自然而然"的显现。然而,一些伟大的文明并没有反思其内在问题、层次性的缺陷:文明的对抗中不只有崇高的理性,更要有基础层次的强势力量,这是层次间的自然次序的"天然暴力逻辑",你为何不理会?令人无比缅怀的古希腊先哲们在直接的文明对抗面前,似乎也是无能为力,例如柏拉图对斯巴达那种政治强力的推崇。粗暴的自然层次上的强力逻辑毕竟不是人类的未来,所以,怀抱人类美好未来使命感的精英啊,你们也要当心,被同时代的"前时代"文明层次的留恋是否拉低本文明历史的品位。

就历史作为人类社会一项活动而言,在世界范围内来看可能首先表现出普遍的社会道德功能,这在没有历史理性或者在希罗多德之前,就应当是一个潜在于所有文化活动的底层逻辑。因而,以道德为历史评价的标准是其作为历史实践的第一个标准。从历史反思而言,这是对历史实践的一种自然主义的态度。当然,伴随道德评价的是审美评价,因为古老的历史叙述是以文学化的修辞来实现的,所谓文史不分家。例如,司马迁《史记》叙述历史人物与事件的同时,也进行着历史评价,而非单独的记录。带有文史互文的综合评价中,道德评价与审美评价不仅是一条历史理性之前就已存在的自然主义的基本原则,而且一直到今天仍然是内在于我们历史评价中的一条基本线索,或者一个隐性的,甚至无意识的层次。道德评价涉及正义、非正义性等问题,有学者提出一种以真伪为标准的学术评价标准,"能满足人类求知、求真需要的历史事物就具有较高的学术价值,而那些虽然能够满足人们的功利、道德或审美要求的,却不符合真理标准的历史事物就具有较低的学术价值或没有学术价值"[1]。就历史理性的认知而言,历史评价则表现出科学性的层次分化了。以评价主体自身的功利需要为评判准则把历史事物分为"有用""无用"或"有害"的。所谓的功利包括经济、政治与文化等多重层面的价值,也可按时间尺度分眼前利益、长远利益,按主体分个人与群体或社会等多个维度上的不同层次。

　　由此可知,历史评价作为一种针对历史现象的有历史意识的活动,首先是一个历史认识活动。从历史评价作为一种历史的学术活动,从外层视角来看,就其独特的理论与实践之间的关系与互动也是历史评价作为一种反思性的研究必须观照的一个方面。历史评价在学术研究的内部,表现出多元的、多重层次的分化与专业化趋势。对某个历史人物、事件的历史评价可能既有道德评价、审美评价,也有基于某种尺度的功利性或者真理性的评价,或者是其中的某种组合,相互之间可能形成互补的关系。例如,唐太宗虽有很高的历史功绩,但常在道德评价上因皇位争夺而受到质疑;又如司马迁《史记》对刘邦与项羽的评价在不同层面表现出不同的看法。从理论与实践的辩证关系来说,历史评价还有重要的实践指向,对此,历史评价通常就以整体性的形式形成单一的结论而呈现出来,无论是评价项目之外的其他学者,还是政客与大众。值得一提的是,大众史学的实践对历史评价的标准问题也提出了面向现实而思考的需要。有学者对包括"电视讲史"、多媒体视频的大众史学活动中的历史评价标准提出了一种大众传播价值取向的提法,"应以社会价值标准为第一位,具体内容包含三点:多多益善的受众标准、引人入胜的'故事'标准、'言之有文'的写作标准"[2],因为面对大众的主要目的是实现史学的社会价值,因而针对其现实基础与历史认知的现状,以有的放矢的评价标准能够更好地促进大众史学的健康发展,传播史学的现实意义与正能量。

　　历史评价及其标准本身也是历史性的,就如尼采所说,重新评估一切价值是人类最高的自我认识行为。不同的评价标准会随着时代发展而变化,曾经的大众化史学活动可能变成正宗的学术经典。中国历史上对农民战争的历史意义的评价就存在历史的变化,比如在东汉时期为了维护王朝政治地位而贬低农民起义等。很多大著作,比如泰勒的《革命与革命者——法兰西革命》、《欧洲文艺复兴》等,其实就是广播电台的公众讲座记

---

[1] 邓京力:《关于历史评价标准的反思》,《史学月刊》1999年第3期。
[2] 代继华、葛丽娥:《大众史学的评价标准献芹》,《华南师范大学学报》2013年第5期。

录结集而成。① 黄仁宇的《中国大历史》《万历十五年》等畅销书既有大众化的文学可读性,也不乏历史的思考。后现代主义史学的历史叙事功能主张要把严肃的历史故事讲得动听才能进入人们的视野与头脑。

历史评价的影响因素很多。其中人的情感参与是不可忽视的,无论是民族、国家情感,还是政治、阶级情感,或者宗教文化与个人的情感。受到情感影响的除了历史写作与评价者,作为读者的社会大众可能更会受到这些情感的影响甚至支配。撇开独特的个人来说,作为社会化的情感本身就是社会集体意识的重要组成,它也会随时代潮流而变化,也是历史运动发展的内在因素。例如,在一个新的时代具体的社会情境发生变化,产生了新的社会需要与集体意识,从而直接影响评价者,而且社会发展越来越呈现多元化多样化的趋势,对各种事物的新态度也影响对历史的观念。评价主体的社会地位,包括政治、经济与文化上的现实状况也直接影响其评价活动,例如社会精英或社会主导者、统治者的评价出发点与社会底层的生存诉求投射到历史评价中就有不同的影响。

但是,这并不表示历史评价是一种相对主义的自言自语或者"一本正经的胡说八道",它有严格的科学性标准,历史哲学就应当对历史评价给予合理性的辩护,按照文德尔班的说法,哲学只有作为普遍有效的价值的科学才能继续存在,面对后现代主义之后反宏大叙事走向碎片化的历史解读、个性主义的脱离原则倾向,哲学需要创建一种价值评价的基本原则,对一切价值做重新评价,解决在人类文化与生活中有重大价值的问题。② 关于评价还有许多相关的细节问题,包括有些历史评价是如何被经典化的?如三国人物曹操、刘备等人物的形象认知与评价,传播与接受过程,等等。

对于历史评价实践活动本身来说,有两个方面的基本层次性表现:一是针对评价对象本身的时空而分化的层次性,这方面又可以划分为按照评价对象的时间尺度,以及针对同样的评价对象所在的时间历史中的社会空间上的表现。另一个方面是作为历史研究与历史实践的历史评价本身,由于其独特的综合性特征,在不同的特征层面上有不同的表现和侧重的不同而有不同的划分,如侧重认知性的历史评价③,即所谓客观的历史评价;价

---

① 张健:《葛兆光:要共同提升不能集体沉沦》,《南方周末》2007年3月22日。
② 〔德〕文德尔班:《哲学史教程》下卷,罗达仁译,商务印书馆,1993年,第927页。("价值问题"一节。)
③ 冯契把认识分为认知与评价两个层次,认知与评价因主客关系的分离与合一而不同。认识活动包括认知和评价,在认知中主客体关系是外在的,而在评价中主客体关系是内在的,认知和评价不可分离。参见冯契:《认识世界和认识自己》,华东师范大学出版社,1996年,第55页。

值性的历史评价,即所谓主观的历史评价。当然这个所谓客观、主观的划分常常在现实的历史评价活动中难以完全分离,常常是兼而有之,只是侧重不同。

在广义的历史评价中,分长时段的历史评价、短时段的历史评价,前者遵循宏观的历史评价规则,针对的是是否推动历史的发展,后者则是在评价对象的当下,针对其是否促进了其所在社会与人的全面发展,因而也可以称为社会评价,是历史中的社会评价。两者都存在一定的冲突性,存在辩证法的关系。

还有一种是二次评价,即对前面评价活动本身的再评价。历史评价是历史研究者在一定背景下,基于历史认识与价值观念,对历史人物、事件等历史现象进行的再认识。把评价对象作为历史事实①所具有的自在的历史价值,通过历史评价活动转化为评价者的一种积极主动的构建,实现了从自在到自为的转化。评价者自身的认知、情感、目的、现实观照与立场等都有个人特征,因而具有主观性,这种主观性也体现了评价者自身的能动性,是评价者的一次再创造。在黑格尔重视市民社会、马克思首次把社会大众的劳动与经济活动作为人类社会发展的根本动力之前,他们的历史地位是低下的,也几乎不被记录于历史书籍的重要位置,但现在各种从宏观到微观的历史研究,都有社会大众的主场。一方面是社会发生了变迁,法国大革命把社会底层推向了前台,工业革命让工人阶级、劳动大众走上了推动历史发展的中心舞台;另一方面也是历史观的变化,思想家把握到这个时代精神的脉搏,实现了社会关系角色的重新认识,通过对历史重新评价完成了社会主体思想的转变。

这更是一次伟大的思想革命,其意义更大于过去历史自在价值的变化。这才是历史评价最重要的效果所在,当然,如果能够进行更加规范的评价客观性标准与模型,在学术研究范式的方面,也将进一步使得历史评价本身走向科学化的规范方向。马克思主义的唯物史观在这两个方面都是一个宏大层次的评价典范,既颠覆了黑格尔客观唯心主义的历史观,也为历史评价建构起一套层次性的历史整体框架。

对历史评价本身的评价也是一种以历史为对象中介的现实的实践活动,对此也需要进行反思的评价。如果把历史评价分为认识性的历史研究与实践性的历史反思这两种或两个环节,那么,前者基本属于历史认识的范畴,后者则更多的属于历史实践的范畴。作为一种历史认识,固然有"人

---

① 不同学者对这个概念在评价活动中的名称有不同,如李德顺称之为价值事实。

是万物的尺度"这个层次的表现,但是,人却并不是"存在的事物存在的尺度"。人有主观性与有限性,而人与他人共世存在的现实存在却是克服这种有限性的最基本的保障与路径,因而对其有限性认识进行反思当然是联系实际、实际的发展过程。因为历史的客观连续性,实际中所包括的各方面的现实性都是历史发展的当下结果,这也就是最好的检验了,而且现实的需要还是历史评价本身的出发点,现实也是评价最终回归的落脚点,是评价的意义和归宿,要通过对现实的参与改造来实现历史评价本身的价值。对于后者来说,它是一种对评价的评价,显得复杂了一些,有评价活动层次性的叠加,以一种更宽阔的视野、更深刻的评价反思认知性的评价,其实是更深一层次的评价,如果再次结合历史的重新诠释,那就是更深一层次的历史评价。

根据前面章节有关层次的观念,一个新的层次唯有实质性内容的参与才是积极的建构,否则只是一种虚假的文字游戏,那样再多的层次也只会堕落到一个单层次的片面思维。但无论前者还是后者,无论认知真理或评价真理,实践是检验真理的唯一标准,最终还是由包容或超越评价本身的一种更高层次的"实践"来检验,在这个实践中来进行反思。因此,历史评价是一个不断反复进行的活动,每一个似乎是对之前所有相关的历史认知、新材料与评价的一个综合性的实践。

二、几个常用层次的历史评价刍议

由于评价主体本身也分不同的层次,从个体人、社会群体到民族国家,文明体系以及人类社会等,不同层次上进行的历史评价,即便受到历史学独特的规范化,对于同一个评价对象或历史客体也表现出不同的价值判断,例如对中国历史上某个人物或农民起义的历史评价,每个人可能都不同,而且与历史学界的共识(如果有的话)、国家教科书说法也难一致。不过,个体表现出最大的随意性,而学术界可能表现出更高的稳定性。最流行的历史书籍大概就是诸如"不得不读的百位历史人物"之类带有历史评价的书籍,对历史中的人物(如孔子、牛顿)、社会组织群体(如政治集团、文学艺术学界群体)、民族国家(如美国)与文明体系(如伊斯兰文明圈体系)等从价值与意义层面进行的评价性认识。这里就姑且以历史学界的学术判断为评价视角,针对一些常用的历史对象做一个简略的探讨与论述。

这样的评价包括人物、事件、国家等真实历史要素的存在,评价活动本身发生在一个具体而现实的历史情境下。这个历史情境具有客观的社会与思想背景,无论具体的评价者还是评价活动所处的思潮背景,作为一种反映评价者所处时代精神的把握,都是对把握在头脑中的过去历史及其与现实之间逻辑关联的理解与阐释。因为历史评价具有一定的客观性,在这个意义上来说,它比主要基于评价者的道德或文艺化的审美立场而做的道德、审美评价有更高的客观性,而且从历史尺度上进行的评价是一种综合评价,包括了道德、审美的评价,换言之,道德评价、审美评价,还有认知评价等,都是历史评价这个结构整体中的一个组成部分、一个层次。又因为历史认识本身、对历史事实与规律性的把握以及评价的现实出发点等立场具有主观性,所以历史评价难以做到像自然科学那样的客观性与科学性。例如历史学家对非自然科学领域的历史人物的评价就不像自然科学界对牛顿、爱因斯坦等科学家的评价那样有相对更普遍的共识。正因历史评价所涉及要素的复杂性与层次性,其结论也在不同的角度与层次上表现出争议性,历史评价无论在评价的理论模型还是具体的评价实践上,都是具有张力的历史论题。

评价客体基于人的主体性参与,大体有五个主要层次:最小单位的个人、社会群体组织,中间层次的民族国家、文明体系,以及作为整体的世界历史。[①] 其中,民族国家是最基本的评价层次,其他层次上的价值与评价都与它密切相关,甚至以它为历史价值的基准。也可以单独评价人之外的某个事物,如棉花的历史重要性,但那实质上是离不开人的活动历史的,因而对于这样重要的历史要素,还是归属到某个时段的文明实体,如美洲文明或西方近现代文明。当然,所有评价都可以在作为整体的世界历史中得到历史评价。对每一种历史实体的评价都需要在其所归属的那个更大的实体上进行,譬如,单就一项发明来说,离开其所归属的文明历史和当时的社会,评价无从谈起,技术不是一个单一的力量,它必须依赖于特定时期的社会。整体中的要素需要在整体中来理解才行,譬如,蒸汽机发明了很久以后才推动了工业革命(或者不如说,工业革命推动了蒸汽机的应用),阻碍技术进步的原因成千上万,劳动力过剩就是其中之一。[②] 中国古代的造纸术、印刷术、火药、指南针这"四大发明"大体也有一个社会性的接受和推广的过程。而且,很可能有些发明创造由于种种原因没有留存下来。如果历史仅仅表现科技发明的事件,我们从中看到的不过是一片幻景,昂利·比兰纳的一句话做了很好的概括:"维京人抵达的美洲之所以得而复失,是因为欧洲当时还不需要美洲。"正如杜威所说,看到了某个东西不叫发现,

---

[①] 李德顺在四个大的层次上进行了更细致的划分,把历史阶段也考虑进来了。参见李德顺:《价值论——一种主体性的研究》,中国人民大学出版社,2013年,第31~32页。
[②] 〔法〕布罗代尔:《15至18世纪的物质文明、经济和资本主义》第1卷,第410页。

只有利用了它对自己的思想和活动行为产生了影响,纳入自己的理论与实践之中,才是发现。历史评价实质上是从文明的整体性出发的,而最大的历史实体是世界文明历史全体,但对它的评价只能是思辨性的、形而上学意义上的,而不是比较性的评价。

下面结合一些代表性的案例,以叙述的方式阐述历史评价的初级观念。要走向科学化的历史评价,还有许多规范化的工作要做,既需要更合理的定性评价,也需要更科学的计量方法与模型来处理。

(一)历史人物评价

有些历史人物或事件在其当时的时空并不起眼,但在一个时期之后或在另外一个地方,因其价值或意义而被"发掘出来",成为伟大的历史人物或重大的历史事件,这在历史上是常有的。这一来可能是当时当地的人们尚未意识到其价值,例如凡·高绘画在其生前无人问津,死后却无限哀荣;二来可能是人物或事件所蕴含的潜能或力量需要一定的时间才能展现出来,或者在适合的历史条件、地理空间才得到发扬光大,例如西汉末从古印度传来中国的佛教,经道安用玄学来融合、并纳入佛教教义之后,才形成佛学中国化,再到隋唐达到鼎盛产生中国化的佛教。当然,更多的可能是人物或事件的价值随着时空的迁移而变化,例如孔子在世时的影响尚不超过墨子与杨朱,在汉朝之后则显著不同。1769 年瓦特发明改进蒸汽机,当时不过是一个新奇工艺品,然而后来成为影响人类现代历史进程的工业革命的标志。甚至连"工业革命"这个词语,也是法国人布朗基在 1837 年提出来与法国大革命并列为伟大的历史事件;而身处 18 世纪中期的英国人都未有"革命"的感知,也没有意识到身处人类文明新历史的伟大开端。这说明,人们对历史进程快慢的感觉与认知也是有历史性的;历史评价就是历史后续者对前人已经评价过的历史人物、事件、文明等进行的再认识、再评判。

对历史人物的评价只是历史评价中的一类,也是基本的一类,《史记》的体例本纪、世家、列传,就是主要基于对帝王将相等政治人物的历史叙述与评价为主线展开的。古代世界就有各种不同的评价,基于功绩的、基于道德的、基于思想的等,譬如 14 世纪伟大的地理旅游家伊本·白图泰根据国土范围、所辖城池规模等排列出当时世界七雄:哈里发伊玛目、穆罕默德·乌兹别克·汗、埃及和沙目素丹、伊拉克素丹、土耳其斯坦及河外地区素丹、印度素丹和中国素丹。[①] 对个人的评价基于历史事件或者文明层次

---

① 〔摩洛哥〕伊本·白图泰:《伊本·白图泰游记》,马金鹏译,宁夏人民出版社,1985 年,第 268 页。

的评价。汤因比给予刘邦高度的评价,认为他是"所有统一国家缔造者中最伟大的政治家"①,因为他及其后继者通过有效的政治手段,逐步地建立了从中央到地方分级行政的政治结构,既维持了中央集权和国家统一,又实行了仁政,在贵族和新的政治结构之间实现了相对平稳的过渡,并通过招贤纳士建立起文官制度来维持政治管理。

对历史人物的评价要在其国内历史评价与世界文明历史的评价两个层次上展开,并以后者为优先与主导。文明历史的现代转型中最重大者莫过于资本主义社会革命、工业革命、政治革命,三者都离不开英国,由此可见,英国近现代历史在世界历史中的重要地位。伊丽莎白女王一世被普遍认为是英国历史上最杰出的帝王,在她当政的45年间,英国的经济繁荣昌盛,文学灿烂辉煌,军事上一跃而成为世界首屈一指的海军强国,因此英国黄金时代所取得的成就离不开英明的国内政治。这使得整个国家发挥了主导构建人类文明重大进程的历史价值。虽然维多利亚女王是英国历史上在位时间最长的君主之一(在位时间1837~1901年,长达64年),而且是第一个以"大不列颠和爱尔兰联合王国女王"和"印度女皇"名号称呼的英国君主,其在位期间是英国最强盛的所谓"日不落帝国"时期,但是她身后,随着第一次世界大战的爆发,英国开始走向衰落。对最伟大层次的历史人物进行评价需要足够的时间长度,特别是涉及一些并不确定的历史价值的行为。它们的效果不如统一、安定的社会生活、人们普遍的幸福生活等那么直观,但可能具有容易忽视的开创文明新层次的创新价值,轴心时代的伟大先哲就是这样一类。就如有些伟大的发明在今天看来才是伟大的,但在当初并不如此;或者当初某种被认为是伟大的事业,而后来被证明并不是。

人们对历史人物的认知与评价通常偏高,例如,对哥伦布的评价几乎是大多数历史伟人或名人录必收入的一个条目。这一方面是出于激发积极向上精神的教育需要,包括精神鼓励在内的道德评价常常会聚焦于单一类型事例的第一个,这样就会形成对开辟新航线的许多探险家的一种排斥效应,久而久之在大众意识中就只剩下哥伦布了,而其他成就相当者除了在专业历史兴趣者那里有一定记忆外,在大众的历史记忆中被逐渐模糊化。但要知道,重要的历史事件类型越来越多,而大众记忆的空间有限,因此,另一方面,这与对历史进程中从个人到社会宏大历史背景之间的深度空间认知有关,这也归结于大众记忆倾向于仅记住最表层、最重要的一个

---

① 〔英〕汤因比:《历史研究》下册,第42页。

环节的主导者,而对其他也很重要的环节会逐渐模糊,这样反过来就形成了历史评价中对首位者的"马太效应"。发现新大陆的确是近代历史中一个重要的大事件,是后来一系列历史事件的一个开端,虽然可能更早的历史中曾有丹麦海盗曾到达过美洲,然而并没有引起重大的历史反响。不过话说回来,这个历史事件序列的逻辑链条的层次是浅层次的,地理大发现是资本主义文明发展到那时的一个结果,而不是推动这个历史发展的原因,因为,对于当时的西欧来说,向外开拓发现美洲几乎就是件迟早的、近乎"必然"的近期事件。

历史人物的崇高英名与其说是他个人的行为或者言论如何惊天动地,超凡脱俗,不如说是他们的言行激起或者响应了时代的需要,与时代性的历史潮流产生共振。潮流并不是单一的,而是复合的,产生共振的那个潮流频率的幅值越大,历史效果也就越大。马克思虽没有康德、黑格尔那样的系统哲学著作,但是他在逝去的近2个世纪里产生的社会历史震撼性影响却非康德和黑格尔所能比。这一方面要归于马克思合乎时宜地看到在现实世界实现取代黑格尔理性政治的社会革命的时机,另一方面则是后来一系列马克思主义者们的响应和推动;当然,更大的底层逻辑是我们仍然处于资本主义深入发展的历史之中,而以马克思为代表的那个时代的资本逻辑批判话语体系仍是当下进行社会批判的基本范式。即使是拉萨尔、巴枯宁等人,以政治观念上的论敌出现,但在马克思主义运动掀起的场域中,他们仍然是持续地维系气场的功臣。

有学者对中国古代皇帝的历史价值进行了分层次的评价:其一是在封建社会这个社会形态的层次上进行价值评价,这是基础、宏大而稳定的价值层次;其二是在专制主义中央集权的政治制度这个中层上的评价;其三是针对具体的皇帝个人的禀赋与作用,这是历史的表层。[①] 评价皇帝的历史价值首先应该针对皇帝群体而非某个具体皇帝,因为群体规定性是每个具体皇帝的首要特征与历史价值的第一存在基础,这一点要反映在前两个本体性的层次上,而且中国典型的王朝兴衰周期与早中后不同时期帝王才智的表现也有一定的契合性——这种契合性当然与帝王个体相关,但在群体性的统计意义上则可解释为更大层次上的原因,如社会制度与社会基本形态,也包括中国独特的地理气候。当然,不同王朝时期的皇帝因其历史时代性而表现出的社会形态的合理性与非合理性是不同的,例如秦汉唐宋等时期,更多表现出作为中国封建社会形态的合乎历史性,合乎世界历

---

① 邓京力:《历史评价的理论与实践》,人民出版社,2009年,第181页。

史发展的趋势性，甚至表现出一定的历史引导，尤其是秦皇汉武有开创性的历史功绩，为后续两千多年的历史在国家政治等基本制度方面奠定了基调。当然，其中既有正面的，也有暴政专制等负面的历史效果，而且有些也有其先祖与辅臣的功绩、当时的历史条件与大势等因素。

要对这些进行合理的划分，的确是非常复杂的一个历史评价难题，比牛顿、爱因斯坦等自然科学家的成就的归属评价要复杂得多。关键是不同层次之间的影响清晰而恰当的界定。然而，在明清王朝时期，尤其在地理大发现之后的世界历史大势下，作为统治阶层的皇帝与士大夫阶层都存在这个历史性的时代使命，尤其是在传教士带来的中西交流开始之后。例如，传教士带来了先进的数学与自然科学知识，以及发达的技术，而康熙乾隆仍贬之为奇技淫巧，无论是基于少数民族政治统治的眼前利益，还是短视的眼光，都未能承担起及时引导整个国家走向现代化的文明转向的历史使命。这种代表性帝国王朝在世界历史参照系中的比较表现更显现出超出帝王，甚至王朝之外的更大尺度的层次上的规律与历史逻辑，在西方近现代科学技术与资本主义结合所表现出的生产力发展这个尺度上，中国传统社会这样的社会形态已经暴露出根本的问题，即与世界历史发展的不契合性。

（二）对历史事件的评价

工业革命的发生与其影响一样是个逐渐深入的过程，而且是逐层地渗透并改变人们和国家的面貌，从经济、财政到生活方式、思想观念、科学技术等方方面面。如果我们把1780年看作一个时间点，那么，它其实是从1720年开始的一个逐渐在英国历史天空越来越闪亮的发光点，并向世界传播开来。历史上工业革命的伟大历史意义并不单单在于它相比农业带来的更高的GDP产值，而是一次象征人类从未有过的一种生产方式的革命，波及每个现代文明的角落。这与当下基于生态环境危机而批判现代工业的观念是两个不同的评价层次。而且，通过历史地"还原"，工业革命是面对近代以来全世界急剧增长的人口如何解决的问题，如果不走工业化道路，就要按照马尔萨斯的人口理论所暗示的自然法则，例如瘟疫和像太平天国那样的革命（一场革命就至少导致数以千万计人的死亡），而且人们的生活水平需要摊薄到可怜的程度。工业革命作为一场历史性的伟大革命，不是就人口数量扩张这个层面上进行控制的逻辑，而是转向另一个创造性的层次——这才是黑格尔辩证法在历史唯物主义新观念下的创造性"异化"实现，不走简单的同一层次的轨道，而是通过开辟更宽阔的新层次来解决原问题，同时也扩张了整个生存空间。

历史是人的历史,社会是人的社会。因而人口问题是人类社会的历史过程中一个极其重要的问题。中国近半个世纪以来在人口政策上的变化就表明这是多么重要的一个有关人类自身的问题。然而,对人与人口的历史评价在历史上却是 18 世纪末才开始的,而且从不同的层面产生各种不同的说法,甚至相反的意见。马尔萨斯在 1798 年发表的《人口原理》中提出,人口增长速度将超过食品供给的增长速度。因为前者呈指数增长,而后者呈线性增长,所以人类要实行人口控制进行"预防性制衡",否则就不可避免地遭受到战争、饥荒和瘟疫的所谓消极控制了。但是人类历史上的人口数据没有给予马尔萨斯理论实质性支持,而且,包括马克思、恩格斯在内的许多人都曾给予尖锐批判。波色拉普(Boserup)甚至提出了与马尔萨斯理论完全相反的观点,她在《农业增长的条件》中指出,在某些条件下,人口增长的压力可成为技术进步的催化剂,而不会导致食物供给的匮乏。

但是,我们并不能认为马尔萨斯人口论不重要。虽然两百多年来人们一直对之争论不休,但在西方学界主流来说,此说几乎受到各派尊崇,甚至在 1985 年联合国召开国际人口统计学大会上几乎全票通过再版。① 其重要性在于提出了一个与人类历史主体切身相关的中心话题,虽然他给出的简单结论在不同历史条件下评价不同。科学史告诉我们,许多曾经流行的科学理论后来被证明是有条件的或者错误的。但是历史的眼光要求我们在具体的历史情境中来评估。放在中国 20 世纪 50 年代的历史情境中,马尔萨斯的主张却是更合理的,即通过实施晚婚、少育措施达到人口数量的有计划性控制,否则就是让位于战争、饥荒和瘟疫等所谓的"消极抑制"了。与此类似,马寅初鉴于当时中国的生育率极高(平均每对夫妇生育约 6 个孩子)、人均自然资源匮乏、资本极端短缺、生产效率低下,主张中国应该适时实行计划生育,减缓人口增长速度,促进经济发展,这与"人多力量大"的思想迥然不同。纯粹从观点来看,提倡节育的观点显然与波色拉普的观点更近,但实际上,前提条件不同,后者强调了技术的进步。

(三)对民族国家的评价

对民族国家的评价,首先需要根据人类文明历史的总体层次先进行基本评判,其次才到具体的国家与历史阶段展开定性、定量的评价,就如吉登斯所说,"要谈论民族国家的未来,就必须先回顾其过去。因为,如果不了解民族国家在过去 200 多年里的演进,就很难理解民族国家这一全球性制

---

① 胡伟略:《人口学的马拉松争论——评介〈马尔萨斯人口论辨析〉》,《人口与经济》1995 年第 1 期。

度在未来会发生什么样的变化"①。这也是评价本身是基于当下的历史观念的原则,而且,民族国家本身是在近现代西方政治思潮建构起来的一个概念,其历史发展的进程呈现出世界历史的基本方向,因而表现出一种历史发展的趋势。换言之,当下的民族国家是其过去历史的一种更完善形态,对其历史中某个时段或者整体的历史评价需要以当下形态为参照,由此展开具体的各层次的评价,包括实证性计量、定性、定级的评价。

国家政权是人类历史中文明的主要政治载体,是最终实现人类文明普遍价值与目标的实体工具,其历史价值是无可比拟的,它的建立也被视为是文明的开端。许多文明历史中的成就(当然也有一些以国家利益为凭借的事件)都离不开国家的凝聚力,远的不说,就我们中国人最为熟悉而敏感的日本崛起就是值得做文明互鉴评价的一段历史。日本现代化之快速,离不开其国家意识,从上至下的人民全体集体意识到了现代化的力量,并在精英阶层的呼吁与动员下全力参与社会多重层次的变革与现代化转型的洪流之中。国家意识加上人民意识的统一,得到了他们想要而且可见的实际成果:甲午战争、日俄战争的双重胜利,奠定了它作为现代化世界强国地位,这样的现实回报反过来进一步巩固了其现代化的改革方向,甚至鼓励了一部分激进的精英阶层走向偏激的军国主义道路。

尤其是对比中国与日本的历史与现实,对中华传统文化与现代西方文明的比较评价,让日本西化之道走得更远,即使第二次世界大战战败也没有改变,在他们看来,战胜了日本的是代表现代化文明更高成就的美国,而非仍处于从传统社会向现代化国家转型中的中国。日本20世纪40年代至80年代的高速发展,又一次超越了中国并再一次实现了现代化而成为发达国家,并曾一度成为东亚经济之领头羊,这进一步鼓励了其在文化层次这个深度的历史层次上疏远中国、远离中国传统文化。然而,在相当的程度上,国家就是一种政权宗教组织,因为坚持的某些理念曾经是文明发展的必经阶段所需。但是,国家衍生出来的许多东西随着时间而越来越失去了历史价值,而国家政治层次的逻辑依然固执地抱残守缺。如何使得国家层面上建立起来的文化传统与现代化过程协调起来,这的确是个现代化过程中的大问题。

对于过去历史中的国家王朝的历史评价,在定性方面,遵循所归属的文明体系的评价及其对于整个文明体系的重要性,譬如,大约在公元前三

---

① 〔英〕安东尼·吉登斯:《全球时代的民族国家:吉登斯讲演录》,江苏人民出版社,2010年,第188页。

千年至前两千年,在腓尼基产生了一些小的奴隶制城邦,但从未形成统一的国家,这严重地阻碍了其文明的形成,虽然他们有着非凡的创造力和冒险精神,但是没有一个稳定的结构性组织保证这种精神的持续发挥和相应的社会效果,前国家的部落和氏族组织是难以与国家进行持久抗衡的,因而其历史价值不能得到充分的体现。在定量方面,对国家王朝的历史评价可以更客观一些,譬如,对其所含人口、地理变迁、政权、政治、经济、文化、科技、创新、对外影响、对历史影响等方面在进行认定(包括定性的认定)后进行数量化计算,结合民族国家在各个层次上展开的空间大小,对它能够提供给其人民的总体空间进行计量,作为历史评价的基础数据。

（四）对文明体系的评价

古典成熟的文明比较成功地利用和驾驭了当时所有可见的要素。古代埃及、古代印度和古代中国都产生了这种成熟的文明。西亚虽然在两河流域诞生了最早的文明,但在后续历史的区域性文明竞争中,因为来自周围的游牧部落的力量,始终未能达到稳定的均衡状态,被草原游牧民族袭扰,文明与野蛮的交替博弈十分激烈,是文明历史中的文化大市场。两河流域的商业与契约精神、法典自不必说,源于赫梯帝国的铁器技术、波斯帝国的铸币制度与地方行政体系等,都是文明的丰碑。古代欧洲的地理条件也不可能让文明封闭发展达到内在均衡状态,所以不可能产生东方那样自成一体的稳定文明。但恰恰是这种变动,才促使人类不同文明之间各层次的不同要素的相互流通,彼此交换,形成世界体系的人类文明的基本方向,也就是世界历史的方向。所以它才成为世界文明的基本政治运动的前奏部分,而现代成熟的文明不仅如此,还要成功地驾驭所有的变化。

文明社会的比较要比非文明的原始社会的比较容易得多,如果说原始社会既难以比较,也无法进行评价的话,那么文明社会由于最终汇入世界文明整体之中,不仅存在历史评价的可能,而且也是建构普遍性的世界文明的需要,不管是已经死亡的,还是活着的。[①] 对于文明体来说,并不是越古老就越有现实价值,据说公元前500年前后,一位尊贵的埃及祭司对一群到访的希腊人说,"你们希腊人永远也长不大;你们中间没有一位老人"。古希腊刚刚开始自己的思想时,埃及已经进入其第26王朝。但是,埃及文

---

① 汤因比将人类文明社会分为23种,包括西方、东正教、伊斯兰教社会(伊朗、阿拉伯世界)、印度、远东(中国、日本与朝鲜)、古希腊、古印度、古中国、古米诺斯、叙利亚、印度河流域、苏美尔、赫梯、巴比伦、埃及、安第斯、墨西哥、尤卡坦、玛雅,还有商朝,其中大部分是另一个或者几个社会的亲体或者子体,汤因比还认为只有西方文明是活的。(参见汤因比:《历史研究》。)

明后来彻底消失了,而古希腊文明却迎来了辉煌灿烂的黄金时代。年轻的文明常常显示出更旺盛的生命力,更代表新的历史方向,成为新时代的灵魂。汤因比说西方文明是当前唯一活着的文明,而作为延续了数千年的独特的中华文明的传人,我们没有必要仍然把自己归属于某个古老的文明传统之内。现代世界文明等待着所有现代人去共同建构。

对文明的评价除了对其本质的认知外就是比较,比较这些文明的历史经验,就像汤因比所说并不是浪费脑子。因为评价会产生我们可能从来没有想到的或者只有模糊概念的结果。许多历史研究者都在抱怨大量的历史材料淹没了他们的主要工作,光是简单地阅读"二十四史"恐怕就会占有一位中国历史研究者好多年的时间;而另一方面,如汤因比所说,最高级的材料,"可以自行说明问题的研究范围"的材料,可以做历史比较的材料却非常少,少到足以妨碍应用科学方法、阐明和制定法则的程度。如果我们的文明史将来保证持续的数量增加,那么记录方法终将被抛弃;如果我们的文明史以一体化的世界文明而主宰未来,那么对过去 20 多个例证的记录方法并不能延续使用下去,而将转而针对此世界文明之下的子实体或者次级方面进行研究,这些子实体的数量将与原始社会的数量那样多得让我们认为——记录变得无聊,而层次显然是制度性的。总之,法则性的规律研究注定成为历史研究的核心。